Irmgard Gleußner **Insolvenzrecht**

JURIQ Erfolgstraining

Insolvenzrecht

von
Dr. Irmgard Gleußner
Professorin an der Technischen Hochschule Nürnberg
Georg Simon Ohm

2., völlig neu bearbeitete Auflage

Bibliografische Information der Deutschen Nationalbibliothek
Die Deutsche Nationalbibliothek verzeichnet diese Publikation in der Deutschen Nationalbibliografie; detaillierte bibliografische Daten sind im Internet über <https://portal.dnb.de> abrufbar.

Print: ISBN 978-3-8114-5749-2
ePuB: ISBN 978-3-8114-8863-2

E-Mail: kundenservice@cfmueller.de
Telefon: +49 6221 1859 599
Telefax: +49 6221 1859 598

www.cfmueller.de

Satz: TypoScript, München
Druck: Westermann Druck, Zwickau

Liebe Leserinnen und Leser,

die Reihe „JURIQ Erfolgstraining" zur Klausur- und Prüfungsvorbereitung verbindet sowohl für Studienanfänger als auch für höhere Semester die Vorzüge des klassischen Lehrbuchs mit meiner Unterrichtserfahrung zu einem umfassenden Lernkonzept aus Skript und Online-Training.

In einem ersten Schritt geht es um das **Erlernen** der nach Prüfungsrelevanz ausgewählten und gewichteten Inhalte und Themenstellungen. Einleitende Prüfungsschemata sorgen für eine klare Struktur und weisen auf die typischen Problemkreise hin, die Sie in einer Klausur kennen und beherrschen müssen. Neu ist die **visuelle Lernunterstützung** durch

- ein nach didaktischen Gesichtspunkten ausgewähltes Farblayout
- optische Verstärkung durch einprägsame Graphiken und
- wiederkehrende Symbole am Rand

= Definition zum Auswendiglernen und Wiederholen

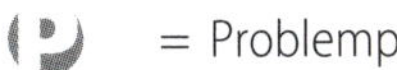

= Problempunkt

= Online-Wissens-Check

Illustrationen als „Lernanker" für schwierige Beispiele und Fallkonstellationen steigern die Merk- und Erinnerungsleistung Ihres Langzeitgedächtnisses.

Auf die Phase des Lernens folgt das **Wiederholen und Überprüfen** des Erlernten im **Online-Wissens-Check**: Wenn Sie im Internet unter **www.juracademy.de/skripte/login** das speziell auf das Skript abgestimmte Wissens-, Definitions- und Aufbautraining absolvieren, erhalten Sie ein direktes Feedback zum eigenen Wissensstand und kontrollieren Ihren individuellen Lernfortschritt. Durch dieses aktive Lernen vertiefen Sie zudem nachhaltig und damit erfolgreich Ihre insolvenzrechtlichen Kenntnisse!

Frage 1 (Punkte: 1)

Das Insolvenzverfahren

Antwort

Aussagen	Antwort	Aussagerichtigkeit und Kommentar
a) ermöglicht den Wettlauf der Gläubiger?	☐ ✓	**Falsch**, denn es soll als geordnetes Verfahren gerade diesen Wettlauf verhindern.
b) ist Teil des Zwangsvollstreckungsrechts?	☑ ✓	**Richtig**, es dient damit der Durchsetzung der verfassungsrechtlich (Art. 14 GG) geschützten Interessen der Gläubiger.
c) ist eine geordnete Einzelzwangsvollstreckung?	☐ ✓	**Falsch**, da die vorhandene Masse auf alle Gläubiger nach Anmeldung der Ansprüche zur Tabelle gem. einer Quote verteilt wird.
d) ist eine Gesamtvollstreckung	☑ ✓	**Richtig**, es gilt der Grundsatz der Gläubigergleichbehandlung.

→ **Richtig**
Punkte für diese Antwort: 1/1.

Schließlich geht es um das **Anwenden und Einüben** des Lernstoffes anhand von Übungsfällen verschiedener Schwierigkeitsstufen, die im Gutachtenstil gelöst werden. Die JURIQ **Klausurtipps** zu gängigen Fallkonstellationen und häufigen Fehlerquellen weisen Ihnen dabei den Weg durch den Problemdschungel in der Prüfungssituation.

Das **Lerncoaching** jenseits der rein juristischen Inhalte ist als zusätzlicher Service zum Informieren und Sammeln gedacht: Ein erfahrener Psychologe stellt u.a. Themen wie Motivation, Leistungsfähigkeit und Zeitmanagement anschaulich dar, zeigt Wege zur Analyse und Verbesserung des eigenen Lernstils auf und gibt Tipps für eine optimale Nutzung der Lernzeit und zur Überwindung evtl. Lernblockaden.

Dieses Skript behandelt die Grundzüge des Insolvenzrechts. Dargestellt werden die einzelnen Phasen eines Insolvenzverfahrens in ihrem zeitlichen Ablauf. Das Insolvenzrecht hat zahlreiche Bezüge zu anderen Rechtsgebieten. In diesem Skript werden daher auch Teile des Arbeitsrechts, des Sachenrechts, des Strafrechts und des Zwangsvollstreckungsrechts erläutert und die einzelnen Querverbindungen aufgezeigt. Die wichtigen und innovativen Reformen der letzten Jahre sind eingearbeitet. Die wirtschaftlichen Krisen haben dazu geführt, dass auch der Sanierungsgedanke einen wichtigen Platz in diesem Rechtsgebiet einnimmt. Ich wünsche Ihnen eine spannende und fruchtbare Lektüre.

Auf geht's – ich wünsche Ihnen viel Freude und Erfolg beim Erarbeiten des Stoffs!

Und noch etwas: Das Examen kann jeder schaffen, der sein juristisches Handwerkszeug beherrscht und kontinuierlich anwendet. Jura ist kein „Hexenwerk". Setzen Sie nie ausschließlich auf auswendig gelerntes Wissen, sondern auf Ihr Systemverständnis und ein solides methodisches Handwerk. Wenn Sie Hilfe brauchen, Anregungen haben oder sonst etwas loswerden möchten, sind wir für Sie da. Wenden Sie sich gerne an C.F. Müller GmbH, Waldhofer Straße 100, 69123 Heidelberg, E-Mail: kundenservice@cfmueller.de. Dort werden auch Hinweise auf Druckfehler sehr dankbar entgegen genommen, die sich leider nie ganz ausschließen lassen. Oder Sie wenden sich direkt an die Verfasserin unter irmgard.gleussner@th-nuernberg.de.

Nürnberg, im Januar 2023 *Irmgard Gleußner*

JURIQ Erfolgstraining – die Skriptenreihe von C.F. Müller mit Online-Wissens-Check

Mit dem Kauf dieses Skripts aus der Reihe „**JURIQ Erfolgstraining**“ haben Sie gleichzeitig eine Zugangsberechtigung für den Online-Wissens-Check erworben – ohne weiteres Entgelt. Die Nutzung ist freiwillig und unverbindlich.

Was bieten wir Ihnen im Online-Wissens-Check an?

- Sie erhalten einen individuellen Zugriff auf **Testfragen zur Wiederholung und Überprüfung des vermittelten Stoffs**, passend zu jedem Kapitel Ihres Skripts.
- Eine individuelle **Lernfortschrittskontrolle** zeigt Ihren eigenen Wissensstand durch Auswertung Ihrer persönlichen Testergebnisse.

Wie nutzen Sie diese Möglichkeit?

Online-Wissens-Check

Registrieren Sie sich einfach für Ihren kostenfreien Zugang auf **www.juracademy.de/skripte/login** und schalten sich dann mit Hilfe des Codes für Ihren persönlichen Online-Wissens-Check frei.

Ihr persönlicher User-Code: 252194451

Der Online-Wissens-Check und die Lernfortschrittskontrolle stehen Ihnen für die **Dauer von 24 Monaten** zur Verfügung. Die Frist beginnt erst, wenn Sie sich mit Hilfe des Zugangscodes in den Online-Wissens-Check zu diesem Skript eingeloggt haben. Den Starttermin haben Sie also selbst in der Hand.

Für den technischen Betrieb des Online-Wissens-Checks ist die JURIQ GmbH, Littenstraße 11, 10179 Berlin zuständig. Bei Fragen oder Problemen können Sie sich jederzeit an das JURIQ-Team wenden, und zwar per E-Mail an: team@juriq.de.

Inhaltsverzeichnis

Literaturverzeichnis

Andres/Leithaus Insolvenzordnung, Kommentar, 4. Aufl. 2018

Beck/Depré Praxis der Insolvenz, 3. Aufl. 2017

Becker Insolvenzrecht, 1. Aufl. 2021

Beck'scher Online-Kommentar Insolvenzrecht mit StaRUG. Hrsg. Fridgen/Geiwitz/Göpfer, 30. Edition 2023 (zitiert BeckOK InsR/*Bearbeiter*)

Bork Einführung in das Insolvenzrecht, 10. Aufl. 2021

Braun Insolvenzordnung, Kommentar, 9. Aufl. 2022 (zitiert Braun/*Bearbeiter*)

Flöther StaRUG, Kommentar, 1. Aufl. 2021

Foerste Insolvenzrecht, 8. Aufl. 2022

Gottwald/Haas Insolvenzrechts-Handbuch, 6. Aufl. 2020 (zitiert Gottwald/*Bearbeiter*)

Graf-Schlicker Insolvenzordnung, Kommentar, 6. Aufl. 2022 (zitiert Graf-Schlicker/*Bearbeiter*)

Hamburger Kommentar Insolvenzordnung (Hrsg. A. Schmidt), Kommentar, 9. Aufl. 2022 (zitiert HambKomm-InsR/*Bearbeiter*)

Heidelberger Kommentar Insolvenzordnung (Hrsg. Kayser/Thole), 10. Aufl. 2020 (zitiert HK-InsO/*Bearbeiter*)

Jauernig/Berger/Thole Insolvenzrecht, 24. Aufl. 2022

Kübler/Prütting/Bork Insolvenzordnung, Kommentar, 91. Lieferung 2022

Münchener Kommentar Insolvenzordnung (Band 1-3), 4. Aufl. ab 2019 (zitiert MüKo-InsO/*Bearbeiter*)

Nerlich/Römermann Insolvenzordnung, Kommentar, 45. EL 2022 (zitiert Nerlich/Römermann/*Bearbeiter*)

Pannen/Riedemann/Smid StaRUG, Kommentar, 1. Aufl. 2021

Paulus Insolvenzrecht, 4. Aufl. 2021

Reischl Insolvenzrecht, 6. Aufl. 2022

K.. Schmidt Insolvenzordnung, Kommentar, 20. Aufl. 2023 (zitiert K. Schmidt/*Bearbeiter*)

Thierhoff/Müller Unternehmenssanierung, 3. Aufl. 2022

Uhlenbruck Insolvenzordnung, Kommentar, 15. Aufl. 2019 (zitiert Uhlenbruck/*Bearbeiter*)

Zimmermann Grundriss des Insolvenzrechts, 11. Aufl. 2018

Tipps vom Lerncoach

Warum Lerntipps in einem Jura-Skript?

Es gibt in Deutschland ca. 1,6 Millionen Studierende, deren tägliche Beschäftigung das Lernen ist. Lernende, die stets ohne Anstrengung erfolgreich sind, die nie kleinere oder größere Lernprobleme hatten, sind eher selten. Besonders juristische Lerninhalte sind komplex und anspruchsvoll. Unsere Skripte sind deshalb fachlich und didaktisch sinnvoll aufgebaut, um das Lernen zu erleichtern.

Über fundierte Lerntipps wollen wir darüber hinaus all diejenigen ansprechen, die ihr Lern- und Arbeitsverhalten verbessern und unangenehme Lernphasen schneller überwinden wollen.

Diese Tipps stammen von *Frank Wenderoth,* der als Diplom-Psychologe seit vielen Jahren in der Personal- und Organisationsentwicklung als Berater und Personal Coach tätig ist und außerdem Jurastudierende in der Prüfungsvorbereitung und bei beruflichen Weichenstellungen berät.

Wie lernen Menschen?

Die Wunschvorstellung ist häufig, ohne Anstrengung oder ohne eigene Aktivität „à la Nürnberger Trichter" lernen zu können. Die modernen Neurowissenschaften und auch die Psychologie zeigen jedoch, dass Lernen ein aktiver Aufnahme- und Verarbeitungsprozess ist, der auch nur durch aktive Methoden verbessert werden kann. Sie müssen sich also für sich selbst einsetzen, um Ihre Lernprozesse zu fördern. Sie verbuchen die Erfolge dann auch stets für sich.

Gibt es wichtigere und weniger wichtige Lerntipps?

Auch das bestimmen Sie selbst. Die Lerntipps sind als Anregungen zu verstehen, die Sie aktiv einsetzen, erproben und ganz individuell auf Ihre Lernsituation anpassen können. Die Tipps sind pro Rechtsgebiet thematisch aufeinander abgestimmt und ergänzen sich von Skript zu Skript, können aber auch unabhängig voneinander genutzt werden.

Verstehen Sie die Lerntipps „à la carte"! Sie wählen das aus, was Ihnen nützlich erscheint, um Ihre Lernprozesse noch effektiver und ökonomischer gestalten zu können!

Lernthema 8
Mentale Übungen und Autosuggestionen

Mentale Übungen und Autosuggestionen haben die Funktion, Entspannung zu erreichen, Abstand zu gewinnen, Kraft zu tanken, negative Gedanken- oder Gefühlskreisläufe zu unterbrechen, Energien zu mobilisieren und Zuversicht zu gewinnen. Wenn Sie das anspricht, sollten Sie die folgenden Übungen und „Gedankenspiele" kennenlernen, um sie dann gezielt einzusetzen. Es geht um *Ihre* Leistungsfähigkeit, Arbeitsmotivation und Zufriedenheit.

Lerntipps

Pflegen Sie Ihre Augen!

Mindestens 80 % unseres Wissens nehmen wir mit den Augen auf. Wenn Sie viel Lesen und am Bildschirm arbeiten, ist die Leistungsfähigkeit der Augen extrem gefordert. Die Ermüdung der Augen führt dann zu allgemeiner Anstrengung und nachlassender Konzentration. Ein deutliches Zeichen: Sie reiben sich Ihre Augen oder fahren mit der Hand über Stirn und Augen. *Dr. William Bates* (amerikanischer Augenarzt, der in den 1920er Jahren in der Praxis ein Augentraining entwickelte, das Grundlage zahlreicher „Sehschulen" wurde) empfiehlt eine einfache und wirkungsvolle Methode – Palming und Akupressur. Machen Sie häufiger kleine Sehpausen und beachten Sie dabei Folgendes:

Übung

- Reiben Sie Ihre flachen Handflächen (= palms) aneinander, bis sie warm sind. Schließen Sie nun Ihre Augen und legen Ihre Hände darauf.
- Halten Sie dabei mit aneinander liegenden Fingern Ihre Handflächen leicht übereinander, sodass die Augen ganz abgedeckt und in völliger Dunkelheit sind.
- Durch die Wärme und den leichten Druck der Handflächen entspannt die Augenregion, was Sie schnell als wohltuend empfinden.
- Bereits nach einigen Sekunden werden Sie sich dadurch entspannter fühlen.
- Außerdem haben Sie eine kleine Pause gemacht, Abstand zum Lernstoff bekommen und können ihn dadurch besser beurteilen, zuordnen und abspeichern.

Seien Sie doch nicht so sauer!

„Sauer" bezeichnet hier nicht den emotionalen Zustand, sondern die Tatsache, dass der Körper übersäuert sein kann (der PH-Wert im Blut steigt an), wenn Sie sich falsch ernähren (z.B. zu viele Süßigkeiten essen), aber auch, wenn Sie eine falsche Atemtechnik haben. Wenn Menschen chronisch angespannt sind, atmen sie häufig mehr Sauerstoff ein als aus. Die Übersäuerung führt häufig zu anhaltender Müdigkeit und mangelnder Konzentration. Die folgende Übung zeigt Ihnen, wie Sie wieder lernen, bewusst mehr auszuatmen. Kurzum: Es tut Ihnen und Ihrem Gehirn einfach gut.

Übung

Suchen Sie sich einen ruhigen Platz, an dem Sie die Übung ungestört ausführen können. Sie können dabei sitzen oder liegen.

Atmen Sie nun tief ein – Sie können auch zählen „21, 22, 23" – und ganz lange und langsam wieder aus – „21, 22, … 27". Das Ausatmen sollte also etwa doppelt so lange dauern wie das Einatmen. Insgesamt sollten Sie pro Minute zwischen 4 und 6 Mal ein- und ausatmen. Diese Übung machen Sie mindestens 5 Minuten lang. Wenn Sie das Gefühl haben, entspannt zu sein, können Sie damit wieder aufhören. Die Übung können Sie anwenden, bevor Sie mit dem Lernen beginnen oder auch, wenn Sie sich gestresst fühlen.

Beruhigen Sie Ihren Geist!

Meditieren heißt wörtlich „zur Mitte ausrichten" (lateinisch *meditatio*) und dient dazu, durch spezielle Übungen „den Geist zu beruhigen" und einen veränderten Bewusstseinszustand zu erreichen, der häufig mit Begriffen wie „Stille, frei von Gedanken sein, Eins sein" beschrieben wird. Hört sich doch gut an für Phasen anstrengender geistiger Arbeit?! Dafür haben wir eine kleine Atemmeditation im Angebot.

Warum eine Atemmeditation?

Der Atem ist der grundlegendste Lebensmechanismus und wird daher in vielen Meditationsformen genutzt. Er ist immer verfügbar, denn Sie können nicht Leben ohne zu Atmen. Atmen spiegelt Gegensätze und Lebendigkeit wieder. Einatmen geht nicht ohne Ausatmen, Atmen können Sie willkürlich und unwillkürlich. Atem ist Leben! Wenn man den Atem fühlt, kann man sich auch an diesem Prozess und dem damit verbundenen Gefühl zu leben erfreuen.

Übung

Stellen Sie sicher, dass Sie von niemandem gestört werden. Die Zeit für diese Meditationsübung gehört ganz Ihnen. Nehmen Sie eine bequeme Sitzhaltung ein.

- Schließen Sie für einen Moment die Augen und atmen Sie einige Male ganz tief ein und aus. Konzentrieren Sie sich jetzt für eine Minute auf Ihre Atmung.
- Atmen Sie nur durch die Nase. Sie konzentrieren sich ganz auf Ihren Atem, lassen ihn kommen und gehen. Spüren Sie nun, wie die Luft in Ihre Nase strömt und wie sich Ihre Bauchdecke gleichmäßig hebt und senkt.
- Versuchen Sie Ihren Atem zu beschreiben. Ist er sanft und zart, klar und kühl, fließend oder stoßend, spüren Sie einen Widerstand beim Ein- oder Ausatmen, empfinden Sie dabei ein angenehmes, ein unangenehmes oder gar kein Gefühl? Man kann ihn sich auch vorstellen, z.B. als blaue Wolke beim Einatmen und mit veränderter Farbe beim Ausatmen.
- Wenn Sie Außengeräusche hören, integrieren Sie diese. Richten Sie ruhig Ihre Aufmerksamkeit mit geschlossenen Augen nach außen. Wenn Sie gedanklich abschweifen, machen Sie sich keine Vorwürfe, lassen Sie die Geräusche vorbeiziehen und kehren Sie wieder zum Atmen zurück.
- Machen Sie die Übung so lange, bis Sie ein Gefühl der Entspannung verspüren. Beim einen geht es schneller, beim anderen dauert es länger. Auch wenn Sie das Gefühl haben, dass Ihnen die Übung nichts bringt, geben Sie nicht auf, sondern üben Sie drei bis vier Mal pro Woche. 10 bis 15 Minuten genügen.

Lernen Sie Ihre persönliche Leistung (anzuer-)kennen!

Zu leicht nehmen wir geistiges Arbeiten als selbstverständlich hin. Wir erwarten einfach, dass wir beim Lernen immer besser werden und erkennen nur das als Leistung an, was einen hohen – meist höheren – Vergleichswert hat. Man hat also das Gefühl, nie so richtig fertig oder gut zu sein und ist dann häufig unzufrieden. Mit der selbstgemachten Frustration nimmt auch die Motivation ab.

Sie erkennen Ihre Leistung leichter, wenn Sie die erforderliche Arbeitsmenge überschaubar einteilen, sich die bereits erbrachte Leistung bewusst veranschaulichen. Häufige kurze Pausen lassen Sie Menge und Leistung ebenfalls leichter erkennen. Diese und andere Techniken wurden auch schon in Lernthema 3 (Leistungsfähigkeit, Ernährung, Tagesrhythmus) und 4 (Lernen, Behalten, Erinnern) beschrieben.

Ganz wesentlich ist aber, dass Sie Ihr persönliches Leistungsvermögen erkennen und vor allem akzeptieren. Jeder Mensch hat sein individuelles Lerntempo und kann nur danach lernen und leisten. Akzeptieren Sie auch, dass Sie unterschiedliche Lerninhalte unterschiedlich gut verarbeiten können. Vergleichen Sie sich nicht ständig mit anderen und seien Sie fair in Ihrer eigenen Leistungsbeurteilung. Und erkennen Sie Ihre Leistungen gebührend an!

Wenn Sie schon kein anderer lobt, dann tun Sie es selbst!

Wenn Sie Ihre Arbeitsmenge geschafft, neue Lern- und Arbeitstechniken eingesetzt, Pausenzeiten beherzigt, Ablenkungen eingeschränkt haben, dann ist es Zeit für bewusstes Eigenlob, also anerkennende Worte. Lobende Anerkennung erhöht die Arbeitsmotivation. Und das bedeutet nicht, dass man nicht selbstkritisch sein kann. Selbstbeschimpfungen führen jedoch zum Gegenteil und bringen nicht weiter.

Sie können selbstverstärkende positive Sätze besonders gut in einem entspannten oder „autohypnotischen" Zustand einsetzen. Selbsthypnosetechniken werden in Lernthema 5 (Mentale Techniken und Entspannung) beschrieben.

Übung

Setzen Sie sich bequem hin und schließen Sie die Augen. Verfolgen Sie mit Ihrer Aufmerksamkeit Ihren Atem und sagen Sie sich z. B.

- Ich habe gut gearbeitet.
- Ich habe meine Arbeits- und Pausenzeiten eingehalten.
- Ich bin vorwärts gekommen.
- Ich kann die einzelnen Lerninhalte immer besser behalten.
- Ich habe schon X geschafft, Y begonnen, Z erledigt.
- Ich kann weiterhin gut arbeiten.

Falls Sie in einer schlechten Phase sind, kann es sein, dass Ihnen diese Formulierungen übertrieben positiv erscheinen. Gerade dann sollten Sie die positiven Ansätze würdigen, die Sie weitergebracht haben, z.B.:

- Ich habe schon etwas länger arbeiten können.
- Mir gelingt es schon etwas besser, die Pausen einzuhalten.
- Ich kann die Inhalte von X schon besser behalten.
- Ich kann besser arbeiten als bisher.

Negative Prophezeiungen bestätigen sich häufig – positive aber auch!

Sie haben es erst in letzter Zeit erlebt. Wird von einer Bank behauptet, sie sei bald nicht mehr liquide, spricht sich dies herum, Kunden heben ihr Geld ab oder Aktien der Bank werden verkauft – und nun ist die Bank tatsächlich nicht mehr finanzkräftig. Wie so häufig gesagt wird, ist Wirtschaft zu 50 % Psychologie.

Wir stellen auch häufig Prophezeiungen auf, glauben negative Dinge über uns, ohne sie auf ihren Realitätsgehalt zu überprüfen.

- Ich bin kein guter Sportler.
- Das brauche ich erst gar nicht anzufangen.
- Die Prüfung in XY wird hart für mich.
- Das schaffe ich nie.

Entsprechend gehen Sie mit negativer Einstellung an die Arbeit, manchmal treffen die Dinge ein und man fühlt sich bestätigt. Erschwert wird die Arbeit allemal. Bitte achten Sie einmal auch auf kurze und nebensächliche Bemerkungen und Gedanken dieser Art und sagen Sie sich: „STOPP". Am besten versuchen Sie, positive Vorstellungen und Formulierungen zu finden.

Übung

Setzen Sie sich bequem hin und schließen die Augen. Verfolgen Sie mit Ihrer Aufmerksamkeit Ihren Atem und sagen Sie sich z.B.:

- Ich werde es versuchen.
- Ich werde einfach mit Kapitel 1 anfangen und dann weitersehen.
- Wenn ich mein Bestes gebe, werde ich die Prüfung auch schaffen.

Selbstbetrug? Das glauben Sie doch selbst nicht!

1. Teil
Grundlagen des Insolvenzrechts

A. Einführung

I. Ziele des Insolvenzverfahrens

Sie haben sich dazu entschieden, das Insolvenzrecht näher kennenzulernen. Mit Ihrer Entscheidung liegen Sie genau richtig. Das Insolvenz- und Sanierungsrecht boomt. Die jüngsten Krisen (Corona-, Immobilien-, Energiekrise) haben diesen Trend verstärkt. Derzeit bangen zahlreiche Haushalte, selbstständig Tätige und Unternehmen um ihre wirtschaftliche Existenz. Damit einhergehend sieht sich eine Vielzahl von Gläubigern (Vermieter, Banken, Energieunternehmen etc.) mit hohen Zahlungsausfällen konfrontiert. Diese Situation ist Gegenstand des Insolvenzrechts. Kann der Schuldner seine Verbindlichkeiten nicht mehr vollständig begleichen, ist es Aufgabe des Insolvenzrechts, den rechtlichen Rahmen festzulegen, damit es nicht zu einem Wettrennen der Gläubiger um die letzten Vermögenswerte des Schuldners kommt. Das Insolvenzverfahren ist als Gesamtvollstreckungsverfahren konzipiert. In einem geordneten staatlichen Verfahren werden die restlichen Vermögenswerte des Schuldners (nicht nur ein einzelner Gegenstand) zugunsten aller Gläubiger (nicht nur zugunsten eines einzelnen Gläubigers) verwertet. Das in der Einzelzwangsvollstreckung geltende Prioritätsprinzip wird durch das Prinzip der gleichmäßigen Gläubigerbefriedigung (par conditio creditorum) ersetzt.[1] Dieser Grundsatz findet sich in § 1 S. 1 InsO. Danach dient das Insolvenzverfahren dazu, „die Gläubiger eines Schuldners gemeinschaftlich zu befriedigen, indem das Vermögen des Schuldners verwertet und der Erlös verteilt wird". Vorrangiges Ziel der InsO ist demnach die **bestmögliche** Gläubigerbefriedigung.[2] Die InsO nimmt aber auch den Schuldner in den Blick. Gehört ihm ein Unternehmen, kann das Insolvenzverfahren zur Unternehmenssanierung genutzt werden, indem nach § 1 S. 1 InsO „in einem Insolvenzplan eine abweichende Regelung insbesondere zum Erhalt des Unternehmens" getroffen wird. 1

Hinweis

Die Norm des § 1 S. 1 InsO sieht keine Liquidationsautomatik vor, sondern erlaubt alternativ die Sanierung des Schuldners durch Insolvenzplan.

Das Insolvenzverfahren erfasst das **gesamte pfändbare Vermögen**, das dem Schuldner zur Zeit der Verfahrenseröffnung gehört und das er während des Insolvenzverfahrens neu erlangt (§§ 35 Abs. 1, 36 Abs. 1 InsO). Diese sog. Insolvenzmasse wird im Interesse der Insolvenzgläubiger bestmöglich verwertet und am Ende gleichmäßig (in Form einer Quote) an die Gläubiger verteilt. Zuständig für die Verwertung ist ein besonderes Organ, der Insolvenzverwalter. Hat der Schuldner ein Unternehmen, stehen drei Verwertungsmodelle zur Verfügung,[3] nämlich die Abwicklung (= Liquidation = Zerschlagung), die übertragende 2

---

1 Jauernig/Berger/*Thole* Insolvenzrecht § 1 Rn. 8.

2 *BVerfG* NZI 2016, 163 Rn. 43; *BGH* NZI 2020, 671 Rn. 26; NZI 2016, 532 Rn. 25.

3 Vgl. *BGH* NZI 2020, 671 Rn. 26.

Sanierung oder der Insolvenzplan. Bei der Liquidation werden sämtliche Vermögensgegenstände einzeln verkauft bzw. versteigert. Bei der übertragende Sanierung wird der gesamte Betrieb oder ein Betriebsteil an einen neuen Rechtsträger per Asset Deal verkauft.[4] Der Insolvenzplan wiederum zielt auf die Sanierung des Unternehmens bzw. seines Rechtsträgers ab.[5] Als „Gesamtverwertungsverfahren" ist das Insolvenzrecht Teil des Zwangsvollstreckungsrechts. Es dient der Durchsetzung der verfassungsrechtlich geschützten Interessen der Gläubiger (Art. 14 GG).[6]

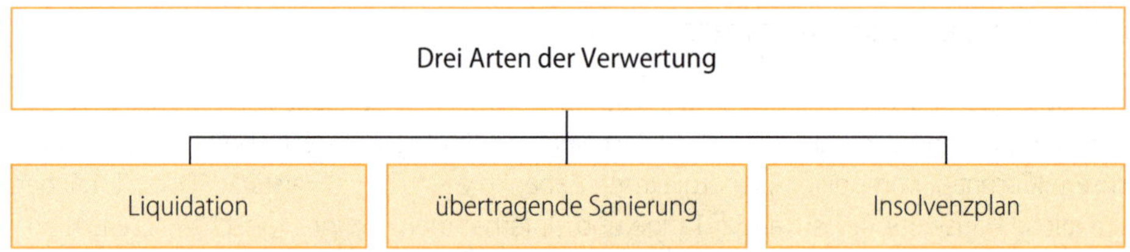

3 Ein zweites Ziel des Insolvenzverfahrens ist in § 1 S. 2 InsO formuliert. Dem redlichen Schuldner soll Gelegenheit gegeben werden, Restschuldbefreiung zu erlangen. Diese Option ist ausschließlich für natürliche Personen vorgesehen. Mit dem Instrument der Restschuldbefreiung (§§ 286 ff. InsO) soll jeder Mensch spätestens drei Jahre nach Eröffnung eines Insolvenzverfahrens die Chance zu einem wirtschaftlichen Neustart erhalten.

II. Verschiedene Verfahrensarten

1. Regelverfahren oder Verbraucherinsolvenzverfahren

4 Die InsO sieht zur Durchführung eines Insolvenzverfahrens zwei unterschiedliche Verfahrensarten vor. Das **Regelverfahren** ist als „Normalfall" konzipiert, während für Verbraucher das spezielle **Verbraucherinsolvenzverfahren** (§§ 304 ff. InsO) Anwendung findet. Das Regelverfahren trägt das Aktenzeichen IN, das Verbraucherinsolvenzverfahren das Aktenzeichen IK.[7]

a) Bestimmung des Adressatenkreises

» Die Unterscheidung zwischen Regelverfahren und Verbraucherinsolvenzverfahren wird über den Verbraucherbegriff des § 304 InsO gelöst «

5 Ob ein Regel- oder Verbraucherinsolvenzverfahren durchzuführen ist, wird durch § 304 InsO entschieden. In § 304 Abs. 1 S. 1 InsO ist angeordnet, dass das Verbraucherinsolvenzverfahren nur natürlichen Personen offensteht. Daraus folgt, dass alle juristischen Personen (AG, GmbH, SE etc.) und Personengesellschaften (OHG, KG, GbR, PartmbB etc.) das Regelverfahren durchlaufen müssen. Wann eine natürliche Person „Verbraucher" ist, wird in § 304 Abs. 1, 2 InsO legal definiert. Nach § 304 Abs. 1 S. 1 InsO sind Verbraucher alle natürlichen Personen, die keine selbstständige wirtschaftliche Tätigkeit ausüben oder (früher) ausgeübt haben. Unternehmer, die früher einmal selbstständig waren, werden ausnahmsweise als „Verbraucher" eingruppiert, sofern ihre Vermögensverhältnisse überschaubar sind (19 Gläubiger oder weniger) und keine Forderungen aus Arbeitsverhältnissen bestehen (§ 304 Abs. 1 S. 2 und Abs. 2 InsO).

4 *Hoffmann/Marquardt* NZI 2017, 513.
5 Vgl. *Jungmann* NZI 2020, 651, 655.
6 *BVerfG* NZI 2016, 163 Rn. 43; NJW 2006, 2613, 2614.
7 Vgl. *Beck/Depré/Heilmeier* Praxis der Insolvenz, § 4 Rn. 6.

b) Ablauf eines Regelverfahrens

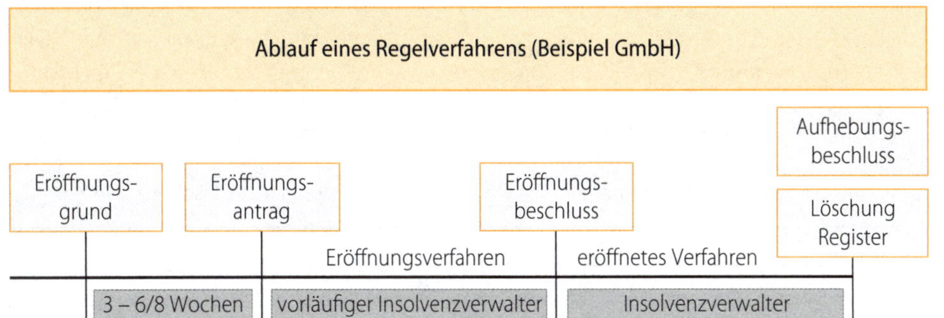 6

Das Regelverfahren stellt den klassischen Weg zur gemeinschaftlichen Befriedigung der Gläubiger durch Verwertung des Schuldnervermögens dar.[8] Es setzt voraus, dass der Schuldner in eine wirtschaftliche Schieflage geraten ist, d.h. Zahlungsunfähigkeit (§ 17 InsO), Überschuldung (§ 19 InsO) oder drohende Zahlungsunfähigkeit (§ 18 InsO) vorliegen (sog. Eröffnungsgründe). Mit dem schriftlichen Eröffnungsantrag (§ 13 InsO) des Schuldners wird das sog. Eröffnungsverfahren eingeleitet. Hier prüft das *Insolvenzgericht* u.a., ob tatsächlich ein Eröffnungsgrund besteht.[9] Damit in dieser Phase nicht wertvolle Gegenstände verschwinden, kann das Gericht Sicherungsmaßnahmen anordnen (§§ 21 ff. InsO), z.B. einen vorläufigen Insolvenzverwalter bestellen. Nach Ablauf von ca. drei Monaten muss das Gericht entscheiden, ob das Verfahren eröffnet (§ 27 InsO) oder der Antrag mangels Masse abgewiesen wird (§ 26 InsO). Im Fall der Verfahrenseröffnung ernennt das Gericht einen Insolvenzverwalter, auf den die Verfügungsbefugnis über das Schuldnervermögen übergeht (§ 80 Abs. 1 InsO). Dieser ist verpflichtet, die Insolvenzmasse zu sichten und „verschwundenes" Vermögen durch Insolvenzanfechtung zurückzuholen (§§ 129 ff. InsO). Betreibt der Schuldner ein Unternehmen, entscheidet die Gläubigerversammlung im Berichtstermin (§§ 156, 157 InsO), ob es zu einer Liquidation, übertragenden Sanierung oder einem Insolvenzplan kommt. Ist das Schuldnervermögen verwertet, wird das eingenommene Geld am Ende gleichmäßig an die Gläubiger verteilt (§§ 196 ff. InsO). Dabei werden nur die Gläubiger berücksichtigt, die ihre Forderungen wirksam angemeldet haben (§§ 174 ff. InsO).

Für natürliche Personen führt die Aufhebung des Insolvenzverfahrens dazu, dass die Gläubi- 7
ger – in Höhe ihrer restlichen Forderungen – wieder uneingeschränkt in das (neu erlangte) Vermögen vollstrecken können (§ 201 InsO). Dem Nachforderungsrecht kann der redliche Schuldner (§ 1 S. 2 InsO) aber entgehen, indem er Restschuldbefreiung (§§ 286 ff. InsO) beantragt. Hierdurch werden seine Altschulden nach Ablauf von drei Jahren (sog. Abtretungsfrist) „in Luft aufgelöst".

8 *Foerste* Insolvenzrecht Rn. 13.
9 *Becker* Insolvenzrecht § 1 Rn. 31.

2. Regelverfahren oder Insolvenzplanverfahren

8 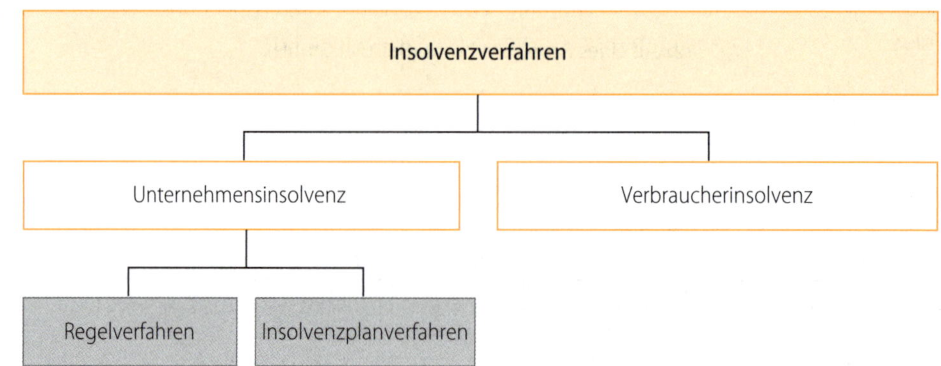

Das Regelverfahren ist der klassische Weg der Gläubigerbefriedigung (§ 1 S. 1 Fall 1 InsO) und zielt auf die vollständige Verwertung des Schuldnervermögens („Gesamtvollstreckung") ab. Verantwortlich ist der Insolvenzverwalter, der die Verwaltungs- und Verfügungsbefugnis über die Insolvenzmasse erhält (§ 80 Abs. 1 InsO). Bei juristischen Personen (AG, GmbH, UG, SE) führt die Verwertung zum Ende des Rechtsträgers. Sind alle Vermögenswerte (Umlaufvermögen, Anlagevermögen) veräußert, ist der Rechtsträger vermögenslos und wird nach Abschluss der Verwertung und Aufhebung des Insolvenzverfahrens aus dem Handelsregister gelöscht (§ 394 FamFG). Aus ökonomischer Sicht ist diese Art von Marktaustritt nicht immer die ideale Lösung.

9 Als Alternative zum Regelverfahren hat die InsO 1999 das Insolvenzplanverfahren installiert. In § 1 S. 1 Fall 2 InsO ist geregelt, dass die Befriedigung der Insolvenzgläubiger durch einen Insolvenzplan, d.h. abweichend vom Regelverfahren, erfolgen kann. Das Insolvenzplanverfahren (§§ 217 ff. InsO) gestattet abweichende Regelungen zur Verwertung und Verteilung der Masse.[10] Das erlaubt Unternehmen, ihren Rechtsträger zu sanieren und so vor der Vermögenslosigkeit zu bewahren. Auch für Einzelunternehmer ist das Verfahren attraktiv. Sie können die Restschuldbefreiung frei gestalten und müssen nicht die Redlichkeitsvoraussetzungen der §§ 286 ff. InsO erfüllen.[11] Das Insolvenzplanverfahren kann mit der Eigenverwaltung (§§ 270 ff. InsO), die dem Schuldner die Verfügungsbefugnis belässt, kombiniert werden. In der Praxis sind Insolvenzplanverfahren eher selten. Wenn nutzen Großunternehmen das „neue" Instrument (z.B. Galeria Karstadt Kaufhof).

III. Aktuelle Statistiken

10 Insolvenzen sind keine singulären Ereignisse. Die Zahl der **Verbraucherinsolvenzen** hat sich in den letzten Jahren auf hohem Niveau eingependelt: 2021 (76 500), 2020 (42 300), 2019 (62 810), 2018 (67 740), 2017 (71 960).[12] Der Ausreißer im Jahr 2020 ist dem Umstand geschuldet, dass im Herbst 2020 eine Gesetzreform zur Restschuldbefreiung erfolgte, was viele Verbraucher veranlasste, das Inkrafttreten der Reform abzuwarten. Dementsprechend hoch waren die Zahlen im Jahr 2021. Die Zahl der **Unternehmensinsolvenzen** schwankt. In den letzten fünf Jahren ist allen Krisen zum Trotz ein kontinuierlicher Rückgang zu verzeich-

10 *Foerste* Insolvenzrecht Rn. 14.

11 *BGH* NZI 2022, 743 Rn. 15.

12 https://de.statista.com/statistik/daten/studie/2454/umfrage/verbraucherinsolvenzen/.

nen: 2021 (13 993), 2020 (15 841), 2019 (18 749), 2018 (19 302), 2017 (20 093).[13] Im Jahr 2003 haben die Unternehmensinsolvenzen mit 39 213 bislang ihren Höhepunkt erreicht. Im Folgenden sind einige berühmte *Unternehmensbeispiele* aufgeführt.

Rechtsform	Beispiele
GmbH	Agfaphoto, Aro, Esprit, Flughafen Hahn, Germania (Airline), Getnow, Galeria Karstadt Kaufhof, Grandhotel, Heiligendamm, Hallhuber, Hertie, Horex, IMS Capital, Junghans, Karmann, Karstadt, Märklin, Max Bahr, Neckermann, Praktiker, Prokon, Quelle, Rena Lange, Schneekoppe, SinnLeffers, Vapiano, Vidrea, Weltbild, Windreich, Woolworth
AG	Adler Mode, Arcandor, Babcock Borsig, Basic, Escada, Frankfurter Rundschau, Grundig, Infinus, IVG, Kampa, KirchMedia, Lehmann Brothers Deutschland, Loewe, Manroland, Mifa, Pfaff, Pfleiderer, Qimonda, Rosenthal, Schiesser, Solar Millenium, Solarworld, Strenesse, B. Uhse, Gerry Weber, Wirecard, Wöhrl
SE	Escada, Q-Cells, Steilmann, KTG Agrar
GmbH & Co. KG	Butlers, Ihr Platz, Kettler, K&L, Maredo, Metz, Picard, Salamander, Suhrkamp, Zamek, Air Berlin (PLC & Co. KG)
GmbH & Co. KGaA	Paracelsus Kliniken

IV. Rechtsgrundlagen und Reformen

Die meisten Vorschriften zum Insolvenzrecht finden sich in der Insolvenzordnung (InsO). Sie ist seit 1.1.1999 in Kraft und ein aus ökonomischer Sicht modernes Gesetz. So wird die Sanierung per Insolvenzplan als gleichrangige Verfahrensalternative neben der Liquidation angeboten (§ 1 S. 1 InsO). Wegen der Möglichkeit der Restrukturierung zählt das Insolvenzrecht mittlerweile zum Wirtschaftsrecht und nicht nur zum Vollstreckungsrecht. Das Insolvenzrecht tangiert zahlreiche Rechtsgebiete, so dass es Sie zum „Allrounder" macht. Im Fall einer Unternehmensinsolvenz sind Kenntnisse im Gesellschafts- und Arbeitsrecht gefragt. Auch das Schuldrecht spielt eine wichtige Rolle, da bei Insolvenzeröffnung meist noch komplexe Vertragsbeziehungen bestehen. Insolvenznahe Rechtsgebiete sind das Sachen- und Kreditsicherungsrecht, die gerade vor Insolvenzrisiken schützen sollen. Häufig werden auch strafrechtliche Kenntnisse benötigt. Für Banken und Versicherungen gibt es in Deutschland ein eigenes Sonderinsolvenzrecht, das hier nicht näher behandelt wird.[14] 11

13 https://de-statista-com.thn.idm.oclc.org/statistik/daten/studie/4903/umfrage/anzahl-von-unternehmens-insolvenzen-seit-1950/.

14 Näher Uhlenbruck/*Hirte* InsO § 11 Rn. 23 ff.

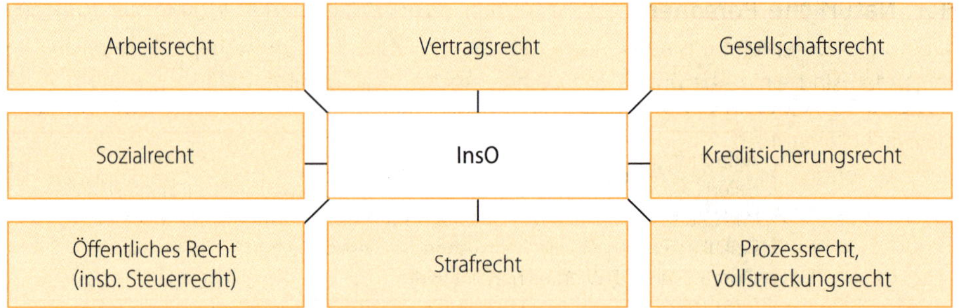

12 Die InsO befindet sich seit ihrem Inkrafttreten im Modus einer „Dauerreform".[15] Auch die letzten Jahre haben einige Neuerungen gebracht. Aufgrund der COVID-19-Pandemie drohte vielen Unternehmen die Insolvenz. Im März 2020 wurde das **COVInsAG** eingeführt, um die befürchtete Insolvenzwelle abzuwenden.[16] Das Gesetz wurde im Zuge der Energiekrise im November 2022 unter neuem Namen reaktiviert. Um die Belastung für die Wirtschaft zu reduzieren, wurde das (alte) COVInsAG in das (neue) **SanInsKG** transformiert und in Teilbereichen modifiziert.

Hinweis

Das COVInsAG wurde in SanInsKG umbenannt. Es ist am 9.11.2022 in Kraft getreten und soll bis Ende 2023 gelten. Es ist im *Habersack* unter Nr. 110d abgedruckt.

13 Bereits 2021 wurde das **SanInsFoG** (Gesetz zur Fortentwicklung des Sanierungs- und Insolvenzrechts) im Schnelltempo verabschiedet, das am 1.1.2021 in Kraft getreten ist. Kernstück des SanInsFOG ist das **StaRUG** (Gesetz über den Stabilisierungs- und Restrukturierungsrahmen für Unternehmen), das erstmals ein Sanierungsverfahren außerhalb eines Insolvenzverfahrens ermöglicht.

14 Am 1.1.2024 wird das Gesetz zur Modernisierung des Personengesellschaftsrechts (**MoPeG**) in Kraft treten (BGBl I 2021/3436), das für die GbR und die Personenhandelsgesellschaften erhebliche Änderungen bringt. Statt „Gesellschaften ohne Rechtspersönlichkeiten" wird in diesem Skript die neue Bezeichnung „rechtsfähige Personengesellschaften" verwendet (vgl. Art. 35 MoPeG).

B. Verfahrensbeteiligte

I. Schuldner

15 Die Frage, wer als Schuldner eines Insolvenzverfahrens in Frage kommt, ist in den §§ 11, 12 InsO näher geregelt (sog. Insolvenzfähigkeit).

15 Hierzu *Foerste* Insolvenzrecht Rn. 22 ff.

16 *Seagon* NZI-Beilage 2021, 12, 14.

1. Natürliche Personen

Nach § 11 Abs. 1 S. 1 InsO ist jede natürliche Person insolvenzfähig, egal ob sie ein Gewerbe betreibt, als Angestellte arbeitet oder arbeitssuchend ist.[17] Die Insolvenzfähigkeit entspricht der Rechtsfähigkeit (§ 1 BGB).[18] Im Insolvenzverfahren ist jedoch nicht die Person Insolvenzsubjekt, sondern allein das **Vermögen des Schuldners**. Nur dieses ist den Gläubigern als Haftungsmasse zugewiesen. Wird ein Bäcker insolvent, wird über „das Vermögen des Herrn Bruno X., Nürnberg" das Insolvenzverfahren eröffnet, nicht über „Herrn X.". Aus diesem Grund ist sogar der Nachlass (§§ 315 ff. InsO) oder das Gesamtgut (§§ 332 ff. InsO) als Sondervermögen insolvenzfähig (§ 11 Abs. 2 Nr. 2 InsO); deren Besonderheiten sind im Skript nicht näher behandelt. **16**

2. Juristische Personen des Privatrechts

Nach § 11 Abs. 1 S. 1 InsO sind die juristischen Personen (des Privatrechts) insolvenzfähig. Dazu gehören die AG (§ 1 AktG), die GmbH (§ 13 GmbHG), die UG (§ 5a GmbHG), die KGaA (§ 278 Abs. 1 AktG), die eG (§ 2 GenG), der rechtsfähige Verein (§§ 21, 22 BGB), die SE (Art. 1 Abs. 3 SE-VO), der VVaG (§ 171 VAG) sowie die rechtsfähige Stiftung (§§ 80, 86 S. 1, 42 BGB).[19] Auch Mischformen, wie die GmbH & Co. KGaA, sind erfasst. Hier ist zu beachten, dass beide Gesellschaften selbstständig insolvenzfähig sind.[20] Es gilt: eine Gesellschaft, eine (selbstständige) Insolvenz, ein (selbstständiges) Verfahren. Keine Insolvenzfähigkeit besitzen Konzerne.[21] Hier bleibt es bei dem Grundsatz, dass allein die einzelnen Rechtsträger insolvenzfähig sind (z.B. AG, GmbH), nicht aber die Holding selbst. Um Konzerninsolvenzen mit ihren Verflechtungen besser zu bewältigen, ermöglicht § 3a i.V.m. § 3e InsO eine koordinierte Insolvenzabwicklung. Nach § 11 Abs. 1 S. 2 InsO ist der nicht rechtsfähige Verein (§ 54 BGB) kraft ausdrücklicher Normierung insolvenzfähig. Damit kann ein Insolvenzverfahren auch über das Vermögen einer Partei eröffnet werden.[22] **17**

Beispiel Die MODEHAUS GmbH hat ihren Sitz in Nürnberg. Aufgrund erheblicher Umsatzrückgänge (u.a. bedingt durch die COVID-19-Pandemie) ist sie zahlungsunfähig. Die MODEHAUS GmbH ist als GmbH eine juristische Person und damit insolvenzfähig (§ 11 Abs. 1 S. 1 InsO). ■

3. Personengesellschaften

Insolvenzfähig sind nach § 11 Abs. 2 Nr. 1 InsO auch die „Gesellschaften ohne Rechtspersönlichkeit". Gemeint sind die „rechtsfähigen Personengesellschaften". Diese Formulierung wird ab 2024 auch in der InsO verwendet.[23] Zu den rechtsfähigen Personengesellschaften gehören die OHG (§§ 124 ff. HGB), die KG (§§ 161 ff. HGB), die Partnerschaftsgesellschaft (§§ 1 ff. PartGG), die GbR (§§ 705 ff. BGB) in Form der Außengesellschaft (= rechtsfähige GbR § 705 **18**

17 Vgl. *Foerste* Insolvenzrecht Rn. 26.
18 BeckOK InsR/*Wolfer* InsO § 11 Rn. 1.
19 Vgl. Braun/*Bußhardt* InsO § 11 Rn. 9.
20 Graf-Schlicker/*Kexel* InsO § 11 Rn. 7.
21 *Paulus* Insolvenzrecht § 3 Rn. 9 f.
22 *BGH* NZI 2021, 268 Rn. 11 ff.; Braun/*Bußhardt* InsO § 11 Rn. 9.
23 Art. 35 des Gesetzes zur Modernisierung des Personengesellschaftsrechts (MoPeG) vom 10.8.2021.

Abs. 2 BGB n.F. ab 2024),[24] die Partenreederei (§§ 489 ff. HGB), die EWIV (Art. 1 ff. EWIV-VO) sowie die PartmbB als Unterfall der Partnerschaft (§ 8 Abs. 4 PartGG). Auch die Mischformen der GmbH & Co. KG oder der UG (haftungsbeschränkt) & Co. KG gehören zu den Personengesellschaften. Da jeder Rechtsträger selbstständig betrachtet werden muss, sind Doppelinsolvenzen möglich. Scheidet bei einer GmbH & Co. KG die GmbH wegen Eröffnung eines Insolvenzverfahrens über ihr Vermögen als einzige Komplementärin aus der KG aus (§§ 161 Abs. 2, 131 Abs. 3 S. 1 Nr. 2 HGB), führt dies zur Vollbeendigung der KG; es kommt zu einem Partikularinsolvenzverfahren über das beim Kommanditisten angewachsene Vermögen.[25] Nicht insolvenzfähig ist die stille Gesellschaft (§§ 230 ff. HGB), da es kein gesamthänderisches Vermögen gibt.[26] Auch die Wohnungseigentümergemeinschaft ist nicht insolvenzfähig (§ 9a Abs. 5 WEG).

4. EU-Auslandsgesellschaften

19 Insolvenzfähig sind alle Rechtsformen aus den 27 EU-Mitgliedstaaten, soweit sie nach dem Recht ihres Gründungsstaates insolvenzfähig sind,[27] wie beispielsweise die Besloten venootschap (BV = niederländische GmbH) oder die SARL aus Luxemburg. Seit dem BREXIT wird die englische Limited mit Verwaltungssitz in Deutschland je nach Fallgestaltung den Regeln der GbR oder der OHG unterworfen.[28]

5. Staaten und juristische Personen des öffentlichen Rechts

20 Damit der Staat funktionsfähig bleibt, besitzen weder die Bundesrepublik Deutschland noch die sechzehn Bundesländer Insolvenzfähigkeit (§ 12 Abs. 1 Nr. 1 InsO). Auch juristische Personen des öffentlichen Rechts (z.B. Gemeinden, Körperschaften, Anstalten) fehlt die Insolvenzfähigkeit, wenn das Landesrecht dies bestimmt (§ 12 Abs. 1 Nr. 2 InsO). Die Sondernorm des § 12 InsO gilt nicht für politische Parteien oder deren Gebietsverbände, diese sind nach § 11 InsO insolvenzfähig.[29]

II. Gläubiger

21 Die InsO teilt die Gläubiger in **fünf Gruppen** ein. Unterschieden wird zwischen Insolvenzgläubigern (§ 38 InsO), Massegläubigern (§ 53 InsO), nachrangigen Insolvenzgläubigern (§ 39 InsO), aussonderungsberechtigten Gläubigern (§ 47 InsO) sowie absonderungsberechtigten Gläubigern (§§ 49, 50, 51 InsO). Den Mittelpunkt bilden die **Insolvenzgläubiger**, da vorrangiges Ziel der InsO die gleichmäßige Befriedigung der Insolvenzgläubiger ist (§ 1 S. 1 InsO). Die Eingruppierung hat erhebliche wirtschaftliche Bedeutung. Werden Massegläubiger im Regelfall zu 100 % bedient, bekommen Insolvenzgläubiger am Ende des Insolvenzverfahrens eine geringe Quote (5–10 %), während nachrangige Gläubiger regelmäßig leer ausgehen.

---

24 *BGH* NJW 2001, 1056; HK-InsO/*Sternal* § 11 Rn. 17 f.

25 Näher MüKoInsO/*Vuia* InsO § 11 Rn. 26.

26 Uhlenbruck/*Hirte* InsO § 11 Rn. 384.

27 BeckOK InsR/*Wolfer* InsO § 11 Rn. 7.

28 BeckOnline InsR/*Wolfer* InsO § 11 Rn. 8; siehe auch *Gelbrich* NZI 2021, 256.

29 *BGH* NZI 2021, 268 Rn. 51 ff.

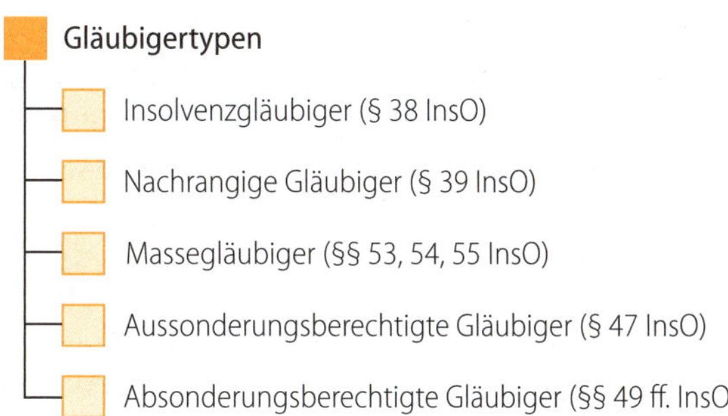

1. Insolvenzgläubiger

Insolvenzgläubigersind nach § 38 InsO **persönliche Gläubiger**, die einen **zur Zeit** der Eröffnung des Insolvenzverfahrens begründeten **Vermögensanspruch** gegen den Schuldner haben. Sie dürfen ihre Forderungen nur noch im Insolvenzverfahren verfolgen (§ 87 InsO), indem sie ihre Forderungen zur Insolvenztabelle anmelden (§§ 174 ff. InsO).[30] Die Stellung als Insolvenzgläubiger setzt voraus, dass der Schuldner dem Gläubiger persönlich, und nicht nur mit einem einzelnen Gegenstand, haftet. Daher sind dingliche Gläubiger nicht von § 38 InsO erfasst.[31] Als Vermögensanspruch muss der Anspruch auf **Zahlung einer Geldsumme** gerichtet sein. Forderungen, die nicht auf Geld lauten, wie beispielsweise Beförderungsansprüche (Flugticket), sind mit ihrem Wert zu schätzen (§ 45 S. 1 InsO).[32] Ansprüche auf unvertretbare Handlungen i.S.d. § 888 ZPO (z.B. Gegendarstellung) sind keine Vermögensansprüche und nehmen daher nicht am Insolvenzverfahren teil. 22

Insolvenzgläubiger i.S.d. § 38 InsO sind nur diejenigen Gläubiger, deren Vermögensanspruch bereits im Zeitpunkt der Verfahrenseröffnung begründet war. Der anspruchsbegründende Tatbestand muss **vor** Eröffnung des Insolvenzverfahrens eingetreten sein,[33] d.h. die Grundlage des Anspruchs bereits vor Eröffnung gelegt sein. Ob die Forderung selbst schon entstanden oder fällig ist, ist unerheblich. Dieser Grundgedanke ergibt sich für nicht fällige Forderungen aus § 41 InsO, für auflösend bedingte Forderungen aus § 42 InsO. 23

Da der Anspruch **vor** Verfahrenseröffnung bestanden haben muss, sind Insolvenzgläubiger von den Massegläubigern (§ 55 InsO) abzugrenzen. Die Unterscheidung ist auf den ersten Blick relativ einfach, da die InsO bestimmte Zeitfenster setzt. 24

Insolvenzgläubiger sind nach § 38 InsO alle Gläubiger, die **vor** Eröffnung des Insolvenzverfahrens eine Forderung gegen den Schuldner begründet haben.

Es genügt, wenn der Rechtsgrund vor der Verfahrenseröffnung gelegt ist.

Massegläubiger sind dagegen nach § 55 Abs. 1 InsO die Gläubiger, die **nach** der Eröffnung des Insolvenzverfahrens eine Forderung gegen die Insolvenzmasse begründet haben.

---

30 Vgl. *BGH* NZI 2020, 589 Rn. 16; NJW 2019, 3522 Rn. 15; NZI 2018, 886 Rn. 11.

31 BeckOK InsR/*Kirchner* InsO § 38 Rn. 5.

32 *BGH* NZI 2022, 694 Rn. 9; NZI 2022, 978 Rn. 9; NZI 2018, 886 Rn. 11.

33 *BGH* NZI 2020, 839 Rn. 11; NZI 2019, 499 Rn. 40; NZI 2017, 68 Rn. 17; *BayOblG* NZI 2020, 44 Rn. 28; *BAG* NZI 2019, 385 Rn. 13; *BVerwG* NZI 2019, 765 Rn. 13.

Beispiele Lieferant Leon (L) hat der MODEHAUS GmbH vor Eröffnung des Insolvenzverfahrens Druckerpatronen geliefert. Der Kaufpreis wurde nicht gezahlt. (L) ist mit seinem Kaufpreisanspruch (§ 433 Abs. 2 BGB) Insolvenzgläubiger (§ 38 InsO). Würde (L) dem Insolvenzverwalter die Patronen nach Insolvenzeröffnung verkaufen, wäre er Massegläubiger (§ 55 Abs. 1 Nr. 1 InsO).

Bei Dauerschuldverhältnissen, die regelmäßig wiederkehrende Leistungen zum Inhalt haben, bildet die Insolvenzeröffnung eine zeitliche Zäsur. Beispielsweise sind Mietzinsansprüche des Vermieters, die vor der Eröffnung des Insolvenzverfahrens entstanden sind, Insolvenzforderungen (§ 38 InsO). Mietzinsansprüche des Vermieters nach der Eröffnung des Verfahrens sind Masseverbindlichkeiten (§ 55 Abs. 1 Nr. 2 InsO).

25 Keine Insolvenzforderungen sind die **Ansprüche der Gesellschafter**, die auf Rückzahlung der Einlage gerichtet sind; sie betreffen das Eigenkapital und fallen weder unter § 38 InsO noch unter § 39 Abs. 1 Nr. 5 InsO.[34] Sie sind lediglich im Rahmen von § 199 S. 2 InsO zu berücksichtigen. Keine Insolvenzforderungen sind Ansprüche von **Neu-Gläubigern** (Rn. 54).

2. Massegläubiger

26 Massegläubiger (§§ 53 bis 55 InsO) haben es besonders gut. Sie sind gem. § 53 InsO „vorweg", d.h. im Rang vor allen Insolvenzforderungen (§ 38 InsO), zu befriedigen. Der Insolvenzverwalter muss die Masseverbindlichkeiten (zu 100 %) begleichen, sobald Fälligkeit eingetreten ist.[35] Zu den Masseverbindlichkeiten gehören gem. § 53 InsO die Kosten des Insolvenzverfahrens (§ 54 InsO) und die sonstigen Masseverbindlichkeiten (§ 55 InsO). Daneben finden sich vereinzelt Sondernormen (§§ 100, 123 Abs. 2, 169 InsO).

a) Kosten des Insolvenzverfahrens (Massekosten)

27 Masseverbindlichkeiten sind die Kosten des Insolvenzverfahrens (§ 53 Fall 1 InsO). Diese sind in § 54 InsO gesetzlich definiert. Dazu gehören die Gerichtskosten (§ 54 Nr. 1 InsO), die Vergütungen und Auslagen des vorläufigen Insolvenzverwalters und des Insolvenzverwalters sowie die Vergütungen und Auslagen der Mitglieder des Gläubigerausschusses (§ 54 Nr. 2 InsO). Die in § 54 InsO getroffene Bestimmung ist abschließend.[36]

b) Sonstige Masseverbindlichkeiten

28 Zu den Masseverbindlichkeiten gehören die „sonstigen Masseverbindlichkeiten" (§ 53 Fall 2 InsO). Diese sind in § 55 InsO näher geregelt. § 55 Abs. 1 Nr. 1 InsO erfasst Verbindlichkeiten, die durch eine Handlung des Insolvenzverwalters nach Verfahrenseröffnung oder in anderer Weise durch die Verwaltung, Verwertung und Verteilung der Insolvenzmasse begründet werden. Zu den „Handlungen" nach § 55 Abs. 1 Nr. 1 Fall 1 InsO gehören vorrangig für die Masse abgeschlossene Rechtsgeschäfte, wie der Kauf von Kopierpapier.[37] Aber auch Steuern, die nach der Eröffnung anfallen (z.B. Gewerbesteuer, Umsatzsteuer, Körperschaftssteuer), sind erfasst. Verbindlichkeiten, die „in anderer Weise" begründet werden (§ 55 Abs. 1 Nr. 1 Fall 2

34 *BGH* NZI 2018, 76 Rn. 24; *BayOblG* NZI 2020, 44 Rn. 30 ff.

35 *BGH* NZI 2022, 472 Rn. 10.

36 *BGH* NZI 2019, 499 Rn. 42 ff.

37 Vgl. *BAG* NZI 2019, 385 Rn. 14; *Foerste* Insolvenzrecht Rn. 83.

InsO), z.B. nach Eröffnung durch Verwaltungsakt festgesetzte Beitragsforderungen der Industrie- und Handelskammer.[38]

Gem. § 55 Abs. 1 Nr. 2 InsO entstehen Masseverbindlichkeiten auch dadurch, dass der Insol- 29
venzverwalter in gegenseitige Verträge mit synallagmatischen Leistungspflichten des Schuldners eintritt. Hierzu gehören die Lohnansprüche der nach Insolvenzeröffnung weiterbeschäftigten Arbeitnehmer (§ 611a Abs. 2 BGB i.V.m. § 108 Abs. 1 S. 1 InsO)[39] oder der Mietzins für eine nach Insolvenzeröffnung vom Insolvenzverwalter genutzte Immobilie (§ 535 Abs. 2 BGB i.V.m. § 108 Abs. 1 S. 1 InsO).[40] Grund für die Sonderstellung ist der Schutz der Vertragspartner.[41] Verbindlichkeiten aus ungerechtfertigter Bereicherung der Masse sind ebenfalls Masseverbindlichkeiten (§ 55 Abs. 1 Nr. 3 InsO). Hat der Insolvenzverwalter beispielsweise nach Verfahrenseröffnung Sachen verarbeitet, an denen ein Aussonderungsrecht besteht, ist die Masse ungerechtfertigt bereichert.[42]

Grundsätzlich können Masseverbindlichkeiten erst **nach** der Eröffnung des Insolvenzverfah- 30
rens entstehen. Das Gesetz sieht in Sonderfällen vor, dass Masseverbindlichkeiten bereits im Eröffnungsverfahren, also im Zeitraum zwischen Eröffnungsantrag und Eröffnung des Insolvenzverfahrens, begründet werden. Das ist der Fall, wenn im Eröffnungsverfahren ein starker vorläufiger Insolvenzverwalter bestellt wird (§§ 21 Abs. 1 S. 1 Nr. 1 und Nr. 2 Alt. 1, 22 Abs. 1 InsO). Die durch sein Handeln begründeten Forderungen sind nach § 55 Abs. 2 S. 1 InsO automatisch Masseverbindlichkeiten (z.B. Kaufpreis für den Kauf von Kopierpapier). Hat der vorläufig starke Verwalter Arbeitsleistungen der Arbeitnehmer in Anspruch genommen, sind die Ansprüche auf Lohnzahlung (§ 611 BGB) Masseverbindlichkeiten nach § 55 Abs. 2 S. 2 InsO.[43] Für den vorläufig schwachen Verwalter ist § 55 Abs. 2 InsO nicht analog anwendbar. Das Gericht kann ihm aber durch Einzelermächtigung (§ 21 Abs. 1 S. 1 InsO) die Befugnis verleihen, Masseverbindlichkeiten zu begründen.[44]

Ein weiterer Sonderfall ist das sog. **Fiskusprivileg**, das in § 55 Abs. 4 InsO geregelt ist. Die 31
Norm wurde durch das SanInsFoG reformiert. Der Anwendungsbereich ist nunmehr auf bestimmte Steuern und sonstige Abgaben beschränkt. Nach § 55 Abs. 4 S. 1 InsO werden Umsatzsteuerverbindlichkeiten, die von einem vorläufig starken Verwalter oder vom Schuldner mit Zustimmung eines vorläufig schwachen Verwalters oder im vorläufigen Eigenverwaltungsverfahren mit Zustimmung des Sachwalters begründet worden sind, automatisch zu Masseverbindlichkeiten hochdeklariert.[45] Gleichgestellt sind nach § 55 Abs. 4 S. 2 InsO sonstige Ein- und Ausfuhrabgaben (Nr. 1), bundesgesetzlich geregelte Verbrauchssteuern (Nr. 2), die Luftverkehr- und Kraftfahrzeugsteuer (Nr. 3) und die Lohnsteuer (Nr. 4). Begründet wird das Fiskusprivileg damit, dass der Fiskus sich den Schuldner nicht aussuchen und keine Sicherheiten für seine Ansprüche vereinbaren kann. Die Kritik an der Neuregelung überwiegt.

---

38 *OVG Münster* NZI 2018, 797, 799.
39 Vgl. *BAG* NZI 2021, 323 Rn. 49 ff.; Uhlenbruck/*Sinz* InsO § 55 Rn. 61.
40 Vgl. *BGH* NZI 2018, 174 Rn. 30; *Becker* Insolvenzrecht § 4 Rn. 44 ff. (mit Beispielsfall).
41 *BGH* NZI 2019, 499 Rn. 50.
42 Vgl. *BGH* NJW 2019, 1940 Rn. 55.
43 *BAG* NZI 2022, 341 Rn. 12; *BGH* NZI 2016, 779 Rn. 25 ff.
44 *BGH* NJW 2019, 1940 Rn. 53; MüKoInsO/*Erdmann* InsO § 55 Rn. 63.
45 BeckOK InsR/*Erdmann* InsO § 55 Rn. 71 ff; näher *Keilbach* NZI 2022, 256.

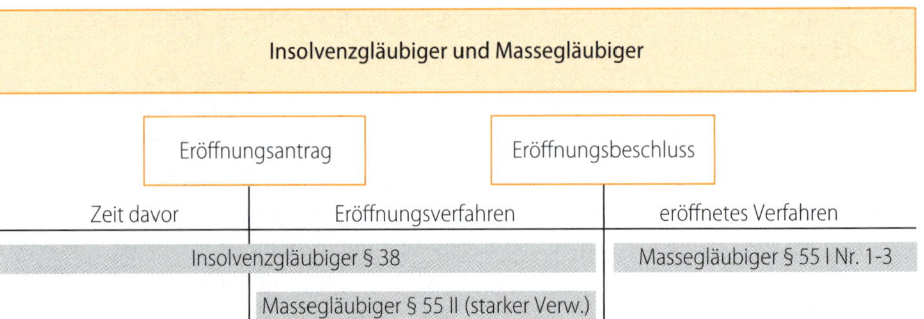

c) Geltendmachung

32 Massegläubiger können ihre Ansprüche außerhalb des Insolvenzverfahrens geltend machen. Zahlt der Insolvenzverwalter nicht, muss der Massegläubiger seinen Anspruch gegen den Insolvenzverwalter gerichtlich durch Leistungsklage geltend machen.[46] Der Insolvenzverwalter ist als Partei kraft Amtes passiv legitimiert.[47] Örtlich zuständig für die Zahlungsklage sind die ordentlichen Gerichte am Sitz des *Insolvenzgerichts* (§ 19a InsO). Gewinnt der Massegläubiger den Prozess, ist die Vollstreckung in die Masse erlaubt (§ 90 Abs. 2 InsO). Einschränkungen gelten bei Masseunzulänglichkeit nach § 208 InsO.

3. Nachrangige Gläubiger

a) Grundlagen

» Lesen Sie die Vorschrift des § 39 InsO einmal vollständig durch. Sie enthält in § 39 Abs. 1 S. 1 Nr. 5 InsO komplizierte Fragestellungen aus dem Gesellschaftsrecht. «

33 Die nachrangigen Gläubiger (§ 39 InsO) werden erst nach vollständiger Befriedigung der Insolvenzgläubiger (§ 38 InsO) berücksichtigt. Sie stehen in der Insolvenz somit an letzter Stelle und können mit ihren Forderungen erst dann am Insolvenzverfahren teilnehmen, wenn zuvor alle Insolvenzgläubiger zu 100 % befriedigt worden sind (kommt in der Praxis kaum vor). Die nachrangigen Gläubiger sind in § 39 Abs. 1 S. 1 Nr. 1 bis 5, Abs. 2, 3 InsO abschließend aufgelistet. Die dort genannten Forderungen werden in der zwingenden Rangfolge des § 39 InsO nacheinander befriedigt. An erster Stelle stehen die Zinsansprüche (§ 39 Abs. 1 S. Nr. 1 InsO), an zweiter Stelle Kosten, wie z.B. Anwaltskosten für die Forderungsanmeldung (§ 39 Abs. 1 S. 1 Nr. 2 InsO), an dritter Stelle Säumniszuschläge (§ 39 Abs. 1 S. 1 Nr. 3 InsO), an vierter Stelle Schenkungsforderungen (§ 39 Abs. 1 S. 1 Nr. 4 InsO) und an fünfter Stelle Ansprüche auf Rückzahlung eines Gesellschafterdarlehens (§ 39 Abs. 1 S. 1 Nr. 5 InsO). Danach folgen die Gläubiger, deren Nachrang sich aus einer besonderen Vereinbarung ergibt (§ 39 Abs. 2 InsO). Alle nachrangigen Gläubiger dürfen ihre Forderungen erst nach separater Aufforderung durch das *Insolvenzgericht* zur Tabelle anmelden (§ 174 Abs. 3 InsO).

b) Gesellschafterdarlehen

34 In der Insolvenz sind Gesellschafterdarlehen als nachrangige Forderungen im Rang des § 39 Abs. 1 S. 1 Nr. 5 InsO eingruppiert und damit dem Eigenkapital angenähert.[48] Die Norm ist anwendbar, wenn der Schuldner (Darlehensempfänger) eine juristische Person oder eine Per-

46 *BGH* NZI 2022, 472 Rn. 10; NJW 2018, 1169 Rn. 23; Braun/*Bäuerle* InsO § 53 Rn. 7.
47 BeckOK InsR/*Erdmann* InsO § 53 Rn. 10.
48 Vgl. *BGH* NZI 2020, 790 Rn. 27; NJW 2019, 2923 Rn. 24.

sonengesellschaft ist, die keine natürliche Person als Vollhafter hat (§ 39 Abs. 4 S. 1 InsO). Erfasst sind insbesondere die Rechtsformen der GmbH, UG, AG und die GmbH & Co. KG.

Beispiel Gesellschafter der MODEHAUS GmbH sind Max (M) und Fred (F). Fred hat ein Jahr vor Insolvenzeröffnung der GmbH ein Darlehen über 400 000 EUR gewährt. Im Insolvenzverfahren ist (F) mit seiner Forderung auf Rückzahlung des Darlehens (§ 488 Abs. 1 S. 2 BGB) nachrangiger Gläubiger (§ 39 Abs. 1 S. 1 Nr. 5 InsO). Er kann nur nach gesonderter Aufforderung seine Forderung zur Tabelle anmelden (§ 174 Abs. 3 InsO) und bekommt erst dann eine Ausschüttung, wenn sämtliche Insolvenzgläubiger (§ 38 InsO) der MODEHAUS GmbH zu 100 % befriedigt sind. Das ist so gut wie nie der Fall. (F) wird daher leer ausgehen. ■

aa) Gesellschafter als Darlehensgeber

Weitere Voraussetzung für die Anwendung des § 39 Abs. 1 S. 1 Nr. 5 InsO ist, dass der Darlehensgeber Gesellschafter ist. Dazu gehört der unmittelbar am Schuldner beteiligte Gesellschafter. Aber auch Dritte können einem Gesellschafter gleichgestellt sein. Das gilt insbesondere für verbundene Unternehmen bei *vertikaler* oder *horizontaler* Verbindung.[49] Ein Dritter kann kraft Vereinbarung einem Gesellschafter gleichgestellt sein.[50] Nicht ausreichend ist die Stellung als Hausbank oder Pfandgläubiger. **35**

bb) Gesellschafterdarlehen

Ein Gesellschafterdarlehen i.S.d. § 39 Abs. 1 Nr. 5 InsO liegt vor, wenn der Gesellschafter der Gesellschaft einen Geldbetrag in einer vereinbarten Höhe zur Verfügung gestellt hat und die Gesellschaft verpflichtet ist, den Geldbetrag zurückzuzahlen (§ 488 Abs. 1 BGB).[51] Es bedarf einer vertraglich wirksamen Grundlage durch ausdrückliche oder konkludente Vereinbarung. Unerheblich ist, zu welchem Zweck und zu welchem Zeitpunkt das Darlehen gewährt wurde. Auch kurzfristige Überbrückungskredite werden erfasst.[52] **36**

cc) Darlehensgleiche Forderungen

Nach der Generalklausel des § 35 Abs. 1 Nr. 5 Alt. 2 InsO sind Forderungen des Gesellschafters, die einem Darlehen **wirtschaftlich entsprechen**, Gesellschafterdarlehen gleichgestellt (sog. darlehensgleiche Forderungen). Mit der Regelung sollen sämtliche Rechtshandlungen einbezogen werden, die wie ein Darlehen Finanzierungsfunktion haben.[53] Entscheidend ist, dass der Gesellschafter der Gesellschaft einen Kapitalwert **temporär zur Nutzung** überlässt. Der Betrag muss der Gesellschaft zur freien Verfügung stehen und Gesellschafter und Gesellschaft müssen sich von vornherein einig sind, dass der Betrag zurückzuzahlen ist. Darlehensgleich können daher auch Austauschgeschäfte (Kauf-, Miet-, Dienstverträge) sein, wenn der Betrag für das Austauschgeschäft länger als drei Monate (rechtsgeschäftlich) **gestundet** bzw. (faktisch) **stehen gelassen** wird.[54] Auch stehen gelassene Vergütungsansprüche eines Gesellschafters sind erfasst. Ist durch einen Gewinnverwendungsbeschluss ein Anspruch des **37**

49 *BGH* NZI 2020, 790 Rn. 22; NZI 2020, 422 Rn. 7; *Ganter* NZI 2021, 1, 7.
50 *BGH* NZI 2020, 790 Rn. 30 ff.
51 *BGH* NZI 2021, 90 Rn. 10; NJW 2019, 2923 Rn. 31.
52 *BGH* NZI 2013, 804 Rn. 29; BeckOK InsR/*Prosteder/Dachner* InsO § 39 Rn. 82.
53 *BGH* NJW 2019, 2923 Rn. 22 ff.; Braun/*Bäuerle* InsO § 39 Rn. 20.
54 *BGH* NZI 2021, 90 Rn. 18; NZI 2021, 180 Rn. 12; NZG 2019, 1192 Rn. 13 ff.

Gesellschafters auf Ausschüttung entstanden, handelt es sich um eine darlehensgleiche Forderung, wenn die Gewinnforderung über einen längeren Zeitraum stehen gelassen wird.[55] Eine weitere Fallgruppe ist die Zuführung liquider Mittel auf Grund eines nichtigen Darlehensvertrags (z.B. Sittenwidrigkeit § 138 BGB, Scheingeschäft § 117 BGB).[56]

dd) Ausnahmen vom Nachrang

38 Die Nachrangregelung des § 39 Abs. 1 Nr. 5 InsO wurde wegen der COVID-19-Pandemie temporär ausgesetzt. Nach § 2 Abs. 1 Nr. 2 SanInsKG (vormals COVInsAG) sind die Nachrangregelungen für Insolvenzverfahren, die bis 30.9.2023 beantragt wurden, nicht anwendbar, sofern die Gesellschafterdarlehen im Aussetzungszeitraum neu begeben wurden.[57] Für zahlungsunfähige Unternehmen war die Insolvenzantragspflicht bis zum 30.9.2020 ausgesetzt, für überschuldete Unternehmen bis zum 31.12.2020 (§ 1 SanInsKG). Die Privilegierung soll gewährleisten, dass Gesellschafter, die ihrer Gesellschaft im Corona-Krisenjahr neue Darlehen zugeführt haben, nicht für ihre „Hilfestellung" sanktioniert werden.

39 Das sog. **Sanierungsprivileg** des § 39 Abs. 4 S. 2 InsO stellt einen Ausnahmefall zu § 39 Abs. 1 S. 1 Nr. 5 InsO dar. Erwirbt ein neuer Gesellschafter bei Zahlungsunfähigkeit oder Überschuldung Gesellschaftsanteile zum Zweck der Sanierung, führt dies bis zur nachhaltigen Sanierung nicht zur Anwendung des § 39 Abs. 1 S. 1 Nr. 5 InsO. Der Darlehensgeber ist mit seinem Darlehen Insolvenzgläubiger (§ 38 InsO), nicht nachrangiger Gläubiger. Damit kann die Gesellschaft auch in Krisenzeiten neue Investoren gewinnen.

40 Eine weitere Ausnahme stellt das sog. **Minderheitenprivileg** nach § 39 Abs. 5 InsO dar. Ist ein Gesellschafter mit 10 % oder weniger am Stammkapital beteiligt und nicht als Geschäftsführer tätig, findet § 39 Abs. 1 S. 1 Nr. 5 InsO keine Anwendung. Grund ist, dass nichtgeschäftsführende Minderheitengesellschafter keinen Einfluss auf das operative Geschäft der Gesellschaft haben. Der Minderheitengesellschafter ist normaler Insolvenzgläubiger (§ 38 InsO).[58]

c) Nachrangvereinbarungen

41 Den Parteien steht es frei, freiwillig einen schlechten Rang zu vereinbaren (vgl. § 39 Abs. 2 InsO). Dies wird als Nachrangabrede oder Rangrücktritt bezeichnet. Finanzieren sich Unternehmen über die Ausgabe von Schuldverschreibungen (Anleihen; §§ 793 BGB) oder Genussrechten (§ 221 Abs. 3 AktG) an private oder institutionelle Anleger, sind in den Ausgabebedingungen häufig „Nachrangabreden" zu finden. Diese Vereinbarungen sind grundsätzlich von § 39 Abs. 2 InsO erfasst. Inhalt und Reichweite eines Nachrangs können Schuldner und Gläubiger frei vereinbaren.[59] Sind Verbraucher betroffen, unterliegen Nachrangvereinbarungen der AGB-Kontrolle (§§ 305 ff. BGB). Eine **einfache Nachrangvereinbarung** ist nicht überraschend und verstößt im Regelfall nicht gegen § 307 Abs. 2 S. 1 BGB.[60] Eine strengere Beurteilung trifft der *BGH*, sofern es sich um hybride Finanzierungsformen mit einer sog. **qualifizierten Nachrangabrede** handelt. Bei diesem Vertragstypus stellt der Kapitalgeber dem Schuldner für eine bestimmte Laufzeit ein Darlehen zur Verfügung und garantiert zugleich, dass der Anspruch

55 *BGH* NZI 2021, 180 Rn. 13 (Stehenlassen über 8 Monate).
56 *BGH* NJW 2019, 2923 Rn. 35 f.
57 BeckOK InsR/*Prosteder/Dachner* InsO § 39 Rn. 106a.
58 *BGH* NZI 2018, 76 Rn. 23.
59 *BGH* NZI 2022, 425 Rn. 35; *OLG Düsseldorf* NZI 2018, 317, 319.
60 *BGH* NZI 2018, 482 Rn. 34 ff.

auf Rückzahlung des Kapitals im Fall der wirtschaftlichen Krise (Eintritt der drohenden Zahlungsunfähigkeit, Zahlungsunfähigkeit oder Überschuldung) dauerhaft ausgeschlossen ist (sog. vorinsolvenzliche Durchsetzungssperre).[61] Einem formularmäßigen Rangrücktritt setzt der *BGH* hier enge Grenzen. Wird nicht über den Wesenskern einer qualifizierten Nachrangabrede aufgeklärt, verstößt die Nachrangabrede gegen das Transparenzgebot des § 307 Abs. 1 S. 2 BGB und ist nichtig.[62]

4. Aussonderungsberechtigte Gläubiger

Nach § 35 Abs. 1 InsO steht den Insolvenzgläubigern nur das dem Schuldner gehörende Ver- **42**
mögen (Insolvenzmasse) zur Befriedigung zur Verfügung. Das Aussonderungsrecht betrifft Gegenstände, die nicht zur Insolvenzmasse gehören. Nach § 47 S. 1 InsO ist zur Aussonderung berechtigt, wer aufgrund eines dinglichen oder persönlichen Rechts geltend machen kann, dass ein Gegenstand nicht zur Insolvenzmasse gehört.[63] Der Insolvenzverwalter muss den Gegenstand herausgeben („aussondern"). Geschieht dies nicht freiwillig, muss der Aussonderungsberechtigte seinen materiell-rechtlichen Anspruch (z.B. auf Herausgabe nach § 985 BGB) außerhalb des Insolvenzverfahrens nach den allgemeinen Regeln geltend machen (vgl. § 47 S. 2 InsO; näher Rn. 369 f.).

a) Dinglich Berechtigte

Anspruch auf Aussonderung haben die dinglich Berechtigten. Musterfall ist das Eigentum an **43**
einer beweglichen Sache oder an einem Grundstück. Der Eigentümer kann Aussonderung verlangen, außer der Schuldner ist aufgrund (noch) bestehender Vertragsbeziehungen zum Besitz der Sache berechtigt (§ 986 BGB).[64] Auch der **einfache Eigentumsvorbehalt** (§§ 449 Abs. 1, 929, 158 BGB) gewährt ein Aussonderungsrecht, wenn der Verkäufer aufgrund Zahlungsverzugs vor Insolvenzeröffnung vom Kaufvertrag zurückgetreten ist (§ 323 BGB).[65] Mit dem Rücktritt ist das Besitzrecht des Käufers (§ 986 BGB) entfallen, so dass der Eigentümer (Vorbehaltsverkäufer) die Herausgabe nach § 985 BGB verlangen kann. Wird die Vorbehaltsware verarbeitet (§ 948 BGB) oder vermengt (§ 947 BGB), entsteht Miteigentum zu Bruchteilen, das ebenfalls zur Aussonderung berechtigt, sofern der Anteil bestimmbar und noch vorhanden ist.[66] Kein Aussonderungsrecht, sondern ein Absonderungsrecht gewähren sicherungsübereignete Gegenstände oder der verlängerte Eigentumsvorbehalt (Rn. 48). Weitere Aussonderungsrechte sind beschränkt dingliche Rechte (Nießbrauch, Erbbaurecht, Grunddienstbarkeit) und ein durch Vormerkung gesicherter Anspruch.[67]

b) Persönlich Berechtigte

Auch schuldrechtliche Herausgabeansprüche können Aussonderungsrechte begründen. Der **44**
Verleiher kann die entliehene Sache aussondern (§ 604 BGB), der Besteller das dem Werkunternehmer überlassene Werk (§ 631 BGB). In der Mieterinsolvenz steht dem Vermieter nach

61 *BGH* NZI 2022, 425 Rn. 31, 35; NZI 2019, 509 Rn. 32; BeckOK InsR/*Prosteder/Dachner* InsO § 39 Rn. 109.
62 *BGH* NZI 2020, 269 Rn. 22 ff.; NZI 2019, 509 Rn. 34 ff.; BeckOK InsR/*Prosteder/Dachner* InsO § 39 Rn. 118.
63 Braun/*Bäuerle* InsO § 47 Rn. 1; *Foerste* Insolvenzrecht Rn. 90.
64 *Becker* Insolvenzrecht § 4 Rn. 15; *Foerste* Insolvenzrecht Rn. 392.
65 Vgl. *BGH* NJW 2019, 1940 Rn. 65; *Becker* Insolvenzrecht § 4 Rn. 16 f.
66 *BGH* NJW 2019, 1940 Rn. 72.
67 HK-InsO/*Lohmann* § 47 Rn. 13 f.

Beendigung des Mietverhältnisses ein Aussonderungsanspruch zu (§ 546 Abs. 1 BGB).[68] Auch treuhänderisch übertragene Rechte können vom Treugeber ausgesondert werden.[69] Bloße Verschaffungsansprüche (z.B. Anspruch auf Übereignung der Kaufsache § 433 Abs. 1 S. 1 BGB) begründen hingegen kein Aussonderungsrecht.

5. Absonderungsberechtigte Gläubiger

45 Die Absonderungsrechte sind in den §§ 49 bis 52 InsO geregelt. Klassische Absonderungsrechte sind Grundschulden, Hypotheken, Sicherungsübereignung sowie Sicherungsabtretung. Die Absonderungsberechtigten sind privilegierte Gläubiger, da sie exklusiv aus dem Veräußerungserlös ihres Sicherungsguts befriedigt werden.[70]

a) Grundstücke

46 Nach § 49 InsO ist zur Absonderung berechtigt, wer sich aus einem Gegenstand befriedigen kann, der der Zwangsvollstreckung in das unbewegliche Vermögen (Grundstücke, Wohnungseigentum, Erbbaurechte, eingetragene Schiffe, Luftfahrzeuge) unterliegt. Zur abgesonderten Befriedigung berechtigen vor allem die Grundpfandrechte (**Grundschuld**, **Hypothek**) und die Reallasten (vgl. § 10 Abs. 1 Nr. 4 ZVG). Auch persönliche Forderungen von Gläubigern, die bereits eine insolvenzfeste Beschlagnahme bewirkt haben (§ 10 Abs. 1 Nr. 5 ZVG), gewähren ein Absonderungsrecht, wobei die Beschlagnahme wegen der Rückschlagsperre des § 88 InsO länger als einen Monat vor dem Eröffnungsantrag zurückliegen muss.

b) Mobiliarsicherheiten

47 Zu den Absonderungsrechten an beweglichen Gegenständen gehören vor allem die typischen Kreditsicherheiten, wie das Sicherungseigentum und die Sicherungszession (§ 51 Nr. 1 InsO). Die **Sicherungsübereignung** von beweglichen Sachen (§§ 930, 868 BGB) ist in der Unternehmenspraxis besonders häufig anzutreffen. Regelmäßig lassen sich Kreditinstitute zur Absicherung der ausgereichten Kredite Sicherheiten am Umlaufvermögen einräumen, etwa durch Übereignung des Fuhrparks oder des Warenlagers mit wechselndem Bestand (Raumsicherungsvertrag). Auch die **Sicherungsabtretung** von Forderungen (§ 398 BGB) ist ein klassisches Sicherungsmittel. Forderungen aus Lieferungen und Leistungen werden häufig mittels Globalzession (z.B. Abtretung aller Kundenforderungen mit den Anfangsbuchstaben A bis Z) an die Banken oder Lieferanten abgetreten.[71] Die Sicherungsnehmer sind keine Aus-, sondern Absonderungsberechtigte.[72] Absonderung und Aussonderung unterscheiden sich erheblich. Während die Aussonderung (§ 47 InsO) auf die Herausgabe des Gegenstands gerichtet ist, steht den Absonderungsberechtigten weder ein Anspruch auf Herausgabe noch ein Recht auf Verwertung des Sicherungsguts zu. Vielmehr ist der Insolvenzverwalter für die Verwertung zuständig (§ 166 Abs. 1 InsO; näher Rn. 371 ff.).

68 *BGH* NZI 2019, 536 Rn. 36; *Becker* Insolvenzrecht § 4 Rn. 20.

69 *BGH* NZI 2012, 803, 804; zu den Voraussetzungen BeckOK InsR/*Haneke* InsO § 47 Rn. 106 ff.

70 Vgl. *Foerste* Insolvenzrecht Rn. 91 (mit Beispiel).

71 *Knauth* NZI 2021, 158, 161; *Huber* NZI 2020, 89, 90.

72 Vgl. *BGH* NZI 2016, 633 Rn. 9 (Sicherungseigentum).

Hinweis

Während das Sicherungseigentum in der Einzelzwangsvollstreckung wie das Vollrecht behandelt wird (= Recht auf Drittwiderspruchsklage § 771 ZPO, nicht nur Recht auf vorzugsweise Befriedigung § 805 ZPO), wird das Sicherungseigentum in der Insolvenz funktionell und wirtschaftlich wie ein Pfandrecht behandelt.

Zu den Absonderungsrechten gehören auch die Sonderformen des Eigentumsvorbehalts, **48** wie der verlängerte Eigentumsvorbehalt, der erweiterte Eigentumsvorbehalt oder der verlängerte Eigentumsvorbehalt mit Verarbeitungsklausel.[73] Der **verlängerte Eigentumsvorbehalt** ist dadurch gekennzeichnet, dass der Verkäufer dem Schuldner die Weiterveräußerung der Ware gestattet, sich im Gegenzug die Forderungen aus der Weiterveräußerung zur Sicherheit abtreten lässt (§ 398 BGB) und den Schuldner ermächtigt, die Forderungen im ordnungsgemäßen Geschäftsgang einzuziehen (§ 185 BGB).[74] Beim **verlängerten Eigentumsvorbehalt mit Verarbeitungsklausel** gestattet der Verkäufer dem Käufer die Verarbeitung auf Grundlage einer Herstellerklausel, so dass der Verkäufer das originäre Eigentum an der neu hergestellten Sache erhält (§ 950 BGB).[75] Arbeiten mehrere Zulieferer mit der Herstellerklausel, kommt es zu entsprechendem Miteigentum an der neuen Sache.

Für das Bestehen des Absonderungsrechts ist der absonderungsberechtigte Gläubiger **49** beweisbelastet. Der Insolvenzverwalter hat die Aufgabe, das Bestehen eines Absonderungsrechts sorgfältig prüfen, insbesondere ob **Nichtigkeitsgründe** entgegenstehen. Nichtig ist eine Sicherheit, wenn es an der Bestimmbarkeit fehlt, etwa wenn der Raum bei einem Raumsicherungsvertrag nicht klar genug bezeichnet wird oder die erfassten Gegenstände nicht ausreichend individualisiert sind.[76] Ein Nichtigkeitsgrund ist die Übersicherung (§ 138 BGB). Dieses Problem stellt sich vor allem bei den Globalsicherheiten (Globalzession, Übereignung des Warenlagers etc.). Eine Sittenwidrigkeit (§ 138 BGB) kann sich im Einzelfall auch aus der Knebelung des Schuldners, einer Insolvenzverschleppung oder einer anderweitigen Gläubigergefährdung ergeben.[77] Ist die Sicherheit nicht wirksam bestellt, besteht kein Absonderungsrecht, so dass der Verwertungserlös in die Masse fällt. Machen mehrere Personen Absonderungsansprüche an denselben Gegenständen geltend, muss der Verwalter penibel prüfen, wer Berechtigter ist. Hat der Schuldner ein Warenlager, treffen Eigentumsvorbehalt, Vermieterpfandrecht und Raumsicherungsübereignung häufig aufeinander. Das Vermieterpfandrecht geht einer Raumsicherungsübereignung vor, und zwar sowohl für Ware, die im Zeitpunkt der Sicherungsübereignung bereits eingebracht war, als auch für später zugeführte Ware.[78] Bei Zusammentreffen eines verlängerten Eigentumsvorbehalts und einer Globalzession gebührt dem verlängerten Eigentumsvorbehalt der Vorrang; die Praxis verwendet dingliche Verzichtsklauseln, die eine Freigabe zugunsten der Lieferanten beinhaltet.[79]

73 HK-InsO/*Lohmann* § 51 Rn. 33; *Reischl* Insolvenzrecht Rn. 417.
74 Vgl. *BGH* NZI 2020, 164 Rn. 17 ff.; *Foerste* Insolvenzrecht Rn. 397.
75 *Foerste* Insolvenzrecht Rn. 396; Gottwald/*Haas/Adolphsen* Insolvenzrechts-Handbuch § 43 Rn. 36 f.
76 Gottwald/*Haas/Adolphsen* Insolvenzrechts-Handbuch § 43 Rn. 76.
77 *BGH* NZI 2016, 659 Rn. 39 ff., 51 ff. mit umfangr. Nachw.
78 *BGH* NJW 2019, 1940 Rn. 74.
79 HK-InsO/*Lohmann* § 51 Rn. 45.

c) Pfandrechte und Pfändungspfandrechte

50 Absonderungsrechte nach § 50 Abs. 1 InsO gewähren die vertraglich vereinbarten Pfandrechte (§§ 1204 ff., 1279 ff. BGB)[80] und die gesetzlichen (teils besitzlosen) Pfandrechte (z.B. §§ 562, 592, 647 BGB, § 397 HGB). In der Insolvenz von Unternehmen hat vor allem das Vermieterpfandrecht (§ 562 BGB) Relevanz. Das Absonderungsrecht des Vermieters erstreckt sich auf alle pfändbaren Gegenstände, die während der Mietzeit willentlich auf das Mietgrundstück verbracht worden sind. Dazu gehören auch die dort bestimmungsgemäß abgestellten Fahrzeuge. Nach dem Wortlaut des § 562a S. 1 BGB erlischt das Pfandrecht, wenn das Fahrzeug vom Grundstück „entfernt" worden ist, wobei auch eine vorübergehende Entfernung genügt (§ 562a S. 1 BGB).[81] Entscheidend ist der Zeitpunkt der Insolvenzeröffnung. Das Vermieterpfandrecht erlischt zudem, wenn der Vermieter der Entfernung der Ware zustimmt (§§ 578 Abs. 2 i.V.m. 578 Abs. 1, 562a BGB). Das Absonderungsrecht des Vermieters ist beim gesetzlichen Vermieterpfandrecht nach der Sonderregelung des § 50 Abs. 2 S. 1 InsO auf die Mietansprüche aus den letzten 12 Monaten vor Insolvenzeröffnung beschränkt und umfasst nicht die Schadensersatzansprüche aus § 109 Abs. 1 S. 3 InsO infolge der Kündigung des Insolvenzverwalters. Für vertragliche Mietsicherheiten (Barkaution, Sparguthaben) gilt § 50 Abs. 2 S. 1 Fall 2 InsO jedoch nicht.[82]

51 Eine wichtige Gruppe der Absonderungsberechtigten bilden die Vollstreckungsgläubiger. So berechtigt auch das Pfändungspfandrecht zur Absonderung (§ 50 Abs. 1 InsO). Hat der Gerichtsvollzieher eine bewegliche Sache gepfändet (§ 808 ZPO) oder das Vollstreckungsgericht einen Pfändungs- und Überweisungsbeschluss erlassen (§§ 828 ff. ZPO), berechtigt das Pfändungspfandrecht zur Absonderung, sofern es mehr als einen Monat vor dem Eröffnungsantrag entstanden ist (andernfalls gilt die Rückschlagsperre des § 88 InsO).[83]

d) Sicherheitenpool

52 Nicht selten geraten die Absonderungsberechtigten bei der Geltendmachung ihrer Rechte in Beweisschwierigkeiten. Dies gilt vor allem bei konkurrierenden Teil-Verarbeitungsklauseln. Fest steht zwar, dass mehrere Gläubiger die Rechte haben, aber unklar ist, wem bzw. zu welchem Teil sie wem gehören. In derartigen Fällen hilft der sog. Sicherheitenpool.[84] Hier bringen die Absonderungsberechtigten ihre Sicherungsrechte in einen „Pool" ein, indem sie eine GbR mit dem Ziel der gemeinsamen Durchsetzung/Verwertung der individuell erlangten Sicherheiten gründen und ihre Rechte an die GbR abtreten. Da die GbR damit alle Ansprüche der Zulieferer erworben hat, kann der Verwalter nicht entgegnen, dass der Anteil am Forderungserwerb nicht bestimmbar sei. Im Innenverhältnis müssen sich die Zulieferer über die prozentuale Verteilung der Beträge einigen.

e) Besonderheiten bei Ausfall

53 Häufig sind Absonderungsberechtigte in einer **Doppelrolle** (vgl. § 52 S. 1 InsO). Wurde einer Bank zur Sicherung ihres Kredits ein Gegenstand sicherungsübereignet, ist sie mit ihrer persönlichen Forderung gegen den Schuldner auf Rückzahlung des Darlehens Insolvenzgläubi-

80 Vgl. *BGH* NZI 2022, 373 Rn. 5 (Verpfändung eines Sparguthabens).
81 *BGH* NZI 2018, 174 Rn. 15 ff.
82 Vgl. *BGH* NZI 2022, 373 Rn. 17 ff.
83 *Foerste* Insolvenzrecht Rn. 415.
84 Hierzu *Foerste* Insolvenzrecht Rn. 417 ff.; K. Schmidt/*Thole* InsO § 51 Rn. 24 ff.

gerin (§ 38 InsO) und bezüglich des Sicherungseigentums an der beweglichen Sache Absonderungsberechtigte (§ 51 Nr. 1 InsO). Der Absonderungsberechtigte hat ein Wahlrecht. Er kann nur den schuldrechtlichen Anspruch, nur sein Absonderungsrecht oder beides zusammen geltend machen. So kann er auf das Absonderungsrecht verzichten (vgl. § 52 S. 2 InsO) und nur die persönliche Forderung zur Tabelle anmelden.[85] Dieses Vorgehen empfiehlt sich für Grundschuldgläubiger mit schlechtem Rang, die bei Verwertung des Grundstücks (Zwangsversteigerung) leer ausgehen. Der Absonderungsberechtigte kann auch zweigleisig vorgehen, indem er sein Absonderungsrecht geltend macht und parallel die persönliche Forderung mit dem Zusatz „für den Ausfall" zur Tabelle anmeldet. Meldet er ohne die Beschränkung „für den Ausfall" an, ist darin kein konkludenter Verzicht auf das Absonderungsrecht zu sehen.[86] Grund ist, dass der Ausfall erst im Rahmen der Verteilung Bedeutung erlangt (vgl. § 190 InsO). Die Insolvenzquote wird allein aus dem Ausfall berechnet, also dem Teilbetrag, der durch den Erlös aus der abgesonderten Befriedigung nicht getilgt worden ist.[87] Das stellt § 52 S. 2 InsO klar.

Beispiel Die A-Bank hat der MODEHAUS GmbH zwei Jahre vor Insolvenzeröffnung ein Darlehen über 100 000 EUR gegen Sicherungsübereignung des Warenlagers gewährt. Mit ihrer persönlichen Forderung auf Darlehensrückzahlung ist sie Insolvenzgläubigerin (§ 38 InsO). Die Bank kann die Forderung über 100 000 EUR zur Tabelle anmelden (§§ 174 ff. InsO). Wird das Warenlager verwertet und der Erlös von 48 000 EUR an die Bank herausgegeben,[88] bekommt die Bank die Insolvenzquote lediglich in Höhe ihres Ausfalls (aus 52 000 EUR). ■

6. Neugläubiger

Die Neugläubiger haben mit dem aktuellen Insolvenzverfahren „nichts am Hut" (daher gibt es auch keinen Paragrafen in der InsO). Neugläubiger sind Gläubiger, die erst nach Eröffnung des Insolvenzverfahrens einen Vermögensanspruch gegen den Schuldner erwerben.[89] Sie sind keine Massegläubiger, da nicht der Insolvenzverwalter, sondern der Schuldner handelt, der auch nach Insolvenzeröffnung neue Verpflichtungsgeschäfte eingehen kann (§ 81 InsO verbietet nur Verfügungen).[90] Sie sind auch keine Insolvenzgläubiger, da es sich um ein Rechtsgeschäft nach Insolvenzeröffnung handelt. 54

Beispiel Hotelbesitzerin Hanna (H) ist insolvent. Nach Insolvenzeröffnung kauft sie bei Einzelhändler Enrico (E) einen Toaster für 50 EUR. (E) kann als Neugläubiger seinen Anspruch auf Kaufpreiszahlung unmittelbar gegen (H) geltend machen.[91] (H) haftet gegenüber ihren Neugläubigern jedoch nur mit ihrem insolvenzfreien Vermögen.[92] Denn solange das Insolvenzverfahren läuft, gehört ihr altes und neues Vermögen zur Insolvenzmasse (§ 35 InsO). Erst nach Aufhebung des Insolvenzverfahrens ist ein Zugriff auf das (neue) Vermögen des Schuldners erlaubt.

85 Zum Verzicht *BGH* NZI 2017, 345 Rn. 12 f.

86 *BGH* NZI 2017, 345 Rn. 16; Braun/*Bäuerle* InsO § 52 Rn. 13.

87 BeckOK InsR/*Haneke* InsO § 51 Rn. 11; *Bork* Insolvenzrecht Rn. 306.

88 Abgezogen werden noch Umsatzsteuer, Feststellungs- und Verwertungskosten (§ 171 InsO).

89 *Becker* Insolvenzrecht § 4 Rn. 61; MüKoInsO/*Breuer/Flöther* InsO § 89 Rn. 11.

90 *Foerste* Insolvenzrecht Rn. 65.

91 *BGH* NZI 2016, 484 Rn. 7.

92 *BGH* NZI 2021, 342 Rn. 13.

7. Organisation der Gläubiger

55 Die InsO räumt den Insolvenzgläubigern erheblichen Einfluss auf das Insolvenzverfahren ein, da es primär ihren Interessen dient. Aufgrund der Vielzahl von Gläubigern bedarf es einer Organisation, die eine Willensbildung aller Gläubiger ermöglicht. Zwingendes Organ ist die Gläubigerversammlung (eine Art „Hauptversammlung" für Grundlagenentscheidungen). Weitere Organe sind der vorläufige Gläubigerausschuss und der Gläubigerausschuss.

a) Gläubigerversammlung

56 In der Gläubigerversammlung koordinieren und vertreten die Gläubiger ihre Interessen. Teilnahmeberechtigt sind alle Insolvenzgläubiger, alle absonderungsberechtigten Gläubiger, die Mitglieder des Gläubigerausschusses sowie das *Insolvenzgericht* und der Schuldner (§ 74 Abs. 1 S. 2 InsO). Die Kompetenzen der Gläubigerversammlung sind in §§ 74 ff. InsO näher geregelt.

aa) Einberufung

57 Die erste Gläubigerversammlung (= Berichtstermin nach § 156 InsO) soll innerhalb von sechs Wochen (spätestens aber nach drei Monaten) nach Insolvenzeröffnung einberufen werden (§ 29 Abs. 1 Nr. 1 InsO). Zuständig ist das *Insolvenzgericht* (§ 74 Abs. 1 S. 1 InsO), welches auch die Leitung der Versammlung (§ 76 Abs. 1 InsO) übernimmt. Weitere Versammlungen sind der Prüfungstermin (§ 176 InsO), der Schlusstermin (§ 197 InsO) sowie der Erörterungs- und Abstimmungstermin über einen Insolvenzplan (§ 235 InsO). Sollten zusätzliche Versammlungen notwendig werden, sind diese bei Bedarf von Amts wegen oder auf Antrag des Insolvenzverwalters oder des Gläubigerausschusses oder eines Quorums der Gläubiger einzuberufen (§ 75 Abs. 1 InsO).

58 Das Gericht muss bei der Einberufung Zeit, Ort und Tagesordnung öffentlich bekannt machen (§ 74 Abs. 2 S. 1 InsO). Die Bekanntmachung erfolgt im Internet (§ 9 Abs. 1 InsO). Seit dem SanInsFoG 2021 kann die Gläubigerversammlung auch virtuell durchgeführt werden (§ 4 S. 2 InsO i.V.m. § 128a ZPO). Das *Insolvenzgericht* entscheidet nach pflichtgemäßen Ermessen, ob die Versammlung Online oder in Präsenz erfolgt. Im Fall einer virtuellen Versammlung muss die Ladung den Hinweis zu enthalten, dass Ton- und Bildaufzeichnungen zu unterlassen sind und durch geeignete Maßnahmen sicherzustellen ist, dass Dritten die Ton- und Bildübertragung nicht zugänglich ist (§ 4 S. 2 InsO).

bb) Aufgaben

59 Obwohl zahlreiche verfahrenswichtige Entscheidungen der Gläubigerversammlung vorbehalten sind, ist die Teilnahmequote in der Praxis meist gering.[93] Ob Online-Versammlungen die Teilnahmequoten steigern können, bleibt abzuwarten. Die Aufgaben der Gläubigerversammlung sind vielfältig. Sie kann den Insolvenzverwalter auswechseln (§ 57 InsO), über die Einsetzung eines Gläubigerausschusses sowie dessen Zusammensetzung entscheiden (§ 68 InsO) und vom Insolvenzverwalter Auskunft über den Sachstand verlangen (§ 79 InsO). Im Berichtstermin bestimmt die Gläubigerversammlung über den Fortgang des Verfahrens. Ihr Votum entscheidet, ob das Unternehmen stillgelegt oder vorläufig fortgeführt wird (§ 157 S. 1 InsO). Sie kann den Insolvenzverwalter mit der Ausarbeitung eines Insolvenzplans beauftragen (§ 157 S. 2 InsO). In ihrer Ent-

93 *Jungmann/Windau* NZI 2021, 849, 850 und 852.

scheidungsgewalt liegt es, die Veräußerung des Unternehmens an „nahestehende Personen" oder „Großgläubiger" zu blockieren (§ 162 InsO). Zudem muss der Verwalter die Gläubigerversammlung bei besonders bedeutsamen Rechtshandlungen (z.B. Massekredite, Grundstücksveräußerung) um Zustimmung ersuchen, falls kein Gläubigerausschuss existiert (§ 160 InsO). Sie entscheidet über die Gewährung von Unterhalt an den Schuldner und seine Familie (§ 100 InsO) und prüft die Schlussrechnung des Insolvenzverwalters (§ 66 Abs. 1 InsO).

cc) Beschlüsse

Die Gläubigerversammlung entscheidet durch Beschluss. Ein Beschluss der Gläubigerversammlung ist nur wirksam, wenn das *Insolvenzgericht* die Versammlung ordnungsgemäß einberufen (§ 74 Abs. 1 S. 1 InsO) und die Tagesordnung mit den Beschlussgegenständen ordnungsgemäß bekannt gemacht hat (§ 74 Abs. 2 S. 1 InsO).[94] Andernfalls ist der Beschluss nichtig. Ordnungsgemäß gefasste Beschlüsse der Gläubigerversammlung sind für alle Gläubiger, auch die nicht Erschienenen, bindend. **60**

Nicht jeder anwesende und teilnahmeberechtigte Gläubiger hat auch ein Stimmrecht. Nach § 77 Abs. 1 S. 1 InsO gewähren nur Insolvenzforderungen, die angemeldet (§ 174 InsO) und weder vom Verwalter noch von einem Gläubiger bestritten wurden (§ 178 Abs. 1 S. 1 InsO), ein Stimmrecht. Findet die erste Gläubigerversammlung (der Berichtstermin), wie in der Praxis üblich, vor dem Prüfungstermin statt, genügt es für das Stimmrecht, wenn der Gläubiger seine Forderung direkt in der Gläubigerversammlung anmeldet. Wird die Forderung sogleich bestritten, ist eine Einigung über das Stimmrecht nach § 77 Abs. 2 S. 1 InsO nötig; andernfalls entscheidet das *Insolvenzgericht* (§ 77 Abs. 2 S. 2 InsO). Auch absonderungsberechtigte Gläubiger sind stimmberechtigt.[95] Nachrangige Gläubiger haben kein Stimmrecht (§ 77 Abs. 1 S. 2 InsO). **61**

Die Beschlüsse werden mit **einfacher Summenmehrheit** der **Anwesenden** gefasst (§ 76 Abs. 2 InsO). Maßgeblich sind die Forderungsbeträge. Daher ist zunächst ist festzustellen, wie hoch die Forderungsbeträge aller stimmberechtigten (§ 77 InsO) anwesenden Gläubiger sind.[96] Im zweiten Schritt ist zu prüfen, ob die Forderungsbeträge der zustimmenden Gläubiger mehr als die Hälfte der Summe der Forderungsbeträge der abstimmenden Gläubiger beträgt (§ 76 Abs. 2 Hs. 1 InsO). Ist dies der Fall, ist der Beschluss zustande gekommen, auch wenn nur ein einziger Gläubiger anwesend ist und abstimmt.[97] Eine zusätzliche Kopfmehrheit in der Gläubigerversammlung ist nur noch in den Fällen der §§ 57 S. 2, 244 Abs. 1 Nr. 1, 272 Abs. 1 Nr. 3 InsO nötig. **62**

Gegen die Beschlüsse der Gläubigerversammlung gibt es kein Rechtsmittel.[98] Ausnahmsweise kann das Gericht den Beschluss der Gläubigerversammlung nach § 78 Abs. 1 InsO aufheben, wenn der Beschluss dem gemeinsamen Interesse der Gläubiger widerspricht und ein Insolvenzgläubiger, ein Absonderungsberechtigter oder der Insolvenzverwalter dies beantragt. Der Verstoß muss erheblich sein. Ein Beschluss, den Betrieb des Schuldners einzustellen, ist daher aufzuheben, wenn objektiv feststeht, dass durch eine Betriebsfortführung eine erhebliche Quotenerhöhung zu erwarten ist.[99] **63**

---

94 *BGH* NZI 2020, 671 Rn. 93; *Bork* Insolvenzrecht Rn. 89.

95 Näher Braun/*Herzig* InsO § 77 Rn. 11.

96 Braun/*Herzig* InsO § 76 Rn. 10.

97 Vgl. *Foerste* Insolvenzrecht Rn. 74.

98 *Bork* Insolvenzrecht Rn. 90; BeckOK InsR/*Karg* InsO § 76 Rn. 5.

99 *BGH* NZI 2017, 758 Rn. 12.

b) Vorläufiger Gläubigerausschuss

64 Die Möglichkeit, einen vorläufigen Gläubigerausschuss im Eröffnungsverfahren zu installieren, wurde mit dem ESUG 2012 geschaffen (§§ 21 Abs. 1 Nr. 1a, 22a InsO). Der vorläufige Gläubigerausschuss ist nur während der Dauer des Eröffnungsverfahrens (ca. 3 Monate) tätig (näher Rn. 189 ff.). Ziel ist es, frühzeitig die Gläubiger einzubeziehen, um Sanierungschancen auszuloten.

c) Gläubigerausschuss

aa) Einsetzung

65 Der Gläubigerausschuss ist ein fakultatives Organ, das wenige Mitglieder hat und damit effizienter arbeiten kann als die Gläubigerversammlung, die wiederum über die Einsetzung und Besetzung des (endgültigen) Gläubigerausschusses entscheidet (§ 68 Abs. 1 S. 1 InsO). Da die erste Gläubigerversammlung regelmäßig erst drei Monate nach der Verfahrenseröffnung stattfindet (§ 29 Abs. 1 Nr. 1 InsO), kann das *Insolvenzgericht* einen (ersten) Gläubigerausschuss installieren (§ 67 Abs. 1 InsO), damit in diesem Zeitraum wichtige Entscheidungen nicht ohne Gläubigerbeteiligung erfolgen. Im Ausschuss sollen die absonderungsberechtigten Gläubiger, die Gläubiger mit den höchsten Forderungen, die Kleingläubiger sowie die Arbeitnehmer vertreten sein (§ 67 Abs. 2 S. 1, 2 InsO). Meist werden wirtschaftlich erfahrene Mitglieder benannt. Ob der gerichtlich eingesetzte Ausschuss beibehalten wird und ob alte Mitglieder gegen neue ausgetauscht werden (§ 68 Abs. 2 InsO), wird in der ersten Gläubigerversammlung entschieden. Der Beschluss bedarf der Summenmehrheit (§ 76 Abs. 2 InsO), so dass regelmäßig die Gläubiger mit den höchsten Forderungen (Banken, Lieferanten) Einfluss auf die Mitgliedschaft nehmen können.

bb) Aufgaben und Organisation

66 Eine zentrale Aufgabe des Gläubigerausschusses besteht darin, den Insolvenzverwalter zu überwachen und zu unterstützen (§ 69 S. 1 InsO). Dazu muss der Ausschuss die Geschäftsvorfälle durchforsten, die Papiere einsehen und den Geldverkehr (regelmäßig) überprüfen (§ 69 S. 2 InsO). Bei Verdachtsmomenten muss die Prüfung intensiviert werden. Da die Prüfung häufig komplex ist, kann sie an einen Sachverständigen delegiert werden; dieser muss aber sorgfältig ausgewählt und überwacht werden.[100] Die Pflichten sind von den einzelnen Mitgliedern des Gläubigerausschusses (nicht dem Ausschuss als Organ) zu erfüllen.[101] Bei kleinen Verstößen gegen die InsO kann der Gläubigerausschuss den Verwalter rügen und Abhilfe fordern; erhebliche Verstöße sind dem *Insolvenzgericht* anzuzeigen, das für die Amtsenthebung (§ 59 InsO) zuständig ist. Der Ausschuss hat eine Vielzahl weiterer Aufgaben. Er muss einer Veräußerung bzw. Stilllegung des Betriebs, die vor dem Berichtstermin erfolgt, zustimmen (§ 158 Abs. 1 InsO) und bedeutsame Rechtshandlungen des Insolvenzverwalters (z.B. Verkauf des Unternehmens, Grundstücksverkauf, Darlehensaufnahme) genehmigen (§ 160 InsO). Vor Verteilungen muss der Insolvenzverwalter die Zustimmung des Gläubigerausschusses einholen (§§ 187 Abs. 3 S. 2, 195 Abs. 1 S. 1 InsO).

67 Der Gläubigerausschuss ist ein unabhängiges und eigenständiges Organ der Insolvenzverwaltung. Wie er sich organisiert, bestimmt er selbst. Die Gläubigerversammlung ist gegen-

---

100 *BGH* NJW 2015, 64, 65 f.; Uhlenbruck/*Knof* InsO § 69 Rn. 23.

101 *BGH* NJW 2015, 64, 65; *Foerste* Insolvenzrecht Rn. 77.

über dem Ausschuss nicht weisungsbefugt.[102] Der Gläubigerausschuss unterliegt lediglich (punktuell) der Rechtskontrolle des *Insolvenzgerichts*, das einen Streit über die Zugehörigkeit oder Nichtzugehörigkeit eines Mitglieds analog § 70 InsO entscheiden kann.[103] Der Gläubigerausschuss trifft seine Entscheidungen mit Kopfmehrheit (§ 72 InsO). Die Mitglieder haben Anspruch auf Vergütung (§ 73 Abs. 1 InsO), die vom *Insolvenzgericht* individuell festgesetzt wird (§§ 73 Abs. 2, 64 Abs. 1 InsO). Die Mitglieder haften bei schuldhafter Pflichtverletzung auf Schadensersatz gem. § 71 InsO (z.B. bei unzureichender Überwachung des veruntreuenden Insolvenzverwalters).[104] Bei Vorliegen eines wichtigen Grundes kann das Gericht Ausschussmitglieder aus wichtigem Grund entlassen (§ 70 InsO).

d) Individuelle Einsichtsrechte

Das Recht auf **Akteneinsicht** ist im Insolvenzfall besonders bedeutsam, da die Insolvenzakte häufig Hinweise enthält, ob es zu unerlaubten Handlungen des Schuldners gekommen ist oder an welchem Tag Zahlungsunfähigkeit vorlag. Punktuelle Einsichtsrechte finden sich in §§ 154, 175 Abs. 1 S. 2, 188 Abs. 1 S. 2 InsO. Soweit die InsO keine eigene Regelung zur Akteneinsicht enthält, gilt § 299 Abs. 1 ZPO i.V.m. § 4 InsO, der den **Verfahrensbeteiligten** ein **Einsichtsrecht** in die Gerichtsakten erlaubt.[105] Zu den Verfahrensbeteiligte gehören die Insolvenzgläubiger (§ 38 InsO), sofern sie ihre Forderungen zur Insolvenztabelle angemeldet haben,[106] sowie der Schuldner und seine Vertretungsorgane.[107] **Dritte** müssen für ein Einsichtsrecht ein rechtliches Interesse glaubhaft machen (§ 299 Abs. 2 ZPO i.V.m. § 4 InsO).[108] Der Kommanditist des Schuldners gehört nicht zu den Verfahrensbeteiligten, außer er benötigt Informationen aus der Insolvenzakte, um sich gegen eine Inanspruchnahme nach §§ 171 Abs. 2, 172 Abs. 4 HGB zu verteidigen.[109] Die Entscheidung über die Akteneinsicht ist als Justizverwaltungsakt nach § 23 Abs. 1 EGGVG justiziabel. Außerhalb des Akteneinsichtsrechts kann das *Insolvenzgericht* Dritten (Tagespresse, Forschungseinrichtungen) anonymisierte Abschriften seiner Entscheidungen erteilen, sofern keine berechtigten Belange entgegenstehen.[110] **68**

III. Insolvenzgericht

1. Aufgaben

Das *Insolvenzgericht* ist Hüter des Verfahrens. Es überwacht den Insolvenzverwalter und trifft zentrale Entscheidungen zum Fortgang des Insolvenzverfahrens. Wegen der weitreichenden Folgen für Schuldner und Gläubiger müssen Insolvenzrichter und Insolvenzrichterinnen über belegbare Kenntnisse im Insolvenzrecht und Gesellschaftsrecht sowie über Grundkenntnisse im Arbeits-, Sozial- und Steuerrecht verfügen (§ 22 Abs. 6 S. 2 GVG). **69**

---

102 *BGH* NZI 2021, 536 Rn. 15; BeckOK InsR/*Frind* InsO § 69 Rn. 28.
103 *BGH* NZI 2021, 536 Rn. 13 ff.; *Becker* Insolvenzrecht § 5 Rn. 56.
104 Vgl. *BGH* NJW 2015, 64, 65.
105 *BGH* NZI 2020,731 Rn. 5; Braun/*Baumert* InsO § 4 Rn. 42 ff.
106 Vgl. *BGH* NZI 2022, 137 Rn. 10; abw. *BGH* NZI 2020, 731 Rn. 6 (erst ab Feststellung).
107 *BGH* NZI 2021, 123 Rn. 11; MüKoInsO/*Ganter/Bruns* InsO § 4 Rn. 59.
108 *BayObIG* NZI 2021, 1078 Rn. 16 ff.; NZI 2019, 830 Rn. 17 ff.; Braun/*Baumert* InsO § 4 Rn. 49.
109 *BGH* NZI 2021, 123 Rn. 15 ff.
110 *BGH* NZI 2021, 598 Rn. 13 ff.

2. Verfahrensgrundsätze

a) Allgemeines

70 Für das Insolvenzverfahren gelten die ZPO-Vorschriften analog, es sei denn, die InsO trifft eine abweichende Regelung (§ 4 S. 1 InsO). Es gilt der **Dispositionsgrundsatz**. Die Eröffnung des Insolvenzverfahrens setzt stets einen Antrag voraus (§ 13 InsO). Es gibt kein Verfahren von Amts wegen. Im Insolvenzverfahren gilt der **Amtsermittlungsgrundsatz** (§ 5 Abs. 1 S. 1 InsO), nicht der Verhandlungsgrundsatz. Das *Insolvenzgericht* muss von Amts wegen die relevanten Tatsachen ermitteln; hierzu können Sachverständige eingesetzt werden (§ 5 Abs. 1 S. 2 InsO). Der **Mündlichkeitsgrundsatz** ist eingeschränkt. Bei überschaubaren Vermögensverhältnissen wird das gesamte Verfahren schriftlich durchgeführt (§ 5 Abs. 2 S. 1 InsO). Auch im Übrigen kann das Gericht nach freiem Ermessen gem. § 5 Abs. 3 S. 1 InsO entscheiden, ob seine Entscheidungen ohne mündliche Verhandlung ergehen.[111] § 169 GVG gilt nur, wenn das Gericht eine mündliche Verhandlung anberaumt.[112] „Gläubigerselbstverwaltungstermine" (Berichtstermin, Prüfungstermin) beinhalten keine mündliche Verhandlung und sind lediglich parteiöffentlich.[113]

b) Beschlüsse

71 Das *Insolvenzgericht* entscheidet ausnahmslos durch Beschluss oder Verfügung, nie durch Urteil. Die Zustellungen im Insolvenzverfahren erfolgen stets von Amts wegen (§ 8 Abs. 1 S. 1 InsO). Im Regelfall wird der Insolvenzverwalter mit der Zustellung beauftragt (§ 8 Abs. 3 InsO). In zahlreichen Situationen schreibt die InsO nur noch die öffentliche Bekanntmachung vor. Diese erfolgt (aus Kostengründen) nach § 9 Abs. 1 S. 1, Abs. 2 S. 2, 3 InsO ausschließlich über das Internet (**www.insolvenzbekanntmachungen.de**). Die Bekanntmachung gilt als bewirkt, wenn zwei Tage seit dem Tag der Veröffentlichung im Internet verstrichen sind (§ 9 Abs. 1 S. 3 InsO). Ist beispielsweise eine Entscheidung an einem Dienstag getroffen worden, wird sie am Donnerstag um 24 Uhr wirksam.[114] Um den Informationsfluss für die Insolvenzgläubiger, die ihre Forderungen angemeldet haben, zu verbessern, schreibt § 5 Abs. 5 S. 1 InsO Insolvenzverwaltern die Bereitstellung eines **Gläubigerinformationssystems** (bei Großinsolvenzen) vor, das u.a. alle Entscheidungen des *Insolvenzgerichts* enthält. Insolvenzkanzleien benötigen daher entsprechende Software.

c) Rechtsbehelfe

72 Die InsO regelt die Rechtsschutzmöglichkeiten der Verfahrensbeteiligten restriktiv. Nicht jede Entscheidung des *Insolvenzgerichts* ist anfechtbar. Nach § 6 Abs. 1 S. 1 InsO unterliegen die Entscheidungen nur in den Fällen der sofortigen Beschwerde, in denen die InsO die sofortige Beschwerde vorsieht.[115] Es muss aus einem Paragrafen der InsO ausdrücklich hervorgehen, dass die Entscheidung mit der sofortigen Beschwerden angreifbar ist (z.B. §§ 21 Abs. 1 S. 2, 272 Abs. 2 S. 3 InsO). Jenseits von § 6 InsO gibt es daher keine Analogien oder „Erst-recht-Schlüsse".[116]

111 BeckOK InsR/*Madaus* InsO § 5 Rn. 21.
112 *BGH* NZI 2021, 598 Rn. 26.
113 *Bork* Insolvenzrecht Rn. 56.
114 *Foerste* Insolvenzrecht Rn. 43.
115 *BVerfG* NZI 2021, 989 Rn. 15; *BGH* NZI 2016, 684 Rn. 9; NZI 2016, 607 Rn. 7.
116 *Madaus* NZI 2022, 336, 337.

In Bezug auf die Beschwerdesumme, die Beschwerdefrist und die Einlegung der Beschwerde gelten über § 4 S. 1 InsO die allgemeinen Vorschriften der §§ 567 ff. ZPO. Die Beschwerde muss binnen einer Notfrist von zwei Wochen eingelegt werden (§ 569 Abs. 1 ZPO). Sie ist grundsätzlich beim Ausgangsgericht (= *Insolvenzgericht* = *Amtsgericht*) einzulegen (§ 6 Abs. 1 S. 2 InsO); damit wird von § 569 Abs. 1 ZPO abgewichen. Das *Insolvenzgericht* kann der Beschwerde abhelfen und seine eigene Entscheidung abändern (§ 572 Abs. 1 S. 1 ZPO). Andernfalls muss es die Beschwerde unverzüglich dem Beschwerdegericht (= *Landgericht*) vorlegen (§ 572 Abs. 1 S. 1, Hs. 2 ZPO). Gegen die Entscheidung des *Landgerichts* ist die Rechtsbeschwerde zum *BGH* eröffnet (§ 574 Abs. 1 Nr. 1 ZPO), vorausgesetzt das *Landgericht* hat diese in seiner Entscheidung zugelassen. Eine Zulassung muss erfolgen, wenn die Rechtssache grundsätzliche Bedeutung hat oder der Fortbildung des Rechts oder der Sicherung einer einheitlichen Rechtsprechung dient (§ 574 Abs. 2, 3 ZPO). 73

3. Haftung

Bei schuldhafter Pflichtverletzung des Richters sind Ansprüche aus Amtshaftung aus Art. 34 GG, 839 BGB möglich. Die Tätigkeit des Insolvenzrichters ist vorwiegend „Verwaltung" und nicht rechtsprechende Gewalt. Das **Spruchrichterprivileg** (§ 839 Abs. 2 S. 1 BGB) findet nur Anwendung, soweit das *Insolvenzgericht* Rechtsprechungstätigkeit ausübt. Das ist der Fall, wenn das Gericht einen Insolvenzplan bestätigt (§ 248 InsO) oder eine Beschwerdeentscheidung (§ 253 InsO) trifft.[117] Andere Entscheidungen, wie etwa die Auswahl eines ungeeigneten Verwalters oder die Ablehnung von Aufsichtsmaßnahmen, unterfallen nicht dem Spruchrichterprivileg. 74

IV. Der Insolvenzverwalter

Die praktische Durchführung des Insolvenzverfahrens liegt in der Hand des Insolvenzverwalters.[118] Er ist die zentrale Schlüsselfigur und für die Bewältigung der rechtlichen und betriebswirtschaftlichen Herausforderungen verantwortlich. Die InsO unterscheidet zwischen vorläufigem und endgültigem Insolvenzverwalter. Bei Unternehmensinsolvenzen wird regelmäßig bereits im Eröffnungsverfahren ein vorläufiger Insolvenzverwalter eingesetzt (§ 21 Abs. 2 S. 1 Nr. 1 InsO). Mit Insolvenzeröffnung wird ein (endgültiger) Insolvenzverwalter bestellt (§ 27 Abs. 1 S. 1 InsO). Aufgaben und Vergütung sind jeweils gesondert geregelt. Ansonsten gelten dieselben Rahmenbedingungen. 75

1. Ernennung

Die Ernennung des Insolvenzverwalters erfolgt durch das *Insolvenzgericht* im Eröffnungsbeschluss (§ 27 Abs. 1 S. 1, Abs. 2 Nr. 2 InsO). Wurde bereits im Eröffnungsverfahren ein vorläufiger Verwalter bestellt, wird dieser meist zum endgültigen Verwalter ernannt. In der ersten Gläubigerversammlung können die Gläubiger mehrheitlich eine andere Person zum Verwalter wählen (§ 57 S. 1 InsO). Da für den Beschluss ist eine doppelte Mehrheit (Kopf- und Summenmehrheit gem. § 57 S. 2 InsO) erforderlich ist, gelingt die Abwahl eher selten. 76

117 Vgl. *BVerfG* NZI 2020, 1112 Rn. 49; *BayOblG* NZI 2022, 837 Rn. 21.

118 *Zimmermann* Insolvenzrecht Rn. 111.

77 Das Gericht muss bei der Auswahl die Anforderungen des § 56 InsO beachten, die über § 21 Abs. 2 S. 1 Nr. 1 InsO auch für den vorläufigen Verwalter gelten.[119] Den Gerichten wird ein weiter Ermessenspielraum zugebilligt. Nach § 56 Abs. 1 S. 1 InsO ist zum Insolvenzverwalter eine für den jeweiligen Einzelfall geeignete, insbesondere **geschäftskundige** und von den Beteiligten **unabhängige natürliche Person** zu bestellen.[120] Rechtsanwaltskanzleien, die als juristische Person oder Personengesellschaft organisiert sind, können nicht zum Verwalter ernannt werden.[121] Geschäftskunde setzt betriebswirtschaftliche und (insolvenz-)rechtliche Kenntnisse sowie praktische Erfahrungen voraus. Das Erfordernis der Unabhängigkeit soll die nötige Distanz zum Schuldner sowie zu den Gläubigern gewährleisten. Sie wird nicht dadurch ausgeschlossen, dass der Insolvenzverwalter vom Schuldner oder einem Gläubiger vorgeschlagen wird (§ 56 Abs. 1 S. 4 Nr. 1 InsO). Auch eine allgemeine Beratung im Vorfeld zum Ablauf und den Folgen einer Insolvenz belässt dem Verwalter die Unabhängigkeit (§ 56 Abs. 1 S. 4 Nr. 2 InsO). Sie fehlt aber dann, wenn der Verwalter den Schuldner konkret zur Insolvenzreife beraten hat[122] oder wenn er am Schuldner beteiligt ist.[123] Die vorherige Tätigkeit als Restrukturierungsbeauftragter oder Sanierungsmoderator in einem StaRUG-Verfahren ist grundsätzlich unschädlich. Dies ergibt sich mittelbar aus § 56 Abs. 1 S. 2 InsO, der nur bei Groß-Unternehmen (vgl. § 22a Abs. 1 InsO) eine ausdrückliche Zustimmung des vorläufigen Gläubigerausschusses verlangt. Zu den persönlichen Anforderungen gehört neben der fachlichen Qualifikation und auch seine persönliche Integrität,[124] die sowohl persönliche Zuverlässigkeit als auch einen korrekten Umgang mit fremden Vermögen voraussetzt. Im Übrigen muss der Verwalter über eine hinreichend personelle und technische Büroorganisation verfügen.[125] Seit 2021 soll er darüber hinaus ein elektronisches Gläubigerinformationssystem vorhalten (§ 5 Abs. 5 InsO).

» Der vorläufige Gläubigerausschuss spielt bei der Auswahl des Insolvenzverwalters eine wichtige Rolle. «

78 Existiert ein vorläufiger Gläubigerausschuss (§§ 21 Abs. 2 S. 1 Nr. 1a, 22a InsO), ist er an der Auswahl des Insolvenzverwalters zu beteiligen. Nach § 56a Abs. 1 InsO (i.V.m. § 21 Abs. 2 S. 1 Nr. 1 InsO) muss er zu den Anforderungen und zur Person des (vorläufigen) Insolvenzverwalters angehört werden. Das Gericht muss die Anforderungen berücksichtigen (§ 56a Abs. 2 S. 2 InsO). Schlägt der vorläufige Gläubigerausschuss im Rahmen der Anhörung **einstimmig** eine bestimmte Person als Verwalter vor, muss das Gericht den Vorgeschlagenen bestellen, es sei denn, er ist ungeeignet (§ 56a Abs. 2 S. 1 InsO). Damit haben es die Mitglieder des Gläubigerausschusses in der Hand, die Person in Stellung zu bringen, die aus ihrer Sicht das Insolvenzverfahren am besten managt. Das ist gewollt. Die Gläubiger sollen frühzeitig mehr Einfluss auf das Verfahren erhalten. Manchen Gerichten ist diese Regelung suspekt. Da die Gerichte über die Zusammensetzung des vorläufigen Gläubigerausschusses entscheiden, werden teils „kritische Gläubiger" in den Ausschuss entsandt, so dass es zu keiner Einstimmigkeit kommt.

79 Ausnahmsweise darf das Gericht die Personalauswahl ohne Konsultation des vorläufigen Gläubigerausschusses in einer Eilentscheidung treffen. Ist ein Zuwarten von zwei Werktagen nicht zumutbar, weil dies offensichtlich zu einer nachteiligen Veränderung der Vermögens-

---

119 Vgl. Braun/*Böhm* InsO § 22 Rn. 10.
120 Näher *Spiekermann* NZI 2020, 977.
121 *BVerfG* NZI 2016, 163 Rn. 42 (verfassungsgemäß); *BGH* NJW 2013, 3374.
122 *BGH* NZI 2016, 508 Rn. 26.
123 *BGH* NZI 2017, 667 Rn. 11.
124 *BGH* NZI 2017, 667 Rn. 14; NZI 2016, 892 Rn. 8.
125 *BGH* NZI 2016, 913 Rn. 17 f.; *Foerste* Insolvenzrecht Rn. 49.

lage des Schuldners führt, darf das Gericht von der Anhörung des vorläufigen Gläubigerausschusses absehen (§ 56a Abs. 1 InsO). Es muss seine Entscheidung schriftlich begründen (§ 56a Abs. 3 S. 1 InsO). Der vorläufige Gläubigerausschuss hat jedoch das letzte Wort und kann in seiner ersten Sitzung einstimmig eine andere Person zum (vorläufigen) Verwalter wählen (§ 56a Abs. 3 S. 2 InsO).

Da die Auswahlentscheidung bei Unternehmensinsolvenzen äußerst schnell getroffen werden muss, führen die *Insolvenzgerichte* über die zur Amtsübernahme bereiten Personen **Vorauswahllisten.**[126] Die Vorauswahlliste hat die Funktion, dem *Insolvenzgericht* eine hinreichend sichere Grundlage verschaffen, damit es sein Ermessen bei der Bestellung des Insolvenzverwalters sachgerecht ausüben kann.[127] Nach den Vorgaben des *BVerfG* müssen die Listen für neue geeignete Bewerber offen sein (kein „Closed Shop"). Zudem müssen die Gerichte konkrete und transparente Kriterien für die Feststellung der persönlichen und fachlichen Eignung festlegen, um die Chancengleichheit der Bewerber zu gewährleisten.[128] Nicht immer genügen die Vorauswahllisten diesen Vorgaben. So sind die Merkmale der Ortsnähe und der persönlichen Erreichbarkeit keine sachgerechten Kriterien, um in die Vorauswahlliste aufgenommen zu werden.[129] Auch ein Punktesystem, das nicht sicherstellt, dass die Daten über die Verwalter auf einer gesicherten Grundlage gewonnen werden und miteinander vergleichbar sind, ist rechtswidrig.[130] Die Nichtaufnahme in die Vorauswahlliste oder ein inkorrektes Ranking ist gerichtlich überprüfbar (§ 23 EGGVG).[131] **80**

Die Vorauswahlliste bildet allerdings nur die Brücke zur konkreten Auswahlentscheidung des *Insolvenzgerichts*, das aus der Vorauswahlliste den geeignetsten Bewerber ermittelt. Die Auswahlentscheidung selbst ist unanfechtbar. Eine Konkurrentenklage in dem Sinne, dass der beste Bewerber Anspruch auf Ernennung hat, gibt es nicht.[132] In der Praxis konkurrieren verschiedene Berufsgruppen um das Amt, wobei die Anwälte klar dominieren. Rund 95 % der bestellten Insolvenzverwalter sind Rechtsanwälte.[133] 2022 gab es ca. 1800 Fachanwältinnen und Fachanwälte für Insolvenzrecht (ab 1.6.2022 kann die Bezeichnung „Fachanwalt für Insolvenz- und Sanierungsrecht" lauten, § 1 S. 2 FAO). Dass das Berufsbild des Insolvenzverwalters nicht nur spannend, sondern auch finanziell attraktiv ist, verdeutlichen die Verdienstmöglichkeiten bei Insolvenzen großer Unternehmen. So betrug die Vergütung des Insolvenzverwalters bei Lehmann Brothers 80 Mio. EUR und bei Schlecker 15 Mio. EUR. **81**

2. Vergütung

Der Insolvenzverwalter hat für seine Tätigkeit Anspruch auf Vergütung (§ 63 Abs. 1 InsO). Die Höhe richtet sich nach dem Wert der Insolvenzmasse zur Zeit der Beendigung des Insolvenzverfahrens (§ 63 Abs. 1 S. 2 InsO). Näheres regeln §§ 2 ff. InsVV. Der Vergütungsanspruch ist Masseverbindlichkeit (§ 54 Nr. 2 InsO) und wird erst mit Beendigung des Insolvenzverfahrens **82**

126 Vgl. *OLG Brandenburg* NZI 2020, 488; *OLG Celle* NZI 2019, 160; näher *Blankenburg* NZI 2020, 768; *Nicht* NZI 2022, 360; *Brzoza* NZI 2021, 513; *Moderegger* NZI 2017, 241.

127 *BGH* NZI 2022, 377 Rn. 28; NZI 2008, 161 Rn. 20; *OLG Celle* NZI 2019, 160, 161.

128 *BVerfG* NJW 2006, 2613, 2616; *BGH* NZI 2016, 913 Rn. 11; NZI 2016, 516 Rn. 24; NZI 2016, 512 Rn. 23.

129 *BGH* NZI 2016, 512 Rn. 24 ff.

130 *BGH* NZI 2022, 377 Rn. 30 ff. (Hannoveraner Modell); Vorinstanz *KG* NZI 2020, 753.

131 *BVerfG* NJW 2004, 2725, 2727 f.; *BGH* NZI 2022, 377 Rn. 18 ff.; *OLG Brandenburg* NZI 2020, 488 Rn. 9; zum Antragsgegner *BGH* NZI 2016, 508 Rn. 8 ff.; zur Beteiligung des zuständigen Richters *BGH* NZI 2017, 278.

132 Vgl. *BGH* NZI 2022, 377 Rn. 48; *KG* NZI 2020, 753 Rn. 30; *Foerste* Insolvenzrecht Rn. 53.

133 *Foerste* Insolvenzrecht Rn. 49.

fällig; davor kann ein Vorschuss gewährt werden.[134] Für die Festsetzung der Vergütung ist das *Insolvenzgericht* zuständig (§ 64 Abs. 1 InsO). Die Bestimmungen über Höhe der Vergütung und deren Festsetzung sichern die Unabhängigkeit des Insolvenzverwalters.[135] Der Beschluss über die Festsetzung der Vergütung ist öffentlich bekannt zu machen, die festgesetzten Beträge sind zu anonymisieren (vgl. § 64 Abs. 2 InsO). Mitzuteilen sind die Berechnungsgrundlage (§ 1 InsVV), die Auslagentatbestände sowie die zugrunde gelegten Zu- und Abschläge.[136] Nach § 63 Abs. 1 S. 3 InsO sind je nach Umfang und Schwierigkeit Abweichungen von den Regelsätzen (§ 2 InsVV) durch Zu- oder Abschläge (§ 3 InsVV) vorzunehmen. Die Tätigkeit des vorläufigen Verwalters wird separat vergütet (§ 63 Abs. 3 InsO).

Begeht der Insolvenzverwalter eine strafbare Untreue zum Nachteil der Masse oder erschleicht er seine Bestellung durch eine strafbare Täuschung, verwirkt er in der Regel seinen Anspruch auf Vergütung.[137]

3. Rechtsstellung und Theorienstreit

83 Über die Rechtsstellung des Insolvenzverwalters wird seit langem konträr diskutiert. Es gibt die Vertretertheorie, die Organtheorie sowie die Amtstheorie.[138] Nach der Vertretertheorie ist der Verwalter als Zwangsvertreter für den Schuldner tätig. Diese Theorie wird mehrheitlich abgelehnt, da der Verwalter vorrangig die Interessen der Gläubiger umzusetzen hat. Nach der Organtheorie handelt der Verwalter als Organ der Insolvenzmasse. Die Insolvenzmasse ist aber kein eigenes Rechtssubjekt, da der Schuldner weiterhin formeller Eigentümer bleibt. Die h.M. vertritt die Amtstheorie. Danach ist der Verwalter Partei kraft Amtes.[139] Er handelt kraft eigenen Rechts im eigenen Namen mit Wirkung für und gegen die Masse. In der Praxis wirkt sich der Theorienstreit vor allem im Prozess aus.[140] Nach h.M. ist der Insolvenzverwalter selbst Partei (kraft Amtes) und handelt in gesetzlicher Prozessstandschaft. Das Rubrum lautet auf seinen Namen: „Rechtsanwalt Ingo X. als Verwalter im Insolvenzverfahren über das Vermögen der MODEHAUS GmbH – *Kläger bzw. Beklagter*". War bereits ein Prozess anhängig, muss eine Klageänderung (Parteiänderung) erfolgen.

4. Haftung

a) Haftung gegenüber Beteiligten nach § 60 InsO

84 Verletzt der Insolvenzverwalter schuldhaft seine Pflichten, haftet er nach § 60 Abs. 1 S. 1 InsO. Pflichtenmaßstab ist nach § 60 Abs. 1 S. 2 InsO die Sorgfalt eines ordentlichen und gewissenhaften Insolvenzverwalters.[141] Haftungsbegründend ist nur die Verletzung insolvenzspezifischer Pflichten (= die dem Insolvenzverwalter durch die Vorschriften der InsO übertragen sind). Diese Pflichten bestehen gegenüber dem Schuldner, den Insolvenzgläubigern, den Massegläubigern sowie den Aus- und Absonderungsberechtigten, nicht aber gegenüber den

134 *BGH* NZI 2022, 137 Rn. 15.
135 *BGH* NZI 2017, 260 Rn. 31.
136 *BGH* NZI 2021, 744 Rn. 26 m. Anm. *Keller.*
137 *BGH* NZI 2022, 918 Rn. 7; NZI 2019, 139 Rn. 16 ff.; NZI 2016, 892 Rn. 6.
138 Übersicht bei MüKoInsO/*Vuia* InsO § 80 Rn. 20 ff.; HK-InsO/*Kayser* § 80 Rn. 13 ff.
139 *BGH* NJW 2019, 1442 Rn. 27; NZI 2018, 708 Rn. 28; NZI 2018, 581 Rn. 6.
140 HK-InsO/*Kayser* § 80 Rn. 11; *Bork* Insolvenzrecht Rn. 79.
141 *BGH* NZI 2017, 442 Rn. 12.

Organen des Schuldners (Geschäftsführer, Vorstand). Daher muss der Insolvenzverwalter keine D&O-Versicherung für die Leitungsorgane aufrechterhalten.[142] Zu den grundlegenden Pflichten gehören die Erhaltung des zur Insolvenzmasse gehörende Vermögens, die ordnungsgemäße Verwaltung des Vermögens und die bestmögliche Verwertung.[143]

Der Insolvenzverwalter haftet nur bei **Verschulden**. Besondere Risiken treffen ihn bei einer Betriebsfortführung, die klassischerweise mit zahlreichen Unwägbarkeiten verbunden ist. Entscheidet sich der Verwalter für die Fortführung des Unternehmens, muss er prüfen, ob die zu erwartenden Vorteile und Chancen für die Masse in Relation zu den damit verbundenen Kosten und Risiken wirtschaftlich sinnvoll erscheinen. Ihm steht wegen der Vielzahl an unbeherrschbaren Faktoren ein weiter Ermessensspielraum zu.[144] Nach Ablauf einer (längeren) Einarbeitungszeit muss sich der Verwalter strikt am Insolvenzzweck der bestmöglichen Gläubigerbefriedigung nach § 1 S. 1 InsO orientieren. Er überschreitet seinen Ermessensspielraum und handelt pflichtwidrig (§ 60 Abs. 1 S. 2 InsO), wenn die Betriebsfortführung angesichts der mit ihr verbundenen Kosten und Risiken nicht mehr vertretbar ist. Die Zustimmung der Gläubigerversammlung entlastet den Insolvenzverwalter nicht; sie führt nur ausnahmsweise zu einem Mitverschulden nach § 254 BGB.[145] Eben so wenig kann sich der Insolvenzverwalter bei der Fortführung zum Zweck einer übertragenden Sanierung auf die in § 93 Abs. 2 S. 1 AktG verankerte Business Judgement Rule berufen. **85**

Erfolgt die Pflichtverletzung durch seine eigenen Mitarbeiter oder durch sonstige Hilfspersonen, muss sich der Verwalter deren Verschulden nach § 278 BGB zurechnen lassen; dies gilt auch, wenn er eigene Aufgaben durch fremde Unternehmen (Fachkräfte) ausführen lässt.[146] Für die im Unternehmen des Schuldners beschäftigten (nicht offensichtlich ungeeigneten) Mitarbeiter, die der Verwalter nicht ausgesucht hat, trifft ihn in Abweichung zu § 278 BGB lediglich ein Überwachungsverschulden (§ 60 Abs. 2 InsO). Inhalt und Umfang des Schadensersatzanspruchs aus § 60 Abs. 1 InsO richten sich nach §§ 249 ff. BGB; der Anspruch ist auf Ersatz des negativen Interesses gerichtet.[147] Die Beweislast trägt nach allgemeinen Regeln der Anspruchsteller. **86**

Ein Einzelschaden kann sofort gegen den Insolvenzverwalter geltend gemacht werden. Hingegen darf ein Gesamtschaden, den alle Insolvenzgläubiger durch eine Verringerung der Insolvenzmasse erleiden, während des Insolvenzverfahrens nur von einem **Sonderinsolvenzverwalter** verfolgt werden (§ 92 S. 2 InsO).[148] Die Befugnis erstreckt sich nicht nur auf die Quotenschäden der Insolvenzgläubiger (Differenz zwischen Ist-Quote und Soll-Quote), sondern auch auf einen den Massegläubigern entstandenen Gesamtschaden. Für Einzelschäden eines Beteiligten, die der Insolvenzverwalter verursacht, haftet darüber hinaus auch die (meist geringe) Masse gem. §§ 55 Abs. 1 Nr. 1 InsO, 31 BGB.[149] **87**

142 *BGH* NZI 2016, 580 Rn. 15, 16.
143 *BGH* NZI 2017, 442 Rn. 12; NZI 2016, 352 Rn. 15; NZI 2015, 849 Rn. 8.
144 *BGH* NZI 2017, 442 Rn. 15.
145 *BGH* NZI 2020, 671 Rn. 60 ff.; a.A. *Lüke* in: Kübler/Prütting/Bork InsO § 60 Rn. 47.
146 *BGH* NZI 2016, 352 Rn. 19; BeckOK InsR/*Desch/Hochdorfer* InsO § 60 Rn. 65.
147 *BGH* NZI 2020, 671 Rn. 69; Braun/*Baumert* InsO § 60 Rn. 50.
148 *BGH* NZI 2020, 671 Rn. 54; NZI 2017, 442 Rn. 10; NZI 2016, 831 Rn. 21.
149 *BGH* NZI 2018, 519 Rn. 34.

b) Haftung gegenüber Massegläubigern nach § 61 InsO

88 Der Insolvenzverwalter haftet nach § 61 S. 1 InsO mit seinem Privatvermögen, wenn er eine Masseverbindlichkeit begründet, die nicht vollständig aus der Insolvenzmasse erfüllt werden kann. Zweck des § 61 S. 1 InsO ist, die Interessen der Massegläubiger zu schützen. Die Haftung gilt nach dem Wortlaut nur für Masseverbindlichkeiten, die durch eine Rechtshandlung des Insolvenzverwalters begründet werden (§ 55 Abs. 1 Nr. 1 InsO), nicht aber für oktroyierte Masseverbindlichkeiten, wie Gehälter und Mietzahlungen, die ohne Zutun des Verwalters entstehen (§ 55 Abs. 1 Nr. 2 InsO). Hier haftet der Verwalter nur, wenn er eine rechtlich zulässige Kündigung unterlässt. Seine Haftung ist dann auf die Verbindlichkeiten beschränkt, die nach dem Zeitpunkt der frühestmöglichen Kündigungserklärung entstehen.[150] Die Haftung setzt Verschulden voraus. Nach § 61 S. 2 InsO ist das Verschulden ausgeschlossen, wenn bei Begründung der Forderung nicht erkennbar war, dass die Masse nicht ausreichen wird. Das ist der Fall, wenn der Insolvenzverwalter zum Zeitpunkt der Begründung der Masseverbindlichkeit einen Finanzplan erstellt hat, der hinreichende Liquidität dokumentiert.[151] Der Verwalter muss nicht beweisen, dass es später zu einer von der Liquiditätsplanung abweichenden Entwicklung gekommen ist. Die Schadensersatzpflicht aus § 61 S. 1 InsO umfasst das negative Interesse.[152]

c) Verjährung

89 Die Schadensersatzansprüche verjähren in drei Jahren (§ 62 S. 1 InsO i.V.m. § 195 BGB). Nach § 62 S. 2 InsO beginnt die dreijährige Verjährungsfrist spätestens mit der Aufhebung oder der rechtskräftigen Einstellung des Insolvenzverfahrens. Die Anwendung der Höchstfristen des § 199 Abs. 3 BGB scheidet neben § 62 S. 2 InsO aus.[153]

5. Aufsicht und Entlassung

90 Das *Insolvenzgericht* hat nach § 58 InsO die Pflicht, den Insolvenzverwalter bei seiner Amtsführung zu überwachen. Das Gericht kann jederzeit Auskünfte, Sachstandsberichte und Informationen verlangen (§ 58 Abs. 1 S. 1 InsO). Über die Kontrolldichte entscheidet es nach pflichtgemäßem Ermessen. Bei Anhaltspunkten muss es eigeninitiativ gegen Pflichtverstöße des Insolvenzverwalters vorgehen.[154] Zur Durchsetzung der Pflichten kann das Gericht nach vorheriger Androhung ein Zwangsgeld (maximal 25 000 EUR) verhängen (§ 58 Abs. 2 S. 1, 2 InsO). Liegt ein wichtiger Grund vor, kann das Gericht den Verwalter nach § 59 Abs. 1 InsO aus dem Amt entlassen. Die Entscheidung steht im Ermessen des Gerichts.[155] Da die Ausübung des Insolvenzverwalteramts durch Art. 12 GG geschützt ist, muss der Eingriff verhältnismäßig sein. Erforderlich ist nicht nur, dass Pflichtverletzungen feststehen, sondern dass sie erheblich sind. Das ist bei schweren Verstößen gegen die Treuepflicht (darlehensweise Entnahme von hohen Geldbeträgen aus der Masse) oder bei Straftaten der Fall.[156]

150 *BAG* NZI 2019, 130 Rn. 17; *BGH* NJW 2012, 1361, 1364.
151 *BGH* NZI 2018, 258 Rn. 10; BeckOK InsR/*Desch/Hochdorfer* InsO § 61 Rn. 29 ff.
152 *BGH* NZI 2018, 258 Rn. 13; Uhlenbruck/*Sinz* InsO § 61 Rn. 16.
153 *BGH* NZI 2018, 744 Rn. 3.
154 *BVerfG* NZI 2016, 163 Rn. 45.
155 *BGH* NZI 2017, 667 Rn. 9, 14.
156 *BGH* NZI 2016, 892 Rn. 9.

C. Gesellschaftsrechtliche Auswirkungen

I. Auflösung der Gesellschaft und Löschung

91 Ist der Schuldner eine juristische Person oder Personengesellschaft, führt die Eröffnung des Insolvenzverfahrens zur **Auflösung** der Gesellschaft. Das gilt für Kapitalgesellschaften, wie die GmbH (§ 60 Abs. 1 Nr. 4 GmbHG), die AG (§ 262 Abs. 1 Nr. 3 AktG), die eG (§ 81a GenG), den Verein (§ 42 Abs. 1 S. 1 BGB), und für Personengesellschaften, wie die OHG (§ 131 Abs. 1 Nr. 3 HGB), die KG (§§ 161 Abs. 2 i.V.m. § 131 Abs. 1 Nr. 3 HGB), die GbR (§ 728 Abs. 1 S. 1 BGB bzw. § 729 Abs. 1 Nr. 2 BGB n.F. 2024), die Partnerschaft und die PartmbB (§ 9 Abs. 1 PartGG i.V.m. § 131 Abs. 1 Nr. 3 HGB). Bis zur Vollbeendigung bleibt die Gesellschaft als Rechtsträger für die Zwecke des Insolvenzverfahrens weiter bestehen.[157] Der bisherige Gesellschaftszweck wird durch den Insolvenzzweck, die gleichmäßige Befriedigung der Gläubiger (§ 1 S. 1 InsO), überlagert.[158] Wird das Insolvenzverfahren nach Abschluss der Verwertung des Schuldnervermögens aufgehoben, wird eine Kapitalgesellschaft wegen **Vermögenslosigkeit von Amts wegen** aus dem (Handels-)Register **gelöscht** (§ 394 Abs. 1 S. 2 FamFG). Abweichende Regelungen zur Fortsetzung der Gesellschaft sind nur in einem Insolvenzplan möglich (z.B. § 60 Abs. 1 Nr. 4 Hs. 2 GmbHG).

Beispiel Die MODEHAUS GmbH wird mit der Eröffnung des Insolvenzverfahrens aufgelöst (§ 60 Abs. 1 Nr. 4 Hs. 1 GmbHG). Ist die Verwertung abgeschlossen, wird die GmbH aus dem Handelsregister gelöscht (§ 394 Abs. 1 S. 2 FamFG). Der Name „MODEHAUS" kann weiterexistieren, sofern der Insolvenzverwalter die Firma (§§ 22, 23 HGB) zusammen mit den wesentlichen Betriebsteilen im Wege der übertragenden Sanierung an einen Investor verkauft.

II. Gesellschaftsorgane

1. Vertretungsorgane

92 Die Vertretungsorgane der Gesellschaft (Geschäftsführer, Vorstand) bleiben während des Insolvenzverfahrens im Amt.[159] Sie verlieren aber ihre Geschäftsführungs- und Vertretungsbefugnisse in Bezug auf die Insolvenzmasse, da diese Befugnisse mit Insolvenzeröffnung auf den Insolvenzverwalter übergehen (§ 80 Abs. 1 InsO).[160] Die Organmitglieder können nur solche Aufgaben wahrnehmen, die nicht die Insolvenzmasse betreffen,[161] wie z.B. die Verwaltung des insolvenzfreien Vermögens (Rn. 225). Sie können für die juristische Person Anträge stellen (z.B. gem. §§ 212, 213 InsO) oder gem. § 6 Abs. 1 InsO sofortige Beschwerde einlegen und hierfür einen Anwalt beauftragen.[162] Sie üben im Rahmen der Forderungsanmeldung das Widerspruchsrecht des Schuldners (§ 178 Abs. 1 S. 2 InsO) aus.[163] Sie können Gesellschafterversammlungen einberufen.[164] Ist der Schuldner eine börsennotierte Gesellschaft (AG, SE, KGaA), obliegt es dem Vorstand, die kapitalmarktrechtlichen Pflichten des Schuldners sicherzustellen (vgl. § 43 BörsG). Der Börsenrückzug (Delisting) ist hingegen Sache des Insolvenzverwalters.[165]

157 *BGH* NZG 2020, 223 Rn. 37; NZI 2018, 442 Rn. 28; NZI 2016, 702 Rn. 13.
158 *BGH* NZI 2019, 460 Rn. 26.
159 *BGH* NZI 2016, 702 Rn. 13.
160 *BGH* NZI 2022, 998 Rn. 9; NZI 2021, 268 Rn. 30; MüKo-InsO/*Vuia* § 117 Rn. 10.
161 *BGH* NZG 2020, 223 Rn. 37; NZI 2018, 708 Rn. 28.
162 Vgl. *BGH* NZI 2022, 998 Rn. 9; NZI 2016, 702 Rn. 13.
163 Vgl. *BGH* NZI 2018, 442 Rn. 33.
164 *OLG München* NZI 2018, 538 Rn. 21.
165 *VGH Kassel* NZI 2021, 404 mit ablehnender Anm. *Oberle*.

2. Gesellschafterversammlung, Hauptversammlung und Aufsichtsrat

93 Auch die gesellschaftsrechtlichen Überwachungsorgane bleiben im Amt. Jedoch sind weder die Gesellschafterversammlung noch der Aufsichtsrat berechtigt, dem Insolvenzverwalter Weisungen hinsichtlich der Art und Weise der Abwicklung zu erteilen.[166] Die Entscheidung nach § 46 Nr. 8 GmbHG, Ersatzansprüche gegen die Geschäftsführer oder die Gesellschafter geltend zu machen, trifft der Insolvenzverwalter.[167] Die Gesellschafterversammlung bleibt hingegen für materielle Satzungsänderungen zuständig und ist auch während des Insolvenzverfahrens berechtigt, den Geschäftsführer abzuberufen (§ 38 GmbHG).[168] Die Hauptversammlung einer AG kann auch nach Eröffnung des Insolvenzverfahrens über die Bestellung oder Abberufung von Aufsichtsratsmitgliedern (§§ 101, 103 AktG) oder über eine Kapitalerhöhung (§§ 182 ff. AktG) Beschluss fassen.[169] Der Insolvenzverwalter ist nicht berechtigt, eine Änderung der Firma durch Satzungsänderung herbeizuführen. Hierzu ist bei der AG ein Hauptversammlungsbeschluss erforderlich.[170]

D. Internetrecherche

94 Auch im Insolvenzrecht lassen sich viele Informationen aus dem Netz gewinnen.

Die Entscheidungen des *Insolvenzgerichts* werden ausschließlich elektronisch bekannt gegeben (§ 9 Abs. 1 InsO). Sie sind unter **www.insolvenzbekanntmachungen.de** abrufbar. Die Website enthält für einen Zeitraum von zwei Wochen Informationen zu sämtlichen Insolvenzverfahren in Deutschland, sortiert nach Bundesländern und ihren *Insolvenzgerichten*. Nach Ablauf der zwei Wochen kann unter Eingabe des Aktenzeichens gezielt nach einzelnen Schuldnern recherchiert werden. Auf der Website **www.bundesanzeiger.de**. werden die Jahresabschlüsse (Bilanzen) der bilanzierungspflichtigen Unternehmen (§ 264 HGB) veröffentlicht. Unter **www.handelsregister.de** oder **www.unternehmensregister.de** finden sich die grundlegenden Daten zu den Handelsgesellschaften. Ab 2024 wird ein eigenes Register für die eGbR eingeführt (Gesellschaftsregister). Verlautbarungen des Instituts der Wirtschaftsprüfer finden sich unter **www.idw.de.**

Online-Wissens-Check

Wer sind die absonderungsberechtigten Gläubiger?

Überprüfen Sie jetzt online Ihr Wissen zu den in diesem Abschnitt erarbeiteten Themen. Unter **www.juracademy.de/skripte/login** steht Ihnen ein Online-Wissens-Check speziell zu diesem Skript zur Verfügung, den Sie kostenlos nutzen können. Den Zugangscode hierzu finden Sie auf der Codeseite.

166 *BGH* NZI 2018, 708 Rn. 28.
167 *BGH* NZI 2021, 45 Rn. 24.
168 *BGH* NZI 2016, 702 Rn. 19.
169 *OLG München* NZI 2018, 538 Rn. 21 ff.
170 *BGH* NZI 2020, 234 Rn. 30 ff.

2. Teil
Eröffnungsgründe und Pflichten der Leitungsorgane

A. Einführung

Die Eröffnung eines Insolvenzverfahrens setzt einen Eröffnungsgrund voraus (§ 16 InsO). Eröffnungsgründe sind **Zahlungsunfähigkeit** (§ 17 InsO), **Überschuldung** (§ 19 InsO) und **drohende Zahlungsunfähigkeit** (§ 18 InsO). Tritt bei einer juristischen Person (GmbH, UG, AG etc.) Zahlungsunfähigkeit oder Überschuldung ein, sind die Vertretungsorgane verpflichtet, unverzüglich Insolvenzantrag zu stellen (§ 15a Abs. 1 S. 1, 2 InsO). Versäumen sie die fristgerechte Antragstellung, ist der Straftatbestand der **Insolvenzverschleppung** erfüllt (§ 15a Abs. 4, 5 InsO). Zudem haften sie auch zivilrechtlich auf Schadensersatz (§ 823 Abs. 2 BGB i.V.m. § 15a InsO). Hinzu kommt, dass die Vertretungsorgane ab Eintritt der Zahlungsunfähigkeit/Überschuldung das Zahlungsverbot des § 15b InsO beachten müssen. Auch die Insolvenzanfechtung (§§ 129 ff. InsO) und die Bankrottstraftatbestände (§§ 283, 283c, 283d StGB) knüpfen an die Eröffnungsgründe an. Damit kommt der Auslegung der Begriffe Zahlungsunfähigkeit, Überschuldung und drohende Zahlungsunfähigkeit zentrale Bedeutung zu. 95

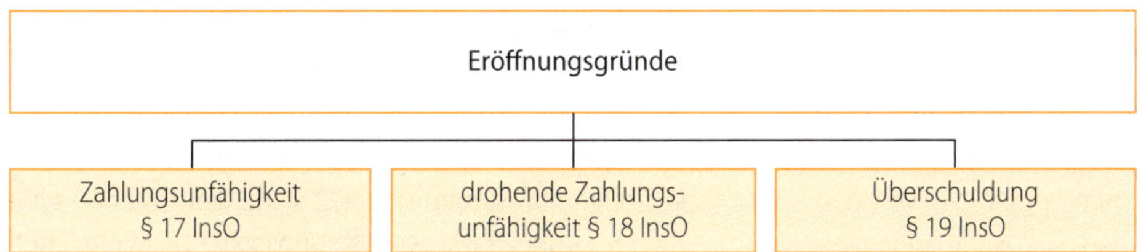

B. Die drei Eröffnungsgründe

I. Zahlungsunfähigkeit

1. Methoden zur Ermittlung

Die Zahlungsunfähigkeit des Schuldners ist allgemeiner Eröffnungsgrund (§ 17 Abs. 1 InsO). 96
Sie berechtigt alle insolvenzfähigen Schuldner (§ 11 InsO), einen Insolvenzantrag zu stellen, egal ob es sich um eine Einzelunternehmerin, einen Verbraucher oder eine GmbH handelt. Dabei stellt § 17 Abs. 2 InsO zwei verschiedene Methoden zur Ermittlung der Zahlungsunfähigkeit zur Verfügung.[1]

» § 17 Abs. 2 InsO besteht aus zwei Sätzen und beinhaltet zwei Methoden zur Ermittlung der Zahlungsunfähigkeit. «

Nach § 17 Abs. 2 S. 1 InsO liegt Zahlungsunfähigkeit vor, wenn der Schuldner nicht in der 97
Lage ist, seine fälligen Zahlungspflichten zu erfüllen. Ob das der Fall ist, wird anhand einer Liquiditätsbilanz ermittelt (sog. **betriebswirtschaftliche** oder **rechnerische Methode**). Diese (erste) Methode ist primär für den Schuldner relevant, der anhand der Liquiditätsbilanz rech-

1 Vgl. nur *BGH* NZI 2016, 588 Rn. 14; NZI 2016, 222 Rn. 11; NZI 2016, 134 Rn. 17.

nerisch überprüfen kann, ob sein Unternehmen zahlungsunfähig ist. In diesem Fall erfolgt die Prüfung ex-ante. Die rechnerische Methode kann aber auch ex-post eingesetzt werden, um rückblickend festzustellen, ob der Schuldner an einem bestimmten Stichtag zahlungsunfähig war.[2] Hingegen ist die in § 17 Abs. 2 S. 2 InsO genannte **Zahlungseinstellung** (= zweite Methode) stets eine ex-post Methode. Hier wird anhand des Geschäftsgebarens des Schuldners unter Heranziehung von Indizien nachträglich festgestellt, ob der Schuldner seine Zahlungen zu einem bestimmten Zeitpunkt eingestellt hatte. Die Methode ist vor allem relevant, wenn es um Haftungsansprüche (z.B. § 15b InsO oder § 823 Abs. 2 BGB i.V.m. § 15a InsO) oder Anfechtungsklagen des Insolvenzverwalters (§§ 129 ff. InsO) geht.

2. Betriebswirtschaftliche Methode

98 Nach dem Wortlaut des § 17 Abs. 2 S. 1 InsO liegt Zahlungsunfähigkeit vor, wenn der Schuldner nicht mehr in der Lage ist, seine fälligen Zahlungspflichten zu erfüllen. Nach ständiger Rechtsprechung des *BGH* ist das der Fall, wenn es dem Schuldner nicht gelingt, sich innerhalb von drei Wochen die zur Begleichung der fälligen Forderungen benötigten finanziellen Mittel zu beschaffen und die Liquiditätslücke auf unter 10 % zurückzuführen.[3] Das ist in drei Schritten abzuprüfen.

a) Gegenüberstellung der liquiden Mittel und der Verbindlichkeiten

99 In einem ersten Schritt muss der Schuldner (bei Gesellschaften die Vertretungsorgane) eine Liquiditätsbilanz erstellen, in der die **liquiden Mittel** den **fälligen Verbindlichkeiten** zu einem bestimmten Stichtag (20.5., 6.6., 27.8. etc.) gegenüberzustellen sind („Stichtagsbetrachtung").[4] Zu den liquiden Mittel gehören Bargeld in der Kasse, Bankguthaben, Wertpapiere sowie offene Kreditlinien (z.B. geduldeter Überziehungskredit) und sicher eingehende Forderungen. Aus welchen Quellen die Einnahmen stammen, spielt keine Rolle. Zu den typischen Verbindlichkeiten wiederum gehören Löhne, Sozialversicherungsbeitrage, Miete, Energiekosten und Zinszahlungen. Sie müssen nur dann im Liquiditätsstatus berücksichtigt werden, wenn sie durchsetzbar und fällig sind.[5] An welchem Tag eine Verbindlichkeit zivilrechtlich **fällig** ist, ergibt sich aus § 271 BGB. Ausschlaggebend ist in erster Linie die Parteivereinbarung; ansonsten gilt im Zweifel sofortige Fälligkeit. Gestundete Verbindlichkeiten (Hinausschieben des Fälligkeitstermins durch Vereinbarung) sind nicht fällig und müssen daher nicht in die Liquiditätsbilanz eingestellt werden. Zudem ist der Begriff der Fälligkeit nach Ansicht des *BGH* **insolvenzrechtlich** zu interpretieren. Die Verbindlichkeit muss nicht nur fällig, sondern auch **„ernsthaft eingefordert"** sein.[6] Grund für diese Korrektur sind die einschneidenden Folgen eines Insolvenzverfahrens. Die Anforderungen an ein ernsthaftes Einfordern sind aber nicht hoch. Ausreichend ist eine Gläubigerhandlung, aus der sich der Wille ergibt, vom Schuldner Erfüllung zu verlangen,[7] etwa das (einmalige) Übersenden einer Rechnung. Selbst das Einbuchen der Forderung in die Buchhaltung wird als ausreichend angesehen.[8]

---

2 *BGH* NJW 2018, 1089 Rn. 10 ff.; näher *Ampferl/Kilper* NZI 2018, 191 ff.

3 *BGH* NJW 2018, 1089 Rn. 10, 31 ff.; NZI 2017, 64 Rn. 17; NJW 2013, 940, 941; NZI 2007, 579, 58.

4 *BGH* NZI 2019, 247 Rn. 11; NJW 2018, 1089 Rn. 10; NJW 2013, 940, 941.

5 *BGH* NZI 2022, 425 Rn. 23.

6 *BGH* NZI 2022, 425 Rn. 23; NJW 2018, 1089 Rn. 16; NZI 2018, 764 Rn. 6.

7 *BGH* NJW 2018, 1089 Rn. 16, 59; NZI 2018, 764 Rn. 6.

8 *BGH* NJW 2018, 1089 Rn. 16 f.; NZI 2007, 579 Rn. 19.

Abschließend muss noch gerechnet werden. Ergibt die Gegenüberstellung der liquiden Mittel und der fälligen und ernsthaft eingeforderten Verbindlichkeiten eine **Unterdeckung von 10 %** oder mehr, ist der Schuldner zahlungsunfähig.[9] Jedoch erlaubt der *BGH* einen (kurzen) Blick in die Zukunft und erweitert die Zeitpunktbetrachtung (Stichtag) um eine Zeitraumbetrachtung (Drei-Wochen-Frist). 100

Stichtagsbezogene Liquiditätsbilanz zum 20.5. (vereinfacht)			
Liquide Mittel		Verbindlichkeiten	
Kasse	60 000	Lieferanten	200 000
Konto (Überziehung)	100 000	Steuern	40 000
Waren	40 000	Versicherungen	20 000
gesamt	200 000	gesamt	260 000

Unterdeckung = 60 000 Euro = **23,08 %**

b) Drei-Wochen-Zeitraumbetrachtung

Um die Zahlungsunfähigkeit von einer bloßen Zahlungsstockung abzugrenzen, ist es erforderlich, in der Liquiditätsbilanz auch die künftige Liquiditätsentwicklung des Schuldners abzubilden. Zu prüfen ist, ob der Schuldner innerhalb der nächsten **drei Wochen** die Liquiditätslücke schließen kann („Zeitraumbetrachtung").[10] Ist das der Fall, gilt der Schuldner zum Stichtag als zahlungsfähig. In dieser erweiterten Liquiditätsbilanz sind auf der Aktivseite – neben den am Stichtag verfügbaren Mitteln (Aktiva I) – die innerhalb von drei Wochen flüssig zu machenden Mittel (Aktiva II) einzubeziehen und den am Stichtag fälligen und eingeforderten Verbindlichkeiten (Passiva I) sowie den innerhalb von drei Wochen fällig werdenden und eingeforderten Verbindlichkeiten (Passiva II) gegenüberzustellen.[11] Mit der Pflicht, auch die Passiva II aufzunehmen, hat sich der frühere „Bugwellenstreit" erledigt. Die Zeitraumbetrachtung eröffnet dem Schuldner die Möglichkeit, durch Kredite, Zuführung von Eigenkapital oder der Veräußerung von Vermögensgegenständen schnell noch liquide Mittel zu beschaffen, um die Zahlungsunfähigkeit zu beseitigen.[12] Vermögenswerte dürfen in die Liquiditätsbewertung einbezogen werden, wenn der Schuldner in der Lage ist, diese binnen der Drei-Wochen-Frist zu verwerten (Verkauf von Umlaufvermögen).[13] Auch Forderungen, deren Eingang auf dem Konto mit hinreichender Wahrscheinlichkeit erwartet werden kann, können berücksichtigt werden.[14] Alles was nicht innerhalb der drei Wochen zu Geld gemacht werden kann (z.B. Grundstücke), darf nicht in die liquiden Mittel einfließen. 101

c) Höhe der Unterdeckung

Ergibt die Liquiditätsbilanz eine innerhalb von drei Wochen nicht zu beseitigende Unterdeckung von **10 % oder mehr**, ist der Schuldner zahlungsunfähig. Eine Ausnahme gilt nur, 102

9 *BGH* NZI 2022, 733 Rn. 24; NJW 2018, 1089 Rn. 45; NZI 2017, 64 Rn. 17.
10 *BGH* NZI 2019, 247 Rn. 11; NJW 2018, 1089 Rn. 32 f., 45 f.
11 *BGH* NJW 2018, 1089 Rn. 33 ff.
12 Vgl. *BGH* NZI 2019, 247 Rn. 11; NJW 2018, 1089 Rn. 69; NZI 2016, 588 Rn. 31; NZI 2007, 579, 581.
13 Vgl. *BGH* NJW 2018, 1089 Rn. 70.
14 *BGH* NJW 2018, 1089 Rn. 70.

wenn mit an Sicherheit grenzender Wahrscheinlichkeit zu erwarten ist, dass die Liquiditätslücke zwar erst mehr als drei Wochen später, aber in absehbarer Zeit (fast) vollständig geschlossen wird und den Gläubigern ein Zuwarten nach den besonderen Umständen des Einzelfalls zumutbar ist.[15] Gelingt es dem Schuldner, die Liquiditätslücke im Drei-Wochen-Zeitraum auf **unter 10 %** zurückzuführen, ist der Schuldner zum Stichtag zahlungsfähig.[16] Andernfalls liegt Zahlungsunfähigkeit vor.

Beispiel Die MODEHAUS GmbH verfügt am 20.5. noch über 60 000 EUR Bargeld, einen Überziehungskredit von 100 000 EUR sowie veräußerliche Waren für 40 000 EUR. Dem stehen am 20.5. fällige Lieferantenverbindlichkeiten über 200 000 EUR, Steuern von 40 000 EUR sowie Versicherungen i.H.v. 20 000 EUR gegenüber. Das ergibt eine Unterdeckung von ca. 23 %. Die nächsten drei Wochen versprechen keine Besserung. Es kommen auf der Passivseite (Passiva II) 200 000 Lohnkosten hinzu, während auf der Einnahmenseite (Aktiva II) Forderungseingänge von 80 000 EUR und Warenverkäufe von 60 000 EUR erwartet werden. Das entspricht einer Unterdeckung von ca. 26 %. Damit ist die GmbH am Stichtag (20.5.) zahlungsunfähig, da sie eine Unterdeckung von mehr als 10 % hat. ■

3. Zahlungseinstellung

103 Die Zahlungsunfähigkeit kann auch auf andere Weise als durch Aufstellung einer Liquiditätsbilanz festgestellt werden. Nach § 17 Abs. 2 S. 2 InsO wird die Zahlungsunfähigkeit (widerlegbar) vermutet, wenn der Schuldner seine Zahlungen eingestellt hat. Die **Zahlungseinstellung** knüpft an das nach außen hervortretende Zahlungsverhalten des Schuldners an. Für die beteiligten Verkehrskreise muss sich aufgrund von **Indizien** (Beweisanzeichen) der berechtigte Eindruck aufdrängen, dass der Schuldner außerstande ist, seine fälligen Zahlungsverpflichtungen zu erfüllen.[17] Die Zahlungseinstellung kann aus einem einzelnen Indiz, aber auch aus einer Gesamtschau mehrerer Indizien gefolgert werden.[18]

104 Nach Ansicht des *BGH* hat der Schuldner seine Zahlungen eingestellt, wenn er fällige Verbindlichkeiten in erheblichem Umfang hat, die bis zur Insolvenzeröffnung nicht beglichen wurden.[19] Sogar die Nichtzahlung einer einzigen Verbindlichkeit in beträchtlicher Höhe kann die Zahlungseinstellung begründen.[20] Als weitere Indizien zieht der *BGH* die Nichtabführung der Sozialversicherungsbeiträge über ein halbes Jahr,[21] eine dauernd schleppende Zahlungsweise (Löhne, Steuern etc.) trotz Vollstreckungsdrohungen,[22] das monatelange Schweigen auf Rechnungen und Mahnungen eines Gläubigers[23] sowie das Unterlassen von Zahlungen, die für die Aufrechterhaltung eines Unternehmens existentiell sind, heran.[24] Die

15 *BGH* NZI 2022, 733 Rn. 24; NZI 2017, 64 Rn. 17; NZI 2016, 588 Rn. 31; NZI 2007, 579, 581.

16 *BGH* NJW 2018, 1089 Rn. 32.

17 *BGH* NZI 2022, 733 Rn. 27; NZI 2020, 520 Rn. 12; NZI 2018, 34 Rn. 12; NZI 2017, 64 Rn. 18.

18 *BGH* NZI 2022, 733 Rn. 28; NJW 2018, 1089 Rn. 65; NZI 2018, 114 Rn. 8; NZI 2017, 64 Rn. 18; NZI 2016, 837 Rn. 14; NZI 2016, 454 Rn. 7; NZI 2016, 222 Rn. 12; NZI 2016, 134 Rn. 18; NZI 2015, 717 Rn. 13.

19 *BGH* NZI 2022, 733 Rn. 41; NZI 2020, 520 Rn. 12; NZI 2018, 34 Rn. 12; NZI 2017, 64 Rn. 19; NZI 2016, 588 Rn. 14; NZI 2015, 369 Rn. 15.

20 *BGH* NZI 2022, 733 Rn. 27; NZI 2020, 520 Rn. 12; NZI 2019, 812 Rn. 21; NZI 2018, 264 Rn. 18; NZI 2018, 34 Rn. 12; NZI 2017, 64 Rn. 19; NZI 2016, 588 Rn. 14; NZI 2014, 232, 234.

21 *BGH* NZI 2022, 733 Rn. 31; NZG 2020, 70 Rn. 19; NZI 2016, 134 Rn. 21.

22 *BGH* NZI 2022, 733 Rn. 32; NZI 2016, 736 Rn. 22 f.; NZI 2016, 222 Rn. 15, 25; NZI 2013, 932, 933.

23 *BGH* NZI 2018, 264 Rn. 13 ff.; NZI 2016, 266 Rn. 12.

24 *BGH* NZI 2016, 736 Rn. 24; NZI 2013, 932, 933.

Bitte um Stundung oder Ratenzahlung ist ein Indiz für die Zahlungseinstellung, wenn der Schuldner diese mit der Erklärung verbindet, andernfalls seine fälligen Verbindlichkeiten nicht begleichen zu können.[25] Da es sich bei § 17 Abs. 2 S. 2 InsO um eine widerlegbare Vermutung handelt, kann der Schuldner Gegenbeweise vorbringen, indem er mittels einer Liquiditätsbilanz nachweist, dass eine Liquiditätslücke von weniger als 10 % bestand.[26] Die nach außen in Erscheinung getretene Zahlungseinstellung endet, wenn der Schuldner seine Zahlungen allgemein wieder aufgenommen hat.[27] Hierfür genügt es nicht, einzelne Gläubiger zu befriedigen; vielmehr muss der Schuldner seine Zahlungen gegenüber allen Gläubigern aufnehmen.

4. Exkurs: Zahlungsunfähigkeit aus Sicht der Staatsanwaltschaft

Die Feststellung der Zahlungsunfähigkeit wird im Strafverfahren relevant, wenn der Geschäftsführer wegen Bankrottstraftaten (§§ 283 ff. StGB) oder wegen Insolvenzverschleppung (§ 15a Abs. 4 bis 6 InsO) angeklagt ist. Grundsätzlich laufen das insolvenzrechtliche und das strafrechtliche Begriffsverständnis parallel, so dass auch im Strafverfahren die Feststellung der Zahlungsunfähigkeit durch die betriebswirtschaftliche Methode (§ 17 Abs. 2 S. 1 InsO) erfolgt.[28] Nach der Rechtsprechung des *BGH* kann die Zahlungsunfähigkeit im Strafprozess aber auch anhand sog. **wirtschaftskriminalistischer Beweisanzeichen** festgestellt werden (§ 17 Abs. 2 S. 2 InsO).[29] Zu diesen Beweisanzeichen gehören das Ignorieren von Rechnungen oder Mahnungen sowie gescheiterte Vollstreckungsversuche. Informationen bekommt die Staatsanwaltschaft vom Insolvenzgericht, das die Insolvenzakte automatisch weiterleitet (Mitteilungen für Zivilsachen = MiZi). 105

II. Überschuldung

1. Grundlagen

Bei juristischen Personen ist auch die Überschuldung Eröffnungsgrund (§ 19 Abs. 1 InsO). 106
Gleiches gilt gem. § 19 Abs. 3 S. 1 InsO für rechtsfähige Personengesellschaften, die keine natürliche Person als Vollhafter haben (z.B. GmbH & Co. KG). Grund für diesen zusätzlichen Eröffnungsgrund ist, dass die Haftung bei Kapitalgesellschaften auf das Gesellschaftsvermögen beschränkt ist.[30] Da Unternehmen vorwiegend (95 %) wegen Zahlungsunfähigkeit Eröffnungsantrag stellen, hat die Überschuldung in der Praxis eine geringe Bedeutung. Die Überschuldung (§ 19 InsO) ist von der drohenden Zahlungsunfähigkeit (§ 18 InsO) abzugrenzen, da nur letztere den Zugang zum Schutzschirmverfahren (§ 270d InsO) oder zu den Restrukturierungsinstrumenten des StaRUG erlaubt. Die Norm des § 19 Abs. 2 InsO wurde in der Vergangenheit mehrfach geändert. Seit der Finanzmarktkrise 2008 gilt ein modifizierter zweistufiger Überschuldungsbegriff.[31] Mit dem **SanInsKG** hat der Gesetzgeber 2022 kurzfristig auf die Energiekrise und die drohende Insolvenzgefahr für Unternehmen reagiert und die Norm

25 *BGH* NZI 2018, 264 Rn. 20; NZI 2017, 64 Rn. 19; NZI 2016, 736 Rn. 21; NZI 2016, 222 Rn. 17.
26 *BGH* NJW 2018, 1089 Rn. 66; NZI 2016, 588 Rn. 30; ferner *BGH* NZI 2019, 850 Rn. 9.
27 *BGH* NZI 2022, 397 Rn. 17; NZI 2020, 170 Rn. 23; NZI 2018, 114 Rn. 10; NZI 2017, 64 Rn. 25.
28 *BGH* NZI 2018, 764 Rn. 3.
29 *BGH* NZI 2018, 764 Rn. 3; NStZ-RR 2015, 341, 342; NZI 2013, 970 Rn. 15.
30 *Becker* Insolvenzrecht § 2 Rn. 13; *Foerste* Insolvenzrecht Rn. 129.
31 BeckOK InsR/*Wolfer* InsO § 19 Rn. 1.

abgemildert.

107 Nach dem Wortlaut des § 19 Abs. 2 S. 1 InsO ist ein Unternehmen überschuldet, wenn „das Vermögen des Schuldners die bestehenden Verbindlichkeiten nicht mehr deckt, es sei denn die Fortführung des Unternehmens in den nächsten 12 Monaten ist nach den Umständen überwiegend wahrscheinlich." Aus dem Wortlaut folgt, dass ein Unternehmen überschuldet ist, wenn das Vermögen (Aktiva) die bestehenden Verbindlichkeiten (Passiva) nicht mehr deckt (= rechnerische Überschuldung) **und** seine Fortführung in den nächsten 12 Monaten nicht überwiegend wahrscheinlich ist (= negative Fortführungsprognose). Die beiden Komponenten müssen kumulativ vorliegen.[32] Das Gesetz selbst enthält keine Prüfungsreihenfolge. In der Praxis wird der Prüfung der Fortführungsprognose Vorrang eingeräumt.[33] Grund ist, dass eine positive Fortführungsprognose die Überschuldung definitiv ausschließt. Ist ungewiss, ob die Prognose positiv oder negativ ausgehen wird, wird empfohlen, die rechnerische Überschuldung parallel zu überprüfen.

2. Fortführungsprognose

108 Anhaltspunkte für eine positive Fortführungsprognose gibt das IDW mit seinem Standard IDW S 6.[34] Der *BGH* knüpft die positive Fortführungsprognose an drei Voraussetzungen.[35] Sie setzt in subjektiver Hinsicht den Fortführungswillen des Schuldners (bzw. seiner Leitungsorgane), und in objektiver Hinsicht ein schlüssiges Unternehmenskonzept (Sanierungskonzept), aus dem sich die Überlebensfähigkeit des Unternehmens ergibt, sowie einen Finanzplan voraus, aus dem hervorgeht, dass das Unternehmen seine Zahlungsfähigkeit in angemessener Zeit wiedererlangen wird. In welchem Zeitraum die Zahlungsfähigkeit wiedererlangt werden muss (sog. Prognosezeitraum), war früher umstritten. Mit dem SanInsFoG wurde der Prognosezeitraum auf **zwölf Monate** festgelegt (§ 19 Abs. 2 S. 1 InsO). Zugleich wurde für die drohende Zahlungsunfähigkeit ein Prognosezeitraum von 24 Monaten festgeschrieben (§ 18 Abs. 2 S. 2 InsO), um beide Insolvenzgründe klarer voneinander abzugrenzen. Die Planungsunsicherheiten, die aus der Energiekrise resultieren, haben den Gesetzgeber veranlasst, den Prognosezeitraum auf **vier Monate** zu verkürzen (vgl. § 4 Abs. 2 SanInsKG). Die Regelung gilt zwischen dem 9.11.2022 und dem 31.12.2023.

Hinweis

Kommentieren Sie § 4 Abs. 2 SanInsKG neben § 19 Abs. 2 S. 1 InsO, wenn die Prüfungsordnung Ihres Bundeslandes dies erlaubt.

109 Die Fortführungsprognose ist letztlich eine **Zahlungsfähigkeitsprognose**.[36] Die Gesellschaft muss anhand des Finanzplans dokumentieren, dass sie mit überwiegender Wahrscheinlichkeit in der Lage ist, die im Prognosezeitraum fälligen Verbindlichkeiten zu erfüllen, wobei unerheblich ist, mit welchen Mitteln (Innen- oder Außenfinanzierung) die Deckung erfolgt. Es genügt eine Wahrscheinlichkeit von über 50 %.[37] Der *BGH* billigt dem Geschäftsleiter bei

32 Vgl. *Fischer* NZI 2016, 665.
33 BeckOK InsR/*Wolfer* InsO § 19 Rn. 8; *Harig/Jürgens* NZI 2021, 911, 912.
34 Hierzu *BGH* NZI 2018, 840 Rn. 10 (keine Verwendungspflicht).
35 *BGH* NZI 2021, 872 Rn. 68.
36 *Jauernig/Berger/Thole* Insolvenzrecht § 14 Rn. 15; *Fischer* NZI 2016, 665, 666.
37 *OLG Düsseldorf* NZI 2021, 900 Rn. 11; *Fischer* NZI 2016, 665, 666.

der Erstellung des Finanzplans einen Ermessens- und Beurteilungsspielraum zu.[38] So dürfen auch zukünftige Zahlungsströme berücksichtigt oder unterstellt werden, wenn für deren Eintritt eine überwiegende Wahrscheinlichkeit spricht.[39] Damit können künftige Absatz- und Gewinnchancen, geänderte Marktverhältnisse (z.B. Wegfall von Corona-Beschränkungen), Eigenkapitalaufnahme oder Sanierungsbeiträge Dritter[40] in die Beurteilung einfließen. Auch die Durchführung eines Restrukturierungsverfahrens nach dem StaRUG rechtfertigt die Annahme einer positiven Fortführungsprognose.[41]

3. Rechnerische Überschuldung

Die rechnerische Überschuldung wird auf Grundlage eines eigenständigen **Überschuldungsstatus** ermittelt.[42] Er ist von der Handelsbilanz zu unterscheiden, da andere Wertansätze maßgeblich und stille Reserven aufzulösen sind. In der Überschuldungsbilanz sind auf der Aktivseite alle Vermögenswerte aufzunehmen, die im Fall eines Insolvenzverfahrens „zu Geld gemacht" werden können. Zu den Aktiva gehören die gegenständliche Vermögensgegenstände (bewegliche Sachen, Forderungen, Grundstücke, Rechte) und immaterielle Werte (Markenrechte, Patente, Firmenwert), sofern eine konkrete Verwertungschance besteht. Nach h.M. sind die Gegenstände mit Liquidationswerten (= Verwertung darf in einem planvollen Zeitraum vorgenommen werden) anzusetzen.[43] Auf der Passivseite sind alle Verbindlichkeiten einzustellen, wozu auch gestundete, noch nicht fällige, gesicherte sowie nachrangige Verbindlichkeiten gehören. Streitige (ungewisse) Verbindlichkeiten sind zu passivieren, wenn ihr Bestehen hinreichend wahrscheinlich ist.[44] Überwiegen die Passiva, ist die Gesellschaft überschuldet. 110

In der Praxis werden verschiedene Instrumente zur Beseitigung der Überschuldung eingesetzt. In Betracht kommen eine harte Patronatserklärung der Muttergesellschaft,[45] Forderungsverzichte der Gläubiger (§ 397 BGB) oder eine Kapitalerhöhung. Für Gesellschafterdarlehen, die als Fremdkapital grundsätzlich zu passivieren sind, gibt es eine besondere Lösung. Nach § 19 Abs. 2 S. 2 InsO muss die Verbindlichkeit im Überschuldungsstatus nach § 19 Abs. 2 S. 2 InsO nicht passiviert werden, wenn zwischen Gesellschaft und Gesellschafter ein sog. **qualifizierter Rangrücktritt** vereinbart wird. Die Norm des § 19 Abs. 2 S. 2 InsO ist analog auch für Nachrangvereinbarungen zwischen Gesellschaft und Gläubigern anwendbar.[46] Bezüglich der Tiefe des Rangrücktritts ist in § 19 Abs. 2 S. 2 InsO ausdrücklich klargestellt, dass ein sog. qualifizierter Rangrücktritt (= Rang nach den Forderungen des § 39 Abs. 1 S. 1 Nr. 5 InsO) genügt. Der *BGH* hat die Anforderungen an einen qualifizierten Rangrücktritt präzisiert. Zwingende Voraussetzung ist, dass sich der Rangrücktritt für die Zeit vor und nach der Insolvenzeröffnung erstreckt und dass die Forderung vor Insolvenzeröffnung nur aus freiem Vermögen beglichen werden darf.[47] 111

38 *BGH* NZI 2021, 872 Rn. 69.
39 *BGH* NZI 2021, 872 Rn. 79; *Schönfelder* NZI 2022, 49, 50; *Fischer* NZI 2016, 665, 672.
40 *OLG Düsseldorf* NZI 2021, 900 Rn. 12 (zu Start-Up-Unternehmen); s. auch *BGH* NZI 2021, 872 Rn. 80 f.
41 So *Grau/Pohlmann/Radunz* NZI 2021, 522, 524; a.A. *Pieckenbrock* NZI-Beil. 2021, 82, 84.
42 *BGH* NZI 2020, 167 Rn. 21; *Andres/Leithaus/Leithaus* InsO § 19 Rn. 9.
43 *BGH* NZI 2020, 167 Rn. 21; näher *Harig/Jürgens* NZI 2021, 911, 912 f.
44 Uhlenbruck/*Mock* InsO § 19 Rn. 163; *Harig/Jürgens* NZI 2021, 911, 913.
45 *BGH* NZI 2021, 872 Rn. 74; Braun/*Salm-Hoogstraeten* InsO § 19 Rn. 26.
46 *BGH* NZI 2015, 315 Rn. 14.
47 *BGH* NZI 2015, 315 Rn. 16 ff.

III. Drohende Zahlungsunfähigkeit

1. Bedeutung

» Nur die drohende Zahlungsunfähigkeit erlaubt ein Schutzschirmverfahren nach § 270d InsO oder ein StaRUG-Restrukturierungsverfahren. «

112 Neben der Zahlungsunfähigkeit (§ 17 InsO) und der Überschuldung (§ 19 InsO) ist die drohende Zahlungsunfähigkeit (§ 18 InsO) ein weiterer Eröffnungsgrund. Sie weist zwei Besonderheiten auf. So gibt die drohende Zahlungsunfähigkeit nur dem Schuldner (nicht den Gläubigern) das Recht, einen Eröffnungsantrag zu stellen (§ 18 Abs. 1 InsO). Zudem besteht für den Schuldner keine Pflicht, bei drohender Zahlungsunfähigkeit Eröffnungsantrag zu stellen, da § 15a InsO als Auslöser nur die Zahlungsunfähigkeit und Überschuldung nennt. Ziel des § 18 InsO ist es, Unternehmen in einem frühen Krisenstadium zur Antragstellung anzuhalten, um die Chancen einer Sanierung zu verbessern, aber auch die Befriedigungsaussichten der Gläubiger zu steigern.[48] In der Praxis wird nur äußerst selten von dem Eröffnungsgrund Gebrauch gemacht. Das ist nachvollziehbar, da Unternehmen in einem frühen Krisenstadium kaum geneigt sind, sich freiwillig vom Markt zu nehmen. Mit der Einführung eines vorinsolvenzlichen Sanierungsverfahrens (§§ 2 ff. StaRUG) hat der Gesetzgeber neue Anreize gesetzt. Das Verfahren kann, wie auch das Schutzschirmverfahren (§ 270d InsO), nur im Fall drohender Zahlungsunfähigkeit in Anspruch genommen werden. Damit spielt dieser Eröffnungsgrund zumindest im Sanierungsrecht eine wichtige Rolle.

2. Ermittlung

113 Drohende Zahlungsunfähigkeit liegt nach § 18 Abs. 2 S. 1 InsO vor, wenn der Schuldner voraussichtlich nicht in der Lage ist, seine bestehenden Zahlungspflichten im Zeitpunkt der Fälligkeit zu erfüllen. Das erfordert eine Prognose der künftigen Liquidität.[49] Drohende Zahlungsunfähigkeit ist gegeben, wenn in den nächsten 24 Monaten eine Liquiditätslücke von 10 % oder mehr zu erwarten ist.[50] Die Länge des Prognosezeitraums war lange streitig. Mit dem SanInsFoG wurde der **Prognosezeitraum** auf **24 Monate** festgelegt (§ 18 Abs. 2 S. 2 InsO). Die Frist gilt „in aller Regel", so dass sie in atypischen Fällen anders bestimmt werden kann.[51] Die Prognose erfolgt mit Hilfe eines Finanzplans (Liquiditätsplans). In diesem werden die prognostizierten Einzahlungen den absehbaren Auszahlungen im Prognosezeitraum gegenübergestellt.[52] Auf der Passivseite sind alle bereits fälligen Verbindlichkeiten sowie die Verbindlichkeiten einzustellen, die im Prognosezeitraum mit einer Wahrscheinlichkeit von über 50 % entstehen und fällig werden.[53] Auf der Aktivseite sind die künftigen liquiden Vermögenswerte, die voraussichtlich im Prognosezeitraum vorhanden sind, einzustellen. Um eine drohende Zahlungsunfähigkeit zu bejahen, muss die Prognose ergeben, dass der Eintritt der Zahlungsunfähigkeit in 24 Monaten wahrscheinlicher als deren Vermeidung ist. Die Wahrscheinlichkeit muss nach h.M. **50 %** überschreiten.[54]

48 HambKomm-InsR/*Schröder* InsO § 18 Rn. 2.
49 Vgl. *BGH* NZI 2022, 3397 Rn. 30.
50 *BGH* NJW 2018, 1089 Rn. 45; a.A. Uhlenbruck/*Mock* InsO § 18 Rn. 20.
51 BeckOK-InsR/*Wolfer* InsO § 18 Rn. 23; *Piekenbrock* NZI-Beil. 2021, 82, 83.
52 *BGH* NZI 2014, 259, 260.
53 BeckOKInsR/*Wolfer* InsO § 18 Rn. 10 f.
54 *BGH* NZI 2014, 259, 260; *AG Köln* NZI 2021, 433 Rn. 4 f.

C. Insolvenzantragspflicht

Hinsichtlich der Insolvenzantragspflicht unterscheidet die InsO zwischen Unternehmen mit unbeschränkter Haftung (Einzelkaufmann, Einzelunternehmer, Personengesellschaften) und Unternehmen mit beschränkter Haftung. Nur juristischen Personen und Personengesellschaften, die keine natürliche Person als Vollhafter haben, unterliegen bei Zahlungsunfähigkeit oder Überschuldung der Insolvenzantragspflicht (§ 15a InsO). Hier sind die Gläubiger besonders gefährdet, da ihnen nur das Gesellschaftsvermögen als Haftungsmasse zur Verfügung steht. **114**

I. Erfasste Rechtsformen

Nach § 15a Abs. 1 S. 1 InsO besteht für juristische Personen bei Zahlungsunfähigkeit (§ 17 InsO) oder Überschuldung (§ 19 InsO) die Pflicht, unverzüglich (= ohne schuldhaftes Zögern § 121 BGB) Eröffnungsantrag zu stellen. Betroffen sind vor allem die AG, die GmbH und die UG (haftungsbeschränkt). Der Wortlaut des § 15a Abs. 1 S. 1 InsO ist nicht auf in Deutschland gegründete juristische Personen beschränkt, so dass auch EU-Auslandsgesellschaften erfasst werden.[55] Auch Personengesellschaften, die keine natürliche Person als Vollhafter haben, wozu die Rechtsform der GmbH & Co. KG gehört, unterliegen der Insolvenzantragspflicht (§ 15a Abs. 1 S. 3 InsO). Vereine und Stiftungen sind von der Insolvenzantragspflicht ausgenommen (§ 15a Abs. 7 InsO). Für rechtsfähige Personengesellschaften besteht von vornherein keine Insolvenzantragspflicht, da die persönlich haftenden Gesellschafter für die Gesellschaftsschulden mit ihrem Privatvermögen haften (vgl. § 128 HGB, § 721 BGB n.F.), so dass die Gläubiger ausreichend gesichert sind. **115**

II. Adressatenkreis

1. Leitungsorgane

Adressaten der Antragspflicht sind die jeweiligen Vertretungsorgane der Gesellschaften (§ 15a Abs. 1 S. 1 InsO). Bei der GmbH ist es der Geschäftsführer (§ 35 GmbHG), bei der AG der Vorstand (§ 78 AktG) und bei der GmbH & Co. KG der Geschäftsführer der Komplementär-GmbH (§§ 161 Abs. 2, 125 HGB i.V.m. § 35 GmbHG). Sind mehrere Organmitglieder bestellt (z.B. sieben Vorstände einer AG), ist jedes Mitglied zur Antragstellung verpflichtet.[56] Die interne Ressortverteilung spielt keine Rolle, sodass nicht nur der kaufmännische Geschäftsführer, sondern auch der technische Geschäftsführer der Antragspflicht unterliegt. Weisungen der Gesellschafter (§ 37 GmbHG), die Stellung des Insolvenzantrags zu unterlassen, sind rechtswidrig und binden die Geschäftsführer nicht.[57] Von der Antragspflicht wird auch der faktische Geschäftsführer erfasst.[58] Diese Konstellation liegt vor, wenn ein „Strohmann" formal als Geschäftsführer bestellt und im Handelsregister eingetragen ist, während allein der faktische Geschäftsführer „die Fäden zieht" und die tatsächliche Geschäftsführung (Personaleinstellung, Verhandlungen mit Banken, Lieferanten, Finanzamt etc.) ausübt.[59] **116**

» Lesen Sie § 15a InsO einmal vollständig durch. Für die Leitungsorgane ist die Norm ein Damoklesschwert. «

55 Vgl. Braun/*Sorg* InsO § 15a Rn. 11.

56 BeckOK InsR/*Wolfer* InsO § 15a Rn. 8.

57 *Ristelhuber* NZI 2021, 417, 418.

58 *BGH* NJW 2015, 712 f.

59 Vgl. *BGH* NJW 2013, 624, 625.

2. Führungslosigkeit

117 Ist die Gesellschaft führungslos, etwa weil der GmbH-Geschäftsführer sein Amt niedergelegt hat[60] oder abberufen wurde, sind ersatzweise die Gesellschafter verpflichtet, fristgerecht Eröffnungsantrag zu stellen (§ 15a Abs. 3 InsO). Bei einer AG ist der Aufsichtsrat ersatzzuständig (§ 15a Abs. 3 InsO). Die Insolvenzantragspflicht besteht nicht, wenn die Person von der Zahlungsunfähigkeit oder der Überschuldung oder der Führungslosigkeit keine Kenntnis hatte. Stellt der Gesellschafter oder ein Aufsichtsratsmitglied den von § 15a Abs. 3 InsO geforderten Insolvenzantrag, ist umstritten, ob die Gesellschaft ordnungsgemäß vertreten ist. Dies wird teilweise verneint und angenommen, dass der Gesellschaft für das Insolvenzverfahren die Prozessfähigkeit (§ 51 ZPO) fehlt.[61] Richtigerweise ist die Norm des § 15 Abs. 1 S. 2 (i.V.m. § 15a Abs. 3 InsO) als lex specialis zu § 51 ZPO anzusehen.[62]

III. Frist

118 Die verantwortlichen Leitungsorgane müssen den Eröffnungsantrag unverzüglich (ohne schuldhaftes Zögern § 121 BGB) stellen (§ 15a Abs. 1 S. 1 InsO). Bei **Zahlungsunfähigkeit** ist der Antrag spätestens innerhalb von **drei Wochen** ab Eintritt der Zahlungsunfähigkeit, bei **Überschuldung** ist er spätestens innerhalb von **sechs Wochen** nach Eintritt der Überschuldung zu stellen (§ 15a Abs. 1 S. 2 InsO). Zwischen 9.11.2022 und 31.12.2023 gilt bei Überschuldung eine Frist von **acht Wochen** (§ 4a SanInsKG). Die Frist beginnt nach dem Wortlaut mit dem tatsächlichen (objektiven) Eintritt der Zahlungsunfähigkeit bzw. Überschuldung, unabhängig von der Kenntnis des Organmitglieds.[63] In jedem Fall ist der Zeitraum (drei bzw. sechs oder acht Wochen) als „letzte Sanierungschance" für eine Krisenbewältigung denkbar knapp, aber aus Gründen des Gläubigerschutzes genau so gewollt.

Hinweis

Kommentieren Sie § 4a SanInsKG neben § 15a Abs. 1 S. 2 InsO, sofern das die Prüfungsordnung Ihres Bundeslandes erlaubt.

IV. Straftatbestand Insolvenzverschleppung

119 Die strafrechtlichen Sanktionen finden sich in § 15a Abs. 4 bis 6 InsO (= Straftatbestand der Insolvenzverschleppung). Täter kann nur sein, wer insolvenzantragspflichtig ist. Dazu gehört auch der faktische Geschäftsführer.[64] In § 15a Abs. 4 Nr. 1 und Nr. 2 i.V.m. Abs. 6 InsO sind drei verschiedene Tatvarianten geregelt. Strafbar ist das Unterlassen des Eröffnungsantrags (§ 15a Abs. 4 Nr. 1 Fall 1 InsO), die nicht fristgerechte Stellung des Eröffnungsantrags (§ 15a Abs. 4 Nr. 1 Fall 2 InsO) sowie die nicht richtige Stellung des Eröffnungsantrags (§ 15a Abs. 4 Nr. 2 InsO). Die Insolvenzverschleppung kann sowohl vorsätzlich (§ 15 StGB) als auch fahrlässig (§ 15 Abs. 5 InsO) begangen werden. Je nachdem variiert das Strafmaß. Die vorsätzliche

60 *BayOblG* NZI 2020, 560 Rn. 17; *BAG* NJW 2015, 718, 720.
61 So *AG Hannover* NZI 2022, 270 Rn. 10 ff. m. abl. Anm. *Sternal*; *AG Oldenburg* NZI 2016, 925, 926.
62 MüKoInsO/*Klöhn* § 15 Rn. 18a.
63 BeckOK InsR/*Wolfer* InsO § 15a Rn. 20; a.A. HambKomm-InsR/*Linker* § 15a Rn. 16.
64 *BGH* NJW 2015, 712 f.

Begehung ist mit bis zu drei Jahren Freiheitsstrafe oder Geldstrafe bedroht, die fahrlässige Begehung mit maximal einem Jahr Freiheitsstrafe oder Geldstrafe. Fahrlässig handelt ein Geschäftsführer, wenn er seiner Pflicht zur ständigen Überprüfung der finanziellen Lage der Gesellschaft nicht nachgekommen ist und daher die Insolvenzreife nicht erkannt hat. Bedingter Vorsatz kann vorliegen, wenn der Geschäftsführer bewusst sämtliche Krisenanzeichen ignoriert.[65] Bei einer strafrechtlichen Verurteilung über 90 Tagessätze erfolgt eine Eintragung im Bundeszentralregister (§§ 53, 32 Abs. 3, 4 BZRG). Unter Umständen droht ein Berufsverbot (z.B. §§ 6 Abs. 2 S. 2 Nr. 3 lit. a GmbHG, 76 Abs. 3 S. 2 Nr. 3 lit. a AktG).

Exkurs Im Zusammenhang mit dem Eintritt der Zahlungsunfähigkeit oder Überschuldung 120 müssen die Geschäftsführer vor allem noch den Straftatbestand des § 266a Abs. 1 StGB kennen. Danach macht sich ein GmbH-Geschäftsführer strafbar (§ 14 StGB), wenn er im Vorfeld der Insolvenz die Anteile der Arbeitnehmer zur Sozialversicherung nicht an die Krankenkassen als Einzugsstellen abführt. Dies gilt für alle Vertretungsorgane, unabhängig von der internen Ressortzuständigkeit,[66] und auch für den faktischen Geschäftsführer.[67] Weitere Insolvenzstraftaten sind die Straftaten der §§ 283 bis 283d StGB (Bankrott, Verletzung der Buchführungspflichten, Gläubigerbegünstigung).[68]

V. Sonderregelungen in der COVID-19-Pandemie

Wegen der COVID-19-Pandemie wurde die Insolvenzantragspflicht (§ 15a InsO) zeitweise sus- 121 pendiert.[69] Nach § 1 Abs. 1 SanInsKG (vormals COVInsAG) war die Antragspflicht wegen Zahlungsunfähigkeit vom 1.3.2020 bis 30.9.2020 ausgesetzt. Für die Überschuldung war der Zeitraum nach § 1 Abs. 2 SanInsKG bis zum 31.12.2020 verlängert. Nach § 1 Abs. 3 SanInsKG wurde die Insolvenzantragspflicht nochmals zwischen 1.1.2021 und 31.1.2021 ausgesetzt, sofern staatliche Hilfen beantragt worden waren. Seitdem gilt die Antragspflicht wieder uneingeschränkt.

D. Zivilrechtliche Haftung

I. Schadensersatz nach § 823 Abs. 2 BGB i.V.m. § 15a InsO

1. Voraussetzungen

Nach allgemeiner Ansicht stellt § 15a InsO ein Schutzgesetz i.S.v. § 823 Abs. 2 BGB dar. Die 122 Insolvenzantragspflicht hat den Zweck, insolvenzreife Gesellschaften vom Geschäftsverkehr fernzuhalten, um Gläubiger, die in Vertragsbeziehungen zur Gesellschaft treten, vor Schaden zu bewahren.[70] Kommt der Geschäftsleiter seiner Pflicht, fristgerecht Eröffnungsantrag zu stellen, nicht nach, muss er den Gläubigern den hierdurch entstandenen Schaden ersetzen. Die Haftung setzt Verschulden, d.h. Vorsatz oder Fahrlässigkeit voraus (§ 823 Abs. 2 BGB, § 15a

65 *BGH* NJW 2018, 566 Rn. 35.
66 *BGH* NZG 2008, 628, 629.
67 *BGH* NJW 2013, 3303, 3305.
68 Näher *Bork* Insolvenzrecht Rn. 529 ff.
69 Ausführlich *Steffek* in: Kübler/Prütting/Bork InsO § 15a Rn. 118 ff.; *Heinrich* NZI 2021, 71, 72 ff.
70 *BGH* NZI 2021, 940 Rn. 37.

Abs. 4, 5 InsO). Bei mehreren Geschäftsführern ist jeder einzelne haftbar; unabhängig von einer Ressortaufteilung (Personal, Finanzen, Vertrieb etc.).[71] Die Haftung entfällt, wenn der zum Antrag Verpflichtete nachweist, dass ihn an der verspäteten Antragstellung kein Verschulden trifft.[72] So ist das Verschulden ausgeschlossen, wenn ein externer Sachverständiger (z.B. Steuerberater, Wirtschaftsprüfer) das Fehlen eines Eröffnungsgrunds bestätigt und der Geschäftsführer das Gutachten einer Plausibilitätsprüfung unterzogen hat.[73] Der uneingeschränkte Bestätigungsvermerk des Abschlussprüfers (§ 252 Abs. 1 Nr. 2 HGB) reicht nicht aus, das Verschulden zu widerlegen.[74]

2. Rechtsfolgen

123 Bezüglich der Bestimmung des Schadens wird aufgrund des Schutzzwecks zwischen Alt- und Neugläubigern unterschieden. **Altgläubiger** sind diejenigen, die bereits **vor** Eintritt der Insolvenzreife (Zahlungsunfähigkeit/Überschuldung) Ansprüche gegen den insolventen Rechtsträger hatten. Zu den Altgläubigern gehört beispielsweise auch der Vermieter, der vor Insolvenzreife einen Mietvertrag mit dem Schuldner geschlossen hatte. Der Schaden der Altgläubiger besteht darin, dass sie aufgrund der zu späten Antragstellung eine geringere Quote auf ihre Forderungen erhalten (Quotenverringerungsschaden = Quotenschaden).[75] Verglichen wird die hypothetische Insolvenzquote bei rechtzeitiger Antragstellung und die tatsächliche Quote. Im Prozess ist die konkrete Höhe des Quotenschadens schwer zu beweisen, so dass der Tatbestand in der Praxis kaum noch eingeklagt wird.[76] Der Quotenschaden ist Gesamtschaden und kann während des Insolvenzverfahrens gem. § 92 InsO nur vom Insolvenzverwalter geltend gemacht werden.[77]

124 **Neugläubiger** sind diejenigen, die **nach** Eintritt der Antragspflicht (Insolvenzverschleppungsphase) erstmals in Rechtsbeziehungen zum Schuldner getreten sind. Neugläubiger haben einen Anspruch auf Ausgleich des Schadens, der ihnen dadurch entstanden ist, dass sie mit der insolvenzreifen Gesellschaft in Vertragsbeziehungen getreten sind und im Vertrauen auf deren Solvenz noch Geld- oder Sachmittel als Vorleistung zur Verfügung gestellt haben, ohne eine entsprechende werthaltige Gegenleistung zu erlangen (Kontrahierungsschaden).[78] Hierzu gehören auch angefallene Kosten der Rechtsverfolgung.[79] Der Schaden ist nicht vom Insolvenzverwalter, sondern von den Neugläubigern selbst geltend zu machen.[80] Die Verjährung richtet sich nach §§ 195, 199 BGB (drei Jahre), nicht nach § 43 Abs. 4 GmbHG (fünf Jahre).[81]

---

71 HK-InsO/*Kleindiek* § 15a Rn. 31.

72 *BGH* NZI 2021, 872 Rn. 86 f.; NJW 2011, 2427, 2430.

73 *BGH* NJW 2012, 3165, 3169; *Steffek* in: Kübler/Prütting/Bork InsO § 15a Rn. 112.

74 *BGH* NZI 2021, 872 Rn. 87.

75 *BGH* NJW 2014, 698, 699.

76 MüKoInsO/*Klöhn* InsO § 15a Rn. 158; krit. HambKomm-InsR/*Schmidt* Anh. zu § 15a Rn. 15.

77 *BGH* NZI 2021, 173 Rn. 20.

78 *BGH* NZI 2021, 872 Rn. 66; NZI 2020, 167 Rn. 15; NZI 2015, 234, 235; NZI 2012, 708, 710.

79 *BGH* NZI 2021, 940 Rn. 34.

80 *BGH* NZI 2021, 173 Rn. 21.

81 *BGH* NJW 2011, 2427, 2428.

II. Schadensersatz nach § 826 BGB

1. Vorsätzliche Insolvenzverschleppung

125 Die vorsätzliche Insolvenzverschleppung in der Absicht, das als unabwendbar erkannte Ende des Unternehmens so lange wie möglich hinauszuschieben, erfüllt nach Ansicht des *BGH* den Tatbestand des § 826 BGB, wenn die Leitungsorgane die Schädigung der Gläubiger billigend in Kauf nehmen.[82] Die Ansprüche aus § 826 BGB und aus § 823 Abs. 2 BGB i.V.m. § 15a InsO konkurrieren. Auch Kreditinstitute können dem Haftungstatbestand des § 826 BGB unterfallen, sofern sie aus „eigensüchtigen" Motiven die Insolvenzantragstellung durch Gewährung zusätzlicher Liquidität, die objektiv unzureichend ist, zeitlich hinauszögern.[83]

2. Existenzvernichtungshaftung

126 Juristische Personen stehen unter dem Einfluss ihrer Gesellschafter. Führen Eingriffe der Gesellschafter in das Gesellschaftsvermögen zur Insolvenz der Gesellschaft, kann dies eine vorsätzliche sittenwidrige Schädigung nach § 826 BGB darstellen. Eine Fallgruppe bildet die **Existenzvernichtungshaftung**. Nach der Rechtsprechung des *BGH* liegt ein zum Schadensersatz nach § 826 BGB verpflichtender existenzvernichtender Eingriff vor, wenn der Gesellschaft das zur Tilgung ihrer Schulden erforderliche Vermögen (rücksichtslos) entzogen und hierdurch die Insolvenz des Unternehmens verursacht wird. Vermögensentzug ist der reale Abfluss von Aktivvermögen an einen Gesellschafter ohne marktgerechte Gegenleistung, aber auch die Erhöhung von Verbindlichkeiten durch Gesellschafterbeschluss, wenn das Schuldnervermögen damit in betriebsfremder Weise verkürzt wird.[84] Dazu gehört die gezielte Verschmelzung eines insolvenzreifen Rechtsträgers auf einen übernehmenden Rechtsträger, die dessen Insolvenz herbeiführt. Rechtsfolge der Existenzvernichtungshaftung gem. § 826 BGB ist ein Anspruch der Gesellschaft gegen den Gesellschafter, der **für alle Schulden** der insolventen Gesellschaft persönlich mit dem Privatvermögen haftet (Innenhaftung). Den Gläubigern ist ein direkter Zugriff verwehrt (keine Außenhaftung). Während des Insolvenzverfahrens ist nur der Insolvenzverwalter zur Geltendmachung der Ansprüche befugt (§ 80 Abs. 1 InsO).[85] Die Beweislast für den existenzvernichtenden Eingriff trägt der Insolvenzverwalter.[86]

III. Zahlungsverbote des § 15b InsO

1. Allgemeines

127 § 15b InsO beinhaltet zwei Zahlungsverbote. Zum einen ist es den Vertretungsorganen juristischer Personen ab Eintritt der Insolvenzreife grundsätzlich verboten, Zahlungen aus dem Schuldnervermögen zu leisten (§ 15b Abs. 1 S. 1 InsO). Bei einem Verstoß sind diese verpflichtet, die Zahlungen aus ihrem Privatvermögen zurückzuerstatten (§ 15b Abs. 4 InsO). Damit sollen Vermögensschmälerungen kurz vor Insolvenzeröffnung verhindert werden. Das zweite Zahlungsverbot findet sich in § 15b Abs. 5 S. 1 InsO. Danach sind Auszahlungen an die Gesellschafter verboten, sofern diese zur Zahlungsunfähigkeit des Schuldners führen.

---

82 *BGH* NZI 2021, 940 Rn. 20 ff.
83 Näher *Weiß/Reps* NZI 2021, 210 f.
84 *BGH* NJW 2019, 589 Rn. 27 ff.
85 *BGH* NJW 2009, 2177, 2130 f.; NJW 2008, 2437, 2438; NJW 2007, 2689, 2690 f.
86 *BGH* NJW 2019, 589 Rn. 26.

2. Zahlungsverbot des § 15b Abs. 1 S. 1 InsO

a) Anwendungsbereich und Normadressaten

128 Das Zahlungsverbot betrifft nur **juristische Personen** (§ 15b Abs. 1 S. 1 InsO) und gleichgestellte Gesellschaften, die keine natürliche Person als Vollhafter haben, wie die GmbH & Co. KG (§ 15b Abs. 6 InsO). Es gilt nicht für Vereine und Stiftungen (§ 15b Abs. 7 InsO). **Adressaten** der Haftung sind gem. § 15b Abs. 1 S. 1, Abs. 6 InsO die Antragspflichtigen i.S.d. § 15a Abs. 1 S. 1 InsO, d.h. die Mitglieder des Vertretungsorgans der juristischen Person. Dazu gehören die Geschäftsführer der GmbH (auch die faktischen Geschäftsführer), die Vorstandsmitglieder der AG sowie der Komplementär der KGaA.[87] Bei mehreren Organmitgliedern (z.B. sieben Vorstände) unterliegt jedes Mitglied dem Zahlungsverbot; eine bestehende Ressortaufteilung hat keine Relevanz.[88]

b) Fristbeginn

129 Das Zahlungsverbot beginnt, sobald Zahlungsunfähigkeit oder Überschuldung eingetreten sind. Es setzt also bereits am ersten Tag der Zahlungsunfähigkeit/Überschuldung ein und beginnt nicht erst mit Ablauf der Drei- bzw. Sechs-Wochen-Frist des § 15a InsO.[89]

c) Zahlungsbegriff

130 Der Begriff der Zahlung ist weit auszulegen. Er umfasst Geldleistungen, aber auch andere Rechtshandlungen, die zu einer Schmälerung des Schuldnervermögens (Aktiva) führen.[90] So stellt der Einzug von Forderungen auf ein debitorisches Konto grundsätzlich eine masseschmälernde Zahlung dar, da das Aktivvermögen zugunsten der verrechnenden Bank verringert wird.[91] Eine Ausnahme gilt, wenn die Forderungen an die Bank sicherungsabgetreten wurden.[92] Der *BGH* berücksichtigt zudem in engen Grenzen objektiv verwertbare **Gegenleistungen** und lässt (auf Ebene der Rechtsfolge) die Erstattungspflicht entfallen. Wird durch die Zahlung aus dem Schuldnervermögen eine Sicherheit frei, die der Schuldner nun verwerten kann, stellt dies bei wirtschaftlicher Betrachtung eine „Gegenleistung" und damit keine Verringerung der Aktivmasse dar (sog. Aktiventausch).[93] Gleiches gilt, wenn der Schuldner eine Ware unter Eigentumsvorbehalt kauft und diese später bezahlt; damit gelangt das Eigentum in die Masse (Aktiventausch). Bezahlt der Schuldner dagegen eine bereits gelieferte Ware im Nachhinein, liegt ein Verstoß gegen das Zahlungsverbot vor. Grund ist, dass jede Vorleistung bereits zur Masse gehört.[94]

d) Privilegierte Zahlungen

131 Nach § 15b Abs. 1 S. 2 InsO ist die Haftung des Geschäftsführers für solche Zahlungen ausgeschlossen, die mit der **Sorgfalt eines ordentlichen und gewissenhaften Geschäftsführers** vereinbar sind. Dies wird in § 15b Abs. 2 und 3 InsO konkretisiert.

---

87 BeckOK InsR/*Wolfer* InsO § 15b Rn. 4.

88 Vgl. *Bork/Kebekus* in: Kübler/Prütting/Bork InsO § 15b Rn. 10.

89 *Lötschert/Müller/Schmidt* in: Thierhoff/Müller Unternehmenssanierung Kap. 8 Rn. 33.

90 HambKomm-InsR/*Schmidt* InsO § 15b Rn. 16; *Hodgson* NZI-Beil. 2021, 85.

91 Vgl. *BGH* NZI 2021, 45 Rn. 31; NZI 2020, 425 Rn. 15; NZI 2016, 588 Rn. 39.

92 Vgl. *BGH* NZI 2016, 588 Rn. 40 ff.; NZI 2016, 272 Rn. 13, 17.

93 *BGH* NZI 2021, 45 Rn. 32 ff.; NZI 2016, 588 Rn. 47.

94 *BGH* NZI 2021, 45 Rn. 44 ff.; *Bork/Kebekus* in: Kübler/Prütting/Bork InsO § 15b Rn. 25.

Nach der Fiktion des § 15b Abs. 2 S. 1 InsO gelten Zahlungen, die im ordnungsgemäßen Geschäftsgang erfolgen, insbesondere die der **Aufrechterhaltung des Geschäftsbetriebs** dienen, als mit der Sorgfalt eines ordentlichen und gewissenhaften Geschäftsführers vereinbar. Dazu gehören Zahlungen, die zur Betriebsfortführung objektiv erforderlich sind, wie Lohnzahlungen, Zahlungen für Gas, Wasser, Strom, Telefon, Internet, Miete, Leasingraten, Versicherungen und betriebsnotwendige Güter.[95] Das Privileg dient dazu, Sanierungschancen offen zu halten. Allerdings heißt das nicht, dass diese Ausgaben ab Eintritt der Zahlungsunfähigkeit unreflektiert getätigt werden dürfen. Denn in § 15b Abs. 2 S. 2 InsO ist geregelt, dass die Zahlungen im Zeitraum zwischen Eintritt der Zahlungsunfähigkeit und Ablauf der Drei(Sechs)-Wochen-Frist nur geleistet werden dürfen, solange die Antragspflichtigen Maßnahmen zur **nachhaltigen Beseitigung der Insolvenzreife** oder zur **Vorbereitung eines Insolvenzantrags** tätigen. Der antragspflichtige Geschäftsführer muss also parallel aktiv werden (durch Sanierungsbemühungen oder Insolvenzgespräche). Hat der Geschäftsführer bereits Insolvenzverschleppung begangen, ist jegliche Privilegierung ausgeschlossen (§ 15b Abs. 3 InsO). **132**

Zahlungen, die im Zeitraum des Eröffnungsverfahrens (= Zeitraum zwischen Insolvenzantrag und Eröffnung des Insolvenzverfahrens) mit Zustimmung eines schwachen vorläufigen Insolvenzverwalters (§ 22 Abs. 2 S. 1 InsO) vorgenommen wurden, sind stets sorgfaltsgemäß (§ 15b Abs. 2 S. 3 InsO). Dies ist sachgerecht, da der Geschäftsleiter aufgrund des Zustimmungsvorbehalts gar nicht mehr in der Lage ist, selbstständig Zahlungen zu veranlassen. Ist ein starker vorläufiger Verwalter bestellt, nimmt dieser (und nicht der Geschäftsführer) die Zahlungen vor, so dass eine Haftung des Geschäftsführers von vornherein ausscheidet.[96] **133**

e) Steuerverbindlichkeiten

Für steuerrechtliche Zahlungspflichten gilt § 15 Abs. 8 InsO. Die Norm greift einen Konflikt zwischen dem Steuer- und dem Insolvenzrecht auf. Nach den steuerrechtlichen Normen unterliegt der Geschäftsführer der persönlichen Haftung aus §§ 34, 69 AO, wenn er betriebliche Steuern nicht bezahlt. Zahlt er sie, droht ihm die persönliche Haftung aus § 15b Abs. 1 InsO. Dieser Konflikt wird durch § 15 Abs. 8 S. 1 InsO entschärft. Danach liegt eine Verletzung steuerrechtlicher Zahlungspflichten nicht vor, wenn der Geschäftsführer seine Pflicht, fristgerecht Insolvenzantrag zu stellen (§ 15a Abs. 1 InsO) erfüllt hat. Demnach kann der Schuldner ab Eintritt der Insolvenzreife sämtliche Zahlungen (§§ 224 ff. AO) stoppen, da keine Gefahr einer persönlichen Haftung besteht.[97] Hat der Geschäftsführer versäumt, rechtzeitig Insolvenzantrag zu stellen, ist eine Verletzung steuerrechtlicher Pflichten nur hinsichtlich der Zahlungspflichten ausgeschlossen, die nach der Bestellung eines vorläufigen Verwalters fällig wurden (§ 15b Abs. 8 S. 2 InsO). **134**

Für die Zahlung von Sozialversicherungsbeiträgen (Arbeitnehmeranteilen) fehlt eine dem § 15b Abs. 8 InsO vergleichbare Regelung. Hier besteht ein Konflikt zwischen Zahlungsverbot und Strafrecht. Der Konflikt lässt sich zugunsten des Geschäftsführers dadurch lösen, dass er die Beträge nicht bezahlt. An sich ist die Nichtabführung der Sozialversicherungsbeiträge nach § 266a StGB ein Straftatbestand. Nach der Rechtsprechung begründet das Zahlungsverbot des § 15b Abs. 1 InsO (§ 64 GmbHG a.F.) in der Drei-Wochen-Frist einen temporären **135**

95 Hierzu *Klöhn/Zell* NZI 2022, 673, 678 f.

96 BeckOK InsR/*Wolfer* InsO § 15b Rn. 23.

97 *Schneider* NZI 2021, 996, 997; *Witfeld/Dannemann* NZI 2021, 905, 907 und 909.

Rechtfertigungsgrund, so dass die Strafbarkeit des Geschäftsführers bei Nichtzahlung entfällt.[98] Im Eröffnungsverfahren scheidet eine Strafbarkeit bei Bestellung eines (starken oder schwachen) vorläufigen Insolvenzverwalters mangels Zurechenbarkeit von vornherein aus. Versäumt der Geschäftsführer hingegen die rechtzeitige Insolvenzantragstellung, lebt die Strafbarkeit wieder auf.[99]

f) Verschulden

136 Die Haftung setzt ein Verschulden des Geschäftsleiters voraus, wobei einfache Fahrlässigkeit genügt.[100] Nach § 15b Abs. 1 S. 2 InsO wird das Verschulden vermutet. Der Geschäftsführer kann die Vermutung widerlegen, indem er nachweist, dass er mit der Sorgfalt eines ordentlichen und gewissenhaften Geschäftsführers gehandelt hat. Mangelnde Sachkenntnis („ich kann keine Bilanz lesen") kann den Geschäftsführer nicht entschuldigen. Nach Ansicht des *BGH* muss der Geschäftsleiter zudem für eine Organisation sorgen, die ihm jederzeit eine Übersicht über die wirtschaftliche und finanzielle Situation der Gesellschaft ermöglicht.[101] Kann er selbst nicht ausreichend sicher beurteilen, ob das Unternehmen insolvenzreif ist, muss er fachkundigen Rat einholen.[102] Schaltet der Geschäftsleiter einen unabhängigen Experten ein, darf er dessen Empfehlung vertrauen, sofern er sämtliche Unterlagen offengelegt und das Ergebnis einer Plausibilitätskontrolle unterzogen hat.[103] In einem Dauermandat darf der Geschäftsführer ebenfalls darauf vertrauen, dass er von seinem Steuerberater gem. §§ 280 BGB, 102 StaRUG ungefragt auf eine mögliche Insolvenzreife hingewiesen wird.[104]

137 Die in § 15b InsO normierte Pflicht trifft jedes Mitglied im Kollegialorgan. Sind sieben Vorstände bestellt, ist jedes Vorstandsmitglied haftbar. Ausnahmsweise kann sich ein Organmitglied darauf berufen, dass nicht er, sondern ein anderes Mitglied für die Prüfung der Insolvenzreife zuständig war. Das setzt eine wirksame Ressortverteilung voraus (z.B. Finanzen, Vertrieb, Personal, Entwicklung), d.h. eine eindeutige und einvernehmliche Abgrenzung der Aufgaben, die Übernahme der Aufgaben durch fachlich und persönlich geeignete Personen sowie die Zuständigkeit des Gesamtorgans für nicht delegierbare Aufgaben.[105] Weitere Voraussetzung ist ein gegenseitige, engmaschige Kontrolle.

g) Rechtsfolgen

138 Nach § 15b Abs. 4 S. 1 InsO muss der Geschäftsführer die Zahlungen an die Gesellschaft zurückerstatten, die entgegen § 15b Abs. 1 S. 1 InsO geleistet wurden (Innenhaftung). Nach Insolvenzeröffnung wird der Anspruch vom Insolvenzverwalter (§ 80 Abs. 1 InsO) geltend gemacht.[106] Die dogmatische Einordnung des Anspruchs ist umstritten. Nach h.M. handelt es sich nicht um einen Schadensersatzanspruch, sondern wegen des Wortlauts „zur Erstattung der Zahlungen" um einen Ersatzanspruch eigener Art.[107] Der Geschäftsführer ist verpflichtet,

---

98 *BGH* NJW 2003, 3787, 3788; *LG Freiburg* NZI 2019, 729 Rn. 18; BeckOK StGB/*Wittig* StGB § 266a Rn. 20.1.
99 *Heinrich* NZI 2021, 258, 259.
100 *BGH* NZI 2022, 385 Rn. 30; *Bork/Kebekus* in: Kübler/Prütting/Bork InsO § 15b Rn. 33.
101 *BGH* NZI 2021, 45 Rn. 53; NZI 2019, 225 Rn. 14.
102 Vgl. *BGH* NZI 2020, 425 Rn. 38; NZI 2016, 588 Rn. 34.
103 Vgl. *BGH* NZI 2021, 45 Rn. 53; NZI 2020, 425 Rn. 38; NZI 2016, 588 Rn. 34.
104 Vgl. *BGH* NZI 2016, 588 Rn. 36.
105 *BGH* NZI 2019, 225 Rn. 17 ff.; *Bork/Kebekus* in: Kübler/Prütting/Bork InsO § 15b Rn. 35.
106 *Bork/Kebekus* in: Kübler/Prütting/Bork InsO § 15b Rn. 63, 73.
107 BeckOK InsR/*Wolfer* InsO § 15b Rn. 27; HambKomm-InsR/*Schmidt* InsO § 15b Rn. 65.

jede einzelne Zahlung, die gegen § 15b Abs. 1 S. 1 InsO verstößt, zu erstatten (Additionsmethode).[108] Nach § 15b Abs. 4 S. 2 InsO kann der Geschäftsführer jedoch geltend machen, dass der Gesellschaft insgesamt ein geringerer Schaden entstanden ist. Der Schadensersatzanspruch nach § 15b InsO kann von einer D&O-Versicherung abgedeckt werden.[109] Der Insolvenzverwalter kann die D&O-Haftpflichtversicherung jederzeit kündigen.[110] Der Anspruch aus § 15b InsO ist am Gerichtstand des § 29 ZPO (Sitz der Gesellschaft) einzuklagen.[111] Ein Verzicht der Gesellschaft oder ein Vergleich über die Erstattungsansprüche ist gem. § 15b Abs. 4 S. 4 InsO unwirksam (Ausnahmen regelt § 15b Abs. 4 S. 5 InsO). Nach § 15b Abs. 7 InsO verjähren die Ansprüche in fünf Jahren, bei börsennotieren Gesellschaften beträgt die Verjährungsfrist zehn Jahre.

3. Insolvenzverursachungshaftung § 15b Abs. 5 InsO

§ 15b Abs. 5 Abs. 1 InsO verbietet dem Geschäftsleiter einer juristischen Person Zahlungen an **139** die eigenen Gesellschafter, wenn die Auszahlung unmittelbar zur Zahlungsunfähigkeit der Gesellschaft führt. Bei einem Verstoß muss er den Betrag aus seinem privaten Vermögen an die Gesellschaft zurückerstatten. Die Auszahlung muss direkt zur Zahlungsunfähigkeit der Gesellschaft geführt haben. Ist die Gesellschaft bei der Auszahlung bereits zahlungsunfähig (§ 17 InsO), findet § 15b Abs. 1 S. 1 InsO und nicht § 15b Abs. 5 S. 1 InsO Anwendung.

IV. Beweislast im Haftungsprozess

Macht der Insolvenzverwalter gegen den Geschäftsführer einen Schadensersatzanspruch (§ 823 **140** Abs. 2 i.V.m. § 15a InsO, § 826 BGB) bzw. Erstattungsanspruch (§ 15b InsO) geltend, muss er nach allgemeinen Grundsätzen im Prozess die Tatbestandsvoraussetzungen beweisen.

1. Überschuldung

Grundsätzlich muss der Insolvenzverwalter den Tatbestand der rechnerischen Überschuldung **141** (§ 19 InsO) beweisen.[112] Hingegen muss der Schuldner eine positive Fortführungsprognose beweisen (Formulierung in § 19 Abs. 1 S. 1 „es sei denn").[113] Der *BGH* gesteht dem Insolvenzverwalter Beweiserleichterungen zu. So genügt die Vorlage einer Handelsbilanz, wen sich aus ihr ein „nicht vom Eigenkapital gedeckter Fehlbetrag" ergibt und zusätzlich dargelegt wird, dass in der Bilanz keine stillen Reserven oder versteckte Vermögenswerte vorhanden sind.[114] Die Handelsbilanzen von juristischen Personen lassen sich unter www.bundesanzeiger.de abrufen. Der Geschäftsführer muss dann substantiiert nachweisen, dass die Gesellschaft noch weitere Vermögenswerte (stille Reserven) hat.[115] Verletzt der Geschäftsführer seine Pflicht zur Aufbewahrung von Unterlagen, sind die Grundsätze der Beweisvereitelung anzuwenden.[116]

---

108 Vgl. Braun/*Weber/Dömmecke* InsO § 15b Rn. 41; *Bork/Kebekus* in: Kübler/Prütting/Bork InsO § 15b Rn. 66.
109 Vgl. *BGH* NZI 2021, 41; *OLG Köln* NZI 2022, 498 Rn. 23 f.
110 Vgl. *BGH* NZI 2016, 580 Rn. 15, 16.
111 Vgl. *BGH* NZI 2019, 775 Rn. 14 ff.
112 *BGH* NZI 2022, 476 Rn. 23; Uhlenbruck/*Mock* InsO § 19 Rn. 53.
113 *Steffek* in: Kübler/Prütting/Bork InsO § 15a Rn. 110; *Reischl* Insolvenzrecht Rn. 139.
114 *BGH* NZI 2020, 167 Rn. 21; NZI 2014, 232, 234; *OLG Hamburg* NZI 2019, 83 Rn. 45.
115 *BGH* NJW 2011, 2427, 2428.
116 *BGH* NZI 2012, 413, 414; *Steffek* in: Kübler/Prütting InsO § 15a Rn. 108.

2. Zahlungsunfähigkeit

142 Auch für den Eintritt der Zahlungsunfähigkeit ist der Insolvenzverwalter beweisbelastet. Seiner Darlegungslast für den Eintritt der Zahlungsunfähigkeit genügt der Insolvenzverwalter regelmäßig durch den Nachweis der Zahlungseinstellung anhand von Indizien (§ 17 Abs. 2 S. 2 InsO). Der Insolvenzverwalter kann aber auch auf die betriebswirtschaftliche Methode (§ 17 Abs. 2 S. 1 InsO) zurückgreifen. Dabei genügt er seiner Darlegungslast, wenn er in der Liquiditätsbilanz die verfügbaren Mittel und die fälligen Verbindlichkeiten aus der Buchhaltung des Schuldners übernimmt, diese chronologisch auflistet und die Unterdeckung berechnet. Dies führt zu der (widerlegbaren) Vermutung, dass die Bücher ein richtiges und vollständiges Bild von allen Geschäftsvorfällen geben. Die Vermutung kann der Geschäftsführer nicht durch pauschales Bestreiten, dass die Buchhaltung unrichtig sei, widerlegen. Er muss vielmehr jede einzelne Buchung substantiiert bestreiten (§ 138 Abs. 2 ZPO) und darlegen, warum diese unrichtig ist.[117] So muss er durch Vorlage konkreter Rechnungen oder auf andere Weise beweisen, dass einzelne Verbindlichkeiten entgegen den Buchungsunterlagen nicht bestanden oder nicht fällig waren. Da der Geschäftsführer nach Insolvenzeröffnung meist keinen Zugriff mehr auf die Unterlagen hat, wird ihm ein Einsichtsrecht zugebilligt.[118]

Online-Wissens-Check

Wie lange ist der Prognosezeitraum bei der Überschuldung?

Überprüfen Sie jetzt online Ihr Wissen zu den in diesem Abschnitt erarbeiteten Themen. Unter **www.juracademy.de/skripte/login** steht Ihnen ein Online-Wissens-Check speziell zu diesem Skript zur Verfügung, den Sie kostenlos nutzen können. Den Zugangscode hierzu finden Sie auf der Codeseite.

117 *BGH* NJW 2018, 1089 Rn. 23 ff.

118 *BGH* NJW 2018, 1089 Rn. 24.

3. Teil
Eröffnungsverfahren

A. Vorgespräch

Ist ein Eröffnungsantrag eingegangen, muss das *Insolvenzgericht* bereits in den ersten Stunden bzw. Tagen verfahrensprägende Entscheidungen treffen. Um die Kommunikation der Beteiligten zu fördern, gesteht § 10a InsO dem Schuldner, der mindestens zwei der drei in § 22a Abs. 1 InsO genannten Größenmerkmale (Bilanzsumme, Umsatzerlöse, Arbeitnehmerzahl) erfüllt, das Recht auf ein Vorgespräch zu. Die Neuregelung ist im Zuge der ESUG-Evaluierung erfolgt.[1] Im Vorgespräch können Schuldner und *Insolvenzgericht* alle für das Verfahren relevanten Themen besprechen, wie die Eigenverwaltung, die Besetzung des vorläufigen Gläubigerausschusses oder die Person des vorläufigen Insolvenzverwalters. Die Aufzählung in § 10a Abs. 1 S. 1 InsO ist nicht abschließend. Allerdings ist der Inhalt des Vorgesprächs nicht verbindlich.[2] Sind die Größenmerkmale des § 22a InsO nicht erfüllt, liegt es im Ermessen des Gerichts, ob es für ein Vorgespräch mit dem Schuldner offen ist (§ 10a Abs. 1 S. 2 InsO). **143**

B. Eröffnungsantrag

Mit dem Eröffnungsantrag beginnt das sog. Eröffnungsverfahren. Es ist in zwei (interne) Verfahrensabschnitte eingeteilt[3] und dauert bei Unternehmensinsolvenzen typischerweise drei Monate. Zunächst prüft das Gericht ob der Insolvenzantrag **zulässig** ist (d.h. die formgerechte Einreichung, die Antragsberechtigung, die Partei- und Prozessfähigkeit, die Insolvenzfähigkeit des Schuldners sowie die Zuständigkeit des Gerichts).[4] Dieser Abschnitt wird als Zulassungsverfahren bezeichnet; der Amtsermittlungsgrundsatz (§ 5 InsO) gilt noch nicht.[5] Im zweiten Schritt prüft das Gericht die **Begründetheit** des Antrags (d.h. das Bestehen eines Eröffnungsgrunds und eine die Kosten des Verfahrens deckende Masse). **144**

I. Antrag des Schuldners

Nach § 13 Abs. 1 S. 1 InsO, der Ausdruck der Dispositionsmaxime ist, wird das Insolvenzverfahren nur auf Antrag eröffnet. Antragsberechtigt sind der Schuldner (Eigenantrag) und jeder Gläubiger (Fremdantrag). **145**

1. Antragsrecht

Nach § 13 Abs. 1 S. 2 InsO ist jeder insolvenzfähige Schuldner (§ 11 InsO) berechtigt, einen Antrag auf Eröffnung des Insolvenzverfahrens zu stellen. Bei einem Eigenantrag ist die Glaub- **146**

1 https://www.bmj.de/SharedDocs/Downloads/DE/News/Artikel/101018_Gesamtbericht_Evaluierung_ESUG.html (ESUG-Evaluation S. 56).
2 Braun/*Bußhardt* InsO § 10a Rn. 6.
3 Uhlenbruck/*Wegener* InsO § 13 Rn. 141.
4 *Becker* Insolvenzrecht § 2 Rn. 2; *Foerste* Insolvenzrecht Rn. 99.
5 *BGH* NJW 2003, 1187; Uhlenbruck/*Wegener* InsO § 13 Rn. 142.

haftmachung eines Eröffnungsgrunds (§§ 17, 18, 19 InsO) entbehrlich. Dies folgt im Umkehrschluss aus § 14 InsO. Es genügt, wenn der Schuldner Tatsachen benennt, welche die wesentlichen Merkmale eines Eröffnungsgrunds erkennen lassen, indem er seine Finanzlage beschreibt oder eine Vermögensübersicht übermittelt.[6] Ist ihm das gelungen, wird sein Antrag (formlos) zugelassen; die Zulassung setzt das Eröffnungsverfahren mit der Pflicht des Gerichts zur Amtsermittlung (§ 5 InsO) und zur Sicherung des Vermögens (§§ 21 ff. InsO) in Gang. Der Eigenantrag muss ernsthaft auf die Eröffnung des Insolvenzverfahrens gerichtet sein und darf nicht sachfremde Zwecke verfolgen. So fehlt dem Antrag das Rechtsschutzinteresse, wenn der Schuldner seine Vermögensverhältnisse bewusst verschleiert oder Vermögenslosigkeit vortäuscht, um eine Abweisung mangels Masse nach § 26 InsO („Firmenbestattung“) zu erreichen.[7] Indizien für eine Firmenbestattung sind der Austausch des Geschäftsführers, die Veräußerung aller Gesellschaftsanteile sowie der Verlust der Geschäftsunterlagen. Das Gericht hat diese Umstände von Amts wegen (§ 5 InsO) zu ermitteln.[8]

2. Juristische Personen und Personengesellschaften

a) Grundsatz

147 Ist der Schuldner eine Personengesellschaft (z.B. OHG, KG, GbR, PartG) oder eine juristische Person (z.B. AG, GmbH, UG, SE), regelt § 15 InsO, wer berechtigt ist, den Schuldner bei der Stellung des Eröffnungsantrags zu vertreten. Nach § 15 Abs. 1 S. 1 InsO steht bei **juristischen Personen** jedem einzelnen Mitglied des Vertretungsorgans (Vorstand, Geschäftsführer) das Antragsrecht zu. Es handelt sich um eine besondere gesetzliche Vertretungsmacht.[9] Hat eine GmbH mehrere Geschäftsführer, kann jeder Geschäftsführer namens der GmbH den Eröffnungsantrag stellen, auch wenn er laut Satzung nicht einzelvertretungsberechtigt ist.[10] Damit wird der Tatsache Rechnung getragen, dass jedes Mitglied des Vertretungsorgans insolvenzantragspflichtig ist (§ 15a InsO).[11] Bei einer Personengesellschaft ist neben dem geschäftsführenden Gesellschafter jeder persönlich haftende Gesellschafter antragsberechtigt (§ 15 Abs. 1 S. 1 InsO).[12] Stellt nur ein Teil der Mitglieder des Vertretungsorgans den Eröffnungsantrag, ist eine Glaubhaftmachung des Eröffnungsgrunds erforderlich (§ 15 Abs. 2 S. 1 InsO). Grund ist, dass ein Einzelner nicht in die Lage versetzt werden soll, das Unternehmen übereilt in die Insolvenz zu führen. Das *Insolvenzgericht* muss den übrigen Mitgliedern des Vertretungsorgans Gelegenheit zur Stellungnahme geben (§ 15 Abs. 2 S. 3 InsO).

Beispiel Geschäftsführer der MODEHAUS GmbH sind Gloria (G) und Serkan (S); es besteht Gesamtvertretung (§ 35 Abs. 1 GmbHG). Nach § 15 Abs. 1 S. 1 InsO sind sowohl (G) als auch (S) berechtigt, den Eröffnungsantrag zu stellen. Reicht nur (G) den Antrag ein, kommt § 15 Abs. 2 InsO zur Anwendung. (G) muss den Eröffnungsgrund (Zahlungsunfähigkeit, Überschuldung) mit Tatsachen belegen. Zudem muss das *Insolvenzgericht* den (S) anhören (§ 15 Abs. 2 S. 3 InsO). ■

6 BeckOK InsR/*Wolfer* InsO § 13 Rn. 25.
7 *BGH* NZI 2020, 679 Rn. 7 ff.
8 *BGH* NZI 2020, 679 Rn. 13.
9 *Steffek* in: Kübler/Prütting/Bork InsO § 15 Rn. 1.
10 Vgl. *BGH* NZI 2016, 702 Rn. 14; Braun/*Sorg* InsO § 15 Rn. 6.
11 Uhlenbruck/*Hirte* InsO § 15 Rn. 1.
12 *BGH* NZI 2018, 442 Rn. 33 (kein Antragsrecht für Kommanditisten).

b) Besonderheiten bei drohender Zahlungsunfähigkeit

Wird der Eröffnungsantrag wegen drohender Zahlungsunfähigkeit gestellt, gilt für juristische Personen und Personengesellschaften die Norm des § 18 Abs. 3 InsO, die den Grundsatz des § 15 Abs. 1 InsO verdrängt.[13] Der Antrag ist nur zulässig, wenn er von einem kraft Gesellschaftsvertrag zur Einzelvertretung berechtigten Organmitglied gestellt wird; andernfalls muss der Antrag von **allen Mitgliedern** des Vertretungsorgans (z.B. allen sieben Vorständen der AG) bzw. allen persönlich haftenden Gesellschaftern gemeinsam gestellt werden (§ 18 Abs. 3 InsO). Damit soll verhindert werden, dass ein einzelnes Mitglied willkürlich über die Insolvenz des Schuldners entscheidet. Ist der Antrag (zulässig) ohne Mitwirkung der anderen Organmitglieder gestellt worden, sind die Voraussetzungen des § 15 Abs. 2 InsO zu beachten.[14] Insbesondere sind die übrigen Organmitglieder anzuhören (§ 15 Abs. 2 S. 3 InsO). **148**

Umstritten ist, ob die **Gesellschafter** einer Kapitalgesellschaft in die Antragstellung nach § 18 InsO eingebunden werden müssen. Hierfür spricht, dass das Insolvenzverfahren für die Gesellschafter einschneidende Folgen hat. So führt das Regelverfahren zur Auflösung der Gesellschaft (z.B. § 60 Abs. 1 Nr. 4 GmbHG). Im Insolvenzplanverfahren sind Eingriffe in die Gesellschafterrechte gegen den Willen der Gesellschafter möglich (§ 225a i.V.m. § 245 InsO). Demzufolge sind die Vertretungsorgane im Innenverhältnis verpflichtet, die vorherige Zustimmung der (GmbH-)Gesellschafter zur Einreichung des Eröffnungsantrags einzuholen,[15] wobei allerdings ein ohne die Zustimmung gestellter Antrag im Außenverhältnis zulässig bleibt.[16] Aktuell wird diskutiert, ob die Einleitung eines StaRUG-Restrukturierungsverfahren der vorherigen Zustimmung der Gesellschafter bedarf. Die überwiegende Ansicht lehnt dies ab.[17] Argumentiert wird, dass das vorinsolvenzliche Sanierungsverfahren dem Unternehmensinteresse dient und nicht zur Auflösung der Gesellschaft führt. Dies beinhalte kein Grundlagengeschäft, sondern sei klassische Geschäftsführungsaufgabe. Die Gegenansicht verlangt hingegen aufgrund der Eingriffsmöglichkeit in die Gesellschafterrechte (§ 7 Abs. 4 StaRUG) deren vorherige Zustimmung.[18] **149**

3. Form und Inhalt

Nach § 13 Abs. 1 S. 1 InsO ist der Eröffnungsantrag schriftlich zu stellen. Der Antrag muss vom Schuldner eigenhändig unterzeichnet sein (§ 4 InsO i.V.m. § 130 ZPO). Zulässig ist ein elektronisches Dokument (§ 130a ZPO). Der Eröffnungsantrag setzt die Prozessfähigkeit des Antragstellers voraus, so dass für juristische Personen deren organschaftliche Vertreter handeln müssen. Der Antrag muss alle relevanten Angaben zum Schuldner (Rechtsform, ladungsfähige Anschrift) sowie Angaben zur örtlichen Zuständigkeit (Satzungssitz, COMI) enthalten.[19] **150**

Darüber hinaus müssen die in § 13 Abs. 1 S. 3 bis S. 7 InsO geregelten speziellen Zulässigkeitsvoraussetzungen erfüllt sein. Nach § 13 Abs. 1 S. 3 InsO muss der Schuldner seinem Eigenantrag ein Gläubigerverzeichnis und ein Forderungsverzeichnis beifügen. Im Gläubigerverzeichnis sind sämtliche Gläubiger möglichst genau zu bezeichnen (Name, Adresse, Rechtsform, **151**

13 HambKomm-InsR/*Schröder* InsO § 18 Rn. 20.
14 *Steffek* in: Kübler/Prütting/Bork InsO § 18 Rn. 4.
15 Vgl. HambKomm-InsR/*Schröder* InsO § 18 Rn. 23.
16 *OLG München* NZI 2013, 542, 543 f.
17 *Mulert/Steiner* NZG 2021, 673, 677; *De Bruyn/Ehmke* NZG 2021, 661 f.
18 *Ristelhuber* NZI 2021, 417, 419.
19 Braun/*Sorg* InsO § 13 Rn. 11; BeckOK InsR/*Wolfer* InsO § 13 Rn. 21 f.

Vertretung).[20] Ist der Geschäftsbetrieb noch nicht eingestellt, d.h. ist der Schuldner noch werbend tätig, kommt mit § 13 Abs. 1 S. 4 Nr. 1 bis 5 InsO eine Soll-Bestimmung zur Gläubigerstruktur dazu. Danach soll der Schuldner im Gläubigerverzeichnis die höchsten Forderungen (Nr. 1), die höchsten gesicherten Forderungen (Nr. 2), die Forderungen der Finanzverwaltung (Nr. 3), die Forderungen der Sozialversicherungsträger (Nr. 4) und schließlich die Forderungen aus betrieblicher Altersversorgung (Nr. 5) kenntlich machen. Aus dem Soll wird ein Muss, wenn der Schuldner die Eigenverwaltung beantragt oder die Merkmale des § 22a InsO erfüllt oder die Einsetzung eines vorläufigen Gläubigerausschusses beantragt (§ 13 Abs. 1 S. 6 Nr. 1 bis 3 InsO). Bei laufendem Geschäftsbetrieb muss der Schuldner zudem zwingend Angaben zur Bilanzsumme, zu den Umsatzerlösen sowie zur Anzahl der Arbeitnehmer machen (§ 13 Abs. 1 S. 5 InsO). Zweck der Norm ist es, dem Gericht die sofortige Entscheidung zu ermöglichen, ob ein vorläufiger Gläubigerausschuss nach § 22a InsO einzusetzen ist.[21] Zudem muss der Schuldner versichern, dass seine Angaben richtig und vollständig sind (§ 13 Abs. 1 S. 7 InsO). Für Anträge nach § 3a InsO, mit denen ein Gruppen-Gerichtsstand begründet wird, stellt § 13a InsO weitere Anforderungen auf.

152 Die Stellung eines korrekten Eröffnungsantrags ist für den Schuldner von erheblicher Bedeutung. Denn schon bei fahrlässigen Falschangaben kann ein „nicht richtig" gestellter Antrag eine Strafbarkeit begründen (§ 15a Abs. 4 Nr. 2 i.V.m. Abs. 5 InsO). Die Strafbarkeit ist allerdings an die objektive Bedingung geknüpft, dass das Gericht den Antrag rechtskräftig als unzulässig zurückweist (§ 15a Abs. 6 InsO). Die Zurückweisung als unzulässig darf wiederum nur erfolgen, wenn das Gericht den Schuldner auf die inhaltlichen Mängel seines Antrags hingewiesen und ihm eine Frist zur Behebung der Mängel gesetzt hat (§ 13 Abs. 3 InsO). Die Dauer der Frist ist im Gesetz nicht genannt und beträgt in der Regel maximal zwei Wochen.[22] Erst nach Verstreichen der Frist darf das Gericht den Antrag als unzulässig zurückweisen.[23]

4. Rücknahme des Eigenantrags

153 Nach § 13 Abs. 2 InsO kann der Eröffnungsantrag bis zur Entscheidung des Gerichts über die Eröffnung des Verfahrens (§ 27 InsO) oder die Abweisung mangels Masse (§ 26 InsO) jederzeit zurückgenommen werden. Nach Eröffnung des Verfahrens ist eine Rücknahme aus Gründen der Rechtssicherheit nicht mehr erlaubt.[24] Im Gesetz findet sich keine Regelung, wer bei juristischen Personen oder Personengesellschaften berechtigt ist, den Eröffnungsantrag wieder zurückzunehmen, da § 15 InsO nur für die Einreichung und nicht für die Rücknahme gilt. Grundsätzlich sind die gesellschaftsrechtlichen Vertretungsregelungen zu beachten. Ist das antragstellende Organmitglied zwischenzeitlich abberufen worden, ist der neu bestellte (oder übrig gebliebene) Geschäftsführer zur Rücknahme des Antrags berechtigt, da die Gesellschaft handlungsfähig bleiben muss.[25]

20 Zur Diskussion über den konkreten Umfang der Angaben *LG Frankenthal* NZI 2017, 895 f.

21 Uhlenbruck/*Wegener* InsO § 13 Rn. 108.

22 BeckOK InsR/*Wolfer* InsO § 13 Rn. 32.

23 *BGH* NJW 2003, 1187.

24 *BGH* NZI 2017, 75 Rn. 13.

25 *BGH* NZI 2008, 550, 551; HambKomm-InsR/*Linker* InsO § 13 Rn. 57.

5. Weitere Anträge

Mit dem Eröffnungsantrag kann der Schuldner weitere Anträge verbinden. So kann er einen Antrag auf Einsetzung eines vorläufigen Gläubigerausschusses (§ 22a Abs. 2 InsO) oder einen Antrag auf Begründung eines Gruppengerichtsstands (§ 3a InsO) stellen. Beabsichtigt der Schuldner die Durchführung eines Insolvenzplanverfahrens, kann er seinen Eröffnungsantrag mit einem Antrag auf Eigenverwaltung gem. §§ 270b Abs. 1 InsO, 270f Abs. 1 InsO verbinden. Ist der Schuldner eine natürliche Person, wird er seinem Eröffnungsantrag zugleich einen Antrag auf Restschuldbefreiung (§ 287 InsO) beifügen. Auch ein Antrag auf Stundung der Verfahrenskosten ist möglich (§ 4a InsO). **154**

II. Antrag eines Gläubigers

Nach § 13 Abs. 1 S. 2 InsO ist auch jeder Gläubiger berechtigt, einen Eröffnungsantrag (Fremdantrag) zu stellen, wozu auch absonderungsberechtigte und nachrangige Gläubiger gehören.[26] Im Fall des § 111i Abs. 2 StPO ist auch die Staatsanwaltschaft zur Antragstellung berechtigt. In der Praxis werden vor allem Finanzämter und Sozialversicherungsträger aktiv. Die Voraussetzungen eines Fremdantrags sind in § 14 Abs. 1 InsO näher geregelt. Der Gläubiger muss ein rechtliches Interesse an der Eröffnung des Insolvenzverfahrens haben und seine Forderung sowie den Eröffnungsgrund glaubhaft machen. Mittel der Glaubhaftmachung sind Urkunden oder die eidesstattliche Versicherung (§ 294 ZPO). Dem Schuldner ist rechtliches Gehör zu gewähren (§ 14 Abs. 2 InsO). Gegen den Fremdantrag als solchem steht dem Schuldner kein Rechtsmittel zu.[27] In der COVID-19-Pandemie waren Anträge seitens der Gläubiger für kurze Zeit eingeschränkt (§ 3 SanInsKG). **155**

1. Glaubhaftmachung des Eröffnungsgrunds

Ein Fremdantrag ist nur zulässig, wenn der Gläubiger glaubhaft macht, dass ein **Eröffnungsgrund** besteht, der Schuldner also zahlungsunfähig (§ 17 InsO) oder überschuldet (§ 19 InsO) ist. Die drohende Zahlungsunfähigkeit (§ 18 InsO) spielt bei einem Fremdantrag keine Rolle. Ein Mittel der Glaubhaftmachung, um die Zahlungsunfähigkeit zu belegen, ist die Fruchtlosigkeitsbescheinigung des Gerichtsvollziehers (§ 63 Abs. 2 S. 2 GVGA). Der Gläubiger kann aber auch Indizien nennen, die einzeln oder in ihrer Häufung den hinreichend sicheren Schluss auf das Vorliegen der Zahlungseinstellung zulassen.[28] Soll der Eröffnungsgrund aus einer einzigen Forderung des antragstellenden Gläubigers abgeleitet werden, genügt deren Glaubhaftmachung nicht; die Forderung muss bewiesen sein (z.B. durch einen Vollstreckungstitel).[29] In der Praxis gelingt es am ehesten den Sozialversicherungsträgern, die Zahlungsunfähigkeit glaubhaft machen. So stellt das Ausbleiben von sechs Monatsbeiträgen nach der Rechtsprechung des *BGH* ein starkes Indiz für den Eintritt der Zahlungsunfähigkeit dar.[30] Der Eröffnungsgrund der Überschuldung spielt bei Gläubigeranträgen keine Rolle, da es für sie als Außenstehende nahezu unmöglich ist, die Überschuldung ohne Zugang zu den **156**

---

26 Braun/*Sorg* InsO § 13 Rn. 6.

27 Bei Insolvenzantrag der Staatsanwaltschaft nach § 111i StPO gilt § 23 EGGVG (*BGH* NZI 2020, 812 Rn. 28 ff.).

28 *BGH* NZI 2013, 594 Rn. 10; *Pape* in: Kübler/Prütting/Bork InsO § 14 Rn. 136.

29 *BGH* NZI 2016, 950 Rn. 12; NZI 2016, 732 Rn. 12 ff.

30 *BGH* NZI 2020, 1043 Rn. 25; NJW 2015, 1388, 1389; Braun/*Sorg* InsO § 14 Rn. 31.

Unterlagen des Rechnungswesens (Buchführung, Sanierungsgutachten, Jahresabschluss) glaubhaft zu machen.[31] Die Vorlage der Handelsbilanz, die eine bilanzielle Überschuldung des Schuldners ausweist (abrufbar unter www.bundesanzeiger.de), ist wenig aussagekräftig, da die Handelsbilanz stets vergangenheitsbezogen ist.

2. Glaubhaftmachung der Forderung

157 Der Gläubiger muss zudem seine **Forderung** durch die Vorlage von Verträgen, Rechnungen, Lieferscheinen oder Kontoauszügen glaubhaft belegen. Die Forderung muss nicht tituliert sein.[32] Bestreitet der Schuldner den Bestand der Forderung substantiiert und hängt von der Forderung der Eröffnungsgrund ab, muss der Gläubiger den Bestand seiner Forderung beweisen, die Glaubhaftmachung genügt in diesem Fall nicht. Der Beweis kann durch Vorlage eines Vollstreckungstitels geführt werden.[33] Ist die Forderung nicht tituliert, gehen Zweifel zu Lasten des Gläubigers.

3. Rechtliches Interesse

158 Die Zulässigkeit eines Fremdantrags setzt ein rechtliches Interesse des Gläubigers an der Eröffnung des Insolvenzverfahrens voraus. Grundsätzlich ist dem Gläubiger allein wegen des staatlichen Vollstreckungsmonopols ein rechtliches Interesse zuzusprechen.[34] Das **rechtliche Interesse fehlt**, wenn dem Gläubiger ein einfacherer, schnellerer und günstigerer Weg zur vollständigen Befriedigung seiner Forderung zur Verfügung steht. Das ist der Fall, wenn der Gläubiger über eine werthaltige dingliche Sicherheit verfügt, die eine Befriedigung durch Einzelzwangsvollstreckung in angemessener Frist ermöglicht.[35] Ein weiteres Beispiel ist die Verfolgung insolvenzwidriger Zwecke. So ist der Antrag rechtsmissbräuchlich, wenn der Gläubiger diesen als Druckmittel einsetzt, um die Erfüllung der Forderung zu erzwingen.[36] Allein die Tatsache, dass der Gläubiger seinen Antrag zurücknimmt, nachdem der Schuldner die Forderung bezahlt hat, erlaubt nicht den Rückschluss, dass es sich um einen rechtsmissbräuchlichen „Druckantrag" handelt.[37] Stellt ein Gläubiger einen Eröffnungsantrag über das Vermögen einer politischen Partei, ist im Hinblick auf Art. 21 Abs. 1 GG zu prüfen, ob die mit der Eröffnung des Insolvenzverfahrens einhergehenden Einschränkungen verhältnismäßig sind.[38]

4. Ausgleich der Forderung

159 Erfüllt der Schuldner nach Zustellung des Fremdantrags die Forderung, müsste der Eröffnungsantrag, da keine Forderung mehr besteht (§ 362 BGB), als unzulässig abgewiesen werden. Die Vorschrift des § 14 Abs. 1 S. 2 InsO gesteht dem Gläubiger jedoch ein Wahlrecht zu. Er kann das Verfahren durch Antragsrücknahme (§ 13 Abs. 2 InsO) oder Erledigungserklärung

31 Vgl. *Pape* in: Kübler/Prütting/Bork InsO § 14 Rn. 134.
32 HambKomm-InsO/*Linker* InsO § 14 Rn. 14.
33 *BGH* NZI 2021, 266 Rn. 7.
34 *BGH* NZI 2021, 268 Rn. 58; NZI 2020, 1043 Rn. 17; NZI 2016, 732 Rn. 17.
35 *BGH* NZI 2021, 182 Rn. 10 ff. (Suizidgefährdung); NZI 2008, 182, 183.
36 *BGH* NZI 2021, 268 Rn. 58; NZI 2020, 1043 Rn. 17; *LG Berlin* NZI 2021, 632 Rn. 4.
37 *BGH* NZI 2020, 1043 Rn. 18 ff.; a.A. noch *AG Köln* NZI 2019, 617 Rn. 7 ff., 24 ff.
38 *BGH* NZI 2021, 268 Rn. 59 (bei Antrag eines öffentlich-rechtlichen Gläubigers).

(§ 91a ZPO) beenden. Er kann aber auch seinen Eröffnungsantrag aufrechterhalten,[39] da in § 14 Abs. 1 S. 2 InsO ausdrücklich festgelegt ist, dass die Zahlung nicht zur Unzulässigkeit des Antrags führt. Damit bleibt der Gläubiger antragsberechtigt und kann den Eröffnungsantrag „weiterlaufen" lassen.[40] Die Norm soll Gläubiger (insbesondere Sozialversicherungsträger, Finanzämter) davor schützen, mit ansehen zu müssen, dass der Schuldner den Insolvenzantrag durch Zahlung der aktuellen Forderung erledigt, um anschließend sogleich wieder neue Verbindlichkeiten zu begründen.[41] Wird der aufrechterhaltene Eröffnungsantrag des Gläubigers später als unbegründet abgewiesen, weil ein Gutachten ergibt, dass der glaubhaft gemachte Eröffnungsgrund doch nicht besteht, gilt die spezielle Kostenregel des § 14 Abs. 3 S. 1 InsO, wonach der Schuldner die Verfahrenskosten tragen muss.[42]

5. Kostentragung bei einer StaRUG-Stabilisierungsanordnung

Einen weiteren Fall, dass der Schuldner die Verfahrenskosten tragen muss, obwohl der Gläu- 160
bigerantrag abgewiesen wird, regelt § 14 Abs. 3 S. 2 InsO. Danach hat der Schuldner die Verfahrenskosten zu tragen, wenn der Eröffnungsantrag des Gläubigers deshalb abgewiesen wird, weil vor Antragstellung eine nichtöffentliche Stabilisierungsanordnung (§§ 29 Abs. 2 Nr. 3, 49 StaRUG) erlassen worden war, die der Gläubiger nicht kennen konnte. Wird die Stabilisierungsanordnung nach dem Gläubigerantrag erlassen, wird der Antrag nach § 58 StaRUG ausgesetzt.

C. Zuständigkeit des Insolvenzgerichts

I. Sachliche Zuständigkeit

Die sachliche Zuständigkeit ist in § 2 InsO geregelt. Für Insolvenzverfahren ist gem. § 2 161
Abs. 1 InsO ausschließlich das *Amtsgericht* zuständig und zwar dasjenige, in dessen Bezirk das *Landgericht* seinen Sitz hat. Dort wird eine entsprechende Insolvenzabteilung *(Insolvenzgericht)* eingerichtet. Dieses *Insolvenzgericht* erhält die ausschließliche sachliche Zuständigkeit für den gesamten Landgerichtsbezirk. Hierdurch sollen richterlicher Sachverstand und technische Ausstattung konzentriert werden.[43] Die meisten der sechzehn Bundesländer haben weitere *Insolvenzgerichte* eingerichtet (§ 2 Abs. 2 InsO) und davon abgesehen, pro Landgerichtsbezirk nur ein *Amtsgericht* zu benennen. Damit konnte sich die Idee einer stärkeren Zuständigkeitskonzentration nicht durchsetzen.[44] Insgesamt gibt es derzeit 182 *Insolvenzgerichte.*

» § 2 InsO und § 3 InsO enthalten alle relevanten Informationen zur sachlichen und örtlichen Zuständigkeit. Kommentieren Sie Art. 3 EuInsVO neben § 3 InsO, sofern die Prüfungsordnung Ihres Bundeslandes dies erlaubt. «

39 *BGH* NZI 2020, 1043 Rn. 11; *Pape* in: Kübler/Prütting/Bork InsO § 14 Rn. 221.
40 *BGH* NZI 2022, 25 Rn. 13.
41 *Pape* in: Kübler/Prütting/Bork InsO § 14 Rn. 189.
42 MünchKomm-InsO/*Vuia* § 14 Rn. 152.
43 BeckOK InsR/*Madaus* InsO § 2 Rn. 2.
44 Für eine Konzentration *Brzoza* NZI 2021, 513, 514 f.

II. Örtliche Zuständigkeit

1. COMI und allgemeiner Gerichtsstand

162 § 3 Abs. 1 InsO nennt für die örtliche Zuständigkeit zwei Anknüpfungspunkte, den allgemeinen Gerichtsstand des Schuldners (§ 3 Abs. 1 S. 1 InsO) und den Mittelpunkt der wirtschaftlichen Tätigkeit (§ 3 Abs. 1 S. 2 InsO). Es handelt sich um ausschließliche Gerichtsstände. Nach dem eindeutigen Wortlaut des § 3 Abs. 1 S. 2 InsO ist die örtliche Zuständigkeit vorrangig danach zu bestimmen, wo sich der Mittelpunkt der wirtschaftlichen Tätigkeit des Schuldners befindet.[45] Im Englischen wird dieser als **COMI** (= centre of main interests) bezeichnet. Maßgeblich ist der Ort, an dem die Entscheidungen der Geschäftsleitung getroffen, dokumentiert und nach außen in laufende Geschäftsführungsakte umgesetzt werden.[46] Der Mittelpunkt ist nach objektiven, für Dritte erkennbaren Kriterien zu bestimmen.[47] Die bloße Aufbewahrung von Geschäftsunterlagen reicht hierfür nicht.[48]

163 Erst in zweiter Linie ist für die örtliche Zuständigkeit gem. § 3 Abs. 1 S. 1 InsO auf den **allgemeinen Gerichtsstand** des Schuldners abzustellen. Bei juristischen Personen oder Personengesellschaften richtet sich der allgemeine Gerichtsstand nach dem Satzungssitz (§ 17 ZPO). Bei natürlichen Personen ist der Wohnsitz maßgeblich (§ 13 ZPO). Das Gericht muss seine Zuständigkeit nach § 5 InsO von Amts wegen prüfen. Maßgeblicher Zeitpunkt für die Anknüpfung ist der Eingang des Eröffnungsantrags bei Gericht.[49] Sind mehrere Gerichte zuständig, etwa wenn der Schuldner eine selbstständige wirtschaftliche Tätigkeit an verschiedenen Orten ausübt, gilt der Prioritätsgrundsatz. Das Gericht, bei dem zuerst Eröffnungsantrag gestellt wurde, schließt die anderen Gerichte aus (§ 3 Abs. 3 InsO).

Beispiel Die MODEHAUS GmbH betreibt ihr einziges Kaufhaus in Nürnberg. Dort treffen die Geschäftsführer Gloria (G) und Serkan (S) ihre Entscheidungen. Da der COMI in Nürnberg liegt, ist örtlich ausschließlich das Insolvenzgericht Nürnberg zuständig (§ 3 Abs. 1 S. 2 InsO). Wäre der COMI nicht zweifelsfrei feststellbar, käme es auf den Satzungssitz (§ 17 ZPO) an (§ 3 Abs. 1 S. 1 InsO). ■

164 Eine Verlegung des COMI oder des Satzungssitzes beeinflusst die örtliche Zuständigkeit. Daher ist es nicht ungewöhnlich, dass Unternehmen aus taktischen Gründen ihren Sitz vor Insolvenzeröffnung in einen anderen Gerichtsbezirk verlegen. Die Sitzverlegung (kurz) **vor** Insolvenzantragstellung ist nicht per se unzulässig, sondern im Hinblick auf die Niederlassungsfreiheit anzuerkennen.[50] Etwas Anderes muss bei rechtsmissbräuchlicher Zuständigkeitserschleichung gelten, etwa wenn die Sitzverlegung der gewerbsmäßigen Firmenbestattung dient.[51] Dies ist daran zu erkennen, dass die Gesellschaft am neuen Ort keine werbende Tätigkeit ausübt und ein neuer Geschäftsführer bestellt wird, der über keinerlei Unterlagen der Gesellschaft verfügt.[52] Verlegt der Schuldner **nach** dem Eröffnungsantrag seinen COMI oder Satzungssitz, bleibt das angegangene *Insolvenzgericht* zuständig (§ 4 InsO i.V.m. § 261 ZPO).[53]

---

45 Vgl. BayOblG NZI 2020, 560 Rn. 31; *OLG Brandenburg* NZI 2019, 667 Rn. 7.
46 *AG Hannover* NZI 2019, 115; *Reischl* Insolvenzrecht Rn. 50.
47 *BGH* NJW-RR 2007, 1062, 1063.
48 *BayOblG* NZI 2020, 560 Rn. 33.
49 *BGH* NZI 2007, 344; BeckOK InsR/*Madaus* InsO § 3 Rn. 3.
50 Vgl. BeckOK InsR/*Madaus* InsO § 3 Rn. 25 ff.
51 *BayOblG* NZI 2020, 560 Rn. 36; *LG Bremen* NZI 2021, 83 Rn. 17.
52 *Reischl* Insolvenzrecht Rn. 52.
53 *BGH* BeckRS 2008, 24714 Rn. 8.

2. Wahlgerichtsstand des Restrukturierungsgerichts

Ein Wahlgerichtsstand wird durch § 3 Abs. 2 InsO eröffnet. Hat der Schuldner in den letzten sechs Monaten vor dem Insolvenzverfahren bereits Instrumente des Restrukturierungsrahmens gem. § 29 StaRUG genutzt, ist auch das Gericht örtlich zuständig, das als *Restrukturierungsgericht* zuständig war. **165**

3. Konzerninsolvenz

Besonderheiten gelten bei Konzerninsolvenzen. Konzern ist eine Unternehmensgruppe, die aus mehreren rechtlich selbstständigen Rechtsträgern besteht und die miteinander verbunden (einheitliche Leitung, beherrschender Einfluss) sind (§ 3e InsO). **166**

Beispiel Die ZUCKER AG ist eine Holding. Die AG ist Alleingesellschafterin der MEHL GmbH und der GELIER GmbH. Da ihr 100 % der Geschäftsanteile an den beiden GmbHs zustehen („Töchter"), kann sie die Geschäftsführer bestimmen (§ 46 Nr. 5 GmbHG) und ihnen Weisungen erteilen (§ 37 GmbHG). Damit kann die ZUCKER AG als „Mutter" beherrschenden Einfluss ausüben. Die drei rechtlich selbständigen Unternehmen bilden eine Unternehmensgruppe (§ 3e Abs. 1 Nr. 1 InsO). ■

Werden einzelne Gesellschaften eines Konzerns insolvent, muss jeder Rechtsträger ein eigenes Insolvenzverfahren durchlaufen („eine Gesellschaft, ein Insolvenzverfahren"). Haben die Gesellschaften ihren Sitz an unterschiedlichen Orten, führt dies dazu, dass verschiedene Gerichte zuständig sind. Aufgrund der wirtschaftlichen Verflechtungen der Konzerngesellschaften ist das nicht ideal. Daher stellt § 3a Abs. 1 InsO für Konzerninsolvenzen einen Gruppengerichtsstand zur Verfügung. Nach § 3a Abs. 1 S. 1 InsO kann jeder Schuldner, der für seine Unternehmensgruppe (§ 3e InsO) nicht von offensichtlich untergeordneter Bedeutung ist, neben dem Eröffnungsantrag einen Antrag auf Begründung eines Gruppengerichtsstands für die gesamte Unternehmensgruppe stellen. In diesem Fall erklärt sich das angerufene *Insolvenzgericht* für die Insolvenzverfahren aller gruppenangehörigen Schuldner (Gruppen-Folgeverfahren) für zuständig. Der so begründete Gruppengerichtsstand steht den anderen konzernangehörigen Gesellschaften als **Wahlgerichtsstand** neben dem Gerichtsstand des § 3 Abs. 1 InsO zur Verfügung.[54] Jedes insolvente Konzernmitglied kann selbst entscheiden, ob es seinen Eröffnungsantrag bei dem nach § 3 Abs. 1 InsO oder dem nach § 3a InsO zuständigen Gericht stellt. Liegen bei verschiedenen *Insolvenzgerichten* konkurrierende Gruppenanträge i.S.d. § 3a InsO vor, gilt das Prioritätsprinzip.[55] Ist unklar, welche Gesellschaft zuerst den Antrag gestellt hat, sticht das Gruppenmitglied mit den meisten Arbeitnehmern (§ 3a Abs. 1 S. 3 InsO). Eine zusätzliche Sonderreglung findet sich in § 3d InsO. Wird für eine einzelne Konzerngesellschaft das Insolvenzverfahren bei einem anderen Gericht als dem Gericht des Gruppengerichtstands eröffnet, kann das Gericht das Verfahren an den Gruppengerichtsstand verweisen (§ 3d Abs. 1 S. 1 InsO). Die Entscheidung liegt im Ermessen des Gerichts.[56]

Das Ziel, Insolvenz- und Restrukturierungssachen in Konzernsachverhalten bei einem einzigen Gericht zu konzentrieren, findet sich auch in § 37 Abs. 1 StaRUG. Danach kann der Schuldner bei dem für ihn zuständigen *Restrukturierungsgericht* beantragen, dass es sich für **167**

54 BeckOK InsR/*Gelbrich/Flöther* InsO § 3a Rn. 6.
55 *Vallender* NZI 2020, 761, 767; *Baumert* NZI 2019, 103.
56 BeckOK InsR/*Gelbrich/Flöther* InsO § 3d Rn. 2 f.; a.A. *Baumert* NZI 2019, 103, 105 ff.

sämtliche Restrukturierungsverfahren der Unternehmensgruppe für zuständig erklärt. Bejaht das Gericht die Zuständigkeit, wird ein Wahlgerichtsstand für die anderen gruppenangehörigen Gesellschaften begründet. § 37 Abs. 3 StaRUG wiederum verknüpft Restrukturierungs- und Insolvenzverfahren.[57]

III. Funktionelle Zuständigkeit

168 Die funktionelle Zuständigkeit ist in §§ 3 Abs. 2e, 18, 19a RPflG geregelt. Für den Eröffnungsantrag und das gesamte Eröffnungsverfahren ist der Richter zuständig (§ 18 Abs. 1 Nr. 1 RPflG). Im eröffneten Verfahren übernimmt vom Grundsatz her der Rechtspfleger das Verfahren (§ 3 Nr. 2e RpflG). Komplexe Entscheidungen bleiben dem Richtervorbehalt unterstellt, wie die Erteilung oder Versagung der Restschuldbefreiung (§ 18 Abs. 1 Nr. 3 RPflG) oder das Insolvenzplanverfahren (§ 18 Abs. 1 Nr. 2 RPflG).

IV. Internationale Zuständigkeit

169 Die Bestimmung des international zuständigen Gericht wird durch die InsO nicht normiert. Für den Bereich der EU gilt Art. 3 EuInsVO, der im letzten Abschnitt des Skripts näher behandelt wird (Rn. 669 ff.).

Hinweis

Der COMI ist auch im Rahmen der internationalen Zuständigkeit maßgeblicher Anknüpfungspunkt, ist aber dort autonom auszulegen.

D. Sicherungsmaßnahmen

I. Schutz des Schuldnervermögens

170 Hält das Gericht den Eröffnungsantrag für zulässig, prüft es in einem zweiten Schritt die Begründetheit des Antrags, d.h. ob tatsächlich ein Eröffnungsgrund (§ 16 InsO) vorliegt und ob das Vermögen des Schuldners ausreicht, um die Kosten eines staatlichen Insolvenzverfahrens zu decken (§ 26 Abs. 1 S. 1 InsO). In dieser Phase findet der Amtsermittlungsgrundsatz (§ 5 InsO) Anwendung. Seit 1.11.2022 kann das Gericht selbst Auskünfte über den Schuldner einholen (§ 98 Abs. 1a InsO i.V.m. § 802l ZPO). Im Regelfall benötigt die Begründetheitsprüfung eine gewisse Zeit. Denn das Vorliegen eines Eröffnungsgrunds (§§ 17, 18, 19 InsO) muss zur Überzeugung des Gerichts unzweifelhaft feststehen. Zwischen dem Eingang des Eröffnungsantrags und der Entscheidung des *Insolvenzgerichts* können daher Wochen vergehen. Um das Vermögen des Schuldners in diesem Zeitraum vor Gefährdungen zu schützen, schreibt § 21 Abs. 1 S. 1 InsO vor, dass das Gericht von Amts wegen alle Sicherungsmaßnahmen treffen muss, die erforderlich erscheinen, um eine nachteilige Veränderung der Vermögenslage zu verhindern.

57 *Flöther/Laroche* StaRUG § 37 Rn. 12.

Beispiel Die Insolvenzrichterin findet am 1.6. um 8.00 Uhr den schriftlichen Eröffnungsantrag der MODEHAUS GmbH auf ihrem Schreibtisch vor. Die Richterin muss von Amts wegen entscheiden, welche Sicherungsmaßnahmen nötig sind, damit es in den folgenden Tagen und Wochen nicht zu einer Verringerung des Schuldnervermögens kommt. So besteht die Gefahr, dass die Lieferanten ihre unter Eigentumsvorbehalt verkaufte Ware an sich nehmen oder sicherungsübereignete Gegenstände herausfordern oder der Gerichtsvollzieher noch bewegliches Vermögen pfändet. ■

II. Katalog der Sicherungsmaßnahmen

171 Nach der generalklauselartigen Formulierung des § 21 Abs. 1 S. 1 InsO kann das Gericht **alle erforderlichen Maßnahmen** anordnen, um nachteilige Veränderungen in der Vermögenslage des Schuldners zu verhindern. Dabei gilt der Verhältnismäßigkeitsgrundsatz. Um dem Gericht Entscheidungshilfen zu geben, sind in § 21 Abs. 2 S. 1 Nr. 1 bis 5 InsO kataloghaft mögliche Sicherungsmaßnahmen aufgezählt. In Frage kommen die Bestellung eines vorläufigen Insolvenzverwalters (Nr. 1), die Einsetzung eines vorläufigen Gläubigerausschusses (Nr. 1a), die Anordnung eines allgemeinen Verfügungsverbotes oder eines Zustimmungsvorbehalts (Nr. 2), die Untersagung oder einstweilige Einstellung der Einzelzwangsvollstreckung in das bewegliche Vermögen (Nr. 3), die Anordnung einer vorläufigen Postsperre (Nr. 4) sowie ein Vollstreckungsstopp gegenüber Aus- und Absonderungsberechtigten (Nr. 5). Eine Anhörung des Schuldners ist nicht erforderlich.[58] Gegen die Anordnung der (einzelnen) Maßnahmen steht dem Schuldner die sofortige Beschwerde zu (§ 21 Abs. 1 S. 2 InsO).

» Lesen Sie die Norm des § 21 InsO einmal vollständig durch. Sie ist die zentrale Vorschrift im Eröffnungsverfahren. «

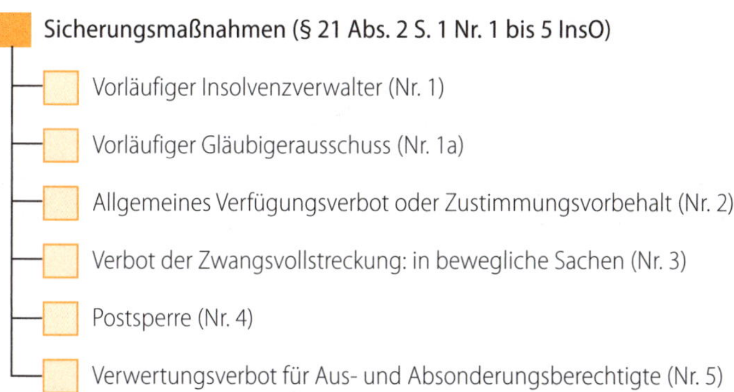

III. Allgemeines Verfügungsverbot

172 Um das Schuldnervermögen vor schmälernden Zugriffen des Schuldners oder einzelner Gläubiger zu sichern, kann das Gericht den Erlass eines allgemeinen Verfügungsverbots nach § 21 Abs. 2 S. 1 Nr. 2 Fall 1 InsO anordnen.[59] Dies hat zur Folge, dass sämtliche Verfügungen des Schuldners absolut unwirksam sind (§ 24 Abs. 1 i.V.m. §§ 81, 82 InsO). Ist der Schuldner eine juristische Person, können die Leitungsorgane weder Waren übereignen noch Zahlungen veranlassen. Um die Handlungsfähigkeit des Schuldners zu gewährleisten, wird daher parallel ein vorläufiger Insolvenzverwalter bestellt (§ 21 Abs. 1 S. 1 Nr. 1 InsO). Diese Kombina-

58 *BGH* NZI 2011, 680, 681.
59 *BGH* NZI 2018, 794 Rn. 24.

tion von allgemeinem Verfügungsverbot und Bestellung eines vorläufigen Insolvenzverwalters bewirkt, dass die **Verwaltungs- und Verfügungsbefugnis** (§ 22 Abs. 1 S. 1 InsO) sowie die Prozessführungsbefugnis (§ 24 Abs. 2 InsO) auf den vorläufigen Verwalter übergehen. Wegen dieser Rechtsmacht wird er als **starker vorläufiger Insolvenzverwalter** bezeichnet.[60] Das allgemeine Verfügungsverbot wird öffentlich bekannt gemacht (§ 9 InsO) und in das Handelsregister/Grundbuch eingetragen (§ 23 InsO). Ein gutgläubiger Erwerb vom Schuldner ist wegen der absoluten Unwirksamkeit ausgeschlossen; er bleibt lediglich bei Immobilien möglich, wenn der Erwerber in Unkenntnis der Verfügungsbeschränkung auf das Grundbuch vertraut (§ 24 Abs. 1 i.V.m. § 81 Abs. 1 S. 2 InsO).

IV. Bestellung eines vorläufigen Insolvenzverwalters

173 Das *Insolvenzgericht* kann, unabhängig von Verfügungsbeschränkungen, einen vorläufigen Verwalter bestellen (§ 21 Abs. 2 S. 1 Nr. 1 InsO). Die Einsetzung eines vorläufigen Verwalters gehört bei Unternehmensinsolvenzen zum „Standardprogramm", da es eine Vielzahl von Beteiligten gibt (z.B. Arbeitnehmer, Vermieter, Lieferanten und Kunden), die verunsichert sind, wie es mit dem Unternehmen weitergeht. Hier ist es wichtig, dass eine fachkundige und neutrale Person Zugang zu dem Betrieb erhält und erste Maßnahmen ergreift (z.B. Insolvenzgeld), um das Unternehmen (vorübergehend) fortzuführen.[61] Soll das Unternehmen fortgeführt werden, muss das Gericht entweder zusätzlich ein allgemeines Verfügungsverbot nach § 21 Abs. 2 S. 1 Nr. 2 Fall 1 InsO anordnen, so dass der eingesetzte Verwalter die Rolle des sog. starken vorläufigen Verwalter erhält, oder einen Zustimmungsvorbehalt nach § 21 Abs. 2 S. 1 Nr. 2 Fall 2 InsO anordnen, so dass der eingesetzte Verwalter zum sog. schwachen vorläufigen Verwalter wird.

1. Starker vorläufiger Insolvenzverwalter

a) Allgemeines Befugnisse

174 Die Rechtsstellung des starken vorläufigen Verwalters ist in § 22 Abs. 1 InsO näher geregelt. In § 22 Ab. 1 S. 1 InsO ist angeordnet, dass die Verwaltungs- und Verfügungsbefugnis auf ihn übergeht, so dass nur er berechtigt ist, über das Schuldnervermögen zu verfügen. Die Stellung des starken vorläufigen Verwalters entspricht damit weitgehend der des endgültigen Insolvenzverwalters.[62] Der starke vorläufige Verwalter ist primär verpflichtet, das vorhandene Vermögen des Schuldners zu sichern und zu erhalten (§ 22 Abs. 1 S. 2 Nr. 1 InsO). Er hat die Insolvenzmasse in Besitz zu nehmen und muss notfalls Lagerräume versiegeln, Schlösser auswechseln oder eine Bewachung organisieren.[63] Er darf die Geschäftsräume des Schuldners betreten, dort Nachforschungen anstellen sowie Geschäftsunterlagen einsehen (§ 22 Abs. 3 S. 1, 2 InsO) und jederzeit Auskunft verlangen (§ 22 Abs. 3 S. 3 InsO). Aufgrund seiner Verfügungsbefugnis steht dem starken vorläufigen Verwalter das Recht zu, Vertragsverhältnisse zu

60 *BGH* NJW 2010, 3510, 3511; *Becker* Insolvenzrecht Rn. 24.
61 Vgl. *Foerste* Insolvenzrecht Rn. 106.
62 *BGH* NZI 2007, 231 Rn. 17; *Bork* Insolvenzrecht Rn. 126.
63 Vgl. MüKoInsO/*Haarmeyer/Schildt* InsO § 22 Rn. 45 f.

kündigen.[64] § 240 S. 2 ZPO ordnet an, dass Prozesse des Schuldners unterbrochen werden, wenn ein starker vorläufiger Verwalter bestellt ist.

b) Betriebsfortführung

Hat der Schuldner ein Unternehmen, ist der vorläufige starke Insolvenzverwalter verpflichtet, 175 den Betrieb im Eröffnungsverfahren fortzuführen (§ 22 Abs. 1 S. 2 Nr. 2 InsO). In diesem Verfahrensstadium entspricht eine Stilllegung grundsätzlich nicht den Gläubigerinteressen. Die Entscheidung über des Schicksal des Unternehmens wird in der ersten Gläubigerversammlung (§ 157 InsO) gefällt, so dass bis dahin auch die Fortführungspflicht besteht.[65] Eine (teilweise) Einstellung des Geschäftsbetriebs ist nur ausnahmsweise gestattet, sofern das Gericht der Stilllegung zustimmt (§ 22 Abs. 1 S. 2 Nr. 2 InsO). Die Zustimmung darf nur erteilt werden, wenn der Schuldner erhebliche Verluste erwirtschaftet, so dass die Insolvenzmasse durch die Fortführung deutlich gemindert wird.[66] Zur Verwertung (z.B. Veräußerung des Betriebs) ist der starke vorläufige Verwalter nicht berechtigt.[67] Diese Befugnis entsteht erst im eröffneten Verfahren. Reicht die Liquidität zur Fortführung nicht aus, kann der starke vorläufige Verwalter einen Massekredit aufnehmen.[68] Besondere Bemühungen des vorläufigen Verwalters um eine Sanierung des Schuldners sind extra zu vergüten.[69]

c) Begründung von Masseverbindlichkeiten

Die Rechtsposition des starken vorläufigen Verwalters ist mit einem Risiko verbunden. Nach 176 § 55 Abs. 2 S. 1 InsO sind Verbindlichkeiten, die von einem starken vorläufigen Verwalter begründet werden, nach der Eröffnung des Insolvenzverfahrens Masseschulden. Kauft der Verwalter Waren ein, wird der Lieferant automatisch Massegläubiger (§ 55 Abs. 2 S. 1 InsO). Gleiches gilt nach § 55 Abs. 2 S. 2 InsO, wenn der starke vorläufige Verwalter Arbeitnehmer weiterbeschäftigt[70] oder Mietobjekte weiter nutzt. Löhne und Mietzins werden dann zu Masseverbindlichkeiten. Reicht die Masse nicht für alle Massegläubiger aus, muss der vorläufige starke Insolvenzverwalter gegebenenfalls mit seinem Privatvermögen für die Verbindlichkeiten haften (§ 61 i.V.m. § 21 Abs. 2 S. 1 Nr. 1 InsO).[71] Wegen dieses Risikos wird in der Praxis nur selten von der Einsetzung eines starken Verwalters Gebrauch gemacht.[72]

d) Insolvenzgeld

Die Betriebsfortführung im Eröffnungsverfahren kann nur gelingen, wenn die Arbeitnehmer 177 weiterarbeiten und ihren Lohn erhalten. Meist ist der Schuldner zur Lohnzahlung nicht mehr in der Lage. Hier bietet das Insolvenzgeld (in Form der Vorfinanzierung) Abhilfe. Das Insolvenzgeld ist in §§ 165 bis 172 SGB III geregelt. Nach § 165 Abs. 1 SGB III haben Arbeitnehmer Anspruch auf Insolvenzgeld, wenn es zu einem „Insolvenzereignis", d.h. zur Insolvenzeröffnung oder Abweisung mangels Masse kommt (§ 165 Abs. 1 S. 2 Nr. 1 bis 2 SGB III). In beiden

64 Braun/*Böhm* InsO § 22 Rn. 14; BeckOK InsR/*Kopp* InsO § 22 Rn. 38.
65 *BGH* NJW 2019, 1940 Rn. 31; *BAG* BeckRS 2020, 10022 Rn. 97.
66 *BAG* BeckRS 2020, 10022 Rn. 97; *AG Hannover* NZI 2020, 327 Rn. 12.
67 Vgl. *Blankenburg* in: Kübler/Prütting/Bork InsO § 22 Rn. 114 zum Streitstand.
68 BeckOK InsR/*Kopp* InsO § 22 Rn. 39.
69 *BGH* NZI 2021, 838 Rn. 42.
70 Vgl. *BAG* NZI 2022, 341 Rn. 12 ff.; NZI 2021, 325 Rn. 42.
71 *Blankenburg* in: Kübler/Prütting/Bork InsO § 22 Rn. 49.
72 Vgl. *BGH* NJW 2002, 3326, 3328; *Werner* NZI 2022, 343.

Fällen wird das Insolvenzgeld von der Bundesagentur für Arbeit in Höhe des monatlichen Nettoarbeitsentgelts (§ 167 Abs. 1 SGB III),[73] und zwar rückwirkend für die **letzten drei Monate**, bezahlt (§ 165 Abs. 1 S. 1 SGB III). Die rückwirkende Auszahlung „in toto" ist für die meisten Arbeitnehmer angesichts laufender monatlicher Unkosten (für Unterhalt, Miete, Energie etc.) nicht ideal. Aus diesem Grund hat die Vorfinanzierung des Insolvenzgelds Eingang in die Insolvenzverwalterpraxis gefunden (vgl. § 170 Abs. 4 SGB III). Die Vorfinanzierung erfolgt durch Forderungskauf. Die Arbeitnehmer verkaufen ihre künftigen Insolvenzgeldansprüche, die sie gegen die Bundesagentur für Arbeit haben, an eine vorfinanzierende Bank (§ 433 BGB), und treten die Ansprüche an diese ab (§ 398 BGB).[74] Im Gegenzug erhalten die Arbeitnehmer in Höhe ihres Nettoarbeitsentgeltes die Kaufpreiszahlung von der Bank. Die erforderliche Organisation übernimmt der vorläufige Verwalter. Er muss die Zustimmung der zuständigen Arbeitsagentur zur Vorfinanzierung einholen (§ 170 Abs. 4 S. 1 SGB III), wobei diese nur erteilt werden darf, wenn eine ernsthafte Sanierungschance für das Unternehmen besteht und ein erheblicher Teil der Arbeitsplätze (mindestens 10 %) erhalten bleibt (§ 170 Abs. 4 S. 2 SGB III).[75] Dass das Insolvenzgeld erhebliche Kostenvorteile für insolvente Unternehmen bringt, zeigt die Insolvenz von Air Berlin; hier wurden ca. 46,3 Mio. Euro Insolvenzgeld ausbezahlt.[76] Die Ausschöpfung des Insolvenzgelds ist der eigentliche Grund, dass ein Eröffnungsverfahrens drei Monate dauert. § 169 S. 1 SGB III (i.V.m. § 55 Abs. 3 InsO) regelt den Regress der Bundesagentur.

e) Prüfung der Kostendeckung

178 Eine weitere Aufgabe des starken vorläufigen Verwalters ist die Prüfung der Kostendeckung (§ 22 Abs. 1 S. 2 Nr. 3 InsO). Er ist verpflichtet, zu ermitteln, ob das Vermögen des Schuldners die voraussichtlichen Kosten des gesamten Insolvenzverfahrens decken wird.[77] Sein Gutachten dient dem Gericht als maßgebliche Entscheidungsgrundlage, ob das Verfahren eröffnet (§ 27 InsO) oder mangels Masse abgewiesen wird (§ 26 InsO).

f) Bestellung als Sachverständiger

179 Nach § 22 Abs. 1 S. 2 Nr. 3 InsO kann das *Insolvenzgericht* den starken vorläufigen Verwalter zusätzlich beauftragen, als Sachverständiger zu prüfen, ob ein Eröffnungsgrund vorliegt und welche Aussichten für die Fortführung des Unternehmens bestehen. Er kann auch zusätzlich beauftragt werden, die örtliche und internationale Zuständigkeit des Gerichts zu prüfen. Hierfür wird der vorläufige Verwalter zusätzlich vergütet (§ 11 Abs. 4 InsVV mit § 9 Abs. 2 JVEG).

2. Schwacher vorläufiger Insolvenzverwalter

a) Allgemeine Grundlagen

180 Wird ein vorläufiger Insolvenzverwalter bestellt, aber nicht zugleich ein allgemeines Verfügungsverbot ausgesprochen, wird dieser Verwaltertyp als **schwacher vorläufiger Insolvenzverwalter** bezeichnet, da der Schuldner die Verfügungsbefugnis behält.[78] Das Gericht muss

73 *Blankenburg* in: Kübler/Prütting/Bork InsO § 22 Rn. 215.

74 Vgl. *Foerste* Insolvenzrecht Rn. 110.

75 Braun/*Böhm* InsO § 22 Rn. 42.

76 *Marquardt* NZI 2020, 455, 457.

77 *BGH* NZI 2004, 30, 31.

78 *Blankenburg* in: Kübler/Prütting/Bork InsO § 22 Rn. 121.

dann nach § 22 Abs. 2 S. 1 InsO die Aufgaben und Befugnisse des vorläufigen schwachen Verwalters im Einzelnen festlegen. Es kann beispielsweise einen **Zustimmungsvorbehalt** (§ 21 Abs. 2 S. 1 Nr. 2 Fall 2 InsO) anordnen. In diesem Fall muss der Schuldner die vorherige Zustimmung des vorläufigen Verwalters einholen, wenn er über Gegenstände seines Vermögens verfügen will (z.B. Auszahlung einer Geldsumme vom Konto). Zudem können damit rechtsgeschäftliche Verfügungen des Schuldners im Eröffnungsverfahren verhindert werden.[79] Zur Eingehung von Verpflichtungsgeschäften bleibt der Schuldner jedoch uneingeschränkt berechtigt.[80] Das Gericht kann die Rechtsstellung des „Zustimmungs-Verwalters" durch Einzelermächtigungen nach § 22 Abs. 2 S. 1 InsO erweitern (z.B. Recht zum Forderungseinzug). Der Verwaltertyp wird dann als **halbstarker vorläufiger Verwalter** bezeichnet.[81]

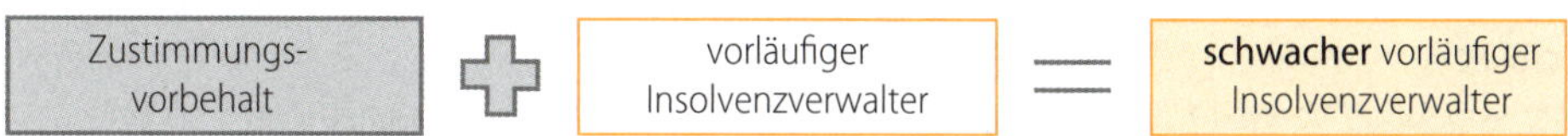

b) Festlegung der Einzelbefugnisse

Da die Überwachung des Schuldners zu den Kernaufgaben eines schwachen vorläufigen Insolvenzverwalters gehört,[82] ist er verpflichtet, sich zunächst einen Überblick über das Schuldnervermögen zu verschaffen, um dieses zu sichern und zu erhalten.[83] Im Übrigen muss das Gericht seine Befugnisse konkret festlegen (§ 22 Abs. 2 S. 1 InsO). Dabei dürfen die Befugnisse nicht über die eines starken vorläufigen Verwalters hinausgehen (§ 22 Abs. 2 S. 2 InsO).[84] Die einzelnen Maßnahmen sind konkret zu bezeichnen. Eine Globalermächtigung „für den Schuldner zu handeln" ist unzulässig.[85] Die Ermächtigung kann sich auf bestimmte Geschäfte oder Geschäftsarten erstrecken (z.B. alle Materialeinkäufe).[86] Zulässige Einzelermächtigungen sind beispielsweise die Ermächtigung des vorläufigen Insolvenzverwalters zur Kündigung von Dauerschuldverhältnissen (Arbeitsverträge, Mietverträge)[87] oder das Recht zum Forderungseinzug.[88] Eine partielle Übertragung der Verfügungsbefugnis ist ebenfalls möglich (z.B. hinsichtlich der Bankkonten). Ob der Verwalter per Einzelanordnung zur Betriebsfortführung ermächtigt werden kann, hat der *BGH* offen gelassen.[89] Gesellschaftsrechtliche Maßnahmen, wie die Abberufung der organschaftlichen Vertreter des Schuldners (Geschäftsführer, Vorstand), sind nicht gestattet.[90] **181**

c) Masseverbindlichkeiten

Ein wesentlicher Unterschied zum starken vorläufigen Verwalter ist, dass der schwache vorläufige Verwalter keine Masseverbindlichkeiten nach § 55 Abs. 2 InsO begründet, da die Norm nur bei Anordnung eines allgemeinen Verfügungsverbots gilt und bei einem Zustimmungs- **182**

79 *BGH* NZI 2021, 637 Rn. 32; NZI 2021, 440 Rn. 29; NZI 2020, 1046 Rn. 20; NZI 2018, 794 Rn. 19.
80 *BGH* NZI 2018, 601 Rn. 53; BeckOk InsR/*Kopp* § 22 Rn. 68.
81 Zur uneinheitlichen Terminologie *Becker* Insolvenzrecht § 2 Rn. 29.
82 *BGH* NZI 2021, 637 Rn. 32; NJW 2019, 1940 Rn. 77.
83 *BGH* NZI 2014, 757, 758; BeckOK InsR/*Kopp* § 22 Rn. 60.
84 *BGH* NJW 2019, 224 Rn. 15; NJW 2002, 3326, 3329.
85 *BGH* NZI 2007, 231; NZI 2005, 627; NJW 2002, 3326, 3329.
86 *BGH* NZI 2020, 1046 Rn. 22; *Blankenburg* in: Kübler/Prütting/Bork InsO § 22 Rn. 161 f.
87 BeckOK InsR/*Kopp* InsO § 22 Rn. 70a.
88 *BGH* NZI 2020, 1046 Rn. 22; *Blankenburg* in: Kübler/Prütting/Bork InsO § 22 Rn. 129.
89 *BGH* NJW 2019, 1940 Rn. 77.
90 *BGH* NZI 2007, 231, 233; BeckOK InsR/*Kopp* InsO § 22 Rn. 2.

vorbehalt keine analoge Anwendung findet.[91] Das Gericht kann den schwachen vorläufigen Verwalter aber über die Generalnorm des § 22 Abs. 2 S. 1 InsO für den **Einzelfall** ermächtigen, Masseverbindlichkeiten einzugehen.[92] Dabei muss das Gericht die Geschäfte einzeln oder ihrer Art nach konkret benennen.[93] So kann das Gericht dem vorläufigen Verwalter explizit die Aufnahme eines Massekredits erlauben.[94] Steuerverbindlichkeiten im Eröffnungsverfahren sind nach § 55 Abs. 4 InsO stets Masseverbindlichkeiten; damit begründet auch der vorläufig schwache Verwalter automatisch Masseverbindlichkeiten (sog. Fiskusprivileg).[95]

3. Ermittlungsbefugnisse

183 Nach § 22 Abs. 3 InsO sind dem vorläufigen Insolvenzverwalter (unabhängig ob starker oder schwacher) weitreichende Ermittlungsbefugnisse eingeräumt. Nach § 22 Abs. 3 S. 1 InsO ist der vorläufige Verwalter berechtigt, die Geschäftsräume des Schuldners zu betreten und dort Nachforschungen anzustellen. Der Schuldner muss ihm Einsicht in die Bücher gewähren (§ 22 Abs. 3 S. 2 InsO) und ist zur Auskunft und Mitwirkung verpflichtet (§ 22 Abs. 3 S. 3 Hs. 1 InsO). Die Auskunftspflicht trifft auch die Aufsichts- und Vertretungsorgane des Schuldners (§ 22 Abs. 3 S. 3 Hs. 2 i.V.m. § 101 Abs. 1, 2 InsO), wozu auch diejenigen gehören, die das Unternehmen in den letzten zwei Jahre verlassen haben (§ 101 Abs. 1 S. 2 InsO). Die Auskunftspflicht ist auf Fragen zum Schuldner beschränkt. Der Geschäftsführer muss nicht über die eigenen Vermögensverhältnisse Auskunft geben, jedoch alle Tatsachen und Umstände zum Schuldnervermögen benennen, selbst wenn Schadensersatzansprüche gegen ihn aufgedeckt werden.[96] Die Auskunftspflicht gilt auch für Mitarbeitende (§ 22 Abs. 3 S. 3 Hs. 2 i.V.m. § 102 InsO). Verweigern der Schuldner oder die Leitungsorgane die Mitwirkung, kann notfalls Haft angeordnet werden (§§ 22 Abs. 3 S. 3 Hs. 2, 98 InsO).

V. Einstweilige Einstellung der Zwangsvollstreckung

184 Nach § 21 Abs. 2 S. 1 Nr. 3 InsO kann das Gericht die Einzelzwangsvollstreckung in das **bewegliche Vermögen** des Schuldners untersagen oder einstweilen einstellen. Zweck ist der Schutz der Masse. Damit wird zudem verhindert, dass dem Unternehmen Gegenstände entzogen werden, die für die Betriebsfortführung benötigt werden. Das Vollstreckungsverbot umfasst daher auch die Herausgabevollstreckung (§§ 883, 885 ZPO).[97] Die Vollstreckungsorgane (Gerichtsvollzieher, Vollstreckungsgericht) müssen die Anordnung von Amts wegen beachten. Neue Vollstreckungsaufträge in das bewegliche Vermögen dürfen nicht mehr ausgeführt (§ 775 Nr. 1 ZPO) und laufende nicht mehr weitergeführt werden (§ 775 Nr. 2 ZPO). Bereits durchgeführte Vollstreckungshandlungen bleiben wirksam, insbesondere bleibt der Rang des Pfändungspfandrechts gewahrt (§ 804 Abs. 3 ZPO).[98] Verstößt das Vollstreckungsorgan gegen das Vollstreckungsverbot, kann sich der vorläufige Verwalter mit der Vollstreckungserinnerung (§ 766 ZPO) wehren. Ausschließlich zuständig ist nach über-

91 *BGH* NJW 2019, 1940 Rn. 53; NJW-RR 2008, 295 Rn. 9; NJW 2002, 3326, 3327 ff.
92 *BGH* NJW 2019, 1940 Rn. 53; NJW 2002, 3326, 3329; BeckOK InsR/*Kopp* InsO § 22 Rn. 71.
93 *BGH* NJW 2019, 224 Rn. 15.
94 Braun/*Böhm* InsO § 22 Rn. 48.
95 *BGH* NJW 2019, 224 Rn. 18 ff.
96 *BGH* NZI 2015, 380, 381.
97 *LG Lübeck* NZI 2020, 998 Rn. 12 ff.; BeckOK InsR/*Kopp* InsO § 21 Rn. 90.
98 Uhlenbruck/*Vallender* InsO § 21 Rn. 26.

wiegenden Ansicht das *Amtsgericht* als *Insolvenzgericht* (analog § 89 Abs. 3 InsO), nicht das *Amtsgericht* als *Vollstreckungsgericht*.[99] Für die Vollstreckung in Immobilien gilt § 30 Abs. 4 ZVG. Danach kann der vorläufige Insolvenzverwalter beim *Vollstreckungsgericht* die einstweilige Einstellung der Zwangsversteigerung oder Zwangsverwaltung beantragen. Der vorläufige Verwalter muss glaubhaft machen, dass die Anordnung erforderlich ist, um eine nachteilige Veränderung der Vermögenslage zu verhindern. Nutzt der Verwalter das Grundstück (z.B. zur Betriebsfortführung), muss er den Wertverlust durch Zahlungen an den Gläubiger ausgleichen (§ 30e Abs. 2 ZVG).

VI. Postsperre

185 Die Anordnung der Postsperre nach § 21 Abs. 2 S. 1 Nr. 4 InsO (i.V.m. § 99 Abs. 1 S. 1 InsO) dient dazu, „Licht ins Dunkle zu bringen". Sie darf nur in Ausnahmesituationen verhängt werden, da sie das Grundrecht des Art. 10 GG tangiert. Aus diesem Grund genügt eine aus Textbausteinen zusammengesetzte Begründung nicht.[100] Es müssen konkrete Anhaltspunkte vorliegen, dass der (kriminelle oder flüchtige) Schuldner masseschädigende Handlungen begeht. Wird die Postsperre unter Beachtung der genannten Voraussetzungen angeordnet, erstreckt sie sich auf die Briefpost und den E-Mail-Verkehr.[101] Die Anordnung hat zur Folge, dass nur noch der vorläufige Insolvenzverwalter berechtigt ist, die Post zu öffnen.

VII. Verwertungssperre

186 Die Norm des § 21 Abs. 2 S. 1 Nr. 5 InsO erlaubt Eingriffe in die Rechte der Aus- und Absonderungsberechtigten. Sie bezweckt, den wirtschaftlichen Verbund des Unternehmens zusammenzuhalten, um dem vorläufigen Verwalter eine Fortführung des Betriebs zu ermöglichen.[102] Unterschieden wird zwischen beweglichen Sachen und Forderungen.

» Hier geht es um die Aus- und Absonderungsberechtigten. Während des Eröffnungsverfahrens können ihre Rechte beschränkt werden. «

187 Nach § 21 Abs. 2 S. 1 Nr. 5 S. 1 Hs. 1 InsO kann das Gericht den vorläufigen Verwalter zur **Weiternutzung von beweglichen Sachen** ermächtigen, nicht aber zu deren Verwertung. Hat der Vorbehaltseigentümer bzw. Sicherungseigentümer die Ermächtigung zur Weiterveräußerung oder -verarbeitung der Vorbehaltsware oder der sicherungsübereigneten Ware widerrufen (§ 183 S. 2 BGB), kann das Gericht den Widerruf nicht torpedieren, indem es dem vorläufigen Verwalter die Verwertung (Verkauf, Verbrauch, Verarbeitung) der Vorbehaltsware oder der sicherungsübereigneten Gegenstände gestattet. Die Anordnung eines Verwertungsrechts ist wegen des eindeutigen Wortlauts der Vorschrift ausgeschlossen.[103] Will das Gericht die Weiternutzung gestatten, muss es die Voraussetzungen des § 21 Abs. 2 S. 1 Nr. 5 S. 1 Hs. 1 InsO im Einzelnen prüfen. Voraussetzung ist, dass der Betrieb des Schuldners tatsächlich fortgeführt wird und die Gegenstände für die Betriebsfortführung von erheblicher Bedeutung sind. Die Anordnung muss die konkreten Gegenstände benennen und darf die Auswahl nicht pauschal dem Insolvenzverwalter überlassen.[104] Der Gläubiger kann ab Erlass der Anordnung Ausgleich des Wertverlusts verlangen, der durch die Nutzung entsteht, sofern die Sicherung

99 *Becker* Insolvenzrecht § 2 Rn. 49, 52; HK-InsO/*Laroche* § 21 Rn. 34.
100 Zu den Voraussetzungen *LG Bonn* NZI 2009, 652.
101 MüKoInsO/*Haarmeyer/Schildt* InsO § 21 Rn. 88; *Spiekermann* NZI 2022, 841, 844 f.
102 *BGH* NJW 2019, 1940 Rn. 26.
103 *BGH* NJW 2019, 1940 Rn. 34.
104 *BGH* NZI 2010, 95, 96; BeckOK InsR/*Kopp* InsO § 21 Rn. 109.

des Gläubigers wertmäßig beeinträchtigt wird (§ 21 Abs. 2 S. 1 Nr. 5 Hs. 3). Erst nach Ablauf von drei Monaten stehen ihm die geschuldeten Zinsen auf die gesicherte Forderung zu (§§ 21 Abs. 2 S. 1 Nr. 5 S. 1 Hs. 2, 169 S. 2 InsO).[105]

188 Hat der Schuldner Forderungen zur Sicherheit abgetreten, führt der Eröffnungsantrag und die Anordnung von Sicherheitsmaßnahmen nicht dazu, dass seine Einziehungsberechtigung (§ 185 BGB) automatisch erlischt. Erst wenn der Sicherungsnehmer die Ermächtigung widerruft (§ 183 S. 2 BGB), verliert der Schuldner das Einziehungsrecht. Hieran knüpft die Norm des § 21 Abs. 2 S. 1 Nr. 5 S. 1 Hs. 1 InsO an. Hat der Sicherungsnehmer die Einziehungsermächtigung widerrufen, kann das Gericht anordnen, dass der vorläufige Verwalter zur **Einziehung sicherungsabgetretener Forderungen** ermächtigt wird. § 21 Abs. 2 S. 1 Nr. 5 S. 3 InsO verweist auf die Vorschriften der §§ 170, 171 InsO. Der vorläufige Verwalter darf die Kosten der Einziehung in Höhe von 9 % (§ 171 InsO) zur Masse ziehen und zur Betriebsfortführung verwenden. Den Restbetrag (91 %) muss der vorläufige Verwalter an den Sicherungsnehmer abführen (§ 170 Abs. 1 S. 1 InsO) oder den Betrag unterscheidbar verwahren. Zieht er den Betrag auf das allgemeine Geschäftskonto des Schuldners ein, liegt darin eine unberechtigte „Veräußerung" i.S.d. § 48 InsO analog, die den Sicherungsnehmer ermächtigt, den Betrag im Wege der Ersatzabsonderung herauszuverlangen, sofern der Betrag noch unterscheidbar in der Masse vorhanden ist; das ist der Fall, wenn das Geschäftskonto über eine ausreichende Deckung verfügt.[106] Ansprüche aus § 55 Abs. 1 Nr. 3 InsO oder aus §§ 170 Abs. 1 S. 2, 172 InsO bestehen nicht, da diese Normen nur den endgültigen Insolvenzverwalter betreffen.

VIII. Vorläufiger Gläubigerausschuss

189 Machen Sie sich mit diesem Gremium vertraut. Es spielt vor allem im (vorläufigen) Eigenverwaltungsverfahren eine wichtige Rolle.

Um eine frühzeitige Einbindung der Gläubiger sicherzustellen und ihren Einfluss zu stärken, hat der Gesetzgeber 2012 die Möglichkeit geschaffen, bereits im Eröffnungsverfahren einen vorläufigen Gläubigerausschuss einzusetzen (§§ 21 Abs. 2 Nr. 1a, 22a InsO). Unterschieden wird zwischen dem „Muss-Ausschuss", dem „Soll-Ausschuss" und dem „Kann-Ausschuss".

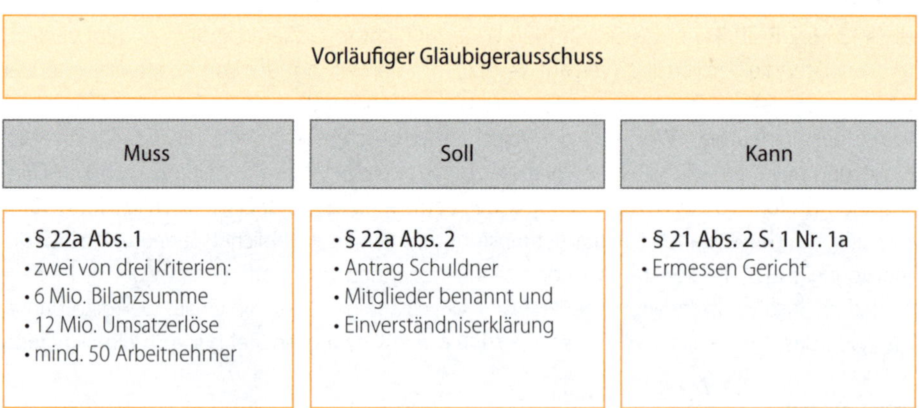

105 *BGH* NZI 2016, 946 Rn. 7; NZI 2010, 95, 96; verfassungsgemäß nach *BVerfG* NZI 2012, 617, 618.
106 *BGH* NJW 2019, 1940 Rn. 40 ff.

1. Drei Varianten

a) Muss-Ausschuss

Nach § 22a Abs. 1 InsO muss das *Insolvenzgericht* einen Gläubigerausschuss einsetzen, wenn der Schuldner mindestens zwei der drei nachstehenden Schwellenwerte erfüllt: Das Unternehmen hat eine Bilanzsumme von mindestens 6 Mio. EUR (§ 22 Abs. 1 Nr. 1 InsO), es hat in den letzten 12 Monaten Umsatzerlöse von mindestens 12 Mio. EUR erzielt (§ 22a Abs. 1 Nr. 2 InsO), es hat mindestens 50 Arbeitnehmer im Jahresdurchschnitt (§ 22a Abs. 1 Nr. 3 InsO). Diese Schwellenwerte nehmen Bezug auf die mittelgroßen und großen Kapitalgesellschaften gem. § 267 Abs. 2, 3 HGB. Damit wird in Großverfahren eine frühzeitige (zwangsweise) Beteiligung der Gläubiger sichergestellt. Im Jahresdurchschnitt gibt es in Deutschland lediglich 5 bis 6 solcher Pflichtausschüsse.[107] 190

b) Soll-Ausschuss

Nach § 22a Abs. 2 InsO soll das Gericht einen vorläufigen Gläubigerausschuss bestellen, wenn der Schuldner (oder ein Gläubiger oder der vorläufige Insolvenzverwalter) dies beantragt und zugleich Personen namentlich vorschlägt, die als Mitglieder in Betracht kommen. Zudem müssen dem Antrag Einverständniserklärungen der benannten Personen für die Übernahme des Amtes beigefügt sein. Die Gefahr, dass der Schuldner dem Gericht einen Ausschuss „vorserviert", ist dadurch gebannt, dass das Gericht über die konkrete Besetzung entscheidet und auch andere Mitglieder benennen kann.[108] 191

c) Kann-Ausschuss

Nach der allgemeinen Regelung des § 21 Abs. 2 S. 1 Nr. 1a InsO kann das Gericht jederzeit einen Gläubigerausschuss einsetzen; die Entscheidung liegt im Ermessen des Gerichts.[109] 192

d) Ausschlussgründe

Die Norm des § 22a Abs. 3 InsO enthält drei Tatbestände, in denen das Gericht von der Bestellung eines vorläufigen Gläubigerausschusses absehen muss. Das ist der Fall, wenn der Geschäftsbetrieb des Schuldners bereits eingestellt ist (§ 22a Abs. 3 Fall 1 InsO) oder die Kosten des vorläufigen Gläubigerausschusses angesichts einer geringen Masse unverhältnismäßig sind (§ 22a Abs. 3 Fall 2 InsO) oder die Verzögerung, die aus der Einsetzung resultiert, eine nachteilige Veränderung der Vermögenslage bewirkt (§ 22a Abs. 3 Fall 3 InsO). 193

2. Zusammensetzung

Der vorläufige Ausschuss soll aus mindestens vier Mitgliedern bestehen (§ 21a Abs. 2 S. 1 Nr. 1a i.V.m. § 67 Abs. 2 InsO) und aus dem Kreis der Absonderungsgläubiger, der Großgläubiger, der Kleingläubiger sowie der Arbeitnehmer gewonnen werden. Als Mitglieder des vorläufigen Gläubigerausschusses können auch Personen bestellt werden, die keine Gläubiger sind (§ 21 Abs. 2 S. 1 Nr. 1a i.V.m. § 67 Abs. 3 InsO). Die Personalauswahl obliegt dem Gericht. Das Gericht muss die vom Schuldner vorgeschlagenen Personen nicht übernehmen; es ist in seiner Entscheidung frei. 194

107 HambKomm-InsR/*Frind* InsO § 22 Rn. 6.

108 Vgl. HambKomm-InsR/*Frind* InsO § 22 Rn. 21.

109 Uhlenbruck/*Vallender* InsO § 22 Rn. 31.

3. Aufgaben

195 Die Aufgaben des vorläufigen Gläubigerausschusses entsprechen denen eines endgültigen Gläubigerausschusses. Die wichtigste Befugnis besteht darin, bei der Bestellung des vorläufigen und endgültigen Insolvenzverwalters mitzuwirken. Nach § 21 Abs. 2 S. 1 Nr. 1 i.V.m. § 56a Abs. 1 InsO hat das Gericht dem vorläufigen Gläubigerausschuss Gelegenheit zu geben, sich zu den Anforderungen und zur Person des (vorläufigen) Verwalters zu äußern.[110] Schlägt der vorläufige Gläubigerausschuss **einstimmig** eine konkrete Person vor, ist das Gericht an den Vorschlag gebunden, es sei denn die Person ist nicht für das Amt geeignet (§ 56a Abs. 2 S. 1 InsO). Wer geeignet ist, wird in § 56 Abs. 1 InsO näher definiert: Die Person muss geschäftskundig und unabhängig sein (näher Rn. 77). Die Anhörung des vorläufigen Gläubigerausschusses kann nur unterbleiben, wenn die durch die Konsultation bedingte Verzögerung offensichtlich innerhalb von zwei Werktagen zu einer nachteiligen Veränderung der Vermögenslage des Schuldners führt (§ 56a Abs. 1 InsO).[111] Grundsätzlich muss das Gericht die zwei Tage abwarten, außer „es bricht Chaos" im Unternehmen aus. In der Praxis kann der vorläufige Gläubigerausschuss die zwei Werktage nur einhalten, wenn im Vorfeld (z.B. Vorgespräch § 10a InsO) die amtsbereiten Gläubigerausschussmitglieder feststehen, diese sogleich mit ihrer Bestellung das Amt antreten und sofort eine Entscheidungen treffen.[112] Hier wird die Zukunft zeigen, wie die Gerichte mit der „Eilkompetenz" umgehen. Das Gericht muss den Verzicht auf die Anhörung jedenfalls schriftlich begründen (§ 56a Abs. 3 S. 1 InsO).

196 Im Übrigen hat der vorläufige Gläubigerausschuss dieselben Pflichten und Kompetenzen wie im eröffneten Verfahren (§ 21 Abs. 2 S. 1 Nr. 1a i.V.m. §§ 69 bis 73 InsO). Hauptaufgabe ist die Kontrolle des vorläufigen Insolvenzverwalters (§ 69 InsO). Zudem ist er zu strategisch wichtigen Entscheidungen zu hören (Begründung von Masseverbindlichkeiten, Insolvenzgeldvorfinanzierung, Zustimmung zu Teilbetriebsstilllegungen). Besondere Macht hat er im Rahmen der (vorläufigen) Eigenverwaltung §§ 270 ff. InsO.

E. Entscheidung über den Eröffnungsantrag

197 Sind die Amtsermittlungen abgeschlossen (§ 5 InsO), muss das *Insolvenzgericht* abschließend über den Eröffnungsantrag entscheiden. Ist der Eröffnungsantrag unzulässig, muss das Gericht den Antrag als unzulässig abweisen. Das ist beispielsweise der Fall, wenn dem Gläubiger- oder Schuldnerantrag das Rechtsschutzinteresse fehlt. Das Gericht muss den Eröffnungsantrag als unbegründet abweisen, wenn tatsächlich kein Eröffnungsgrund vorliegt oder nicht genügend Masse vorhanden ist, um die Verfahrenskosten zur decken; in diesem Fall kommt es zur Abweisung mangels Masse (§ 26 InsO). Andernfalls wird das Insolvenzverfahren eröffnet (§ 27 InsO).

110 BeckOK InsR/*Kopp* InsO § 22a Rn. 64; Uhlenbruck/*Vallender* InsO § 22a Rn. 62.

111 Braun/*Blümle* InsO § 56a Rn. 9; *Schluck-Amend* NZI-Beil. 2021, 88, 89.

112 Vgl. Braun/*Blümle* InsO § 56a Rn. 11.

I. Abweisung mangels Masse

1. Voraussetzungen

198 Nach § 26 Abs. 1 InsO muss das *Insolvenzgericht* den Eröffnungsantrag mangels Masse abweisen, wenn das Vermögen des Schuldners voraussichtlich nicht ausreichen wird, um die für die Durchführung des Insolvenzverfahrens entstehenden Kosten (§ 54 InsO) zu decken. Zu den Kosten gehören die Gerichtskosten, die Vergütung und Auslagen des vorläufigen und endgültigen Insolvenzverwalters sowie die Vergütung des Gläubigerausschusses. Ob ausreichend Masse vorhanden ist, muss das Gericht von Amts wegen ermitteln (§ 5 InsO). Dabei kann es auf das Gutachten des Sachverständigen oder des vorläufigen Insolvenzverwalters (vgl. § 22 Abs. 1 S. 2 Nr. 3 InsO) zurückgreifen. Das Gericht darf das Gutachten aber nicht blind übernehmen, sondern muss es auf Nachvollziehbarkeit und Widerspruchsfreiheit überprüfen.[113] Kann die Masse durch die Geltendmachung von Ansprüchen gegen Gesellschafter, Leitungsorgane oder andere Beteiligte oder durch Anfechtung nach §§ 129 ff. InsO aufgefüllt werden, ist das Verfahren zu eröffnen. Bei Unwägbarkeiten steht dem Gericht ein Prognosespielraum zu.[114]

2. Folgen für den Schuldner

199 Das Gericht muss seinen Beschluss, den Eröffnungsantrag mangels Masse abzuweisen, unverzüglich öffentlich bekannt machen (§ 26 Abs. 1 S. 3 InsO) und dem *Registergericht* mitteilen (§ 31 S. 1 Nr. 2 InsO). Ist der Schuldner eine juristische Person führt die Abweisung mangels Masse unumkehrbar zur Auflösung des Rechtsträgers (z.B. § 60 Abs. 1 Nr. 5 GmbHG).[115] Das *Registergericht* muss von Amts wegen die Auflösung in das Register eintragen. Der Rechtsträger muss dies mit i.L. (in Liquidation) kenntlich machen (z.B. § 68 Abs. 2 GmbHG). Nun folgt die Abwicklung des Rechtsträgers. Zuständig sind die Liquidatoren, d.h. im Normalfall die früheren Geschäftsführer (z.B. § 66 GmbHG). Im Gegensatz zum Insolvenzverfahren gilt der Grundsatz der Gläubigergleichbehandlung im gesellschaftsrechtlichen Liquidationsverfahren nicht. Die Liquidatoren können frei bestimmen, wer aus den Aktiva der Gesellschaft befriedigt wird.[116] Bei Vermögensverschiebungen müssen die Gläubiger ihre Ansprüche gegen die Gesellschaft oder gegen die Geschäftsführer selbst geltend machen. Ansprüche der Gesellschaft können sie pfänden und sich zur Einziehung (§§ 829, 835 f. ZPO) überweisen lassen. Auch Anfechtungen müssen sie selbst durchführen (§§ 6, 6a AnfG). Informationen erhalten die Gläubiger über die Insolvenzakte. Ihnen steht ein Einsichtsrecht zu (§ 4 InsO mit § 299 Abs. 2 ZPO; Rn. 68). Am Ende des Liquidationsverfahrens (Vollbeendigung wegen Vermögenslosigkeit) wird der Rechtsträger aus dem Handelsregister gelöscht (§ 394 FamFG).

200 Natürliche Personen bekommen bei der Abweisung mangels Masse auf Anordnung des *Insolvenzgerichts* einen Eintrag im Schuldnerverzeichnis (§§ 26 Abs. 2 InsO, 882b Abs. 1 Nr. 3 ZPO). Dieses Verzeichnis wird von den 16 Bundesländern bei dem zuständigen *Vollstreckungsgericht* geführt (§ 882h ZPO). Das *Vollstreckungsgericht* wird elektronisch über die Anordnung informiert (§ 26 Abs. 2 S. 1 InsO).

113 *BGH* NZI 2009, 233, 234; Braun/*Herzig* InsO § 26 Rn. 20.
114 *LG Hamburg* NZI 2016, 772; BeckOK InsR/*Farian* InsO § 26 Rn. 8.
115 *BGH* NZI 2022, 532 Rn. 6 ff.
116 Vgl. *Foerste* Insolvenzrecht Rn. 140.

3. Gegenmaßnahmen

201 Da es bei der Abweisung mangels Masse zu keinem geordneten Insolvenzverfahren kommt, worauf „Firmenbestatter" durchaus spekulieren, kann ein Gläubiger selbst einen zur Deckung der Kosten ausreichenden Geldbetrag vorschießen (§ 26 Abs. 1 S. 2 InsO). Der Vorschusszahlende wiederum kann von den Leitungsorganen der Gesellschaft **Rückerstattung** des Vorschusses verlangen, sofern das Organ Insolvenzverschleppung (§ 15a InsO) begangen hat (§ 26 Abs. 3 InsO).[117] Hierzu muss der Gläubiger Klage vor den ordentlichen Gerichten erheben. Alternativ sieht § 26 Abs. 4 S. 1 InsO vor, dass das Leitungsorgan unmittelbar auf **Vorschusszahlung** verklagt werden kann. Klagebefugt sind Gläubiger und Insolvenzverwalter (§ 26 Abs. 4 S. 3).[118] Die Norm wird zu Recht als wenig praxistauglich kritisiert.[119] Prozessual muss die Durchsetzung des Vorschusses vor den ordentlichen Gerichten erfolgen; § 26 Abs. 4 InsO ist keine Ermächtigungsgrundlage für eine Anordnung des *Insolvenzgerichts*.[120] Eine einstweilige Verfügung (Leistungsverfügung) ist nicht zulässig. Auch die Beweislastumkehr des § 26 Abs. 4 S. 2 InsO wird im Regelfall keine Entlastung bringen, da ein Gegenbeweis möglich bleibt.

4. Verfahrenskostenstundung bei natürlichen Personen

202 Die Abweisung mangels Masse führt bei natürliche Personen dazu, dass es keine Restschuldbefreiung gibt, da hierfür ein Insolvenzverfahren durchgeführt werden muss (§ 286 InsO). Um auch mittellosen Schuldnern den Zugang zum Insolvenzverfahren und damit zur Restschuldbefreiung zu ebnen, kann der Schuldner Verfahrenskostenstundung nach § 4a InsO beantragen. Die Abweisung mangels Masse unterbleibt (§ 26 Abs. 1 S. 2 InsO), wenn dem Antragsteller die Kosten (Gerichtskosten, Kosten für Insolvenzverwalter und Mitglieder des Gläubigerausschusses) gestundet werden. Bei Verbraucherinsolvenzverfahren fallen Verfahrenskosten zwischen 1800 bis 2000 EUR an.[121]

a) Voraussetzungen

203 Ist der Schuldner eine natürliche Person, sind gem. § 4a Abs. 1 S. 1 InsO die Verfahrenskosten auf seinen Antrag hin zu stunden, sofern er einen Eigenantrag (§ 13 InsO) sowie einen Antrag auf Restschuldbefreiung gestellt hat (§ 287 Abs. 1 InsO) und sein Vermögen nicht ausreicht, die Verfahrenskosten zu decken. Der Schuldner muss seine wirtschaftlichen Verhältnisse umfassend offenlegen.[122] Zudem muss er nach § 4a Abs. 1 S. 3 InsO eine Erklärung beifügen, ob ein Versagungsgrund nach § 290 Abs. 1 Nr. 1 InsO vorliegt. Über den Stundungsantrag entscheidet das Gericht durch Beschluss.

204 Hat der Schuldner in den letzten fünf Jahren eine Insolvenzstraftat nach §§ 283 bis 283c StGB begangen und ist er mindestens zu 90 Tagessätzen Geldstrafe rechtskräftig verurteilt worden, ist die Stundung zu versagen (§ 4a Abs. 1 S. 3, 4 InsO). Die in § 4a Abs. 1 S. 3 InsO aufgezählten Gründe sind nicht abschließend.[123] Liegt der Versagungsgrund des § 290 Abs. 1 Nr. 5 InsO vor,

117 Zur fehlenden praktischen Bedeutung *Pape* in: Kübler/Prütting/Bork InsO § 26 Rn. 21, 23.

118 *AG Nürnberg* NZI 2017, 638, 639; *AG Hannover* NZI 2020, 111 Rn 13 ff.

119 Kritik übt *Reischl* Insolvenzrecht Rn. 168; a.A. *AG Hannover* NZI 2020, 111 Rn. 22.

120 Braun/*Herzig* InsO § 26 Rn. 29.

121 *Frind* NZI 2020, 497, 499.

122 *Wenzel* in: Kübler/Prütting/Bork InsO § 4a Rn. 31 ff.

123 *BGH* NZI 2020, 476; *AG Marburg* NZI 2018, 277; a.A. BeckOK InsR/*Madaus* InsO § 4a Rn. 20.

etwa weil der Schuldner im Eröffnungsantrag in erheblichem Maß unrichtige Angaben zu seinem Vermögen gemacht hat, ist die Stundung ebenfalls zu versagen.[124] Nach der Rechtsprechung des *BGH* ist die Stundung außerdem zu versagen, wenn das Ziel der Restschuldbefreiung nicht erreicht werden kann, weil die wesentlichen am Verfahren teilnehmenden Forderungen gem. § 302 Nr. 1 InsO nicht von der Restschuldbefreiung erfasst sind (z.B. Forderungen aus unerlaubter Handlung).[125]

Beispiel[126] Steuerberater Stefan (S) sitzt wegen Steuerhinterziehung in Haft. Er hat einen Eröffnungsantrag, einen Restschuldbefreiungsantrag und einen Stundungsantrag gestellt. Er hat 33 Gläubiger mit einem Forderungsvolumen mit 4,5 Mio. EUR. Eine Forderung besteht gegenüber dem Finanzamt in Höhe von 1,8 Mio. EUR; sie beruht auf vorsätzlich begangener unerlaubter Handlung. Der Stundungsantrag ist nach Ansicht des *BGH* zu versagen, weil ein wesentlicher Teil der Forderungen gar nicht an der Restschuldbefreiung teilnimmt (§ 302 Nr. 1 InsO). Das Ziel der Restschuldbefreiung („Fresh Start") kann nicht erreicht werden.

Der Stundungsbeschluss ist jederzeit abänderbar, sollten sich die wirtschaftlichen Verhältnisse erheblich ändern (§ 4b Abs. 2 InsO). Änderungen muss der Schuldner von sich aus anzeigen. Das Gericht kann die Stundung aufheben, wenn der Schuldner ein in § 4c InsO sanktioniertes Fehlverhalten begeht, insbesondere seine Pflicht zur Erwerbstätigkeit nicht erfüllt (§ 4c Nr. 4 InsO). 205

b) Rückzahlung

Während des Insolvenzverfahrens sind die Verfahrenskosten als Masseschulden (§ 53 InsO) vorrangig zu berichtigen. Auch während der Abtretungsfrist soll der Treuhänder die Verfahrenskosten vorrangig begleichen (§ 292 Abs. 1 S. 2a.E. InsO).[127] Nach Erteilung der Restschuldbefreiung besteht eine vierjährige Nachhaftung. Das Verfahren ist kompliziert gestaltet. Die Rückzahlungsverpflichtung hängt von der Leistungsfähigkeit des Schuldners ab. Das Gericht kann die Stundung verlängern und die zu zahlende Monatsraten festsetzen (§ 4b Abs. 1 InsO). Sind seit der Restschuldbefreiung mehr als vier Jahre vergangen, gilt die Verpflichtung zur Rückzahlung als erlassen (§ 4b Abs. 2 S. 4 InsO). 206

5. Rechtsbehelf gegen den Abweisungsbeschluss

Wird der Eröffnungsantrag mangels Masse abgewiesen (§ 26 Abs. 1 S. 1 InsO), steht dem Schuldner die sofortige Beschwerde zu (§ 34 Abs. 1 i.V.m. § 6 InsO). Dies gilt auch, wenn ein Gläubiger den Eröffnungsantrag gestellt hat.[128] 207

II. Eröffnungsbeschluss

Ist der Eröffnungsantrag zulässig und begründet, d.h. es besteht ein Eröffnungsgrund und die Kosten des Verfahrens (§ 54 InsO) sind gedeckt, muss das *Insolvenzgericht* das Insolvenzverfahren eröffnen. Mit dem Eröffnungsbeschluss ernennt das *Insolvenzgericht* einen Insolvenzverwalter (§ 27 Abs. 1 S. 1 InsO). 208

---

124 *AG Marburg* NZI 2018, 277.

125 *BGH* NZI 2020, 476 Rn. 11.

126 Fall bei *Becker* Insolvenzrecht § 11 Rn. 97.

127 *Wenzel* in: Kübler/Prütting/Bork InsO § 4a Rn. 9.

128 Graf-Schlicker/*Lienau* InsO § 26 Rn. 31.

1. Inhalt des Beschlusses

209 In §§ 27 bis 29 InsO finden sich Vorgaben zum Inhalt eines Eröffnungsbeschlusses, da er erhebliche Auswirkungen auf den Rechtsverkehr hat.[129] Im Eröffnungsbeschluss ist zunächst das genaue Datum sowie die Uhrzeit anzugeben (§ 27 Abs. 2 Nr. 3, Abs. 3 InsO). Hierdurch soll jeglicher Zweifel ausgeschlossen werden, wann die Wirkungen der mit der Eröffnung verbundenen Eingriffe in die Rechte des Schuldners und Dritter (vgl. §§ 80, 81, 89 InsO) eintreten.[130] Des Weiteren muss der Eröffnungsbeschluss genaue Angaben zum Schuldner, wie Name, Adresse, Sitz, Registernummer (§ 27 Abs. 2 Nr. 1 InsO) sowie Namen und Anschrift des Insolvenzverwalters (§ 27 Abs. 2 Nr. 2 InsO) enthalten. Wurde ein einstimmiger Verwaltervorschlag des vorläufigen Gläubigerausschusses übergangen, sind die Gründe mitzuteilen (§ 27 Abs. 2 Nr. 4 InsO). Zudem sind die Gläubiger im Eröffnungsbeschluss aufzufordern, ihre Forderungen innerhalb einer vom Gericht festgelegten Frist, die zwischen zwei Wochen und drei Monaten liegen muss (§ 28 Abs. 1 S. 1, 2 InsO), beim Insolvenzverwalter anzumelden. Außerdem müssen im Eröffnungsbeschluss der Termin für die erste Gläubigerversammlung (**Berichtstermin** § 29 Abs. 1 Nr. 1 InsO), der binnen sechs Wochen und spätestens nach drei Monaten stattfinden muss, und der Termin für die Prüfung der Forderungen (**Prüfungstermin** § 29 Abs. 1 Nr. 2 InsO), der zwischen einer Woche und zwei Monaten nach Ablauf der Anmeldefrist liegen muss, bestimmt werden. Die Termine können verbunden werden (§ 29 Abs. 2 S. 1 InsO). Die Tagesordnungspunkte für den Berichtstermin müssen bereits schlagwortartig genannt werden.[131] Zudem muss der Beschluss die Aufforderung an die Schuldner des Unternehmens enthalten, nur noch an den Insolvenzverwalter zu leisten (§ 28 Abs. 3 InsO). Gleichzeitig werden die Gläubiger mit Sicherungsrechten aufgefordert, dem Verwalter ihre Rechte unter Angaben von Gründen mitzuteilen (§ 28 Abs. 2 InsO).

2. Veröffentlichung

210 Der Eröffnungsbeschluss ist sofort öffentlich bekannt zu machen (§ 30 Abs. 1 InsO). Die Eröffnung des Insolvenzverfahrens sowie alle weiteren Beschlüsse des Gerichts werden im Internet auf der Website **www.insolvenzbekanntmachungen.de** veröffentlicht (§ 9 Abs. 1 S. 1 InsO). Weitere Mitteilungen müssen an die öffentlichen Register (Handelsregister, Grundbuchamt etc.) erfolgen (§§ 31, 32, 33 InsO). Der Beschluss ist dem Schuldner sowie den bekannten Gläubigern und den bekannten Schuldnern des Schuldners zuzustellen; die Zustellung wird im Regelfall dem Insolvenzverwalter übertragen (§ 8 Abs. 3 InsO).[132]

3. Rechtsbehelf gegen den Eröffnungsbeschluss

211 Gegen den Eröffnungsbeschluss steht allein dem Schuldner die sofortige Beschwerde zu (§ 34 Abs. 2 InsO). Hat der Schuldner selbst Eröffnungsantrag gestellt, fehlt ihm die formelle Beschwer, es sei denn, der Eröffnungsgrund ist zwischenzeitlich weggefallen.[133] Die Beschwerde hat keine aufschiebende Wirkung (§ 570 Abs. 1 ZPO; ferner § 34 Abs. 3 InsO).[134] Das Ausgangsgericht *(Insolvenzgericht)* kann der Beschwerde abhelfen (§ 572 Abs. 1 ZPO).

129 Beispiel bei *Foerste* Insolvenzrecht Rn. 150.
130 *BGH* BeckRS 2007, 12368.
131 *BGH* NZI 2008, 430; Nerlich/Römermann/*Mönning/Schweizer* InsO § 29 Rn. 10.
132 *Reischl* Insolvenzrecht Rn. 170.
133 *BGH* NZI 2012, 318.
134 *OLG München* NZI 2019, 358, 359; *Bork* Insolvenzrecht Rn. 138.

Andernfalls wird die Beschwerde der nächsthöheren Instanz *(Landgericht)* vorgelegt. Gegen den Beschluss des *Landgerichts* ist die Rechtsbeschwerde zum *BGH* statthaft, falls sie vom *LG* zugelassen wurde (§ 574 Abs. 1 Nr. 2 ZPO). Hat die Beschwerde Erfolg, entfallen alle Rechtsfolgen der Eröffnung rückwirkend. Zum Schutz des Rechtsverkehrs bleiben aber die vom Insolvenzverwalter getroffenen Maßnahmen wirksam und müssen vom Schuldner notfalls noch erfüllt werden (34 Abs. 3 S. 3 InsO).

Online-Wissens-Check

Wann muss das Gericht einen vorläufigen Gläubigerausschuss einsetzen?

Überprüfen Sie jetzt online Ihr Wissen zu den in diesem Abschnitt erarbeiteten Themen. Unter **www.juracademy.de/skripte/login** steht Ihnen ein Online-Wissens-Check speziell zu diesem Skript zur Verfügung, den Sie kostenlos nutzen können. Den Zugangscode hierzu finden Sie auf der Codeseite.

4. Teil
Eröffnetes Insolvenzverfahren

A. Wirkungen der Insolvenzeröffnung

I. Beschlagnahme des Schuldnervermögens

212 Ziel des Insolvenzverfahrens ist die gemeinschaftliche Befriedigung der Insolvenzgläubiger (§ 1 S. 1 InsO). Um zu gewährleisten, dass das Schuldnervermögen (sog. Insolvenzmasse) tatsächlich zur Befriedigung der Gläubiger zur Verfügung steht, hat die Eröffnung des Insolvenzverfahrens seine **Beschlagnahme** zur Folge (sog. Insolvenzbeschlag). Sie ist im Gesetz nicht ausdrücklich erwähnt, folgt aber aus § 80 Abs. 1 InsO.[1] Mit der Beschlagnahme verliert der Schuldner das Recht, sein Vermögen selbst zu verwalten und über es zu verfügen. Die Verwaltungs- und Verfügungsbefugnis geht auf den gerichtlich bestellen **Insolvenzverwalter** über (§ 80 Abs. 1 InsO). Seine Bestellung erfolgt durch das *Insolvenzgericht* im Eröffnungsbeschluss (§ 27 Abs. 1 S. 1, Abs. 2 Nr. 2 InsO). Regelmäßig wird der vorläufige Insolvenzverwalter zum endgültigen Insolvenzverwalter ernannt.

1. Insolvenzmasse

213 Der Insolvenzbeschlag erfasst die Insolvenzmasse, die in §§ 35 Abs. 1, 36 InsO definiert wird. Nach der Grundsatznorm des § 35 Abs. 1 InsO fällt das gesamte Vermögen, das dem Schuldner zur Zeit der Eröffnung des Verfahrens gehört **(Altvermögen)** und das er während des Insolvenzverfahrens erlangt **(Neuerwerb)**, in die Insolvenzmasse.[2] Nicht zur Insolvenzmasse gehören **unpfändbare Sachen** (§ 36 Abs. 1 InsO) oder Gegenstände, die vom Insolvenzverwalter freigegeben werden oder im Eigentum eines Dritten stehen (Aussonderungsrechte § 47 InsO).

214 Der Insolvenzbeschlag erfasst das „gesamte Vermögen", also auch das Auslandsvermögen (sog. Universalitätsprinzip).[3] Im Einzelnen gehören zur Insolvenzmasse: Grundstücke, dingliche Rechte (Hypotheken etc.), Eigentum an beweglichen Sachen (Fuhrpark, Maschinen etc.), Anwartschaftsrechte, Immaterialgüterrechte (z.B. Patente, Markenrechte), Forderungen (z.B. Ansprüche auf Kaufpreiszahlung, Steuererstattungsansprüche, Schadensersatzansprüche), das Unternehmen selbst (Kundenstamm und „Goodwill") sowie die Mitgliedschaftsrechte an einer Gesellschaft (z.B. GmbH, AG).[4] Da auch die Firma in die Insolvenzmasse fällt, egal ob Fantasie-, Sach- (z.B. „Windreich", „Air Berlin") oder Personenfirma (z.B. „Grundig", „Metz", „Schießer"),[5] kann der Insolvenzverwalter das Handelsgeschäft an einen Dritten veräußern und ihm die Zustimmung zur Fortführung unter der bisherigen Firma erteilen (§§ 22 Abs. 1, 23 HGB).[6] Wegen des Gebots der Firmenunterscheidbarkeit (§§ 18 Abs. 2, 30 HGB) ist umstritten, ob die

---

1 *Bork* Insolvenzrecht Rn. 140.
2 *BGH* NZI 2021, 923 Rn. 9; *Foerste* Insolvenzrecht Rn. 158.
3 *BGH* NZI 2016, 365 Rn. 16; Braun/*Bäuerle* InsO § 35 Rn. 3.
4 Vgl. *BGH* NZI 2018, 668 Rn. 15: MüKoInsO/*Peters* InsO § 35 Rn. 194 ff.
5 Vgl. *Foerste* Insolvenzrecht Rn. 162 (auch bei Einzelkaufleuten).
6 *BGH* NZI 2020, 234 Rn. 10.

noch im Handelsregister eingetragene Firma des Schuldners nach der Veräußerung (bis zum Abschluss des Insolvenzverfahrens) umbenannt werden muss. Der *BGH* erlaubt eine zeitlich begrenzte Doppelfirmierung, außer bei Firmengleichheit am selben Ort (§ 30 HGB).[7]

Zur Insolvenzmasse gehört nach § 35 Abs. 1 InsO auch das Vermögen, das der Schuldner während des Insolvenzverfahrens neu erlangt (sog. **Neuerwerb**).[8] Wichtigstes Beispiel ist das Erwerbseinkommen, sei es aus selbstständiger, sei es aus unselbstständiger Tätigkeit. Grundsätzlich fällt die persönliche Arbeitskraft nicht in die Insolvenzmasse, da niemand zur Arbeit gezwungen werden kann (Art. 2 Abs. 1, 12 GG).[9] Arbeitet der Schuldner jedoch weiter, was er tun wird, um Restschuldbefreiung zu erlangen, fällt sein pfändbares Arbeitseinkommen in die Insolvenzmasse (§ 36 Abs. 1 S. 2, §§ 850 ff. ZPO).[10] Bei Selbstständigen (z.B. Ärzte, Architektinnen, Anwälte) sind sämtliche Einkünfte Bestandteile des Neuerwerbs.[11] Zum Neuerwerb gehören auch Erbschaften oder Lottogewinne. 215

2. Unpfändbare Gegenstände und ihre Zugehörigkeit zur Masse

Nach § 36 Abs. 1 S. 1 InsO gehören Gegenstände, die **nicht** der **Zwangsvollstreckung** unterliegen, nicht zur Insolvenzmasse und bilden **insolvenzfreies Vermögen**. Dem Schuldner sollen wie in der Einzelzwangsvollstreckung die lebensnotwendigen Mittel verbleiben.[12] Die Pfändungsverbote sind in der ZPO geregelt. In § 36 Abs. 2 InsO sind zum Schutz der Gläubiger wiederum Ausnahmen von den Pfändungsverboten vorgesehen. 216

a) Geschäftsbücher

Nach § 811 Abs. 1 Nr. 4 ZPO sind Geschäftsbücher eigentlich unpfändbar. Jedoch ist in § 36 InsO Abs. 2 Nr. 1 InsO explizit geregelt, dass die **Geschäftsbücher** des Schuldners zur Insolvenzmasse und nicht zum pfändungsfreien Bereich gehören. Damit wird sichergestellt, dass der Betrieb des Schuldners in der Insolvenz als funktionsfähige Einheit fortgeführt und später weiterveräußert werden kann.[13] 217

b) Bewegliche Sachen und Tiere

Für bewegliche Sachen sind die Pfändungsverbote des § 811 Abs. 1 ZPO maßgebend.[14] Danach sind Sachen unpfändbar, die für eine bescheidene Lebensführung (§ 811 Abs. 1 Nr. 1 lit. a ZPO) oder für die Ausübung einer **Erwerbstätigkeit** (§ 811 Abs. 1 Nr. 1 lit. b ZPO) benötigt werden, wie Computer, Büroinventar, Maschinen, Geschäftsauto, Lieferwagen etc.[15] Unterkünfte, wie Wohnlauben (§ 811 Abs. 1 Nr. 2 ZPO), sowie Bargeld in bestimmtem Umfang (§ 811 Abs. 1 Nr. 3 ZPO) unterliegen ebenfalls dem Pfändungsschutz. Auch Tiere sind grundsätzlich unpfändbar (§ 811 Abs. 1 Nr. 8 ZPO). 218

7 *BGH* NZI 2020, 234 Rn. 18 ff.
8 *BGH* NZI 2007, 407; Kritik übt *Foerste* Insolvenzrecht Rn. 166.
9 *BGH* NZI 2013, 797, 799; *BAG* NJW 2015, 107, 108; NZI 2022, 76 Rn. 40.
10 *BAG* NZI 2022, 76 Rn. 39; *Bork* Insolvenzrecht Rn. 144.
11 *BGH* NZI 2007, 407; Graf-Schlicker/*Kexel* InsO § 35 Rn. 21.
12 Graf-Schlicker/*Kexel* InsO § 36 Rn. 1.
13 *BGH* NZI 2021, 598 Rn. 23 (keine Informationsgrundlage für die Öffentlichkeit).
14 Näher *Ahrens* NZI 2021, 531.
15 *Foerste* Insolvenzrecht Rn. 168.

219 In § 36 Abs. 2 Nr. 2 InsO, der seit dem 1.1.2022 Geltung hat, sind **Ausnahmen** zu den eben genannten Pfändungsbeschränkungen angeordnet. Ist der Schuldner selbstständig tätig, werden Sachen, die er zur Berufsausübung (§ 811 Abs. 1 Nr. 1 lit. b ZPO) oder Tiere, die er zur Erwerbstätigkeit benötigt (§ 811 Abs. 1 Nr. 8 lit. b ZPO) explizit der Insolvenzmasse und nicht dem pfändungsfreien Bereich zugewiesen. Damit wird dem Insolvenzverwalter die Betriebsfortführung in der Insolvenz erleichtert. Sind die Sachen oder Tiere allerdings für eine Erwerbstätigkeit erforderlich, die in der Erbringung **persönlicher Leistungen** besteht, sieht § 36 Abs. 2 Nr. 2 Hs. 2 InsO eine **Rückausnahme** vor. In diesem Fall werden diese Sachen (bzw. Tiere) dem insolvenzfreien Vermögen zugeordnet. Die Norm soll nur für Kleinselbstständige gelten (z.B. Schere der Frisörin, Chirurgenbesteck der Tierärztin).[16]

c) Forderungen

220 Forderungen sind unpfändbar, soweit sie nicht übertragbar sind (§ 36 Abs. 1 S. 1 InsO i.V.m. §§ 851 Abs. 1 ZPO, 399 BGB). An der Übertragbarkeit fehlt es, wenn die Abtretung eine Inhaltsänderung nach sich zieht (§ 399 Alt. 1 BGB). Dies ist insbesondere bei höchstpersönlichen und zweckgebundenen Ansprüchen der Fall. Dazu gehören Corona-Hilfen,[17] nicht aber die Energiepreispauschale[18] oder Ansprüche aus § 15 Abs. 2 AGG.[19]

221 Hinsichtlich der **Unpfändbarkeit** von Arbeitseinkommen und sonstigen Einkünften verweist § 36 Abs. 1 S. 2 InsO auf die Vorschriften der §§ 850, 850a, 850c, 850e, 850f Abs. 1, 850g bis 850k, 851c, 851d ZPO. Ist der Schuldner **Arbeitnehmer**, bestimmt sich der Umfang des unpfändbaren Arbeitseinkommens nach **§ 850c ZPO.** Das unpfändbare Arbeitseinkommen beträgt derzeit **1252,64 EUR** monatlich (§ 850c Abs. 1 Nr. 1 ZPO i.V.m. Pfändungsfreigrenzenbekanntmachung). Dieser Teil des Arbeitseinkommens unterliegt nicht der Einziehungsbefugnis des Insolvenzverwalters.[20] Zudem sind bestimmte Einkommensbestandteile nicht der Pfändung unterworfen (§ 850a ZPO). Dies gilt etwa für Treugelder, wie Jubiläumszuwendungen (§ 850a Nr. 2 ZPO), oder für Sonn- und Feiertagszuschläge (§ 850a Nr. 3 ZPO).[21] Sollte das unpfändbare Einkommen nicht ausreichen, weil der Schuldner besondere individuelle Bedürfnisse hat (z.B. wegen Krankheit) oder weil das Einkommen nicht den notwendigen Lebensunterhalt abdeckt, kann der Schuldner gem. § 850f Abs. 1 ZPO eine Erhöhung des Pfändungsfreibetrags beantragen.[22]

222 Hat der Schuldner ein Pfändungsschutzkonto (§ 850k ZPO), kann er gem. § 899 Abs. 1 S. 1 ZPO in Höhe des monatlichen Freibetrags (i.S.d. § 850c Abs. 1 ZPO) bis zum Ende des Kalendermonats frei verfügen (derzeit 1252,64 EUR). Die Guthabenbeträge sind unabhängig von ihrer Herkunft geschützt.[23] Der neu eingefügte § 36 Abs. 1 S. 3 InsO stellt klar, dass Verfügungen des Schuldners über das Guthaben nicht der Freigabe durch den Insolvenzverwalter bedürfen. In § 902 Nr. 1 bis 6 ZPO sind weitere Erhöhungsbeiträge aufgelistet, die von der Pfändung des Guthabens auf dem Pfändungsschutzkonto ausgenommen sind, wie z.B. Kindergeld.

---

16 Braun/*Bäuerle* InsO § 36 Rn. 34.
17 *LG Köln* NZI 2020, 494 Rn. 13; *BFH* NZI 2020, 801 Rn. 24 ff.
18 *AG Köln* NZI 2023, 28 Rn. 11; *AG Lüneburg* NZI 2023, 29 Rn. 8 (aber Freigabe gem. § 765a ZPO).
19 *BGH* NZI 2020, 839 Rn. 20.
20 Nerlich/Römermann/*Andres* InsO § 36 Rn. 35d.
21 *BGH* NZI 2022, 72 Rn. 64 f.; NZI 2018, 986 Rn. 8.
22 *BGH* NJW 2018, 954 Rn. 7; NZI 2018, 218 Rn. 20 ff.
23 *BGH* NZI 2019, 975 Rn. 18.

Die Einkünfte, die ein **selbstständiger Schuldner** nach Insolvenzeröffnung erzielt, gehören in vollem Umfang zur Insolvenzmasse.[24] Pfändungsschutz wird hier über die Norm des **§ 850i ZPO** gewährt. Die Pfändungsschutzvorschrift des § 850i Abs. 1 S. 1 ZPO erfasst sämtliche selbst erwirtschafteten Einkünfte des Schuldners, wozu Einkünfte aus selbstständiger Tätigkeit, Einnahmen aus Vermietung und Verpachtung oder aus Kapitalvermögen gehören.[25] Das Gericht hat dem Schuldner auf Antrag während eines angemessenen Zeitraums so viel zu belassen, wie ihm nach freier Schätzung aus einem laufenden Arbeits- oder Dienstverhältnis nach den Vorschriften der §§ 850c, 850e ZPO verbliebe.[26] Für die Entscheidung ist das *Insolvenzgericht* aufgrund seiner besonderen Sachnähe zuständig (§ 36 Abs. 4 S. 1 InsO).[27] 223

d) Streit über Massezugehörigkeit

Ist zwischen dem Schuldner und dem Insolvenzverwalter streitig, ob ein bestimmter Gegenstand zur Insolvenzmasse gehört, ist der Streit (mittels Feststellungsklage) vor dem *Prozessgericht*, nicht vor dem *Insolvenzgericht*, auszutragen.[28] Ist zwischen den Parteien hingegen streitig, ob der Gegenstand der Zwangsvollstreckung (§ 36 InsO) unterliegt, ist nach § 36 Abs. 4 InsO das *Insolvenzgericht* wegen der größeren Sachnähe zuständig. Es handelt funktional als *Vollstreckungsgericht*.[29] 224

3. Freigabe

Nicht zur Insolvenzmasse gehört Vermögen, das der Insolvenzverwalter „freigibt". Dieses **insolvenzfreie Vermögen** unterliegt der Verwaltungs- und Verfügungsbefugnis des Schuldners, nicht des Insolvenzverwalters. 225

a) Einzelne Vermögensgegenstände

Die „echte" Freigabe von Vermögensgegenständen ist in der InsO nur punktuell geregelt. Für Grundstücke ist diese Möglichkeit in § 32 Abs. 3 S. 1 InsO vorgesehen, für Prozesse in § 85 Abs. 2 InsO. Daneben ist die Freigabe einzelner Vermögensgegenstände allgemein anerkannt.[30] Sie wird dann genutzt, wenn die Kosten der Verwaltung erheblich größer als die zu erwartenden Einnahmen aus der Verwertung sind. Klassisches Beispiel ist die Zugehörigkeit eines bodenverseuchten Grundstücks zur Masse.[31] Mit der Freigabe durch den Insolvenzverwalter wird der Gegenstand zum **insolvenzfreien Vermögen**. Die Verwaltungs- und Verfügungsbefugnis fällt an den Schuldner zurück,[32] so dass er wieder für das Grundstück mit seinen Grundsteuern und Altlasten zuständig ist. Die vor Freigabe entstandenen Verbindlichkeiten bleiben Masseverbindlichkeiten.[33] 226

---

24 *BGH* NZI 2018, 275 Rn. 9.a

25 *BGH* NZI 2021, 923 Rn. 20; NZI 2020, 116 Rn. 5; NZI 2019, 975 Rn. 8; NZI 2019, 977 Rn. 5; NZI 2018, 326 Rn. 7.

26 *BGH* NZI 2021, 923 Rn. 19; NZI 2019, 975 Rn. 8; *LG Berlin* NZI 2022, 275 Rn. 3.

27 *BGH* NZI 2016, 457 Rn. 11; BeckOK InsR/*Kirchner* InsO § 36 Rn. 35.

28 *BGH* NZI 2016, 633 Rn. 8; NZI 2016, 607 Rn. 7; NZI 2012, 672 Rn. 6; NZI 2008, 244 Rn. 7.

29 Graf-Schlicker/*Kexel* InsO § 36 Rn. 36.

30 *BGH* NZI 2018, 708 Rn. 29; NZI 2017, 345 Rn. 8; NZI 2007, 407; *Haberzettl* NZI 2017, 474.

31 *BVerwG* NZI 2005, 51, 52 ff.; BeckOK InsR/*Kirchner* InsO § 35 Rn. 58.

32 *BGH* NZI 2017, 345 Rn. 8; NZI 2016, 484 Rn. 20.

33 *BGH* NZI 2016, 484 Rn. 20.

227 Umstritten ist, ob eine Freigabe möglich ist, wenn der Schuldner eine juristische Person ist, die mit der Insolvenz aufgelöst wird (z.B. § 60 Abs. 1 Nr. 4 GmbHG). Teils wird die Auffassung vertreten, dass es kein massefreies Vermögen geben darf und der Insolvenzverwalter die insolvente Gesellschaft vollständig abwickeln und die Löschung im Handelsregister (§ 394 FamFG) herbeiführen muss.[34] Diese „Einheitslösung" vermeidet ein Nebeneinander von insolvenzrechtlicher und gesellschaftsrechtlicher Abwicklung. Nach zutreffender Ansicht ist die Freigabe auch in der Gesellschaftsinsolvenz zulässig, da Hauptziel des Insolvenzverfahrens die bestmögliche Befriedigung der Gläubiger (§ 1 S. 1 InsO) ist, so dass der Insolvenzverwalter nicht gezwungen werden kann, masseschmälernde Vermögensgegenstände zu behalten.[35] Das freigegebene Objekt ist in einem separaten gesellschaftsrechtlichen Liquidationsverfahren zu verwerten. Bewegliche Gegenstände, an denen ein Aussonderungsrecht besteht, können ebenfalls „freigegeben" werden. Diese Erklärung ist rein deklaratorisch und wird als „unechte" Freigabe bezeichnet.[36]

b) Selbstständige Tätigkeit

228 Einen besonderen Fall stellt die Freigabe der selbstständigen Tätigkeit des Schuldners dar (§ 35 Abs. 2 bis 4 InsO). Ist der Schuldner eine natürliche Person, kann der Insolvenzverwalter nach § 35 Abs. 2 S. 1 InsO die gesamte gewerbliche oder freiberufliche Tätigkeit des Schuldners freigeben und unwiderruflich auf seine Verwaltungs- und Verfügungsbefugnis verzichten. Das wird sinnvoll sein, wenn die selbstständige Tätigkeit nur verlustbringend ist, so dass das Entstehen von Masseverbindlichkeiten (§ 55 Abs. 1 Nr. 1 InsO) durch die Freigabe gestoppt werden kann. Dem Schuldner wiederum wird durch die Freigabe bereits während des Insolvenzverfahrens der Aufbau einer neuen wirtschaftlichen Existenz (Art. 2 Abs. 1 GG) ermöglicht.[37]

229 Der Schuldner muss den Verwalter zunächst darüber informiert, ob er seine selbstständige Tätigkeit fortführen will (§ 35 Abs. 3 S. 1 InsO). Solange er Geschäfte ohne Wissen des Verwalters tätigt, werden keine Masseverbindlichkeiten begründet.[38] Der Insolvenzverwalter ist verpflichtet, sich zum Freigabewunsch zu erklären (§ 35 Abs. 2 S. 1 InsO).[39] Dem Schuldner steht sogar ein (einklagbarer) Anspruch auf Abgabe der Erklärung zu (§ 35 Abs. 3 S. 2 InsO). Es gibt zwei Entscheidungsoptionen. Der Insolvenzverwalter kann entweder erklären, dass die Einkünfte aus der selbstständigen Tätigkeit weiterhin in die Insolvenzmasse fallen **(Positiverklärung)** oder dass sie freigegeben werden **(Negativerklärung)**. Die Erklärung muss unverzüglich, spätestens innerhalb eines Monats erfolgen. Sie ist gegenüber dem Gericht anzuzeigen (§ 35 Abs. 4 S. 1 InsO).

230 Die Freigabe wird mit dem Zugang der Erklärung gegenüber dem Schuldner wirksam (ex nunc).[40] Sie bewirkt, dass die pfändbaren Vermögensgegenstände des Schuldners, die zu seiner selbstständigen Tätigkeit gehören, sowie die entsprechenden Vertragsverhältnisse von der Masse auf den Schuldner übergeleitet werden.[41] Es entsteht ein insolvenzfreies Sonder-

34 *OLG Karlsruhe* BeckRS 2003, 08267; *K. Schmidt* NJW 2010, 1489, 1493.
35 *BGH* NZI 2007, 173, 174; NJW 2005, 2015, 2016; *Haberzettl* NZI 2017, 474, 476.
36 Braun/*Bäuerle* InsO § 35 Rn. 19.
37 Vgl. *BGH* NJW 2019, 2156 Rn. 42.
38 *BFH* NZI 2020, 184 Rn. 16 ff.
39 *BFH* NZI 2020, 184 Rn. 16.
40 *BGH* NZI 2019, 374 Rn. 23; *BayOblG* NZI 2022, 142 Rn. 25; *BFH* NZI 2020, 626 Rn. 23.
41 *BGH* NZI 2019, 374 Rn. 20, 27 f.; *BayObIG* NZI 2022, 142 Rn. 26; Braun/*Bäuerle* InsO § 35 Rn. 67.

vermögen, das der ausschließlichen Verwaltungs- und Verfügungsbefugnis des Schuldners unterliegt.[42] Damit gibt es zwei getrennte Haftungsmassen. Die Einkünfte, die der Schuldner nach der Freigabe erzielt, sind nicht mehr massezugehörig (sog. Neuerwerb) und stehen nur noch den Neugläubigern zu.[43] Zum Neuerwerb gehören auch Vergütungsforderungen, die der Schuldner vor Verfahrenseröffnung im Voraus an einen Dritten abgetreten hat, da § 91 InsO nach der Freigabe keine Geltung mehr hat.[44] Die Freigabe beendet das Entstehen von Masseverbindlichkeiten i.S.d. § 55 InsO. Vertragliche Ansprüche, die aus der weitergeführten Tätigkeit resultieren, z.B. aus fortbestehenden Miet- und Arbeitsverträgen, muss der Schuldner ab Zugang der Freigabeerklärung selbst bezahlen.[45] Dagegen bleiben die **vor** der Freigabe entstandenen Verbindlichkeiten Masseverbindlichkeiten und die **vor** Freigabe erzielten Einkünfte massezugehörig.[46]

In § 35 Abs. 2 S. 2 InsO wird auf § 295a InsO verwiesen, der dem Schuldner Zahlungspflichten auferlegt. **231** Danach muss der Schuldner bereits während des Insolvenzverfahrens so viel an die Masse zahlen, wie wenn er ein angemessenes Dienstverhältnis eingegangen wäre (= fiktives Nettoeinkommen). Die Zahlungen sind im Kalenderjahresturnus zu leisten. Das „Gericht", gemeint ist das *Insolvenzgericht*, nicht das *Prozessgericht*, setzt den Betrag auf Antrag des Selbstständigen fest (§ 35 Abs. 1 S. 2 i.V.m. § 295a Abs. 2 InsO).[47] § 35 Abs. 2 S. 2 InsO stellt eine echte Anspruchsgrundlage dar, so dass der Verwalter die Beträge vom Schuldner einklagen kann.[48]

II. Übergang der Verwaltungs- und Verfügungsbefugnis auf den Insolvenzverwalter

1. Verfügungsbefugnis

§ 80 Abs. 1 InsO ist eine der wichtigsten Schlüsselnormen im Insolvenzverfahren. Zum Schutz **232** der Insolvenzmasse ordnet die Vorschrift an, dass das Recht des Schuldners, das zur Insolvenzmasse gehörende Vermögen zu verwalten und über es zu verfügen, auf den Insolvenzverwalter übergeht.[49] Der Schuldner bleibt zwar formal Eigentümer der Massegegenstände, verliert aber sämtliche Einwirkungsmöglichkeiten.[50] Verfügungen des Schuldners, die er nach Eröffnung des Insolvenzverfahrens über Massegegenstände trifft, sind nach § 81 Abs. 1 S. 1 InsO gegenüber jedermann unwirksam. Von § 80 Abs. 1 InsO ist auch der Übergang der Prozessführungsbefugnis auf den Insolvenzverwalter erfasst.[51]

JURIQ-Klausurtipp

Die Norm des § 80 Abs. 1 InsO bewirkt, dass der Insolvenzverwalter während des gesamten Insolvenzverfahrens faktisch und rechtlich in die Rechtsstellung des Schuldners einrückt.

42 *BGH* NZI 2022, 118 Rn. 16; NZI 2019, 745 Rn. 44 ff.; *BFH* NZI 2020, 626 Rn. 24.
43 *BGH* NZI 2022, 118 Rn. 16; NZI 2019, 374 Rn. 19, 24; NJW 2019, 2156 Rn. 47; *BFH* NZI 2020, 626 Rn. 24.
44 *BGH* NZI 2019, 745 Rn. 35 ff.
45 *BGH* NJW 2012, 1361, 1362 ff.; *BayObIG* NZI 2022, 142 Rn. 25.
46 *BGH* NZI 2019, 374 Rn. 21, 25 ff.; NJW 2019, 2156 Rn. 46 ff.
47 BeckOK InsR/*Kirchner* InsO § 35 Rn. 75; offengelassen *BGH* NZI 2022, 118 Rn. 16.
48 BeckOK InsR/*Riedel* InsO § 295a Rn. 7; *Piper* NZI 2022, 964, 968.
49 *BGH* NZI 2021, 440 Rn. 17.
50 *BGH* NZI 2018, 601 Rn. 47; MüKoInsO/*Vuia* InsO § 80 Rn. 6.
51 *BGH* NZI 2013, 641 Rn. 11; *BayObIG* NZI 2022, 142 Rn. 19.

2. Verwaltungsaufgaben und Befugnisse

a) Inbesitznahme der Insolvenzmasse

233 Die Aufgaben des Insolvenzverwalters ergeben sich zum Teil aus der Grundnorm des § 80 Abs. 1 InsO, zum Teil sind seine Aufgaben verstreut in der InsO geregelt. Nach § 148 InsO hat der Insolvenzverwalter sofort die gesamte Insolvenzmasse in Besitz und Verwaltung zu nehmen (§ 148 InsO).[52] Gibt der Schuldner die zur Insolvenzmasse gehörenden Gegenstände nicht freiwillig heraus, kann der Verwalter gegen ihn die Herausgabevollstreckung nach §§ 883, 885 ZPO betreiben. Die vollstreckbare Ausfertigung des Eröffnungsbeschlusses stellt einen Herausgabetitel i.S.d. § 794 Abs. 1 Nr. 3 ZPO dar (§ 148 Abs. 2 S. 1 InsO).[53] Nach dem Berichtstermin ist der Verwalter verpflichtet, die gesamte in Besitz genommene Insolvenzmasse „zu Geld zu machen", d.h. bestmöglich zu verwerten (§ 159 InsO).[54] Die Durchführung der Verwertung erfolgt auf Grund der ihm gem. § 80 Abs. 1 InsO zustehenden Verfügungsbefugnis.

b) Erstellen der Verzeichnisse

234 Eine wichtige Aufgabe ist die Dokumentation des Schuldnervermögens sowie aller Verbindlichkeiten. Nach Inbesitznahme der Masse hat der Verwalter ein Masseverzeichnis aufzustellen und jeden Gegenstand zu bewerten (§ 151 Abs. 1, 2 InsO). Ist offen, ob es zur Liquidation oder Unternehmensfortführung kommt, sind Liquidations- und Going-Concern-Werte anzugeben (§ 151 Abs. 2 S. 2 InsO). Notfalls kann ein Sachverständiger hinzugezogen werden (§ 151 Abs. 2 S. 3 InsO). Der Verwalter muss ein Vermögensverzeichnis aufstellen, in dem er die bewerteten Massegegenstände den Verbindlichkeiten gegenüberstellt (§ 153 Abs. 1 S. 1 InsO). Zudem muss er ein Gläubigerverzeichnis erstellen (§ 152 InsO). Anzugeben sind die Insolvenzgläubiger, die absonderungsberechtigten Gläubiger sowie die nachrangigen Gläubiger. Die Masseverbindlichkeiten sind zu schätzen. Sämtliche Verzeichnisse sind spätestens eine Woche vor dem Berichtstermin in der Geschäftsstelle des *Insolvenzgerichts* zur Einsicht niederzulegen (§ 154 InsO).

c) Schuldnerbezogene Aufgaben

235 Mit dem Übergang der Verwaltungs- und Verfügungsbefugnis (§ 80 Abs. 1 InsO) rückt der Insolvenzverwalter in die **Arbeitgeberstellung** ein.[55] Nach § 34 Abs. 3 InsO hat der Insolvenzverwalter alle **steuerlichen Pflichten** des Schuldners so weit wahrzunehmen, wie die Insolvenzverwaltung reicht.[56] Er hat die internen (§§ 66 ff. InsO) und externen **Rechnungslegungspflichten** (§ 155 InsO) zu erfüllen. Mit Eröffnung des Insolvenzverfahrens beginnt ein neues Geschäftsjahr (§ 155 Abs. 2 InsO), so dass eine Eröffnungsbilanz zu erstellen ist. Der Insolvenzverwalter kann aus Praktikabilitätserwägungen in den alten, in der Satzung bestimmten Geschäftsjahresrhythmus zurückkehren; dies muss er gegenüber dem *Registergericht* erklären.[57]

---

52 *BGH* NZI 2016, 365 Rn. 16; NZI 2016, 892 Rn. 8.

53 *BGH* NZI 2022, 814, Rn. 8 ff.; NZI 2022, 519 Rn. 13; NZI 2022, 118 Rn. 19; NZI 2012, 666, 667.

54 *BGH* NZI 2016, 773 Rn. 23.

55 Braun/*Kroth* InsO § 80 Rn. 26; Uhlenbruck/*Mock* InsO § 80 Rn. 146.

56 MüKoInsO/*Vuia* § 80 Rn. 131.

57 *BGH* NZI 2017, 630 Rn. 10; NZI 2015, 135, 136.; *KG* NZI 2019, 823 Rn. 14.

d) Gläubigerbezogene Aufgaben

Der Insolvenzverwalter hat die Aufgabe, die Forderungsanmeldung zu managen (§§ 174 ff. InsO).[58] Er muss die Insolvenztabelle führen und die von den Gläubigern angemeldeten Forderungen eintragen. Er ist verpflichtet, ein elektronisches Gläubigerinformationssystem für die anmeldenden Gläubiger vorzuhalten, zumindest im Fall von Großunternehmen, d.h. bei Erfüllen der Kriterien des § 22a InsO (§ 5 Abs. 5 S. 1, 2 InsO).[59] Über das Informationssystem müssen alle Entscheidungen des *Insolvenzgerichts*, alle Berichte sowie alle Informationen zu der angemeldeten Forderung abrufbar sein. Den Einsichtsberechtigten sind die Zugangsdaten unverzüglich zur Verfügung zu stellen (§ 5 Abs. 5 S. 3 InsO). Aus der Insolvenztabelle muss der Insolvenzverwalter ein Verteilungsverzeichnis erstellen (§ 188 InsO), das Grundlage für die Befriedigung der Insolvenzgläubiger ist. Er muss die Massegläubiger vorweg befriedigen (§ 53 InsO) und die Rechte der Aussonderungsberechtigten (§ 47 InsO) beachten. Zudem ist er für die Verwertung der Absonderungsrechte (§§ 49 ff. InsO) zuständig. 236

3. Insolvenzzweckwidrige Rechtshandlungen

Der Insolvenzverwalter kann von seiner Verfügungsbefugnis nach § 80 Abs. 1 InsO grundsätzlich freien Gebrauch machen.[60] Ihm steht aufgrund der schwierigen und vielfältigen Aufgaben ein weiter Ermessensspielraum zu.[61] Er kann Gegenstände aus der Masse freigeben, auf die Geltendmachung von Ersatzansprüchen verzichten oder sich vergleichen.[62] Seine Rechtsmacht ist allerdings durch den Insolvenzzweck (§ 1 S. 1 InsO) begrenzt. Insolvenzzweckwidrige Rechtshandlungen, die der gleichmäßigen Gläubigerbefriedigung eindeutig und klar zuwiderlaufen, sind unwirksam und verpflichten die Masse nicht.[63] Dies muss für einen objektiven Beobachter ohne weiteres ersichtlich und evident sein. Dazu gehören beispielsweise Schenkungen aus der Masse, die Anerkennung eines nicht bestehenden Aus- oder Absonderungsrechts oder die entgeltliche Ablösung einer wertlosen Grundschuld. Nur unzweckmäßige Verfügungen sind hingegen wirksam.[64] Derartige Handlungen können aber zu einer Haftung nach § 60 InsO führen. 237

III. Verfügungsbeschränkungen

1. Verfügungen des Schuldners

Mit dem Übergang der Verfügungsbefugnis auf den Insolvenzverwalter (§ 80 Abs. 1 InsO) wird der Schuldner zum „Nichtberechtigten".[65] In § 81 Abs. 1 InsO ist angeordnet, dass Verfügungen, die der Schuldner nach Verfahrenseröffnung über einen Massegegenstand trifft, **absolut unwirksam** sind.[66] Erfasst sind alle dinglichen Rechtsgeschäfte; d.h. die Übereignung von beweglichen (§ 929 BGB) und unbeweglichen Sachen (§§ 873 Abs. 1, 925 BGB), die 238

58 *BGH* NZI 2016, 352 Rn. 22.
59 Zur alten Rechtslage: *BGH* NZI 2016, 802 Rn. 15, 20.
60 *Bork* Insolvenzrecht Rn. 152.
61 *BGH* NZI 2021, 637 Rn. 23; NZI 2018, 708 Rn. 13.
62 *BGH* NZI 2018, 708 Rn. 29.
63 *BGH* NZI 2021, 637 Rn. 23; NZI 2020, 671 Rn. 38; NJW 2019, 3578 Rn. 11; NZI 2018, 708 Rn. 13.
64 *BGH* NZI 2021, 637 Rn. 23; NZI 2018, 708 Rn. 13.
65 *Becker* Insolvenzrecht § 3 Rn. 33.
66 *BGH* NJW 2015, 341, 343 f.

Abtretung von Forderungen (§ 398 BGB) oder die Bestellung einer Hypothek (§ 1113 BGB). Zum Schutz der Insolvenzmasse wird der Verfügungsbegriff weit verstanden. Als Verfügungen sind auch Prozesshandlungen mit verfügendem Charakter, wie z.B. Anerkenntnis (§ 307 ZPO) oder Verzicht (§ 306 ZPO), anzusehen. Realakte (z.B. Vermischung) und Verpflichtungsgeschäfte sind nicht von § 81 InsO erfasst.[67]

Beispiel Gloria (G), Geschäftsführerin der MODEHAUS GmbH, verkauft und übereignet einen Tag nach Insolvenzeröffnung ein T-Shirt aus der neuesten Kollektion an ihre Freundin Fanny (F). Der Insolvenzverwalter kann von (F) Herausgabe des T-Shirts an die Masse verlangen (§§ 985 BGB, 80 Abs. 1 InsO), da die Verfügung von (G) nach § 81 Abs. 1 InsO absolut unwirksam ist. (F) konnte das T-Shirt auch nicht gutgläubig erwerben, da ein gutgläubiger Erwerb nach § 81 Abs. 1 S. 2 InsO nur bei Grundstücken möglich ist. (F) erhält den gezahlten Kaufpreis zurück (§ 81 Abs. 1 S. 3 InsO). Alternativ kann der Insolvenzverwalter analog § 185 Abs. 2 S. 1 BGB die Verfügung genehmigen und den Kaufpreis in der Masse behalten. ■

Ist der Schuldner eine natürliche Person und tritt er künftige Forderungen aus Dienstverhältnissen **nach** Insolvenzeröffnung an einen Dritten ab, ist § 81 Abs. 2 InsO einschlägig, der auf § 81 Abs. 1 InsO verweist. Die Abtretung des künftigen Arbeitseinkommens, auch für die Zeit nach Beendigung des Insolvenzverfahrens, ist absolut unwirksam.[68] Hat der Schuldner seine Vergütungsforderungen bereits **vor** Insolvenzeröffnung abgetreten, gilt § 91 InsO, da die Forderung erst nach Eröffnung entsteht (der rechtliche Erfolg tritt erst nach der Eröffnung ein). Für Leistungen von Drittschuldnern an den Schuldner ist nicht § 81 Abs. 1 InsO, sondern vorrangig § 82 InsO anzuwenden.[69]

239 Bei unbeweglichen Sachen (nicht beweglichen Sachen) besteht trotz Insolvenzeröffnung die Möglichkeit eines gutgläubigen Erwerbs (§§ 81 Abs. 1 S. 2 InsO, 892, 893 BGB). Gegen die Gutgläubigkeit von potenziellen Erwerbern hilft der Insolvenzvermerk im Grundbuch (§ 32 InsO i.V.m. § 892 Abs. 1 S. 2 BGB), der zu einer Grundbuchsperre führt. Folge ist, dass Eintragungsanträge nicht mehr bearbeitet werden dürfen.

2. Leistungen an den Schuldner

240 Für Leistungen von Dritten an die Masse ist der Insolvenzverwalter nach § 80 Abs. 1 InsO empfangszuständig. Hat die MODEHAUS GmbH noch offene Kundenforderungen, müssen die Kunden an den Insolvenzverwalter leisten. Die Norm des § 82 S. 1 InsO (lex specialis zu § 81 InsO) beinhaltet einen Gutglaubensschutz für Leistungen an den nicht (mehr) empfangszuständigen Schuldner.[70] Leistet der Drittschuldner an den Schuldner (statt an den Insolvenzverwalter), wird er von seiner Verbindlichkeit befreit, wenn er die Insolvenzeröffnung zur Zeit der Leistung nicht kannte. Eine zeitliche Zäsur bildet die Bekanntmachung des Eröffnungsbeschlusses im Internet gem. § 9 InsO (www.insolvenzbekanntmachungen.de), die am Tag der Verfahrenseröffnung erfolgt. Ab diesem Zeitpunkt wird die positive Kenntnis des Leistenden vermutet (§ 82 S. 2 InsO). Der Leistende kann die Vermutung widerlegen. Insbesondere Betriebe mit großem Zahlungsverkehr

67 *BGH* NZI 2018, 601 Rn. 41; *Jauernig/Berger/Thole* Insolvenzrecht § 17 Rn. 6 f.
68 *Becker* Insolvenzrecht § 3 Rn. 63; kritisch *Lüke* in: Kübler/Prütting/Bork InsO § 81 Rn. 27 ff.
69 *BGH* NZI 2018, 601 Rn. 59.
70 *BGH* NZI 2018, 601 Rn. 39; HambKomm-InsR/*Kuleisa* InsO § 82 Rn. 1.

(Banken, Versicherungen) müssen sich nicht automatisch die Kenntnis ihrer (untergeordneten) Mitarbeiter zurechnen lassen.[71] Jedoch muss durch organisatorische Maßnahmen ein Informationsaustausch zwischen Führungsebene und Mitarbeitern, die Zugriff auf die Informationen haben, sichergestellt werden.[72] Wird das versäumt, kann sich der Leistende nicht auf Gutgläubigkeit berufen.

3. Sonstiger Rechtserwerb vom Schuldner

Ein Auffangtatbestand ist in § 91 InsO enthalten. [73] Danach kann jeder Rechtserwerb, der 241
nicht von §§ 81, 89, 90 InsO erfasst ist, unwirksam sein. Die Norm gilt nur im eröffneten Verfahren.[74] § 91 InsO erfasst vor allem gestreckte Verfügungen, die vor Insolvenzeröffnung eingeleitet und danach ohne Zutun des Schuldners vollendet werden.[75]

Beispiel Die MODEHAUS GmbH übersendet noch vor Insolvenzeröffnung das von Stammkundin Sara (S) bestellte Abendkleid. Das Abendkleid kommt erst nach Verfahrenseröffnung bei (S) an. Zwar ist die Einigung (§ 929 Abs. 1 BGB) vor Insolvenzeröffnung erfolgt, die Übergabe aber erst danach. Das ist ein Fall des § 91 InsO. Der Rechtserwerb von (S) ist unwirksam. Hat (S) den Kaufpreis bereits vor Insolvenzeröffnung bezahlt, ist sie einfache Insolvenzgläubigerin (§ 38 InsO). ■

Auch die Abtretung künftiger Forderungen **vor** Insolvenzeröffnung fällt unter § 91 InsO. Grund ist, dass die Verfügung mit Abschluss des Abtretungsvertrags (also vor Eröffnung) beendet ist, so dass kein Fall des § 81 Abs. 1 InsO vorliegt. Entsteht die Forderung später (nach Eröffnung), kann der Zessionar wegen § 91 Abs. 1 InsO kein Forderungsrecht erwerben.[76] Erst mit Beendigung des Insolvenzverfahrens kann der Zessionar von der Vorausabtretung wieder Gebrauch machen (dann gilt § 91 InsO nicht mehr). Von § 91 InsO wird auch die Valutierung einer bereits bestellten Grundschuld erfasst.[77] Ein weiterer Anwendungsfall sind Verfügungen des Schuldners über Grundstücke oder dingliche Rechte an Grundstücken vor Verfahrenseröffnung. Allerdings ist hier ein rechtswirksamer Erwerb über § 91 Abs. 2 InsO i.V.m. §§ 878, 892, 893 BGB möglich.[78]

---

71 *BGH* NZI 2010, 480, 481 f.; abw. *BFH* NZI 2016, 44 Rn. 15 ff. (Finanzamt).
72 *BGH* NZI 2006, 175, 176; Braun/*Kroth* InsO § 82 Rn. 9.
73 *BGH* NZI 2021, 826 Rn. 9; *Foerste* Insolvenzrecht Rn. 212.
74 *BGH* NZI 2018, 601 Rn. 49; NZI 2012, 614 Rn. 6.
75 Vgl. *Foerste* Insolvenzrecht Rn. 213 f. (auch zum gutgläubigen Erwerb bei Grundstücken).
76 Vgl. *BGH* NZI 2019, 745 Rn. 35 ff.; *OLG Düsseldorf* NZI 2019, 241, 242.
77 *BGH* NZI 2018, 601 Rn. 31 ff.
78 Beispiele bei *Becker* Insolvenzrecht § 3 Rn. 42 (Fall 10); *Foerste* Insolvenzrecht Rn. 214 (Fall 2).

IV. Vollstreckungsverbot und Rückschlagsperre

1. Verbot von Einzelvollstreckungsmaßnahmen

242

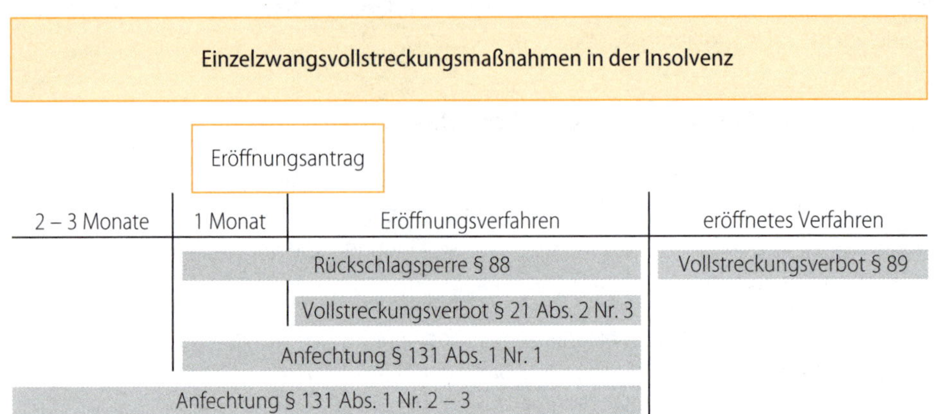

Ziel des Insolvenzverfahrens ist es, die Gläubiger gemeinschaftlich zu befriedigen (§ 1 S. 1 InsO). Dieses Ziel lässt sich nur erreichen, wenn ausgeschlossen ist, dass einzelne Insolvenzgläubiger über die Einzelzwangsvollstreckung (mit ihrem Prioritätsprinzip) auf das Schuldnervermögen zugreifen. Daher ordnet § 89 Abs. 1 InsO an, dass Vollstreckungsmaßnahmen einzelner Insolvenzgläubiger ab Verfahrenseröffnung unzulässig sind (sog. **Vollstreckungsverbot**).[79] Erfasst sind sämtliche Vollstreckungsmaßnahmen, d.h. die Vollstreckung in körperliche Sachen (§ 808 ZPO), in Forderungen (§§ 828 ff. ZPO), die Eintragung einer Zwangshypothek im Grundbuch (§§ 866, 867 ZPO) sowie das Verfahren zur Abgabe der eidesstattlichen Versicherung (§§ 802c ff. ZPO).

243 Wird gegen § 89 Abs. 1 InsO verstoßen, ist die Pfändung nicht nichtig, sondern es entsteht lediglich kein Pfändungspfandrecht. Pfändet der Gerichtsvollzieher nach Verfahrenseröffnung für Gläubigerin Greta die Schaufensterdekoration der MODEHAUS GmbH, erlangt Greta kein Pfändungspfandrecht. Da die Pfändung unter Verstoß gegen § 89 Abs. 1 InsO nach h.M. nicht nichtig ist, tritt Verstrickung ein, die bis zur förmlichen Aufhebung fortbesteht.[80] Wurde eine (künftige) Forderung des Schuldners nach Verfahrenseröffnung gepfändet (z.B. das künftige Bankguthaben), folgt daraus, dass der Drittschuldner die Auszahlung des gepfändeten Betrags an den Insolvenzverwalter, die ohne Verstrickungsbruch nicht möglich wäre, verweigern kann.[81] Der Insolvenzverwalter muss ggfs. Erinnerung (§ 766 ZPO) einlegen, um die Aufhebung der Verstrickung zu erreichen. Zuständig ist das *Insolvenzgericht* (§ 89 Abs. 3 InsO), nicht das *Vollstreckungsgericht*. Nach der Rechtsprechung des *BGH* stehen für die Beseitigung der Verstrickung zwei Optionen zur Verfügung. Das Vollstreckungsorgan kann die Vollstreckungsmaßnahme entweder aufheben oder die (vorläufige) Aussetzung der Vollziehung, die allerdings keine gesetzliche Grundlage im 8. Buch der ZPO hat, anordnen.[82] Nach Ansicht des *BGH* ist die Aussetzung der Vollziehung zur Wahrung der Rechte des Vollstreckungsgläubigers (Art. 14 Abs. 1 GG) vorrangig. Während bei der Aussetzung der Vollziehung das (unwirksame) Pfändungspfandrecht nach Beendi-

79 *BGH* NZI 2012, 560.
80 *BGH* NZI 2021, 489 Rn. 9; NZI 2017, 892 Rn. 10, 15; Braun/*Kroth* InsO § 89 Rn. 14.
81 *BGH* NZI 2017, 892 Rn. 14; BeckOK InsR/*Cymutta* InsO § 89 Rn. 28.
82 *BGH* NZI 2021, 489 Rn. 10 ff.; NZI 2017, 892 Rn. 14 ff.

gung des Insolvenzverfahrens rangwahrend wieder auflebt (Heilung ex nunc),[83] ist das Gläubigerrecht bei Aufhebung der Verstrickung endgültig verloren; der Gläubiger müsste erneut die Pfändung der (künftigen) Forderung beantragen.

Vollstreckungsmaßnahmen der aussonderungsberechtigten Gläubiger (§ 47 InsO), insbesondere die Herausgabevollstreckung (§ 883 ZPO), bleiben zulässig. Gläubiger, die ein Absonderungsrecht an einem Grundstück haben (§ 49 InsO), können nach Maßgabe des ZVG die Zwangsversteigerung oder die Zwangsverwaltung betreiben. Auch Massegläubiger (§ 53 InsO) können grundsätzlich in das Schuldnervermögen vollstrecken, wobei die Vollstreckung in das künftige Arbeitseinkommen des Schuldners unzulässig ist (§ 89 Abs. 2 S. 1 InsO). Die laufenden Mittel (der Neuerwerb) sollen allen Gläubigern zur Verfügung stehen. Zudem gibt es zeitliche Einschränkungen. In den ersten sechs Monaten ab Insolvenzeröffnung unterliegen Masseverbindlichkeiten, die nicht durch eine Rechtshandlung des Verwalters entstanden sind (sog. oktroyierte Masseverbindlichkeiten), einem Vollstreckungsverbot (§ 90 Abs. 1 InsO), wie die nach Eröffnung entstandenen Lohnansprüche der Arbeitnehmer (§ 55 Abs. 1 Nr. 2 Alt. 2 InsO).[84] Die anderen Massegläubiger (z.B. Stromanbieter, Lieferanten) können dagegen sofort in die Masse vollstrecken (sog. gewillkürte Masseverbindlichkeiten). Sie sind besonders schutzwürdig, da ihre Forderungen auf einem aktiven Verwalterhandeln beruhen. **244**

2. Rückschlagsperre

Hat ein Gläubiger bereits vor Verfahrenseröffnung ein Pfändungspfandrecht im Wege der Zwangsvollstreckung erlangt, ordnet § 80 Abs. 2 S. 2 InsO an, dass die Vorschriften über die Wirkung einer Pfändung unberührt bleiben. Das Pfändungspfandrecht würde dem Gläubiger demnach ein Recht auf abgesonderte Befriedigung gewähren (§ 50 Abs. 1 InsO). Allerdings sieht § 88 Abs. 1 InsO eine **Rückschlagsperre** vor. Nach § 88 Abs. 1 InsO wird eine durch Vollstreckung erlangte **Sicherung** unwirksam, die ein Gläubiger **im letzten Monat vor** dem Eröffnungsantrag oder danach durch Zwangsvollstreckung erlangt hat. Bei einem vorausgegangenen Restrukturierungsverfahren verlängert sich der Monatszeitraum nach § 91 StaRUG um den Zeitraum der Rechtshängigkeit der Restrukturierungssache.[85] In Verbraucherinsolvenzverfahren beträgt die Sperrfrist **drei Monate** (§ 88 Abs. 2 InsO). **245**

Mit **„Sicherung"** ist das Pfändungspfandrecht gemeint. Wird es im Zeitraum der Rückschlagsperre erlangt, wird es mit Eröffnung des Verfahrens absolut (schwebend) unwirksam. Die Verstrickung bleibt bestehen.[86] Im Fall der Forderungspfändung kann der Drittschuldner daher bis zur förmlichen Aufhebung der Verstrickung das Zahlungsverlangen des Insolvenzverwalters zurückweisen. Die Beseitigung der Verstrickung kann von Amts wegen oder auf Antrag des Insolvenzverwalters erfolgen. Ähnlich wie bei § 89 InsO kann das Vollstreckungsorgan zwischen zwei Methoden wählen. Es kann entweder die Verstrickung aufheben oder die Aussetzung der Vollziehung anordnen.[87] Da die Rückschlagsperre in das verfassungsrechtlich geschützte Eigentumsrecht des Gläubigers eingreift (Art. 14 Abs. 1 GG), ist die Aussetzung der Vollziehung als milderes Mittel vorrangig. Wird die Vollziehung ausgesetzt, lebt die Sicherung des Gläubigers (rangwahrend) ex iure wieder auf, sobald der betroffene **246**

83 Vgl. BeckOK InsR/*Cymutta* InsO § 89 Rn. 29; MüKoInsO/*Breuer/Flöther* InsO § 89 Rn. 61.

84 BeckOK InsR/*Cymutta* InsO § 90 Rn. 4.

85 Graf-Schlicker/*Breitenbücher* InsO § 88 Rn. 7.

86 *BGH* NZI 2021, 489 Rn. 8; NZI 2021, 125 Rn. 10f.; NZI 2017, 892 Rn. 14; *Bast/Becker* NZI 2021, 481 f.

87 *BGH* NZI 2017, 892 Rn. 14.

Gegenstand vom Insolvenzverwalter freigegeben oder das Insolvenzverfahren ohne Verwertung des Gegenstandes wieder aufgehoben wird.[88] Einer erneuten Vornahme der Pfändung bedarf es nicht.

247 Die Rückschlagsperre des § 88 InsO gilt nicht, wenn der Gläubiger bereits die **Befriedigung** seiner Forderung erlangt hat.[89] Das ist der Fall, wenn Gerichtsvollzieher im Zeitraum der Rückschlagsperre den Erlös aushändigt oder der Drittschuldner auf die gepfändete Forderung zahlt. Allerdings können Vollstreckungsmaßnahmen, die zwischen zwei und drei Monaten vor dem Eröffnungsantrag erfolgt sind, vom Insolvenzverwalter nach §§ 129 ff. InsO angefochten werden.

V. Aufrechnung

1. Grundlagen

248 Die §§ 94 bis 96 InsO befassen sich mit der Aufrechnung im Insolvenzverfahren. Hier ist geregelt, ob ein Insolvenzgläubiger auch noch **nach** Verfahrenseröffnung aufrechnen kann. Als Grundregel gilt, dass eine bei Verfahrenseröffnung bestehende Aufrechnungsbefugnis erhalten bleibt (§ 94 InsO). Damit wird an die BGB-Normen angeknüpft. Die Aufrechnungsbefugnis setzt das Vorliegen einer Aufrechnungslage (§ 387 BGB) voraus, d.h. Gegenseitigkeit, Gleichartigkeit, Fälligkeit und Durchsetzbarkeit der Gegenforderung (= Forderung des Insolvenzgläubigers gegen den Schuldner) sowie Erfüllbarkeit der Hauptforderung (= Forderung des Schuldners gegen den Insolvenzgläubiger). Die Aufrechnung setzt außerdem voraus, dass keine vertraglichen oder gesetzlichen Aufrechnungsverbote (z.B. §§ 393, 394, 395 BGB, 19 Abs. 2 S. 2 GmbHG, 66 Abs. 1 S. 2 AktG) bestehen. Zudem muss die Aufrechnung erklärt werden (§ 388 BGB). Folge der Aufrechnung ist, dass die Forderungen, soweit sie sich decken, erlöschen (§ 389 BGB = Erfüllungssurrogat).

JURIQ-Klausurtipp

Die §§ 94 bis 96 InsO knüpfen an die Aufrechnungsvorschriften des BGB an. Wiederholen Sie in diesem Zusammenhang die Voraussetzungen einer Aufrechnung nach den §§ 387 bis 396 BGB.

2. Aufrechnungslage vor Verfahrenseröffnung

249 § 94 InsO enthält den Grundsatz, dass ein Insolvenzgläubiger zur Aufrechnung berechtigt bleibt, sofern die Aufrechnungslage bereits **vor** Verfahrenseröffnung bestanden hat. Der Gläubiger muss seine Forderung nicht zur Tabelle anmelden. Er kann sich durch Aufrechnungserklärung gegenüber dem Insolvenzverwalter, der nach § 80 Abs. 1 InsO Erklärungsempfänger ist, „befriedigen".[90] Grund ist der Vertrauensschutz in eine **bestehende** Aufrechnungslage. Die Aufrechnung ist allerdings ausgeschlossen, wenn der Gläubiger die Möglichkeit der Aufrechnung durch eine anfechtbare Handlung („in Kenntnis der Zahlungsunfähigkeit des Schuldners") erlangt hat (§ 96 Abs. 1 Nr. 3 InsO).

---

88 *BGH* NZI 2021, 125 Rn. 12; Graf-Schlicker/*Breitenbücher* InsO § 88 Rn. 16 f.

89 *OLG Frankfurt* NZI 2002, 491, 492; *Jauernig/Berger/Thole* Insolvenzrecht § 23 Rn. 1.

90 Vgl. *Bork* Insolvenzrecht Rn. 312.

Beispiel für § 94 InsO Schreiner Simon (S) hat der MODEHAUS GmbH im März ein neues Regal geliefert. Den Kaufpreis von 600 EUR hat die MODEHAUS GmbH noch nicht bezahlt. Im selben Monat hatte (S) von der MODEHAUS GmbH einen Anzug für 600 EUR erworben. Beide Forderungen sind noch offen. Lösung: Da beide Forderungen vor Eröffnung des Insolvenzverfahrens entstanden sind, ist eine Aufrechnung möglich (§ 94 InsO). Die Forderungen sind gegenseitig, gleichartig (auf Geld gerichtet), die Gegenforderung von (S) ist fällig und die Hauptforderung erfüllbar. (S) kann daher die Aufrechnung gegenüber dem Insolvenzverwalter erklären (§ 388 BGB). Damit ist die Forderung der MODEHAUS GmbH gegen (S) erloschen (§ 389 BGB). ■

3. Aufrechnungslage im Verfahren

250 § 95 InsO schafft einen Vertrauenstatbestand im Hinblick auf eine **künftige entstehende** Aufrechnungslage. Besteht bei Insolvenzeröffnung die Gegenforderung, soll der Insolvenzgläubiger darauf vertrauen dürfen, dass er sich später durch Aufrechnung befriedigen kann.[91] § 95 Abs. 1 InsO setzt voraus, dass die wechselseitigen Forderungen in ihrem rechtlichen Kern schon vor Eröffnung des Insolvenzverfahrens angelegt sind. Die Aufrechnung ist insbesondere zulässig, wenn die Fälligkeit der Gegenforderung erst nach Verfahrenseröffnung, aber noch vor oder gleichzeitig mit der Fälligkeit der Hauptforderung, eintritt (§ 95 Abs. 1 S. 1, 3 InsO).[92] Besitzt dagegen der Schuldner zuerst eine durchsetzbare Forderung, verbietet § 95 Abs. 1 S. 3 InsO die Aufrechnung.

4. Insolvenzrechtliche Aufrechnungsverbote

251 In § 96 InsO sind vier Aufrechnungsverbote normiert. Die Norm knüpft an die fehlende Schutzwürdigkeit des Gläubigers an. Nach § 96 Abs. 1 Nr. 1 InsO ist die Aufrechnung unstatthaft, wenn die Hauptforderung erst **nach** der Eröffnung des Insolvenzverfahrens entstanden ist, d.h. das Geschäft zwischen Gläubiger und Insolvenzverwalter erst nach Eröffnung getätigt wurde. Die Norm ist überflüssig, da die Aufrechnung schon gar nicht zulässig ist (weder nach § 94 InsO noch nach § 95 InsO).[93] Nach § 96 Abs. 1 Nr. 2 InsO ist die Aufrechnung verboten, wenn der Gläubiger die aufrechenbare Forderung **nach** Insolvenzeröffnung von einem anderen Gläubiger erworben hat. Derartige taktische Handlungen verdienen keinen Schutz.

Beispiel für § 96 Abs. 1 Nr. 2 InsO Kundin Kim (K) hat im Mai eine Handtasche für 1500 EUR bei der MODEHAUS GmbH gekauft. Die Rechnung wurde nicht bezahlt. Der Insolvenzverwalter fordert (K) zur Zahlung auf. (K) erfährt zufällig, dass die MODEHAUS GmbH ihrem Handwerker Hans (H) noch 1500 EUR schuldet. (K) kauft (H) dessen Forderung kurzentschlossen für 300 EUR ab und lässt sich diese abtreten (§ 398 BGB). Sodann erklärt (K) die Aufrechnung. Lösung: Derartige Rechtshandlungen verbietet § 96 Abs. 1 Nr. 2 InsO unter dem Gesichtspunkt der Gläubigergleichbehandlung. Die Aufrechnung ist unzulässig. (K) muss die 1500 EUR in die Masse zahlen. ■

91 Braun/*Lojowsky* InsO § 95 Rn. 1.

92 *BGH* NZI 2016, 347 Rn. 19.

93 *Foerste* Insolvenzrecht Rn. 225.

252 Eine in der Praxis wichtige Regelung stellt § 96 Abs. 1 Nr. 3 InsO dar. Die Norm umfasst auch Aufrechnungslagen, die **vor** Eröffnung des Insolvenzverfahrens entstanden sind.[94] Anknüpfungspunkt ist, dass die Aufrechnungssituation durch eine anfechtbare Rechtshandlung (§§ 129 ff. InsO) erlangt worden ist. In diesem Fall wird die Aufrechnungserklärung des Gläubigers mit der Eröffnung des Insolvenzverfahrens (kraft Gesetzes) unwirksam.[95] Der Verwalter kann Zahlung verlangen. Zahlt der Gläubiger nicht, muss der Verwalter die Zahlung innerhalb der Frist des § 146 Abs. 1 InsO klageweise geltend machen.[96] Die vierte Fallkonstellation ist in § 96 Abs. 1 Nr. 4 InsO geregelt. Danach ist die Aufrechnung unzulässig, wenn ein Gläubiger etwas zur Masse schuldet und mit einem Gegenanspruch aufrechnen will, der aus dem insolvenzfreien Vermögen des Schuldners zu erfüllen ist (sog. Neugläubiger).[97]

VI. Folgen für den Schuldner

1. Auskunft- und Mitwirkungspflichten des Schuldners

253 Die Insolvenzeröffnung führt dazu, dass der Schuldner einer umfassenden Auskunftspflicht unterliegt (§ 97 Abs. 1 InsO), die erst mit der Aufhebung des Insolvenzverfahrens endet (§ 200 Abs. 1 InsO) und auch noch im Fall der Nachtragsverteilung gilt.[98] Nach § 97 Abs. 1 S. 1 InsO ist der Schuldner verpflichtet, über alle das Verfahren betreffenden Verhältnisse Auskunft zu geben. Ist der Schuldner eine juristische Person oder rechtsfähige Personengesellschaft, müssen die aktuell bestellten Vertretungsorgane (§ 101 Abs. 1 S. 1 InsO), aber auch die in den letzten zwei Jahren vor Eröffnung ausgeschiedenen Vertretungsorgane (§ 101 Abs. 1 S. 2 InsO) die Auskunftspflicht erfüllen. Die Pflicht zur Auskunft bezieht sich auf alle wirtschaftlichen, rechtlichen und tatsächlichen Verhältnisse, z.B. Aktiva (auch im Ausland), Passiva, Aus- und Absonderungsrechte sowie Insolvenzanfechtungstatbestände.[99] Der Schuldner muss sogar dann Auskunft erteilen, wenn er damit eine von ihm begangene Straftat preisgibt (§ 97 Abs. 1 S. 2 InsO). In einem Strafprozess können seine Aussagen aber nicht verwertet werden (§ 97 Abs. 1 S. 3 InsO), unter Umständen jedoch die aufgrund der Auskunft gefundenen Unterlagen.[100] Verweigern Schuldner oder Leitungsorgane die Auskunft, kann das Gericht Zwangsmittel (Vorführung und Haft) anordnen (§§ 98 Abs. 2, 101 Abs. 1 S. 1, 2 InsO).[101] Häufig wird auch das „mittlere Management" als Auskunftsquelle herangezogen (vgl. § 101 Abs. 2 InsO). Dieses bleibt von einer Haftanordnung verschont (kein Verweis auf § 98 in § 101 Abs. 2, 3 InsO). Seit 1.11.2022 kann das *Insolvenzgericht* von Amts wegen von anderen Stellen Auskünfte über den Schuldner einholen;[102] auskunftspflichtige Stellen sind die Träger der Rentenversicherung, das Bundeszentralamt für Steuern sowie das Kraftfahrtbundesamt (§ 98 Abs. 1a Nr. 2 InsO i.V.m. § 802l ZPO). Im Übrigen kann das Gericht dem Schuldner aufgeben, sich jederzeit für Auskünfte zur Verfügung zu halten (§ 97 Abs. 3 InsO).

---

94 *BGH* NZI 2017, 349 Rn. 8.
95 *BGH* NZI 2020, 687 Rn. 19; NZI 2012, 323; NJW 2007, 78, 79.
96 *BGH* NZI 2018, 721 Rn. 39.
97 Vgl. *Foerste* Insolvenzrecht Rn. 228.
98 *BGH* NZI 2016, 365 Rn. 12.
99 Braun/*Lojowsky* InsO § 97 Rn. 10; Nerlich/Römermann/*Kruth* InsO § 97 Rn. 6.
100 *LG Frankfurt (Oder)* NZI 2020, 1070 Rn. 6.
101 Beispiel *BGH* NJW 2005, 1505, 1506 ff.
102 So bereits zum früheren Rechtszustand *AG Köln* NZI 2018, 622, 623.

Nach § 97 Abs. 2 InsO ist der Schuldner allgemein verpflichtet, den Insolvenzverwalter bei der Erfüllung seiner Aufgaben zu unterstützen (z.B. Einreichen von Steuererklärungen, Forderungsprüfung). Für Auslandsvermögen muss der Schuldner eine Auslandsvollmacht erteilen.[103] Auch Passwörter muss er offenbaren.[104] § 97 Abs. 2 InsO umfasst die Pflicht, pfändbares Arbeitseinkommen und Einkünfte aus selbstständiger Tätigkeit vollständig an den Insolvenzverwalter abzuführen.[105] Bei Freigabe der selbstständigen Tätigkeit muss der Schuldner gem. § 35 Abs. 2 S. 2 i.V.m. § 295a InsO von sich aus Zahlungen in der Höhe abführen, die er in einem abhängigen Dienstverhältnis erzielen würde. Verstöße hiergegen können zur Versagung der Restschuldbefreiung führen (§ 290 Abs. 1 Nr. 5 InsO). 254

2. Berufsrechtliche Beschränkungen bei natürlichen Personen

Für manche freien Berufe hat die Insolvenzeröffnung einschneidende Folgen. Bei Rechtsanwälten, Patentanwältinnen, Steuerberaterinnen und Notaren kann die zuständige Kammer die **Zulassung widerrufen**, wenn die Person in **Vermögensverfall** geraten ist.[106] Eine ähnliche Regelung gilt für Wirtschaftsprüfer. Der Eintritt des Vermögensverfalls wird gesetzlich vermutet, wenn ein Insolvenzverfahren eröffnet wird (§ 14 Abs. 2 Nr. 7 BRAO, § 21 Abs. 2 Nr. 8 PAO, § 50 Abs. 1 Nr. 6 BNotO, § 46 Abs. 2 Nr. 4 StBerG, §§ 20 Abs. 2 Nr. 5, 16 Abs. 1 Nr. 7 WPO). Die gesetzliche Vermutung wird nicht dadurch widerlegt, dass der Insolvenzverwalter die selbstständige Tätigkeit des Schuldners freigibt.[107] Auch die (bloße) Ankündigung der Restschuldbefreiung (§ 287a InsO) beseitigt die Vermutung nicht.[108] Vielmehr muss das Restschuldbefreiungsverfahrens erfolgreich abgeschlossen sein (§ 301 InsO) oder ein vom Gericht bestätigter Insolvenzplan (§ 248 InsO) vorgelegt werden.[109] Bei einem Rechtsanwalt kann der Widerruf bei Vermögensverfall ausnahmsweise unterbleiben, wenn ein Eigenantrag vorliegt, keine Forderungen von Mandanten angemeldet wurden, die künftigen Mandate im Auftrag und für Rechnung der Sozietät abgeschlossen werden und er nicht nach außen in Erscheinung tritt.[110] 255

Gewerbetreibende dürfen ihr Gewerbe trotz Insolvenzeröffnung in der Regel weiterführen. Zwar sieht § 35 GewO bei ungeordneten Vermögensverhältnissen grundsätzlich den Widerruf der Gewerbeerlaubnis vor. Nach § 12 S. 1 Nr. 1 bis 4 GewO finden jedoch die Vorschriften, die eine Untersagung wegen Unzuverlässigkeit normieren, während eines Insolvenzverfahrens keine Anwendung.[111] Apotheker dagegen dürfen ihren Beruf ab Verfahrenseröffnung nicht länger ausüben, da der Übergang der Verfügungsbefugnis auf den Verwalter (§ 80 Abs. 1 InsO) der Norm des § 7 S. 1 ApoG widerspricht. 256

---

103 *BGH* NZI 2016, 365 Rn 17, 22.
104 *Foerste* Insolvenzrecht Rn. 151.
105 *BGH* NZI 2018, 702 Rn. 7.
106 Näher MüKoInsO/*Vuia* InsO § 80 Rn. 14 ff.
107 *BGH* NZI 2018, 422 Rn. 11; BeckRS 2015, 7398 Rn. 4.
108 *BGH* NZI 2017, 215 Rn. 9; *Ganter* NZI 2022, 409, 410.
109 *BGH* NZI 2018, 422 Rn. 9; BeckRS 2015, 7398 Rn. 4.
110 *BGH* NZI 2019, 95 Rn. 5 ff.; NZI 2017, 215 Rn. 15; *Foerste* Insolvenzrecht Rn. 155.
111 *AG Köln* NZI 2020, 327 15; MüKoInsO/*Vuia* InsO § 80 Rn. 17.

3. Auflösung insolventer Gesellschaften

» Die Auflösung der insolventen Gesellschaft ist die zwingende Folge des Regelverfahrens. Am Ende des Verfahrens erfolgt die Löschung aus dem Register. «

257 Gesellschaften werden durch die Insolvenzeröffnung aufgelöst. Die entsprechenden Regelungen finden sich in den einschlägigen gesellschaftsrechtlichen Normen (z.B. für die GmbH § 60 Abs. 1 Nr. 4 GmbHG). Die Gesellschaft besteht bis zur endgültigen Verteilung der Insolvenzmasse als „Abwicklungsgesellschaft" fort. Nach der Schlussverteilung tritt die Vollbeendigung der Gesellschaft wegen Vermögenslosigkeit ein. Kapitalgesellschaften werden von Amts wegen aus dem Handelsregister gelöscht (§ 394 FamFG). Gibt der Insolvenzverwalter einen Gegenstand aus dem Gesellschaftsvermögen frei, muss noch ein eigenständiges gesellschaftsrechtliches Liquidationsverfahren nachfolgen.

B. Folgen für bestehende Verträge

I. Einführung

258 Wird ein Unternehmen insolvent, existieren zum Zeitpunkt des Eröffnungsbeschlusses im Regelfall noch zahlreiche (offene) Verträge (z.B. Kaufverträge, Werkverträge, Werklieferungsverträge, Darlehensverträge, Mietverträge, Arbeitsverträge, Geschäftsbesorgungsverträge). Ob und wie diese Rechtsbeziehungen abzuwickeln sind, ist in den §§ 103 bis 119 InsO näher geregelt. Manche Rechtsverhältnisse erlöschen, manche bleiben unverändert, manche können vorzeitig beendet werden. Dieses (komplizierte) Regelungsgeflecht bietet dem Insolvenzverwalter die Möglichkeit, die Belastung der Masse gering zu halten und vorteilhafte Verträge weiterzuführen.

II. Wahlrecht bei gegenseitigen Verträgen

1. Anwendungsbereich

259 Die Grundregel für gegenseitige Verträge ist in § 103 InsO enthalten. Ist ein gegenseitiger Vertrag zur Zeit der Eröffnung des Insolvenzverfahrens *weder vom Schuldner noch vom anderen Teil* **nicht** oder **nicht vollständig erfüllt**, hat der Insolvenzverwalter nach § 103 Abs. 1, 2 InsO die Wahl, ob er den Vertrag erfüllen will oder nicht. Typische gegenseitige Verträge sind Kaufverträge (§ 433 BGB), Werkverträge (§ 631 BGB) oder Werklieferungsverträge (§ 650 BGB). Das Wahlrecht des Insolvenzverwalters entsteht nach dem eindeutigen Wortlaut des § 103 Abs. 1 InsO erst nach Eröffnung des Insolvenzverfahrens. Es gilt daher nicht für den vorläufigen Verwalter.[112]

260 § 103 InsO knüpft an die beidseitige Nichterfüllung an und scheidet daher von vornherein aus, wenn der Vertrag von beiden Seiten bereits vollständig erfüllt war.[113] Hat eine Partei im Zeitpunkt der Insolvenzeröffnung ihre Hauptpflicht aus dem gegenseitigen Vertrag bereits einseitig vollständig erfüllt hat (= Vorleistung), findet § 103 InsO ebenfalls keine Anwendung, da der Schutzzweck des § 320 BGB nicht tangiert ist.[114] Im Fall der Vorleistung gelten die all-

112 *BGH* NZI 2018, 111 Rn. 19; NZI 2008, 36 Rn. 9; K. Schmidt/*Ringstmeier* InsO § 103 Rn. 21.
113 Zum Lizenzvertrag *BGH* NZI 2016, 97 Rn. 45; *Becker* Insolvenzrecht § 7 Rn. 8.
114 *BGH* NZI 2019, 587 Rn. 16 ff.

gemeinen Folgen. Hat der Gläubiger den Vertrag im Eröffnungszeitpunkt bereits vollständig erfüllt (z.B. die Kaufsache übereignet), kann er seinen Anspruch (auf Kaufpreiszahlung § 433 Abs. 2 BGB) nur als Insolvenzforderung (§ 38 InsO) geltend machen. Hat umgekehrt der Schuldner den Vertrag einseitig erfüllt, muss der Gläubiger seine Gegenleistung in die Masse erbringen.

Vom Wortlaut her unterscheidet § 103 InsO nicht nach Art und Umfang der beidseitigen Nichtleistung. Jedoch rechtfertigt nicht jede kleinste Nichtleistung die Anwendung des § 103 InsO. Denn Zweck der Vorschrift ist, den Schutz des § 320 BGB (Einrede des nichterfüllten Vertrags) zu erhalten und dem Verwalter die Möglichkeit zu geben, den gegenseitigen Vertrag zum Vorteil der Masse auszuführen.[115] Daher kommt § 103 InsO nach überwiegender Ansicht nur bei nicht erfüllten **Hauptleistungspflichten**, die im Synallagma stehen, oder bei sonstigen vertraglichen Pflichten, die nach dem Vertragszweck von **wesentlicher Bedeutung** sind, nicht aber Nebenpflichten, zum Einsatz.[116] Diese synallagmatischen Pflichten dürfen beidseitig noch nicht vollständig erfüllt sein.[117] 261

Beispiel Die MODEHAUS GmbH hat mit Bauunternehmer Ben (B) einen Werkvertrag geschlossen und Werkleistungen an den Fenstern des Modehauses (Kosten 5000 EUR) in Auftrag gegeben. Die Fenster wurden vor Insolvenzeröffnung mangelhaft eingebaut. Der Werklohn wurde wegen der Mängel nicht bezahlt. Lösung: Das ist ein Fall des § 103 InsO. Der Werkvertrag ist von beiden Seiten noch nicht vollständig erfüllt, da die Vergütung nicht erbracht wurde und die Bauleistung zwar ausgeführt und abgenommen wurde, aber (beseitigungsfähige) Mängel hat. Der Verwalter hat die Wahl, ob er den Vertrag erfüllen will oder nicht, d.h. je nach Nutzen für die Masse und ohne Rücksicht auf den Vertragspartner.[118]

2. Dogmatische Fragen

Nach neuerer Ansicht des *BGH* führt die Eröffnung des Insolvenzverfahrens bei gegenseitigen, noch nicht oder nicht vollständig erfüllten Verträgen nicht zum Erlöschen der Ansprüche (so die frühere Erlöschenstheorie);[119] vielmehr verlieren die Ansprüche auf Leistung und Gegenleistung ihre **Durchsetzbarkeit** (Durchsetzbarkeitstheorie).[120] Wählt der Verwalter Erfüllung, erlangt der Erfüllungsanspruch des Vertragspartners die Rechtsqualität einer originären Masseverbindlichkeit; der Vertragspartner wird so behandelt, als hätte er mit dem Verwalter einen neuen Vertrag mit identischem Inhalt abgeschlossen. Diese Aufwertung zur Masseverbindlichkeit wird als „Qualitätssprung" bezeichnet.[121] Lehnt der Verwalter die Erfüllung ab, bleibt der Vertrag in der Lage bestehen, in welcher er sich bei Eröffnung des Insolvenzverfahrens befand.[122] 262

115 *BGH* NZI 2019, 587 Rn. 21, 23; NZI 2018, 746 Rn. 22.
116 *BGH* NZI 2019, 587 Rn. 19 ff., 28; a.A. MüKoInsO/*Huber* InsO § 103 Rn. 123.
117 *BGH* NZI 2019, 587 Rn. 23; NZI 2018, 111 Rn. 13; NZI 2018, 22 Rn. 16.
118 Vgl. etwa *BGH* NZI 2016, 128 Rn. 17.
119 Näher BeckOK InsR/*Berberich* InsO § 103 Rn. 5 ff.
120 *BGH* NZI 2018, 111 Rn. 13; NZI 2016, 128 Rn. 18; NZI 2016, 97 Rn. 43.
121 BeckOK InsR/*Berberich* InsO § 103 Rn. 10; *Foerste* Insolvenzrecht Rn. 239.
122 *BGH* NZI 2016, 128 Rn. 19; NJW 2013, 1245 Rn. 8.

3. Erfüllungswahl des Insolvenzverwalters

a) Ausübung des Wahlrechts

263 Das Wahlrecht wird durch einseitige, empfangsbedürftige Erklärung gegenüber dem Vertragspartner ausgeübt. Der Insolvenzverwalter muss seine Entscheidung danach ausrichten, welche der beiden Handlungsalternativen für die Masse günstiger ist.[123] Ihm steht gem. § 103 InsO nur das Recht zu, entweder Erfüllung des Vertrags zu verlangen oder die Erfüllung abzulehnen. Er ist nicht berechtigt, den Vertrag inhaltlich zu modifizieren. Unklare Erklärungen des Insolvenzverwalters sind nach §§ 133, 157 BGB auszulegen.[124] So kann der stillschweigende Bezug von Versorgungsleistungen (Strom, Wasser) als konkludente Erfüllungswahl angesehen werden.[125] Demgegenüber ist die Erfüllungsannahme unter Vorbehalt regelmäßig als Ablehnung zu werten.[126] Der Vertragspartner kann den Insolvenzverwalter aktiv unter Fristsetzung auffordern, das Wahlrecht auszuüben (§ 103 Abs. 2 S. 2 InsO). Reagiert er nicht unverzüglich auf die Anfrage, gilt sein Schweigen als Ablehnung (§ 103 Abs. 2 S. 2, 3 InsO).

b) Rechtsfolgen bei Erfüllungswahl

264 Verlangt der Insolvenzverwalter Erfüllung des Vertrags, muss der Vertragspartner seine vertraglich geschuldete Leistung zur Insolvenzmasse erbringen. Umgekehrt muss der Insolvenzverwalter die geschuldete Gegenleistung aus der Insolvenzmasse erfüllen (§ 103 Abs. 1 InsO). Die Leistungen sind Zug um Zug zu erbringen (§§ 320, 322 BGB). Vom Inhalt her richtet sich das Vertragsverhältnis danach, wie es ursprünglich vereinbart war.[127] Durch die Erfüllungswahl erhält der Vertragspartner eine originäre Masseverbindlichkeit nach § 55 Abs. 1 Nr. 2 Alt. 1 InsO.[128]

4. Ablehnung der Erfüllung

265 Lehnt der Verwalter die Erfüllung ab, hat die Ablehnung nach der Rechtsprechung des *BGH* keine rechtsgestaltende Wirkung. Die Ansprüche erlöschen nicht, sondern sind während des Insolvenzverfahrens nicht durchsetzbar.[129] Daraus folgt, dass der Vertragspartner seine vertraglichen Ansprüche nach Verfahrensbeendigung wieder durchsetzen könnte, wenn er die Gegenleistung erbringt.[130] Das gelingt (in der Theorie) nur bei natürlichen Personen. Im Fall der MODEHAUS GmbH ist dieser Weg nicht gangbar, da die GmbH am Ende des Insolvenzverfahrens aus dem Handelsregister gelöscht wird.[131] Der Vertragspartner sollte daher abwägen, ob er statt dessen seinen Anspruch auf Schadensersatz statt der Leistung (§§ 280, 281 BGB) zur Insolvenztabelle anmeldet, der allerdings bloße Insolvenzforderung ist (§ 103 Abs. 2 S. 1 InsO).

---

123 Uhlenbruck/*Wegener* InsO § 103 Rn. 97.
124 *BGH* NJW 2007, 1594; K. Schmidt/*Ringstmeier* InsO § 103 Rn. 25.
125 *BGH* NZI 2016, 484 Rn. 9.
126 *BGH* NZI 2018, 111 Rn. 18.
127 Vgl. *BGH* NZI 2013, 891, 893; Braun/*Fehl-Weileder* InsO § 103 Rn. 45.
128 Grundlegend *BGH* NJW 2002, 2783, 2785.
129 Vgl. *BGH* NZI 2013, 296 Rn. 8; HambKomm-InsR/*Ahrendt* § 103 Rn. 38, 40.
130 Vgl. *Becker* Insolvenzrecht § 7 Rn. 17.
131 Vgl. Uhlenbruck/*Wegener* InsO § 103 Rn. 159.

JURIQ-Klausurtipp

Das Wahlrecht des Insolvenzverwalters bei gegenseitigen Verträgen ist ein besonders wichtiges Thema, da es Vertragsrecht und Insolvenzrecht miteinander verzahnt. Es spielt auch in der Praxis eine erhebliche Rolle.

5. Sonderregelung für teilbare Leistungen

§ 105 InsO enthält eine Grundregel zu teilbaren Leistungen. Teilbare Leistungen sind dadurch gekennzeichnet, dass sie sich in vor und nach Verfahrenseröffnung erbrachte Leistungen (wertmäßig) aufspalten lassen.[132] Beispiele sind Sukzessivlieferungsverträge, Energielieferungsverträge, Werklieferungsverträge oder Bauverträge. Wählt der Verwalter die Erfüllung des Vertrags, kommt es zu einer **Vertragsspaltung**. Die Teilleistungen des Vertragspartners vor der Verfahrenseröffnung („Vorleistungen") sind bloße Insolvenzforderung (§ 105 S. 1 InsO). Für diese Vorleistungen muss sich der Vertragspartner mit der Quote zufriedengeben. Für die nach der Eröffnung erbrachten Teilleistungen kann der Vertragspartner seinen Vergütungsanspruch vollumfänglich (100 %) als Massegläubiger (§ 55 Abs. 1 Nr. 2 InsO) gegenüber dem Insolvenzverwalter geltend machen. **266**

6. Lösungsklauseln

In Verträgen finden sich häufig Vertragsklauseln, die den Vertragspartner „im Fall der Insolvenz des anderen Teils zum Rücktritt oder zur Kündigung berechtigen" oder eine automatische Vertragsbeendigung vorsehen (sog. Lösungsklauseln). Nach § 119 InsO sind vertragliche Vereinbarungen, welche die Anwendung der §§ 103–108 InsO im Voraus ausschließen oder beschränken, unwirksam. Damit soll die Entscheidungsfreiheit des Verwalters geschützt werden.[133] Von § 119 InsO werden auch Vereinbarungen erfasst, die den Zeitpunkt des Beendigungsrechts auf den Zeitpunkt der Zahlungseinstellung oder des Eröffnungsantrags vorverlagern. Denn auch sie verhindern, dass der Insolvenzverwalter sein Wahlrecht nach § 103 InsO ausüben kann.[134] **267**

Dagegen sind vertragliche „Lösungsklauseln", die nur die gesetzlich vorgesehenen Lösungsmöglichkeiten beinhalten, erlaubt.[135] Derartige Lösungsklauseln, die nicht an das Wahlrecht des Insolvenzverwalters anknüpfen, sind der Vermögensverfall des Schuldners (z.B. § 490 BGB), der Verzug des Schuldners (§ 286 BGB), sonstige Vertragsverletzungen (§ 280 Abs. 1 BGB) oder die Abweisung mangels Masse (§ 26 InsO). Zudem bleiben gesetzlich vorgesehene Rücktrittsrechte (z.B. §§ 323, 543 BGB) weiter möglich.[136] Lösungsklauseln in Tarifverträgen sind zulässig, da es sich bei Tarifverträgen nicht um gegenseitige Verträge i.S.d. § 103 InsO handelt.[137] **268**

132 Vgl. *BGH* NZI 2022, 554 Rn. 27 ff.
133 BeckOK InsR/*Berberich* InsO § 119 Rn. 1.
134 *BGH* NZI 2016, 627 Rn. 58; NJW 2013, 1159, 1160 f.; NZI 2014, 25, 26.
135 *BGH* NZI 2016, 532 Rn. 25 f.; NJW 2013, 1159, 1160.
136 BeckOK InsR/*Berberich* InsO § 119 Rn. 5.
137 *LAG München* NZI 2019, 708 Rn. 18 ff.

III. Fixgeschäfte, Finanzleistungen, vertragliches Liquidationsnetting

269 Kein Wahlrecht des Insolvenzverwalters besteht nach § 104 Abs. 1 S. 1 InsO für Warenfixgeschäfte, die einen Börsenpreis haben (z.B. Getreide, Strom) sowie nach § 104 Abs. 1 S. 2 InsO für Finanzleistungen (definiert in § 104 Abs. 1 S. 3 InsO), wenn der Termin für deren Erfüllung auf die Zeit nach der Insolvenzeröffnung fällt. § 104 InsO ist lex specialis zu § 103 InsO. Es kann keine Erfüllung verlangt werden, sondern nur eine Forderung wegen Nichterfüllung. Grund ist, dass der Vertragspartner angesichts der Marktpreisrisiken vor der Ungewissheit bewahrt werden soll, ob er sich um ein Ersatzgeschäft kümmern muss.[138] Wie die (einzelne) Forderung wegen Nichterfüllung zu berechnen ist, wird in § 104 Abs. 2 InsO bestimmt. Besondere Regelungen sind in § 104 Abs. 3, 4 InsO für **Rahmenverträge**, die ein Liquidationsnetting vorsehen und die in der Finanzwirtschaft, Transportwirtschaft sowie im Energiesektor eine Rolle spielen, enthalten.

IV. Vormerkung

270 Die Norm des § 106 InsO trifft für durch Auflassung gesicherte Ansprüche eine Sonderregelung. Danach sind (Rückübertragungs-)Ansprüche, die durch Vormerkung gesichert sind (§ 883 BGB), insolvenzfest (§ 106 InsO). Sie sind dem Wahlrecht des Insolvenzverwalters (§ 103 InsO) entzogen. Er muss den durch Auflassung gesicherten Anspruch erfüllen.[139] Bei einer Auflassungsvormerkung muss der Verwalter daher die Auflassung (§§ 873 Abs. 1, 925 BGB) erklären und die Eintragung bewilligen (§ 19 GBO).[140] Insofern verleiht § 106 Abs. 1 InsO dem Vormerkungsberechtigten eine mit dem Aussonderungsrecht vergleichbare Befugnis.[141] Der von der Vormerkung erfasste Vermögensgegenstand gehört von vorneherein nicht zur Masse. Auf den Rechtsgrund der gesicherten Forderung kommt es nicht an, so dass auch ein unentgeltliches Grundgeschäft vom Vormerkungsschutz des § 106 Abs. 1 InsO erfasst ist.[142]

Beispiel Hat die MODEHAUS GmbH vor Verfahrenseröffnung ein Lagergrundstück unter Eintragung einer Auflassungsvormerkung an Käufer Kenzo (K) veräußert, kann der Insolvenzverwalter den Erwerb nicht mehr verhindern. Der vormerkungsberechtigte (K) kann vom Insolvenzverwalter Auflassung (§ 925 BGB) und Bewilligung der Grundbucheintragung verlangen. ■

V. Kauf unter Eigentumsvorbehalt

271 § 107 InsO regelt als Spezialnorm zu § 103 InsO den Kauf unter Eigentumsvorbehalt, der an sich ein „Paradefall" des § 103 InsO ist (vor vollständiger Kaufpreiszahlung ist er von beiden Seiten noch nicht vollständig erfüllt).[143] § 107 Abs. 1 InsO schließt bei Insolvenz des Vorbehaltsverkäufers das Wahlrecht des Insolvenzverwalters aus, während es bei Insolvenz des Vorbehaltskäufers durch § 107 Abs. 2 InsO einfach nur zeitlich nach hinten verschoben wird.

138 Braun/*Fehl-Weileder* InsO § 104 Rn. 1; *Bretthauer/Garbers/Streit* NZI 2017, 953, 955.
139 *BGH* NZI 2018, 22 Rn. 17.
140 *BGH* NZI 2016, 451 Rn. 18.
141 *BVerfG* NZI 2020, 1112 Rn. 61; *BGH* NZI 2018, 22 Rn. 25.
142 *BGH* NZI 2021, 577 Rn. 38 ff.
143 HambKomm-InsR/*Ahrendt* InsO § 107 Rn. 1.

1. Insolvenz des Vorbehaltsverkäufers

Hat der Schuldner vor der Eröffnung des Insolvenzverfahrens eine bewegliche Sache unter Eigentumsvorbehalt verkauft und dem Käufer den Besitz an der Sache übertragen, kann der Käufer vom Insolvenzverwalter nach § 107 Abs. 1 S. 1 InsO die Erfüllung des Kaufvertrags verlangen. Das Anwartschaftsrecht des Käufers ist insolvenzfest.[144] Die Norm des § 103 InsO gilt nicht, da der Insolvenzverwalter das Anwartschaftsrecht nicht durch Ausübung des Wahlrechts zerstören darf. Zahlt der Käufer den restlichen Kaufpreis an die Masse, erstarkt sein Anwartschaftsrecht zum Vollrecht und er wird Eigentümer.[145] 272

Beispiel Die MODEHAUS GmbH verkauft zwei Monate vor Insolvenzeröffnung ihr Lieferauto an Klara (K) unter Eigentumsvorbehalt für 35 000 EUR (zahlbar in 5 Monatsraten). Das Auto wird (K) sogleich übergeben. Dem Insolvenzverwalter steht kein Wahlrecht gem. § 103 InsO zu. Nach der Spezialregelung des § 107 Abs. 1 S. 1 InsO kann (K) Erfüllung des Kaufvertrags verlangen. Zahlt (K) die Raten weiter, erwirbt sie mit Zahlung der letzten Rate Eigentum an dem Lieferwagen. ■

2. Insolvenz des Vorbehaltskäufers

Hat der Schuldner eine bewegliche Sache unter Eigentumsvorbehalt gekauft und vom Verkäufer den Besitz an der Sache erlangt, bleibt es beim Wahlrecht des Insolvenzverwalters (§§ 103, 107 Abs. 2 S. 1 InsO). Der Insolvenzverwalter hat die Wahl, ob er den Kaufvertrag erfüllt und das Anwartschaftsrecht des Schuldners in ein Vollrecht verwandelt. Dem Verwalter steht für seine Entscheidung („Ja" oder „Nein") ein besonders langer Entscheidungszeitraum zur Verfügung. Fordert der Vertragspartner (Verkäufer) den Insolvenzverwalter auf, sein Wahlrecht auszuüben, muss die Entscheidung (entgegen § 103 Abs. 2 InsO) erst unverzüglich nach dem Berichtstermin (§ 156 InsO) getroffen werden (§ 107 Abs. 2 S. 2 InsO). Die großzügige Frist dient dazu, dem Insolvenzverwalter „den Rücken frei zu halten", bis im Berichtstermin entschieden wird, ob das Unternehmen fortgeführt wird und die unter Eigentumsvorbehalt gekaufte Sache zur Betriebsfortführung benötigt wird (z.B. größere Maschinen, Produktionsanlagen).[146] 273

Lehnt der Verwalter die Erfüllung des Vertrags ab, entfällt das Besitzrecht (§ 986 BGB) des Schuldners. Der Verkäufer ist zur Aussonderung nach § 47 InsO berechtigt und kann Herausgabe der Sache verlangen (§ 985 BGB).[147] Er muss den vom Schuldner bezahlten Kaufpreis nach Bereicherungsrecht zurückerstatten. 274

VI. Erlöschen von Aufträgen und Vollmachten

Mit Eröffnung des Insolvenzverfahrens erlöschen Auftragsverhältnisse, die sich auf die Insolvenzmasse beziehen, kraft Gesetzes (§ 115 Abs. 1 InsO). Das gilt auch für **Geschäftsbesorgungsverträge** gem. §§ 675 Abs. 1, 675c Abs. 1 BGB (z.B. Steuerberatervertrag, Anwaltsvertrag, Factoringvertrag), die ebenfalls erlöschen (§§ 116 S. 1 i.V.m. § 115 Abs. 1 InsO).[148] Hier- 275

144 *Becker* Insolvenzrecht § 7 Rn. 29; *Foerste* Insolvenzrecht Rn. 265.
145 BeckOK InsR/*Berberich* InsO § 107 Rn. 21.
146 *Andres/Leithaus/Andres* InsO § 107 Rn. 3.
147 *Foerste* Insolvenzrecht Rn. 263.
148 *BGH* NZI 2022, 216 Rn. 13; NZI 2019, 374 Rn. 11; NZI 2018, 746 Rn. 21; NZI 2006, 637.

durch wird verhindert, dass der Auftragnehmer weiterhin auf das Schuldnervermögen einwirken kann; zugleich wird sichergestellt, dass die Verwaltung der Masse allein beim Insolvenzverwalter liegt.[149] Des Weiteren erlöschen gem. § 117 Abs. 1 InsO die vom Schuldner erteilten Vollmachten (Prokura, Generalvollmacht, Prozessvollmacht). Hingegen bleibt der Insolvenzverwalter an eine vor Eröffnung getroffene Schiedsvereinbarung gebunden, da diese weder Auftrag noch gegenseitiger Vertrag ist.[150] Eine Durchbrechung der §§ 115, 116 InsO ist in § 155 Abs. 3 S. 2 InsO geregelt, wonach die Bestellung eines Abschlussprüfers für das vor Eröffnung liegende Geschäftsjahr und für frühere Jahre wirksam bleibt.[151]

VII. Mietverträge

276 Bei Miet- und Pachtverhältnissen ist zwischen beweglichen Sachen und Grundstücken sowie zwischen der Insolvenz des Mieters und des Vermieters zu differenzieren.

1. Bewegliche Sachen

277 Für Mietverträge oder Leasingverträge über bewegliche Sachen (z.B. Firmenauto) bleibt es bei der Grundregel des § 103 InsO. Der Insolvenzverwalter kann wählen, ob er den Mietvertrag fortführen will oder nicht.[152] Da die Leistungen in einem solchen Dauerschuldverhältnis teilbar sind (§ 105 InsO), bildet die Verfahrenseröffnung eines Zäsur. Verlangt der Verwalter Erfüllung, sind die vor Verfahrenseröffnung entstandenen Mietzinsansprüche Insolvenzforderungen (§§ 105 S. 1, 38 InsO) und die danach entstandenen Mietforderungen Masseverbindlichkeiten (§ 55 Abs. 1 Nr. 2 InsO). Lehnt der Verwalter die Vertragserfüllung ab, ist der Vertragspartner zur Aussonderung (§ 47 InsO) berechtigt und kann Herausgabe der beweglichen Sache (§§ 546, 985 BGB) verlangen. Der Anspruch aus § 546a BGB wegen verspäteter Rückgabe der Mietsache durch den Verwalter ist Masseverbindlichkeit.[153] Die Ausführungen gelten auch für Leasingverträge, wobei für das Finanzierungsleasing Besonderheiten bestehen (§ 108 Abs. 1 S. 2 InsO). Ist der Schuldner mit den Mietzahlungen vor dem Eröffnungsantrag in Verzug geraten, ist es dem Vermieter ab Stellung des Eröffnungsantrags verboten, den Mietvertrag wegen Zahlungsverzugs zu kündigen (§ 112 Nr. 1 InsO). Zweck der Kündigungssperre ist es, dem Insolvenzverwalter die Entscheidungsfreiheit (§ 103 InsO) offen zu halten, ob er die gemietete Sache für die künftige Betriebsfortführung nutzen will. Tritt der Verzug nach dem Eröffnungsantrag ein, unterliegt das Kündigungsrecht keiner Beschränkung.[154]

Beispiel Die MODEHAUS GmbH hat bei der Finanzierungsgesellschaft F-AG einen LKW geleast. Zum Zeitpunkt der Stellung des Eröffnungsantrags sind drei Leasingraten offen. Die F-AG kündigt deshalb den Leasingvertrag und verlangt Herausgabe des LKW. Der Verwalter kann die Herausgabe unter Hinweis auf § 112 Nr. 1 InsO verweigern, da der Mietvertrag durch die Kündigung nicht wirksam beendet wurde. Ein Kündigungsrecht der F-AG besteht erst dann, wenn der Insolvenzverwalter mit den Zahlungen in Verzug gerät. ■

149 *BGH* NZI 2017, 105 Rn. 32; Uhlenbruck/*Sinz* InsO § 116 Rn. 1.
150 *BGH* NZI 2018, 62 Rn. 13 ff. (auch zu den Ausnahmen); NZI 2017, 60 Rn. 12; NZI 2016, 804.
151 *BGH* NZI 2022, 554 Rn. 12; NZI 2018, 647 Rn. 12 ff.
152 *BGH* NJW 2015, 1109, 1112; *Bork* Insolvenzrecht Rn. 205.
153 *BGH* NJW 2015, 1109, 1117; NJW 2007, 1594, 1595.
154 *OLG Hamm* NZI 2020, 830 Rn. 51.

2. Unbewegliche Sachen

Bei Mietverhältnissen über Grundstücke steht dem Verwalter kein Wahlrecht zu, da § 103 InsO durch § 108 InsO verdrängt wird.[155] Nach § 108 Abs. 1 S. 1 InsO bestehen (noch nicht gekündigte) Mietverhältnisse des Schuldners über unbewegliche Gegenstände nach Insolvenzeröffnung weiter fort, unabhängig davon, ob der Schuldner in der Rolle des Vermieters oder Mieters ist.[156] War das Mietverhältnis bereits **vor** Insolvenzeröffnung (durch Kündigung oder Aufhebungsvertrag) **beendet**, hat der Vermieter einen Aussonderungsanspruch (§§ 985, 546 BGB), der auf Einräumung des unmittelbaren Besitzes gerichtet ist. Der (zusätzliche) Räumungsanspruch des Vermieters nach § 546 BGB, der den insolventen Mieter zur Entfernung der eingebrachten Gegenstände und Einrichtungen sowie zur Beseitigung von Schäden verpflichtet, ist grundsätzlich einfache Insolvenzforderung i.S.v. § 38 InsO, die mit ihrem Schätzwert anzumelden ist.[157] 278

a) Vermieterinsolvenz

Ist der insolvente Schuldner Vermieter eines Grundstücks, besteht das Mietverhältnis in der Insolvenz nach § 108 Abs. 1 S. 1 InsO weiter fort, vorausgesetzt dem Mieter war der Besitz an der Mietsache bereits überlassen (andernfalls gilt § 103 InsO).[158] Der Verwalter muss dem Mieter die Mietsache weiter zum Gebrauch überlassen und die vereinbarten Nebenpflichten erfüllen (Sicherstellung von Heizung und Energie); im Gegenzug fließt der Mietzins als Neuerwerb des Schuldners (§ 35 Abs. 1 Fall 2 InsO) in die Masse.[159] Die Ansprüche des Mieters vor Insolvenzeröffnung sind einfache Insolvenzforderungen (§ 108 Abs. 3 InsO). 279

Hat der Schuldner seine Ansprüche auf Zahlung des künftigen Mietzinses vor Insolvenzeröffnung an einen Dritten abgetreten (oder sind diese gepfändet oder verpfändet), wird § 91 Abs. 1 InsO durch § 110 Abs. 1 InsO geringfügig modifiziert.[160] Die Verfügung ist nach § 110 Abs. 1 S. 1 InsO insofern wirksam, als sie sich auf die Miete für den zur Zeit der Eröffnung des Verfahrens laufenden Kalendermonat bezieht. Erfolgt die Eröffnung nach dem 15. eines Kalendermonats gilt sie auch für den folgenden Kalendermonat (§ 110 Abs. 1 S. 2 InsO). 280

b) Mieterinsolvenz

aa) Allgemeine Grundsätze

Ist der insolvente Schuldner Mieter einer Immobilie, besteht das Mietverhältnis mit Wirkung für die Insolvenzmasse weiter fort (§ 108 Abs. 1 S. 1 InsO). Die Ansprüche des Vermieters gegen den Insolvenzverwalter auf Mietzinszahlung sind ab Insolvenzeröffnung Masseverbindlichkeiten (§ 108 Abs. 1 S. 1 i.V.m. § 55 Abs. 1 Nr. 2 Fall 2 InsO).[161] Ansprüche für die Zeit vor der Eröffnung des Insolvenzverfahrens kann der Vermieter dagegen nur als Insolvenzforderungen geltend machen (§ 108 Abs. 3 InsO).[162] Für rückständigen Mietzins des Schuldners vor Verfahrenseröffnung gewährt das Vermieterpfandrecht ein Absonderungsrecht an den 281

155 *BGH* NZI 2019, 731 Rn. 8; NJW 2015, 1109, 111; NJW 2014, 2585.
156 Vgl. nur *BGH* NZI 2016, 484 Rn. 15.
157 *BGH* NZI 2020, 995 Rn. 10; NZI 2019, 536 Rn. 36.
158 *BGH* NJW 2015, 627, 629 f.; NJW 2015, 162.
159 *BGH* NZI 2016, 484 Rn. 15.
160 *BGH* NJW 2013, 2429, 2432; *Becker* Insolvenzrecht § 7 Rn. 33.
161 *BGH* NZI 2021, 431 Rn. 2; NJW 2015, 1109, 1112; NJW 2015, 627, 628; NJW 2015, 162.
162 *BGH* NZI 2021, 431 Rn. 2; NJW 2015, 1109, 1112.

eingebrachten Sachen des Mieters; dieses ist allerdings auf die letzten 12 Monate vor Eröffnung begrenzt (§ 50 Abs. 2 S. 1 InsO).

bb) Sonderkündigungsrecht des Insolvenzverwalters

» Das Sonderkündigungsrecht des Verwalters stellt eine wichtige Erleichterung in der Insolvenz dar. Lesen Sie daher § 109 Abs. 1 InsO vollständig durch. «

282 § 109 Abs. 1 InsO räumt dem Insolvenzverwalter in der Mieterinsolvenz ein Sonderkündigungsrecht ein. Damit kann er unrentable Mietverhältnisse (schnell) beenden und die Masse entlasten. Voraussetzung ist, dass das Mitobjekt bereits überlassen war (sonst gilt § 109 Abs. 2 InsO) und es sich nicht um Wohnraum des Schuldners handelt. Das Kündigungsrecht besteht auch dann, wenn es vertraglich ausgeschlossen wurde. Die Kündigungsfrist beträgt drei Monate zum Monatsende, außer im Mietvertrag ist eine kürzere Frist vorgesehen (§ 109 Abs. 1 S. 1 Hs. 2 InsO). Da die Norm keinen Zeitpunkt für die Ausübung des Sonderkündigungsrechts vorsieht, kann der Insolvenzverwalter daher jederzeit während des Insolvenzverfahrens kündigen.[163] Alternativ kann der Insolvenzverwalter die selbstständige Tätigkeit des Schuldners (sofort) freigeben (§ 35 Abs. 2 InsO), wodurch das Mietverhältnis auf den Schuldner übergeleitet wird.[164]

283 Mit der Kündigung endet das Mietverhältnis. Die Schadensersatzansprüche des Vermieters wegen der vorzeitigen Beendigung des Mietvertrags (Mietausfall) sind einfache Insolvenzforderungen (§ 109 Abs. 1 S. 3 InsO). Hat der Mieter dem Vermieter ein Sparbuch verpfändet, ist der Vermieter zur abgesonderten Befriedigung gem. § 50 Abs. 1 InsO auch in Bezug auf die Schadensersatzansprüche aus § 109 Abs. 1 S. 3 InsO berechtigt.[165] Aufgrund der Beendigung des Mietvertrags steht dem Vermieter ein Anspruch auf Herausgabe des Mietobjekts, also die **Einräumung des unmittelbaren Besitzes**, zu (§ 47 InsO i.V.m. §§ 985, 546 BGB). Eine über die Herausgabe hinausgehende **Räumungspflicht** (§ 546 BGB) besteht grundsätzlich nicht. Waren Gegenstände bereits vor der Verfahrenseröffnung auf dem Grundstück gelagert, handelt es sich bei der Räumungspflicht um eine bloße Insolvenzforderung (§ 38 InsO).[166] Wurden erst nach der Eröffnung nachteilige Veränderungen vorgenommen, handelt es sich bei der Räumungspflicht um eine Masseverbindlichkeit. Die Entfernung eines Teils der vor Eröffnung eingebrachten Gegenstände durch den Insolvenzverwalter führt nach Ansicht des *BGH* nicht dazu, dass die Räumung der restlichen Gegenstände zur Masseverbindlichkeit wird.[167] Das ermöglicht dem Insolvenzverwalter ein „Rosinenpicken", indem er wertvolle Sachen räumt (mitnimmt) und wertlose Sachen auf dem Grundstück belässt.[168]

284 Eine Besonderheit gilt, wenn der Vermieter zugleich Gesellschafter des Schuldners ist. Hier ist § 135 Abs. 3 S. 1 InsO vorrangig, wenn der Mietvertrag durch wirksame Kündigung vor oder nach Eröffnung des Insolvenzverfahrens beendet wurde. Der Aussonderungsanspruch (§ 47 InsO) kann während der Dauer des Insolvenzverfahrens, höchstens aber für ein Jahr ab Insolvenzeröffnung, nicht geltend gemacht werden, sofern das Objekt für die Unternehmensfortführung von erheblicher Bedeutung ist. Der Gesellschafter muss dem Insolvenzverwalter das Grundstück zur Verfügung stellen. Er erhält als Ausgleich den durchschnittlichen Mietzins, der im letzten Jahr vor Insolvenzeröffnung erzielt wurde (§ 135 Abs. 3 S. 2 InsO).[169]

---

163 BeckOK InsR/*Berberich* InsO § 109 Rn. 15; *Vogel* NZI 2018, 588, 595.
164 HambKomm-InsR/*Pohlmann-Weide* InsO § 109 Rn. 6.
165 *BGH* NZI 2022, 374 Rn. 5 ff.
166 *BGH* NZI 2020, 995 Rn. 11; NZI 2019, 536 Rn. 39.
167 *BGH* NZI 2020, 995 Rn. 17, 23
168 Vgl. *Cymutta* NZI 2020, 997 f. (Anm. zu *BGH* NZI 2020, 995).
169 Lehrreich *BGH* NJW 2015, 1109, 1115.

cc) Enthaftungserklärung

Ist Gegenstand des Mietverhältnisses die **Wohnung** des Schuldners, ist dem Insolvenzverwalter eine Kündigung nach § 109 Abs. 1 S. 1 InsO verwehrt,[170] um den Schuldner vor Obdachlosigkeit zu schützen.[171] Andererseits muss vermieden werden, dass durch den Gebrauch einer „Luxuswohnung" weiterhin Masseverbindlichkeiten entstehen. Der Insolvenzverwalter kann daher gem. § 109 Abs. 1 S. 2 InsO eine sog. Enthaftungserklärung abgeben. Die Enthaftungserklärung (Freigabe) bewirkt, dass das Mietverhältnis zu Lasten der Insolvenzmasse nur noch bis zum Ablauf der Kündigungsfrist fortbesteht. Danach wird das Mietverhältnis von der Masse auf den Schuldner übergeleitet, so dass er die Verwaltungs- und Verfügungsbefugnis über die Mietsache in vollem Umfang zurückerlangt.[172] Auch die Mietkaution wird „frei" und ist insolvenzfreies Vermögen. **285**

dd) Kündigungssperre zu Lasten des Vermieters

Das Sonderkündigungsrecht des § 109 Abs. 1 S. 1 InsO gilt nur für den Insolvenzverwalter. Der Vermieter muss die allgemeinen BGB-Regelungen befolgen. Allerdings schließt § 112 Nr. 1 InsO eine Verzugskündigung des Vermieters (vgl. § 543 Abs. 2 S. 1 Nr. 3 BGB) für Mietrückstände, die sich vor dem Zeitpunkt des Eröffnungsantrags angesammelt haben, aus. Damit kann der Insolvenzverwalter die Mietsache zur Betriebsfortführung weiter nutzen, ohne eine Räumungsklage des Vermieters befürchten zu müssen. Ein Verstoß gegen § 112 Nr. 1 InsO hat die Nichtigkeit der Kündigung zur Folge.[173] Der durch § 112 Nr. 1 InsO aufgebaute Schutzwall darf auch nicht durch Lösungsklauseln (§ 119 InsO) unterlaufen werden. Nutzt der (vorläufige) Insolvenzverwalter die Mietsache nach dem Eröffnungsantrag weiter und kommt er mit den Mietzahlungen selbst in Verzug, kann sich der Vermieter wieder uneingeschränkt auf die Regelung des § 543 Abs. 2 S. 1 Nr. 3 BGB berufen und den Mietvertrag fristlos kündigen.[174] **286**

VIII. Arbeitsverträge

Bei Unternehmensinsolvenzen ist die Gruppe der Arbeitnehmer und Arbeitnehmerinnen zahlenmäßig am stärksten betroffen. Die InsO enthält kein eigenes Insolvenzarbeitsrecht. Nur punktuell finden sich Regelungen zum individuellen und kollektiven Arbeitsrecht. Es gilt § 80 Abs. 1 InsO – der Insolvenzverwalter tritt mit Insolvenzeröffnung in die Rechte und Pflichten des Schuldners als Arbeitgeber ein. **287**

1. Fortbestehen der Arbeitsverhältnisse und Lohnansprüche

Nach § 108 Abs. 1 InsO, der lex specialis zu § 103 InsO ist, bestehen Arbeitsverhältnisse **288** („Dienstverträge") auch über die Eröffnung des Insolvenzverfahrens hinaus mit Wirkung für die Masse fort.[175] Die vereinbarten Bedingungen gelten weiter (§ 108 Abs. 1 InsO). Arbeitnehmer (und Geschäftsführer) sind zur Erbringung ihrer vertraglich geschuldeten Arbeitsleistung verpflichtet. Die Entgeltansprüche sind für den Zeitraum **nach** Insolvenzeröffnung

170 Vgl. *BGH* NZI 2018, 668 Rn. 20.
171 *BGH* NZI 2017, 444 Rn. 8; *Foerste* Insolvenzrecht Rn. 272.
172 *BGH* NZI 2022, 519 Rn. 30; NZI 2017, 444 Rn. 9; NZI 2014, 614 Rn. 14.
173 *OLG Hamm* NZI 2020, 322 Rn. 29.
174 *Foerste* Insolvenzrecht Rn. 273; vgl. auch *BGH* NJW 2002, 3326, 3330.
175 *BAG* NZI 2021, 446 Rn. 4.

Masseverbindlichkeiten gem. § 55 Abs. 1 Nr. 2 Fall 2 InsO.[176] Dies gilt auch im Fall der Freistellung, wenn Ansprüche aus Annahmeverzug (§ 615 S. 1 BGB) bestehen.[177] Offene Lohnansprüche **vor** Insolvenzeröffnung sind dagegen einfache **Insolvenzforderungen** (§§ 108 Abs. 3, 38 InsO).[178] Lohnansprüche in den letzten drei Monaten vor Verfahrenseröffnung sind durch das Insolvenzgeld (§§ 165 ff. SGB III) abgefedert. Kündigt der Verwalter den Arbeitsvertrag nach der Eröffnung des Insolvenzverfahrens, sind die Schadensersatzansprüche der Arbeitnehmer und Geschäftsführer wegen einer verfrühten Beendigung bloße Insolvenzforderungen (§ 113 S. 3 InsO).[179]

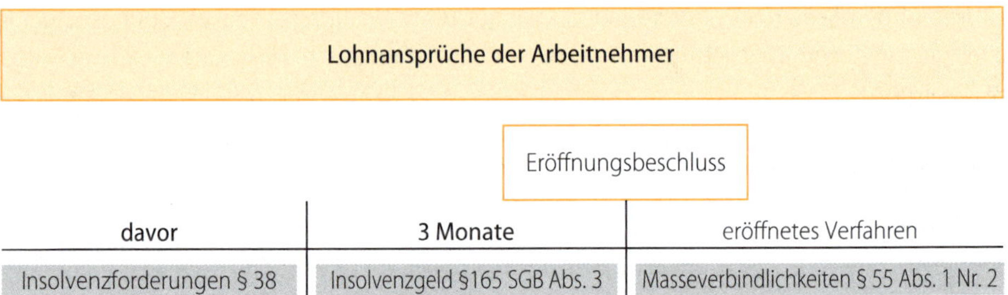

2. Kündigung

289 Das Arbeitsverhältnis kann während des Insolvenzverfahrens mit verkürzter Frist gekündigt werden (§ 113 S. 2 InsO). Da der Insolvenzverwalter Partei kraft Amtes ist, muss die Kündigungsschutzklage (§ 4 KSchG) gegen ihn und nicht gegen den Schuldner erhoben werden. Wird fälschlicherweise der Schuldner verklagt, ist eine Berichtigung des Rubrums nur ausnahmsweise möglich.[180]

a) Besondere Kündigungsfrist

» Lesen Sie § 113 InsO und machen Sie sich mit dem Sonderkündigungsrecht des Verwalters vertraut. «

290 In § 113 S. 1 InsO ist geregelt, dass ein Arbeitsverhältnis (Dienstverhältnis) sowohl vom Insolvenzverwalter als auch vom Arbeitnehmer ohne Rücksicht auf eine vereinbarte Vertragsdauer gekündigt werden kann. Das Kündigungsrecht aus § 113 S. 1 InsO ist zwingendes Recht. Es kann nicht durch einzelvertragliche oder tarifvertragliche Vereinbarungen ausgeschlossen werden.[181] Nach § 113 S. 2 InsO beträgt die Kündigungsfrist **drei Monate** (zum Monatsende). Die allgemeinen Kündigungsfristen (§ 622 BGB, Tarifvertrag, Einzelarbeitsvertrag) gelten nicht, außer sie sehen kürzere Fristen als die Drei-Monats-Frist vor. Auch tariflich unkündbare oder befristete Arbeitsverhältnisse, bei denen die ordentliche Kündigung ausgeschlossen ist, können mit dieser kurzen Frist gekündigt werden.[182] Dies erleichtert den Personalabbau und schützt die Masse vor einer übermäßigen Belastung mit Personalkosten. Wurde einem Arbeitnehmer bereits vor Eröffnung des Insolvenzverfahrens (mit einer langen Kündigungsfrist) gekündigt, kann der Insolvenzverwalter mit der Drei-Monats-Frist des § 113 S. 2 InsO nachkündigen.[183]

---

176 *BAG* NZI 2013, 357, 358; (für Geschäftsführer) *Brete/Thomsen* NZI 2020, 1028, 1029 f.
177 *BAG* NZI 2019, 130 Rn. 27 f.
178 *BAG* NZA 2005, 408, 409; *Foerste* Insolvenzrecht Rn. 274.
179 *BAG* NZI 2016, 175 Rn. 39, 44 f.; *OLG Celle* NZI 2018, 946.
180 *BAG* NZI 2007, 182, 183 mit Beispielen.
181 *BAG* NZI 2019, 818 Rn. 23.
182 *BAG* NJW 2001, 317 f.
183 *Ascheid/Preis/Schmidt/Künzl* Kündigungsrecht 2. Teil InsO § 113 Rn. 10.

JURIQ-Klausurtipp

§ 113 InsO schafft nach einhelliger Auffassung keinen materiellen Kündigungsgrund, sondern modifiziert lediglich die allgemeinen arbeitsrechtlichen Kündigungsfristen.

b) Allgemeiner Kündigungsschutz

Im Übrigen gelten die allgemeinen Regelungen zur Kündigung. Der Betriebsrat ist vor jeder **291**
Kündigung zu hören (§ 102 Abs. 1 BetrVG). Die Kündigung bedarf (auch bei Massenkündigungen) der Schriftform (§ 623 BGB). Sind mehr als 10 Arbeitnehmer im Betrieb beschäftigt, gilt das Kündigungsschutzgesetz (§ 23 Abs. 1 S. 3 KSchG). Eine Kündigung ist nur möglich, wenn die Kündigung sozial gerechtfertigt ist (§§ 1 ff. KSchG), wobei die Insolvenz als solche kein Kündigungsgrund ist (Umkehrschluss aus § 113 InsO).[184] Der Insolvenzverwalter kann das Arbeitsverhältnis daher nur aus verhaltens-, personen- oder betriebsbedingten Gründen kündigen (§ 1 Abs. 2 S. 1 KSchG), sofern es länger als sechs Monate bestanden hat (§ 1 Abs. 1 KSchG). In der Praxis überwiegen betriebsbedingte Kündigungen.[185] Beispiel ist die Stilllegung des gesamten Flugbetriebs der insolventen Fluggesellschaft Air Berlin.[186] Eine betriebsbedingte Kündigung ist nur wirksam, wenn die (Teil-)Betriebsstilllegung bereits durchgeführt wurde oder der Insolvenzverwalter zum Zeitpunkt der Kündigung den ernsthaften und endgültigen Entschluss gefasst hat, den Betrieb endgültig stillzulegen und sein Plan bereits greifbare Formen angenommen hat.[187] Beschließt die Gläubigerversammlung entgegen einer beabsichtigten Stilllegung eine Betriebsfortführung, scheidet der Ausspruch einer betriebsbedingten Kündigung aus.[188] Gleiches gilt, wenn der Insolvenzverwalter noch in ernsthaften Verhandlungen über eine Betriebsveräußerung steht, da es insoweit an einem endgültigen Beschluss zur Betriebsstilllegung fehlt.[189] Ist eine Stilllegung erfolgt, wird der Betrieb aber bei laufender Kündigungsfrist von einem Dritten übernommen, besteht ein Anspruch auf Wiedereinstellung.[190] Nach Ablauf der Kündigungsfrist ist der Anspruch ausgeschlossen.

Sind nur einzelne Arbeitsplätze von der Betriebsschließung betroffen, ist die betriebsbe- **292**
dingte Kündigung nur wirksam, wenn sie auf einer korrekten Sozialauswahl beruht (§ 1 Abs. 3 KSchG). Einzubeziehen sind alle vergleichbaren Arbeitsplätze im Betrieb (nicht im Unternehmen). Bei der Auswahl sind Alter, Betriebszugehörigkeit, Unterhaltspflichten und Schwerbehinderung – durch eine Punktetabelle – zu gewichten. Neben dem allgemeinen Kündigungsschutz ist zudem der besondere Kündigungsschutz für Schwangere (§ 17 MuSchG), für Mütter und Väter in Elternzeit (§ 18 Abs. 1 BEEG), für schwerbehinderte Arbeitnehmer (§§ 168, 172 Abs. 3 SGB IX) sowie für Betriebsratsmitglieder (§ 15 KSchG) zu beachten.[191] Kann der erhöhte Bestandsschutz wegen der Besonderheit in der Insolvenz (Betriebsstilllegung) nicht aufrechterhalten werden, da der Arbeitsplatz entfällt, muss die Beendigung des Arbeitsvertrags über das jeweilige Verfahren erfolgen (z.B. § 15 Abs. 4 KSchG, §§ 168, 172 Abs. 3 ff. SGB IX, § 17 Abs. 2 S. 1 MuSchG, § 18 Abs. 1 S. 4 BEEG). Bei einem schwerbehinderten Arbeit-

184 *BAG* DB 2013, 1365; NZA 2007, 387, 389; *Jauernig/Berger/Thole* Insolvenzrecht § 19 Rn. 41.
185 Vgl. *ErfK/Müller-Glögge* InsO § 113 Rn. 9.
186 Vgl. *BAG* BeckRS 2020, 10022 Rn. 89 ff.
187 *BAG* BeckRS 2020, 10022 Rn. 90 f.; NZG 2016, 35 Rn. 53.
188 *Schmidt* NZI 2021, 314, 315.
189 *BAG* BeckRS 2020, 10022 Rn. 91; NZG 2016, 35 Rn. 52.
190 *ArbG Düsseldorf* NZI 2021, 332 Rn. 47.
191 BeckOK ArbR/*Plössner* InsO § 113 Rn. 25.

nehmer muss das Integrationsamt unter den Voraussetzungen des § 172 Abs. 3 SGB IX seine Zustimmung zur betriebsbedingten Kündigung erteilen; § 166 Abs. 4 S. 1 Nr. 1 SGB IX gibt dem schwerbehinderten Menschen keine Beschäftigungsgarantie.[192]

c) Massenentlassungen

293 Bei Massenentlassungen hat der Insolvenzverwalter das Verfahren nach § 17 KSchG (Anzeigepflicht und Konsultationsverfahren) zu beachten. Der Betriebsbegriff ist im Massenentlassungsrecht ausschließlich unionsrechtlich zu bestimmen.[193] Die Anzeige ist an die für den Betriebssitz (nicht Unternehmenssitz) örtlich zuständige Agentur für Arbeit zu richten. Für Großunternehmen mit Filialnetz besteht die Möglichkeit der Sammelanzeige.[194] Der Insolvenzverwalter muss neben dem Betriebsrat die Bundesagentur für Arbeit (§ 17 Abs. 1 KSchG) informieren. Die Anzeigepflicht hängt von der Mindestanzahl der gekündigten Arbeitnehmer und der Betriebsgröße ab. Sie hat dann zu erfolgen (§ 17 Abs. 1 Nr. 1 bis 3 KSchG), wenn der Verwalter innerhalb von 30 Tagen mehr als 5 Arbeitnehmer entlässt (in Betrieben zwischen 20 und 59 Mitarbeitern) bzw. mehr als 25 (in Betrieben zwischen 60 und 499 Mitarbeitern) bzw. mehr als 30 (in Betrieben mit mindestens 500 Mitarbeitern). Der Anzeige ist eine Stellungnahme des Betriebsrats beizufügen (§ 17 Abs. 3 KSchG).[195] Liegt bereits ein Interessenausgleich vor, ersetzt dieser die Stellungnahme (§ 125 Abs. 2 InsO). Fehler bei Massenentlassungsanzeigen führen zur Nichtigkeit der Kündigungen (§ 134 BGB).[196] Für Arbeitnehmer ist die Berufung auf eine fehlerhafte Anzeige oftmals die einzige Chance, die durch den Insolvenzverwalter ausgesprochene Kündigung anzugreifen (z.B. Air Berlin).[197]

d) Interessenausgleich

» Hier müssen Sie § 111 BetrVG und §§ 122, 125 InsO parallel lesen. «

294 Bei Betriebsänderungen (Betriebsstilllegung, Teilbetriebsstilllegung, Personalabbau mit den Schwellenwerten des § 17 Abs. 1 KSchG[198]) sind die Beteiligungsrechte des § 111 BetrVG zu beachten. In Betrieben mit mehr als 20 Arbeitnehmern muss der Insolvenzverwalter mit dem Betriebsrat einen Interessenausgleich durchführen (§ 111 Abs. 1 S. 1 BetrVG). Zunächst muss der Insolvenzverwalter den Betriebsrat rechtzeitig und umfassend von der Betriebsänderung unterrichten. Unterlässt er jegliche Verhandlungen mit dem Betriebsrat und entstehen den Arbeitnehmern durch die Betriebsänderung wirtschaftliche Nachteile, gewährt § 113 Abs. 3 BetrVG den Betroffenen einen Nachteilsausgleich (i.d.R. Abfindung). Die Verhandlungspflicht besteht sogar, wenn es zur Betriebsstilllegung keine sinnvolle Alternative gibt.[199] Bei einer Entlassung wird eine Abfindung von 0,5 Monatsverdiensten pro Beschäftigungsjahr als angemessen angesehen.[200] Der Nachteilsausgleich ist Masseverbindlichkeit (§ 55 Abs. 1 Nr. 1 Alt. 1 InsO), wenn die Betriebsänderung nach Insolvenzeröffnung durchgeführt wird. Nach der InsO ist das **Verfahren beschleunigt**; der Verwalter kann bereits nach drei Wochen Verhandlungsdauer beim *Insolvenzgericht* die Zustimmung zur Betriebsänderung beantragen (§ 122 Abs. 1 S. 1 InsO). In diesem Fall kann das Gericht die Betriebsänderung unter Verzicht auf das

192 *BAG* NZI 2019, 818 Rn. 36 ff.
193 *BAG* BeckRS 2020, 10022 Rn. 115, 148; BeckRS 2020, 17144; *Krings* NJW 2020, 2765.
194 Vgl. *BAG* BeckRS 2020, 10022 Rn. 126.
195 *BAG* BeckRS 2020, 10022 Rn. 136; NJW 2006, 3161, 3162.
196 *BAG* BeckRS 2020, 10022 Rn. 121, 134 f.
197 *Kortmann* NJW-Spezial 2020, 533.
198 Vgl. *BAG* NZI 2019, 818 Rn. 29.
199 *BAG* NZI 2018, 278 Rn. 31.
200 *BAG* NZI 2018, 278 Rn. 38.

Verfahren nach § 112 Abs. 2 BetrVG (Vermittlungsversuch mit der Bundesagentur, Einigungsversuch mit der Einigungsstelle) erlauben (§ 122 Abs. 1 S. 1 InsO).

Durch § 125 InsO wird der Kündigungsschutz der Arbeitnehmer eingeschränkt, um dem 295 Insolvenzverwalter den Personalabbau zu erleichtern. Legen sich Insolvenzverwalter und Betriebsrat im Interessenausgleich (unter Einhaltung der Schriftform) auf die Namen der zu entlassenden Mitarbeiter fest (sog. Interessenausgleich mit Namensliste), wird nach § 125 Abs. 1 S. 1 Nr. 1 InsO **vermutet**, dass die Kündigung der Mitarbeiter aus dringenden betrieblichen Erfordernissen erfolgt. Der Arbeitnehmer muss den vollen Gegenbeweis führen und beweisen, dass der im Interessenausgleich angegebene betriebliche Grund in Wahrheit nicht besteht.[201] Auch die soziale Auswahl und die Bildung der Auswahlgruppen darf vom *Arbeitsgericht* nur auf grobe Fehler überprüft werden (§ 125 Abs. 1 Nr. 2 InsO). Ein grober Fehler liegt vor, wenn die drei Auswahlkriterien des § 125 InsO (Alter, Betriebszugehörigkeit, Unterhaltspflichten) absolut willkürlich gewichtet wurden.[202] Die Auswahl ist hinzunehmen, wenn mit ihr erstmals eine ausgewogenen Personalstruktur geschaffen wird, wie z.B. die Verjüngung der Belegschaft (§ 125 Abs. 1 S. 1 Nr. 2 Hs. 2 InsO). Hat der Betrieb keinen Betriebsrat, hilft § 126 InsO. Danach kann der Insolvenzverwalter vom *Arbeitsgericht* feststellen lassen, dass die Kündigung aus dringenden betrieblichen Gründen erfolgt.

Beispiel Die MODEHAUS GmbH hat 50 Mitarbeitende. Der Betriebsrat legt sich mit dem Insolvenzverwalter in einem Interessenausgleich auf 20 namentlich genannte Mitarbeitende fest, die entlassen werden sollen. Erheben die 20 Mitarbeitenden beim zuständigen *Arbeitsgericht* Kündigungsschutzklage, müssen die (nach der Geschäftsverteilung zuständigen) Arbeitsrichter den Kündigungsgrund „betriebsbedingte Kündigung" akzeptieren, außer die Mitarbeitenden können den Gegenbeweis führen, dass das Insolvenzverfahren nicht zum Wegfall ihres Arbeitsplatzes führt. Die Sozialauswahl kann das *Arbeitsgericht* nur auf grobe Fehler überprüfen (§ 125 Abs. 1 InsO). Das wäre etwa der Fall, wenn die Dauer der Betriebszugehörigkeit keine Berücksichtigung gefunden hätte. ■

e) Sozialplan

Scheitern die Verhandlungen zwischen Betriebsrat und Insolvenzverwalter über einen Interessenausgleich und hat das Gericht erlaubt, auf das Verfahren nach § 112 Abs. 2 BetrVG zu 296 verzichten, kann der Betriebsrat anschließend einen Sozialplan erzwingen (§ 112 Abs. 4 BetrVG). Besteht die Betriebsänderung in einem bloßen Personalabbau (keine Stilllegung etc.) ist ein Sozialplan nur erzwingbar, wenn die Schwellenwerte des § 112a BetrVG (unterscheiden sich von den Schwellenwerten des § 17 KSchG) erreicht werden.[203] Der Sozialplan soll die wirtschaftlichen Nachteile ausgleichen bzw. mildern (vgl. § 123 Abs. 1 InsO, § 112 Abs. 1 S. 2 BetrVG). Er kann beispielsweise Abfindungszahlungen, Zuschüsse zur Umschulung, Fortbildungsmaßnahmen, Unterstützung einer Transfergesellschaft nebst Transferkurzarbeitergeld enthalten (§ 112 Abs. 5 S. 2 Nr. 2a BetrVG).[204] Kommt eine Einigung nicht zustande, entscheidet die Einigungsstelle (§ 112 Abs. 4 BetrVG) anstelle von Insolvenzverwalter und Betriebsrat. Die Einigungsstelle muss dabei sowohl die Interessen der Arbeitnehmer als auch die Belange der Masse berücksichtigen (§ 112 Abs. 5 BetrVG).

201 *BAG* NZI 2019, 818 Rn. 30; NZA 2013, 559, 561 f.
202 *BAG* NZI 2013, 53 f.; NZA 2007, 387, 390.
203 Vgl. BeckOK ArbR/*Plössner* InsO § 123 Rn. 7.
204 *Foerste* Insolvenzrecht Rn. 281.

297 Ist der Sozialplan nach Verfahrenseröffnung aufgestellt worden, sind die Sozialplanansprüche Masseverbindlichkeiten (§ 123 Abs. 2 S. 1 InsO). Zum Schutz der Insolvenzmasse wird das Sozialplanvolumen durch absolute und relative Obergrenzen gedeckelt. Der Sozialplan darf als absolute Obergrenze ein Gesamtvolumen von 2,5 Monatsverdiensten der von der Entlassung betroffenen Mitarbeiter umfassen (§ 123 Abs. 1 InsO). Zudem darf für den Sozialplan nicht mehr als ein Drittel der Masse verwendet werden (§ 123 Abs. 2 S. 2 InsO). Diese relative Obergrenze bereitet in der Praxis Schwierigkeiten, da regelmäßig erst im Schlusstermin (§ 197 InsO) feststeht, wie groß die Insolvenzmasse ist.[205] Notfalls müssen die Ansprüche bei der Auszahlung anteilig gekürzt werden (§ 123 Abs. 2 S. 3 InsO). Zudem sind die Arbeitnehmer Massegläubiger „zweiter Klasse". Sie dürfen wegen ihrer Forderungen nicht in die Masse vollstrecken (§ 123 Abs. 3 S. 2 InsO). Wurde ein Sozialplan in den letzten drei Monaten vor Insolvenzeröffnung aufgestellt, kann dieser widerrufen werden (§ 124 Abs. 1 InsO). Grund ist, dass sich die Rahmenbedingungen in Insolvenznähe zumeist deutlich verschlechtern.

f) Betriebsübergang (§ 613a BGB)

298 Gelingt es dem Insolvenzverwalter, das Unternehmen des Schuldners an einen Investor zu verkaufen, gehen die bestehenden Arbeitsverhältnisse kraft Gesetzes zu unveränderten Bedingungen auf den Erwerber über (§ 613a Abs. 1 S. 1 BGB = **Betriebsübergang**).[206] Auch im Fall der Insolvenz ist der Betriebsbegriff unionsrechtlich zu bestimmen.[207] Häufig ist der Erwerber nicht bereit, sämtliche Arbeitsverhältnisse (vor allem mit älteren Mitarbeitenden) zu übernehmen. Hier bietet das Arbeits- und Insolvenzrecht dem Erwerber Gestaltungsmöglichkeiten, den Übergang des (gesamten) Personals zu verhindern. So kann sich der Investor auf den Erwerb einzelner Betriebsteile beschränken, da nur die jeweils zugehörigen Arbeitsverhältnisse übergehen. Zudem besteht die Möglichkeit, bereits vor dem Betriebsübergang einen Personalabbau im Zusammenwirken mit dem Insolvenzverwalter durchzuführen, indem der Erwerber eine Namensliste vorlegt, welche Arbeitnehmer (nicht) benötigt werden. Dann kündigt der Verwalter entsprechend dem Vorschlag (sog. Veräußererkündigung aufgrund Erwerberkonzepts).[208] Nach der Rechtsprechung des *BAG* liegt hierin kein Verstoß gegen § 613a Abs. 4 BGB, wenn die Kündigung auf einem Sanierungskonzept beruht und keine Beschäftigungsmöglichkeit beim Erwerber besteht.[209] Zudem hilft die Vermutungsregel des § 128 Abs. 2 InsO. Kommt es zwischen Insolvenzverwalter und Betriebsrat zu einem Interessenausgleich mit Namensliste (§ 125 Abs. 1 InsO), wird vermutet, dass die Kündigungen nicht anlässlich des Betriebsübergangs erfolgen. Das Kündigungsrecht der gelisteten Arbeitnehmer ist zudem beschränkt. So begründet die Namensliste eine gesetzliche Vermutung, dass ein betriebsbedingter Grund gegeben ist (§ 125 Abs. 1 S. 1 Nr. 1 InsO).

299 Dem Erwerber werden weitere Erleichterungen geboten. Nach der Rechtsprechung des *BAG* muss der Erwerber nicht für rückständige Lohnansprüche vor Insolvenzeröffnung haften. Andernfalls ließe sich nur schwer ein Erwerber finden, der einen angemessenen Kaufpreis für das Unternehmen zahlt. Der Erwerber ist daher nur für die nach Eröffnung entstandenen Verbindlichkeiten verantwortlich.[210] § 613a Abs. 1 S. 1 BGB wird insoweit teleologisch reduziert.

205 BeckOK ArbR/*Plössner* InsO § 123 Rn. 12.
206 Zu den Voraussetzungen lehrbuchhaft *ArbG Düsseldorf* NZI 2021, 332 Rn. 30 ff.
207 Vgl. *BAG* BeckRS 2020, 10022 Rn. 57 ff. (Air Berlin).
208 BeckOK ArbR/*Gussen* BGB § 613a Rn. 116.
209 *BAG* NZA 2007, 387, 389; NJW 2003, 3506 f.
210 *BAG* NJW 2004, 1972, 1973; *Foerste* Insolvenzrecht Rn. 484.

Nach allgemeiner Ansicht findet die Haftungsnorm des § 25 Abs. 1 S. 1 HGB bei einem Verkauf des Handelsgeschäfts durch den Insolvenzverwalter keine Anwendung, so dass der Erwerber das Unternehmen unter der alten Firma insoweit risikolos weiterführen kann.[211] Der Erwerber haftet auch nicht für alte Steuerschulden (§ 75 Abs. 2 AO).

Trotzdem bleibt die Kündigung einer Vielzahl von Mitarbeitenden auch in der Insolvenz ein Vabanquespiel. Hat ein Betrieb 1000 Mitarbeitende und erheben 400 entlassene Mitarbeitende Kündigungsschutzklage, bedeutet das ein erhebliches Kostenrisiko für die Masse. Um Kündigungen zu vermeiden, werden häufig sog. Beschäftigungs- und Qualifizierungsgesellschaften (BQG) eingesetzt.[212] Statt Kündigungen auszusprechen, bietet der Insolvenzverwalter den Arbeitnehmern Aufhebungsverträge an (§§ 311 Abs. 1, 623 BGB). Parallel dazu bietet die Transfergesellschaft neue (maximal auf ein Jahr befristete) Arbeitsverträge an. Das stellt keinen Betriebsübergang (§ 613a BGB) dar, da die BQG keine Betriebsmittel des Schuldners übernimmt. Kommt es zum (dreiseitigen) Vertragsschluss, muss der Insolvenzverwalter keine Kündigungsschutzklagen befürchten. Derartige Lösungen werden zumeist in einem Interessenausgleich oder in einem Sozialplan verhandelt (vgl. § 112 Abs. 1 S. 1 BetrVG). 300

C. Auswirkungen auf Prozesse

I. Allgemeines

Mit Eröffnung des Insolvenzverfahrens geht die Verwaltungs- und Verfügungsbefugnis (§ 80 Abs. 1 InsO), zu der auch die Prozessführungsbefugnis gehört,[213] auf den Insolvenzverwalter über. Die Prozessführungsbefugnis des Schuldners endet, eine erteilte Prozessvollmacht erlischt (§ 117 InsO).[214] Ab Verfahrenseröffnung ist ausschließlich der Insolvenzverwalter befugt, massebezogene Rechtstreitigkeiten zu führen. Er handelt als Partei kraft Amtes in gesetzlicher Prozessstandschaft[215] und ist im **Rubrum als Partei** zu bezeichnen, z.B. „Rechtsanwalt Ingo X. als Insolvenzverwalter der Fa. MODEHAUS GmbH" oder „Rechtsanwalt Ingo X. als Insolvenzverwalter über das Vermögen der MODEHAUS GmbH". Eine Klage nach Verfahrenseröffnung, die nur gegen den Schuldner erhoben wird und die Insolvenzmasse betrifft, ist als unzulässig abzuweisen.[216] 301

II. Unterbrechung

Nach § 240 S. 1 ZPO führt die Insolvenzeröffnung dazu, dass laufende Prozesse, welche die Insolvenzmasse betreffen, kraft Gesetzes unterbrochen werden, gleichgültig in welcher Lage (Instanz)[217] sich der Rechtsstreit befindet. Die Norm dient dem Schutz des Insolvenzverwalters, damit er in Ruhe prüfen kann, ob der Streitgegenstand zur Masse gehört und ob ein 302

211 *BGH* NZI 2020, 285 Rn. 9 f.; *BAG* NJW 2007, 942 f.; *Oetker/Vossler* HGB § 25 Rn. 21.
212 *Foerste* Insolvenzrecht Rn. 483; *Hoffmann/Marquardt* NZI 2017, 513, 514 f.
213 *BGH* NZI 2013, 641 Rn. 11; *BayObIG* NZI 2022, 142 Rn. 19.
214 *BGH* NZI 2009, 169 Rn. 14.
215 *BFH* NZI 2020, 582 Rn. 15; *Bork* Insolvenzrecht Rn. 219.
216 *BayObIG* NZI 2022, 142 Rn. 19; *OLG Koblenz* BeckRS 2014, 1157.
217 *BGH* NZI 2021, 669 Rn. 22; NZI 2016, 829 Rn. 4 (Revisionsinstanz).

Fortführen des Verfahrens sinnvoll ist.[218] § 240 ZPO erfasst sämtliche Gerichtszweige und sämtliche Klagearten. Unterbrochen werden zivilrechtliche Zahlungsklagen, arbeitsgerichtliche Klagen (§ 46 Abs. 2 ArbGG),[219] verwaltungsrechtliche Klagen (§ 173 VwGO),[220] finanzgerichtliche Verfahren (§ 155 FGO)[221] sowie Einspruchsverfahren vor den Finanzämtern.[222] Der unterbrochene Rechtsstreit kann wieder aufgenommen werden. Genauere Vorgaben enthalten §§ 85 bis 87 InsO, die zwischen **Aktiv-** und **Passivprozessen** unterscheiden. Für die Qualifizierung ist nicht die formelle Parteirolle des Schuldners (ob Kläger oder Beklagter), sondern das materielle Begehren maßgeblich.[223] So wird danach unterschieden, ob ein Vermögen in Anspruch genommen wird, das zur Insolvenzmasse gehört und im Falle des Obsiegens die zur Verteilung stehende Masse vergrößern würde (= Aktivprozess) oder ob aus der Masse eine Leistung erbracht werden muss (= Passivprozess).[224]

III. Verfahrensfortgang bei Aktivprozessen

303 Bei rechtshängigen Aktivprozessen ist zunächst nur der Verwalter berechtigt, den Prozess aufzunehmen (§ 85 Abs. 1 S. 1 InsO).[225] Ihm obliegt es, die Erfolgsaussichten der streitgegenständlichen Klage und ihre Bedeutung für die Masse abzuschätzen. Bei Prozessen mit hohem Streitwert muss er die Zustimmung des Gläubigerausschusses einholen (§ 160 Ab. 2 Nr. 3 InsO). Die Aufnahme erfolgt durch einen Schriftsatz (§ 250 ZPO), den das Gericht der Gegenpartei zustellen muss. Die Aufnahme kann auch konkludent erfolgen, z.B. indem der Insolvenzverwalter die Änderung des Rubrums beantragt.[226] Der Rechtsstreit wird in der Lage fortgesetzt, in der er sich zum Zeitpunkt der Unterbrechung befand. Der Insolvenzverwalter kann alle Prozesshandlungen vornehmen (Klagerücknahme, Anerkenntnis, Vergleich, Rechtsmittel einlegen). Gewinnt er den Prozess, kommt der Ertrag in die Masse. Verliert er den Prozess, sind die Prozesskosten für diese Instanz Masseverbindlichkeiten (§ 55 Abs. 1 Nr. 1 InsO).[227] Ggfs. kann der Insolvenzverwalter einen Prozessfinanzierungsvertrag schließen.[228]

Beispiel Die MODEHAUS GmbH hat vor Eröffnung des Insolvenzverfahrens Klage gegen den Vermieter (V) auf Schadensersatz wegen eines Mietmangels erhoben. Die Eröffnung des Insolvenzverfahrens unterbricht den Prozess (§ 240 S. 1 ZPO), da der Streit die Insolvenzmasse betrifft. Ab Verfahrenseröffnung steht nur dem Insolvenzverwalter die Prozessführungsbefugnis zu (§ 80 Abs. 1 InsO). Ist die Beweislage eindeutig (die Mietsache ist nach §§ 536, 536a BGB mangelhaft, ein Schaden liegt nachweisbar vor), wird der Insolvenzverwalter den Prozess aufnehmen (§ 85 Abs. 1 S. 1 InsO). Er führt den Prozess als gesetzlicher Prozessstandschafter fort. ■

304 Lehnt der Insolvenzverwalter die Aufnahme des Prozesses aufgrund des Kostenrisikos ab, beinhaltet dies zugleich die Freigabe des Streitgegenstands, so dass die Prozessführungsbe-

---

218 *BGH* NZI 2019, 499 Rn. 27; *BVerwG* NZI 2018, 718 Rn. 13; *Waltenberger* NZI 2018, 505.
219 *BAG* NZI 2007, 300, 301; *Waltenberger* NZI 2018, 505, 509.
220 *BVerwG* NZI 2018, 718 Rn. 14 f.; *Waltenberger* NZI 2018, 505, 510.
221 *BFH* NZI 2018, 572 Rn. 10.
222 *BFH* NJW 2020, 566 Rn. 18 ff.
223 *BGH* NZI 2021, 669 Rn. 12; NZI 2016, 657 Rn. 10.
224 *BGH* NJW 2018, 697 Rn. 11; *BFH* NZI 2018, 572 Rn. 11.
225 Vgl. *BGH* NJW 2018, 697 Rn. 10; *Foerste* Insolvenzrecht Rn. 300.
226 *BGH* BeckRS 1982, 3107506; *Sinz* in: Beck'sches Prozessformularbuch Teil III F Anm. 13.
227 Näher MüKoInsO/*Schumacher* InsO § 85 Rn. 19 f.
228 Vgl. etwa *BGH* NZI 2022, 279.

fugnis wieder auf den Schuldner übergeht.[229] In diesem Fall können der Schuldner oder der Prozessgegner den unterbrochenen Prozess aufnehmen (§ 85 Abs. 2 InsO); der Insolvenzverwalter ist in den Rechtsstreit nicht mehr involviert.

IV. Verfahrensfortgang bei Passivprozessen

Bei der Aufnahme eines unterbrochenen Passivprozesses ist u.a. danach zu unterscheiden, ob der Prozess eine Insolvenzforderung betrifft oder ob es sich um eine Masseverbindlichkeit oder ein Aus- oder Absonderungsrecht handelt. 305

1. Insolvenzforderungen

Betrifft der Rechtsstreit eine Insolvenzforderung, sind die insolvenzrechtlichen Regeln zur **Forderungsfeststellung vorrangig**. Ab Eröffnung des Insolvenzverfahrens können Insolvenzgläubiger (§ 38 InsO) den Schuldner nicht mehr auf Zahlung verklagen. Stattdessen müssen sie gem. § 87 InsO ihre Forderungen zur Insolvenztabelle anmelden (§§ 174 ff. InsO). Die Forderungen werden sodann im Prüfungstermin geprüft (§ 176 InsO). Eine Forderung gilt als festgestellt, wenn weder der Insolvenzverwalter noch ein anderer Gläubiger der Forderung widerspricht (§ 178 Abs. 1 S. 1 InsO). Wurde die Forderung vom Insolvenzverwalter oder einem Gläubiger bestritten, muss der Widerspruch dadurch beseitigt werden, dass der Anmeldende eine Feststellungsklage gegen den Bestreitenden erhebt (§§ 179 Abs. 1, 180 Abs. 1 S. 1 InsO). Ist bereits ein Rechtstreit anhängig, kann der Widerspruch nach § 180 Abs. 2 InsO grundsätzlich nur durch Aufnahme des (unterbrochenen) Rechtsstreits beseitigt werden.[230] Liegt bereits ein Vollstreckungstitel vor, erfolgt die Aufnahme nach § 179 Abs. 2 InsO durch den Bestreitenden.[231] Zwingende Voraussetzung für die Aufnahme ist, dass der Insolvenzgläubiger seine Forderung wirksam angemeldet hat und diese geprüft und bestritten worden ist.[232] Der Bestreitende (Verwalter oder Gläubiger) tritt dann in die Parteirolle des Schuldners auf der Passivseite.[233] Rubrum und Klageantrag müssen an die neue Verfahrenssituation angepasst und entsprechend geändert werden. Die Änderung des Klageantrags ist ohne weiteres zulässig (§ 264 Nr. 3 ZPO).[234] Der neue Antrag lautet: „Es wird festgestellt, dass dem Kläger im Insolvenzverfahren über das Vermögen der MODEHAUS GmbH folgende Insolvenzforderung zusteht: …". Verliert der Insolvenzverwalter den Prozess, sind die Prozesskosten innerhalb dieser Instanz Masseverbindlichkeiten, nicht aber die Kostenerstattungsansprüche für die Vorinstanzen.[235] 306

Beispiel Lieferantin Lena (L) liefert im März der MODEHAUS GmbH 100 Hemden für 5100 EUR, die den Kaufpreis nicht bezahlt. Im Mai erhebt (L) gegen die GmbH Klage vor dem *LG Nürnberg* auf Zahlung von 5100 EUR. Der Prozess wird durch die Eröffnung des Insolvenzverfahrens (§ 240 S. 1 ZPO) unterbrochen. (L) muss zunächst ihre Forderung in Höhe von 5100 EUR zur Insolvenztabelle gem. §§ 174 ff. InsO anmelden. Wird die Forderung durch den Insolvenzverwalter bestritten (§ 178 InsO), nimmt die Forderung nicht an der

229 *BGH* NZI 2007, 173, 174; *BFH* NZI 2018, 572 Rn. 12.
230 *BGH* NZI 2022, 856 Rn. 16; NZI 2021, 669 Rn. 13; NZI 2017, 300 Rn. 8.
231 *BGH* NZI 2016, 829 Rn. 3 (Recht des Gläubigers zur Aufnahme bei Unterlassen).
232 *BGH* NZI 2022, 856 Rn. 17; NZI 2021, 669 Rn. 14; NZI 2020, 782 Rn. 10 ff.; NJW 2018, 697 Rn. 14.
233 *BGH* NJW 2014, 3436, 3437.
234 *BGH* NZI 2021, 669 Rn. 15 ff., 21 f.
235 *BGH* NZI 2016, 829 Rn. 10 f.

Verteilung teil. Will (L) den Widerspruch beseitigen, muss sie den unterbrochenen Prozess aufnehmen. Erforderlich ist eine Parteiänderung (statt der „MODEHAUS GmbH“ ist „Rechtsanwalt Ingo X. als Verwalter über das Vermögen der MODEHAUS GmbH“ zu verklagen). Zudem ist der ursprüngliche Klageantrag in einen Feststellungsantrag zu ändern. ■

2. Masseverbindlichkeiten, Aus- und Absonderungsrechte

307 Betrifft der Passivprozess gegen den Schuldner eine Masseverbindlichkeit (§ 86 Abs. 1 Nr. 3 InsO) oder ein Aus- bzw. Absonderungsrecht (§ 86 Abs. 1 Nr. 1, 2 InsO), sind allein der Insolvenzverwalter oder der Verfahrensgegner zur Aufnahme befugt. Hierzu genügt das Einreichen eines Schriftsatzes. Die Prozesskosten (§ 91 ZPO) sind Masseverbindlichkeiten (§ 55 Abs. 1 Nr. 1 InsO), sofern der Verwalter den Prozess verliert. Der Insolvenzverwalter kann der Kostenlast entgehen, indem er den Anspruch sofort anerkennt (§ 307 ZPO); der Kostenerstattungsanspruch ist dann bloße Insolvenzforderung (§ 86 Abs. 2 InsO).[236] Gibt der Insolvenzverwalter den streitbefangenen Gegenstand aus der Masse frei, kann der Schuldner den Prozess aufnehmen.[237]

Beispiel Arbeitnehmerin Aysal (A) wird betriebsbedingt gekündigt. Sie erhebt fristgerecht Kündigungsschutzklage (§ 4 KSchG) gegen die MODEHAUS GmbH. Mit Insolvenzeröffnung am 1.9. wird der Prozess vor dem *Arbeitsgericht Nürnberg* unterbrochen (§ 240 S. 1 ZPO i.V.m. § 46 Abs. 2 ArbGG). Aysal (A) kann den Prozess nach § 86 Abs. 1 Nr. 3 InsO jederzeit aufnehmen. Das Rubrum muss entsprechend geändert werden (beklagte Partei ist nun „Insolvenzverwalter Ingo X., handelnd in seiner Eigenschaft als Insolvenzverwalter über das Vermögen der MODEHAUS GmbH“). Aufgrund ihres Rechtsbegehrens ist (A) potenzielle Massegläubigerin. Denn sollte die Kündigung unwirksam sein, wäre ihr Arbeitsverhältnis nicht beendet, sondern würde in der Insolvenz fortbestehen. (A) wäre ab Verfahrenseröffnung Massegläubigerin (§ 55 Abs. 1 Nr. 2 InsO). Im Fall der Aufnahme des Verfahrens könnte der Insolvenzverwalter sofort anerkennen, allerdings müssen die Parteien bei den *Arbeitsgerichten* ihre Kosten ohnehin selbst tragen (§ 12a Abs. 1 ArbGG). ■

D. Massebereinigung und Masseverwertung

I. Pflichtenprogramm des Insolvenzverwalters im Überblick

308 Nach § 148 InsO hat der Verwalter die Masse sofort nach der Eröffnung des Insolvenzverfahrens in Besitz zu nehmen und ein Verzeichnis der Massegegenstände (§ 151 InsO) zu erstellen. Das vorgefundene Vermögen (sog. **Ist-Masse**) ist in der Regel nicht die endgültige Insolvenzmasse, aus der die Gläubiger befriedigt werden (sog. **Soll-Masse**).[238] Daher muss während des Insolvenzverfahrens eine „Massebereinigung“ erfolgen. Vermehrt wird die Ist-Masse durch Forderungseinzug und das Instrument der Insolvenzanfechtung (§§ 129 ff.). Vermindert

236 Näher *Foerste* Insolvenzrecht Rn. 303.
237 *BGH* NZI 2016, 657 Rn. 13.
238 *Bork* Insolvenzrecht Rn. 227; *Paulus* Insolvenzrecht Rn. 131 f.

wird die Ist-Masse durch die Aussonderung von Gegenständen, die nicht zum Schuldnervermögen gehören (§ 47 InsO). Verringert wird die Masse außerdem durch die vorrangige Befriedigung der Massegläubiger (§§ 53 ff. InsO) sowie durch die Absonderung (§§ 49 ff. InsO). Steht nach der Aus- und Absonderung fest, welche Gegenstände tatsächlich zur Insolvenzmasse gehören, muss das Schuldnervermögen nach dem Berichtstermin unverzüglich verwertet, d.h. zu Geld gemacht werden. Das ist bei Unternehmen eine anspruchsvolle Aufgabe und dauert eine gewisse Zeit. Steht am Ende die Soll-Masse fest, werden die Insolvenzgläubiger daraus befriedigt.

II. Forderungseinzug

1. Allgemeines, Prozesskostenhilfe

Nach § 80 Abs. 1 InsO erhält der Insolvenzverwalter mit Eröffnung des Insolvenzverfahrens die **309** Verwaltungs- und Verfügungsbefugnis über das Vermögen des Schuldners. Materiell-rechtlich ist er damit zum Einzug von Forderungen, die der Schuldner gegen Dritte hat, berechtigt. Werden die zur Insolvenzmasse gehörenden Ansprüche nicht freiwillig erfüllt, kann der Insolvenzverwalter, sofern hinreichende Erfolgsaussichten bestehen, Klage erheben. Er ist Partei kraft Amtes, führt also den Rechtsstreit im eigenen Namen und klagt auf Leistung zur Masse. Für Aktivprozesse gilt der Gerichtsstand des § 19a ZPO nach h.M. nicht.[239]

Da die Erhebung einer Klage teils mit erheblichen Kosten verbunden ist und diese nicht **310** immer aus der verwalteten Vermögensmasse aufgebracht werden können, kann der Insolvenzverwalter unter den Voraussetzungen des § 116 S. 1 Nr. 1 ZPO **Prozesskostenhilfe** beantragen, was erfordert, dass den Insolvenzgläubigern oder den Massegläubigern (bei Masseunzulänglichkeit) ein Kostenvorschuss nicht zumutbar ist.[240] Zumutbarkeit liegt vor, wenn die Gläubiger die Vorschüsse unschwer aufbringen können und der zu erwartende Mehrertrag, auch unter Berücksichtigung des Prozesskostenrisikos, deutlich größer als der Vorschuss ist.[241] Das wird angenommen, wenn der **Mehrertrag** mindestens **doppelt** so hoch wie der Vorschuss ist. Weitere Voraussetzung ist, dass die Rechtsverfolgung nicht mutwillig ist (§ 116 S. 2, 114 Abs. 1 S. 1 ZPO). Selbst bei einer Quotenverbesserung von lediglich 0,5 % liegt keine Mutwilligkeit vor.[242] Alternativ zur Prozesskostenhilfe kann der Insolvenzverwalter das Instrument der Prozessfinanzierung nutzen.

2. Ansprüche des Schuldners gegen Vertragspartner und Dritte

Da es zu den Kernaufgaben des Insolvenzverwalters gehört, fällige Forderungen des Schuld- **311** ners einzuziehen (§ 80 Abs. 1 InsO), muss sich der Insolvenzverwalter zunächst einen Überblick verschaffen, welche Forderungen noch offen sind und ob gegebenenfalls Schadensersatzansprüche gegen Dritte bestehen. Informationen bekommt er aus der Buchhaltung, vom Schuldner selbst (§ 97 InsO) sowie von seinen organschaftlichen Vertretern und Angestellten (§ 101 InsO). In der Insolvenz kommen vor allem auch die Geschäftsführer und Gesellschafter als Anspruchsgegner in Betracht, um Ansprüche aus § 15b InsO, § 15a InsO i.V.m. § 823 Abs. 2

239 *BGH* NZI 2003, 545; Thomas/Putzo/*Hüßtege* ZPO § 19a Rn. 1.
240 *BGH* NZI 2019, 644 Rn. 4; NZI 2018, 862 Rn. 8 f.; NZI 2018, 581 Rn. 7; *Hees/Freitag* NZI 2017, 377.
241 *BGH* NZI 2022, 216 Rn. 6; NZI 2017, 546 Rn. 2; NZI 2017, 414 Rn. 2.
242 *BGH* NZI 2018, 581 Rn. 19 ff.

BGB, § 826 BGB, § 19 GmbHG, § 43 GmbHG durchzusetzen. Das Einzugsrecht des Insolvenzverwalters erstreckt sich auch auf Forderungen, an denen Absonderungsrechte (z.B. Globalzession) bestehen (§ 166 Abs. 2 InsO).

Beispiele für offene Forderungen Die MODEHAUS GmbH hat im Mai zwei Abendkleider an ihre Kundin Kenda (K) geliefert; diese schuldet noch den Kaufpreis (Anspruch aus § 433 Abs. 2 BGB). Die MODEHAUS GmbH hat ihrem Gesellschafter Max (M) ein Darlehen über 100 000 EUR gewährt, das noch nicht zurückgezahlt wurde (Anspruch aus § 488 Abs. 1 S. 2 BGB). Die Arbeitnehmer Aris (A) und Boris (B) haben zu viel Weihnachtsgeld erhalten (Anspruch aus § 812 Abs. 1 BGB). Gesellschafter Fred (F) hat seine Stammeinlage noch nicht in voller Höhe einbezahlt (Anspruch aus § 19 GmbHG). Geschäftsführerin Gloria (G) hat zwei Tage vor dem Eröffnungsantrag noch ein Sektfrühstück für alle Mitarbeitenden organisiert und aus der Firmenkasse bezahlt (Anspruch aus § 15b Abs. 1, 4 InsO). ■

312 In der Praxis werden häufig Vergleiche mit den Vertragspartnern des Schuldners und Dritten geschlossen, um langwierige Prozesse mit ungewissem Ausgang zu vermeiden. Gerade in Insolvenzverfahren ist es typisch, dass die früheren Vertragspartner des Schuldners die vom Insolvenzverwalter geltend gemachten Forderungen dem Grunde und der Höhe nach besonders intensiv bestreiten. Grund ist, dass ab Insolvenzeintritt keine Aussicht auf Fortsetzung der Geschäftsbeziehungen besteht und häufig auch keine Zeugen mehr zur Verfügung stehen.

3. Geltendmachung eines Gesamtschadens nach § 92 InsO

313 Die Prozessführungsbefugnis des Insolvenzverwalters (§ 80 Abs. 1 InsO) erstreckt sich grundsätzlich nur auf die zur Insolvenzmasse gehörenden **Ansprüche des Schuldners**. In Durchbrechung dieses Grundsatzes weist § 92 InsO dem Insolvenzverwalter auch die Geltendmachung **Ansprüche Dritter** zu, wenn es sich um einen sog. **Gesamtschaden** handelt. Gesamtschäden sind in § 92 S. 1 InsO legal definiert und betreffen solche Schäden, welche die Insolvenzgläubiger gemeinschaftlich durch eine Verminderung des Schuldnervermögens vor oder nach der Eröffnung des Insolvenzverfahrens erleiden. Anspruchsgegner können die Gesellschafter oder die Organe des Schuldners oder jeder Dritte sein.[243] Dazu gehören Schadensersatzansprüche der Altgläubiger gegen den GmbH-Geschäftsführer wegen Insolvenzverschleppung (§ 15a InsO i.V.m. § 823 Abs. 2 BGB).[244] Während des Insolvenzverfahrens darf der Anspruch nicht von den geschädigten Gläubigern (Sperrwirkung), sondern nur vom Insolvenzverwalter als gesetzlicher Prozessstandschafter geltend gemacht werden (Ermächtigungswirkung).[245] Damit soll ein Wettlauf der Gläubiger vermieden und deren gleichmäßige Befriedigung gewährleistet werden. § 92 InsO enthält keine eigene Anspruchsgrundlage, sondern regelt die Einziehung aufgrund anderer Anspruchsgrundlagen, sofern ein Gesamtschaden vorliegt.[246]

314 Der Anwendungsbereich des § 92 S. 1 InsO ist insbesondere bei Insolvenzen mit betrügerischem Hintergrund (z.B. Green Planet, Wirecard) für Ansprüche aus § 823 Abs. 2 BGB i.V.m.

243 *BGH* NZI 2022, 697 Rn. 10.
244 Fallbeispiel bei *Bork* Insolvenzrecht Rn. 237.
245 *BGH* NZI 2022, 118 Rn. 9.
246 *BGH* NZI 2022, 697 Rn. 10; NZI 2021, 173 Rn. 20; BeckOK InsR/*Cymutta* InsO § 92 Rn. 2.

§ 257 StGB eröffnet.[247] Hat ein (Erst-)Insolvenzverwalter die Masse geschädigt, etwa durch Veruntreuung oder Verschleuderung von Vermögenswerten, ist er den Insolvenzgläubigern nach § 60 InsO zum Schadensersatz verpflichtet. Der Anspruch auf Ersatz des Gesamtschadens kann nur von einem neuen Sonderinsolvenzverwalter geltend gemacht werden (§ 92 S. 2 InsO).[248]

4. Haftungsansprüche aus akzessorischer Gesellschafterhaftung

Die Geltendmachung von Ansprüchen aus akzessorischer Gesellschafterhaftung ist in § 93 InsO gesondert geregelt. Danach ist es den Gläubigern einer Personengesellschaft während des eröffneten Verfahrens untersagt, die Haftungsansprüche gegen die persönlich haftenden Gesellschafter gerichtlich einzuklagen; ihnen fehlt die Prozessführungsbefugnis (Sperrwirkung).[249] An ihrer Stelle ist allein der Insolvenzverwalter als gesetzlicher Prozessstandschafter berechtigt, die Haftungsansprüche geltend zu machen (Ermächtigungswirkung). Von § 93 InsO sind die Haftungsansprüche gegen die OHG-Gesellschafter (§ 128 HGB), gegen die Komplementäre einer KG (§§ 161 Abs. 2, 128 HGB), gegen die GbR-Gesellschafter (§ 128 HGB analog bzw. ab 2024 gem. § 721 BGB n.F.), gegen die Partner einer PartG/PartmbB (§ 8 Abs. 1 S. 1 PartGG), gegen die Kommanditisten (§ 176 HGB) sowie gegen den Komplementär einer KGaA (§ 278 Abs. 1 AktG) erfasst. Zweck der Norm ist, einen Gläubigerwettlauf zu verhindern und die gleichmäßige Befriedigung der Gläubiger sicherzustellen. 315

» Hier sind gesellschaftsrechtliche Grundkenntnisse gefragt. Ihnen sollte die Norm des § 128 HGB zur Gesellschafterhaftung in der OHG vertraut sein. Ab 2024 ist die persönliche Haftung der GbR-Gesellschafter in § 721 BGB n.F. zu finden. «

Die Ermächtigungswirkung hat zur Folge, dass der Insolvenzverwalter die Forderungen der Gesellschaftsgläubiger gegen die Gesellschafter gebündelt einziehen kann. Da die Gläubiger materiell-rechtlich Inhaber der Forderungen bleiben, fallen die eingeforderten Beträge nicht in die Insolvenzmasse; der (ausgeschiedene) Gesellschafter tilgt durch Zahlung die konkreten Forderungen, sodass der Insolvenzverwalter eine Sondermasse bilden muss.[250] Das Einfordern der Haftungsansprüche führt häufig zur Folgeinsolvenz der Gesellschafter (sog. Doppelinsolvenz).[251] 316

Ergänzt wird § 93 InsO durch § 171 Abs. 2 HGB. Nach §§ 171 Abs. 1 Hs. 1, 172 Abs. 4 HGB haftet der Kommanditist den Gläubigern bis zur Höhe seiner Einlage unmittelbar, wenn die Einlage erst gar nicht geleistet oder später rückerstattet wurde. Die Einlageansprüche können während des Insolvenzverfahrens nur vom Insolvenzverwalter geltend gemacht werden (§ 171 Abs. 2 HGB). Die Ansprüche sind Bestandteil der Insolvenzmasse, so dass die Befugnis des Insolvenzverwalters zu ihrer Geltendmachung aus § 80 Abs. 1 InsO resultiert.[252] Im Prozess muss der Insolvenzverwalter für die Haftung aus § 171 Abs. 1 Hs. 1, Abs. 4 HGB darlegen, dass Forderungen der Gläubiger mindestens in Höhe der geltend gemachten Hafteinlage bestehen. Hierfür genügt es, wenn der Insolvenzverwalter die Insolvenztabelle (§ 175 InsO) mit den festgestellten Forderungen vorlegt, die nicht aus der Insolvenzmasse befriedigt werden können.[253] Hat der Schuldner die Forderungen im Prüfungstermin nicht bestritten, kann der Kommanditist die in der Tabelle festgestellten Forderungen nicht mehr bestreiten. Dies folgt 317

247 Vgl. *BGH* NZI 2022, 697 Rn. 11.
248 Vgl. *BGH* NZI 2016, 831 Rn. 12 ff.; *Foerste* Insolvenzrecht Rn. 311.
249 *BGH* NZI 2016, 445 Rn. 10, 13; NZI 2012, 858, 859.
250 *BGH* NZI 2016, 430 Rn. 12.
251 BeckOK InsR/*Cymutta* InsO § 93 Rn. 35.
252 Braun/*Kroth* InsO § 93 Rn. 12.
253 *BGH* NZI 2021, 926 Rn. 39; NZI 2020, 1004 Rn. 14 f.; NZI 2018, 442 Rn. 15.

aus der Rechtskraftwirkung der Tabelle gegenüber dem Schuldner gem. § 201 Abs. 2 InsO, die auch gegenüber dem Kommanditisten wirkt, da er die in der Person der Gesellschaft (des Schuldners) begründeten Einwendungen nach §§ 129 Abs. 1, 161 Abs. 2 HGB verliert.[254]

III. Insolvenzanfechtung

1. Grundlagen

» Der Zugang zu dieser Materie ist nicht ganz leicht. Manche Vorschriften wurden 2017 reformiert, um die großzügige Anfechtungsrechtsprechung des *BGH* einzudämmen. Die vielen *BGH*-Urteile zeigen, dass diese Materie in der Praxis besonders relevant ist. «

318 Im Normalfall unterhält der Schuldner, bevor es zum Insolvenzverfahren kommt, noch umfangreiche Geschäftsbeziehungen. Es werden Waren gekauft, Arbeitnehmerinnen vergütet, Prozesse geführt, Mietschulden beglichen, Leasingraten bezahlt, Kredite bedient, Spenden an kirchliche Einrichtungen überwiesen oder Zahlungen an Versicherungen, Krankenkassen oder das Finanzamt geleistet. Zuweilen werden noch Grundstücke an nahe Angehörige verschenkt oder Lieferanten auf deren Drängeln nachbesichert. Mit Eröffnung des Insolvenzverfahrens werden diese Rechtshandlungen auf den Prüfstand gestellt. Instrument ist die Insolvenzanfechtung, die in den §§ 129 bis 147 InsO geregelt ist und dem Insolvenzverwalter die Möglichkeit verschafft, masseschmälernde Rechtshandlungen, die im Vorfeld der Insolvenzeröffnung vorgenommen wurden, rückwirkend zu beseitigen und **Vermögenswerte** in die Masse **zurückzuholen**.[255] Die Ermittlung von Anfechtungsansprüchen gehört zu den Kernaufgaben des Insolvenzverwalters.[256] Schätzungen zufolge wird über das Instrument Insolvenzanfechtung ca. 25 % der Masse generiert.

319 Das Insolvenzanfechtungsrecht ist durch zahlreiche Urteile des IX. Zivilsenats des *BGH* geprägt. Die Struktur des Anfechtungsrechts ist komplex. Die allgemeinen Voraussetzungen der Anfechtung sind zunächst in § 129 InsO geregelt. Zusätzliche Voraussetzung ist, dass ein Anfechtungsgrund besteht. In den §§ 130 bis 138 InsO sind die einzelnen Anfechtungstatbestände enthalten, die wiederum an unterschiedliche Zeitfenster anknüpfen (10 Jahre, 4 Jahre, 2 Jahre, 1 Jahr, 3 Monate, 1 Monat vor dem Eröffnungsantrag) und sich in ihren objektiven und subjektiven Voraussetzungen unterscheiden. Bei nahestehenden Personen ist die Insolvenzanfechtung erleichtert (§§ 130 Abs. 3, 131 Abs. 2 S. 2, 132 Abs. 3, 133 Abs. 2, 137 Abs. 2 S. 2 InsO). Anspruchsgrundlage für den schuldrechtlichen Rückgewähranspruch des Insolvenzverwalters gegen den Begünstigten ist stets § 143 InsO.

2. Allgemeine Voraussetzungen

320 Für sämtliche Anfechtungstatbestände der §§ 130 bis 137 InsO müssen die Voraussetzungen des § 129 InsO vorliegen. Anfechtbar sind nur „Rechtshandlungen", die „vor Verfahrenseröffnung" vorgenommen wurden und „die Insolvenzgläubiger benachteiligen".

a) Rechtshandlung

321 „Rechtshandlung" i.S.d. § 129 Abs. 1 InsO ist jedes willensgeleitete, verantwortungsgesteuerte Handeln, das eine rechtliche Wirkung auslöst.[257] Der Begriff wird weit verstanden und erfasst Rechtsgeschäfte, rechtsgeschäftsähnliche Handlungen, Prozess- und Vollstreckungs-

254 *BGH* NZI 2021, 926 Rn. 44; NZI 2018, 442 Rn. 21 ff.; a.A. *Dahl/Engels* NZI 2018, 435, 436.
255 *Reischl* Insolvenzrecht, Rn. 569.
256 *BGH* NZI 2021, 505 Rn. 12.
257 *BGH* NZI 2017, 715 Rn 14; NZI 2010, 17; NZI 2007, 158.

handlungen sowie Realakte.[258] *Beispiele*: Der Schuldner übereignet ein Grundstück, reicht ein zinsloses Darlehen aus oder gibt im Prozess ein Anerkenntnis ab. Einer aktiven Handlung steht nach § 129 Abs. 2 InsO willentliches Unterlassen gleich (z.B. das Unterlassen der Mängelrüge nach § 377 HGB oder das Zulassen des Verjährungseintritts).[259] Gegenstand der Anfechtung können Rechtshandlungen des **Schuldners**, der **Gläubiger** oder eines **Dritten** sein. Einige Anfechtungstatbestände verlangen eine Rechtshandlung des Schuldners (§§ 132–134 InsO).

b) Vor Verfahrenseröffnung

Die Rechtshandlung muss **vor der Eröffnung** des Insolvenzverfahrens **vorgenommen** wor- **322**
den sein. **Nach** der Eröffnung helfen das Vollstreckungsverbot (§ 89 InsO), die Verfügungsbeschränkungen (§§ 81, 91 InsO) sowie die ausschließliche Verfügungsbefugnis des Insolvenzverwalters (§ 80 Abs. 1 InsO) vor einem Schwund der Masse. Nach § 140 Abs. 1 InsO gilt eine Rechtshandlung als in dem Zeitpunkt „vorgenommen", in dem ihre rechtlichen Wirkungen eintreten. Ein Kausalgeschäft ist mit seinem Abschluss vorgenommen. Bei **mehraktigen** Erwerbstatbeständen kommt es auf den letzten Teilakt an; dieser muss also vor der Eröffnung liegen.[260] Bei der Übereignung einer beweglichen Sache ist letzter Teilakt die Übergabe der Sache. Bei Vorausabtretung einer sicherungszedierten Forderung ist letzter Teilakt das Entstehen der künftigen Forderung. Von dem Grundsatz, dass die rechtlichen Wirkungen vor Eröffnung eingetreten sein müssen, macht allein der Sonderfall des § 147 Abs. 1 InsO eine Ausnahme. Da § 129 InsO die Anfechtbarkeit von Rechtshandlungen vor Eröffnung anordnet, sind auch Rechtshandlungen des Schuldners, die mit Zustimmung des vorläufigen schwachen Insolvenzverwalters oder des vorläufigen Sachwalters erfolgt sind, anfechtbar, außer der Leistungsempfänger hat auf die Rechtsbeständigkeit der Zustimmung vertraut (§ 242 BGB).[261]

c) Gläubigerbenachteiligung

aa) Mittelbare und unmittelbare Benachteiligung

Eine Gläubigerbenachteiligung i.S.d. § 129 InsO liegt vor, wenn die Rechtshandlung entweder **323**
die **Aktivmasse verringert** oder die **Schuldenmasse erhöht,** wenn sich also die Befriedigungschancen der Gläubiger ohne die Rechtshandlung bei wirtschaftlicher Betrachtungsweise günstiger gestaltet hätten.[262] Die Zahlung von Steuern an das Finanzamt, die Rückzahlung eines Darlehens, die Bestellung einer Buchgrundschuld, der Verzicht auf die Verjährungseinrede oder die unentgeltliche Übertragung eines Grundstücks an einen Familienangehörigen sind typische Rechtshandlungen, die einer Schmälerung der Masse bewirken.

Zwischen Rechtshandlung und Gläubigerbenachteiligung muss zwar Kausalität bestehen. In der **324**
Regel genügt eine bloß **mittelbare Gläubigerbenachteiligung**.[263] Sie ist gegeben, wenn die Rechtshandlung die Befriedigungsmöglichkeiten der Insolvenzgläubiger in irgendeiner Weise ver-

258 Weitere Beispiele bei *Foerste* Insolvenzrecht Rn. 317.

259 Uhlenbruck/*Borries/Hirte* InsO § 129 Rn. 115, 118 ff.

260 *BGH* NZI 2021, 222 Rn. 12; NZI 2018, 800 Rn. 12; *Becker* Insolvenzrecht § 8 Rn. 11.

261 Vgl. *BGH* NZI 2013, 298, 300; *OLG Düsseldorf* NZI 2019, 284, 285; *Foerste* Insolvenzrecht Rn. 318.

262 *BGH* NZI 2022, 777 Rn. 12; NZI 2022, 221 Rn. 12; NZI 2019, 933 Rn. 7; NZI 2019, 851 Rn. 21; NZI 2018, 840 Rn. 15; NZI 2018, 800 Rn. 15; NZI 2018, 216 Rn. 9; NZI 2018, 22 Rn. 22.; NZI 2017, 68 Rn. 13.

263 *BGH* NZI 2022, 221 Rn. 13 (§ 135 Abs. 2 InsO); *BGH* NZI 2017, 28 Rn. 12 (§ 130 Abs. 1 S. 1 InsO).

schlechtert und sei es auch erst durch das Hinzutreten weiterer (negativer) Umstände.[264] Es genügt, wenn der Nachteil am Ende des Anfechtungsprozesses feststeht. Beispiel: Der Schuldner verkauft ein Grundstück, das nach Insolvenzeröffnung erheblich an Wert gewinnt.

325 Nur in wenigen Fällen wird eine **unmittelbare Gläubigerbenachteiligung** gefordert (§§ 132 Abs. 1, 133 Abs. 4 InsO). Unmittelbar ist eine Benachteiligung, die ohne Hinzukommen späterer Umstände schon mit der Vornahme der angefochtenen Rechtshandlung selbst eintritt.[265] Das ist der Fall, wenn der Schuldner Vermögensgegenstände unentgeltlich überträgt oder unter Wert verschleudert.[266] Erbringt der Anfechtungsgegner unmittelbar nach Erhalt der Schuldnerleistung eine vollwertige **Gegenleistung**, scheidet eine unmittelbare Gläubigerbenachteiligung aus, da die Masse nicht verkürzt wird.[267] Gleiches gilt, wenn der Schuldner einen Gegenstand weggibt, der gar nicht zur Insolvenzmasse gehört (z.B. Zahlungen vom Pfändungsschutzkonto in Höhe des unpfändbaren Betrags, § 850k Abs. 1 ZPO).[268]

bb) Bargeschäft

326 Grundsätzlich werden Zuflüsse, die im Zusammenhang mit der Rechtshandlung erfolgen, bei der **mittelbaren** Benachteiligung nicht berücksichtigt. Eine Durchbrechung enthält § 142 InsO. Die Norm sieht vor, dass eine Leistung des Schuldners, für die er unmittelbar eine gleichwertige Gegenleistung erlangt, in der Regel unanfechtbar ist (sog. Bargeschäft). Zweck ist die Sicherheit des Rechtsverkehrs. Die Geschäftspartner sollen sich darauf verlassen dürfen, dass die in der Krise vorgenommenen Bargeschäfte nicht unter dem Damoklesschwert der Anfechtbarkeit stehen.

327 Das Bargeschäft hat drei Voraussetzungen (§ 142 Abs. 1, Abs. 2 S. 1 InsO). Erste Voraussetzung ist, dass Leistung und Gegenleistung durch eine rechtsgeschäftliche **Parteivereinbarung**, die zeitlich vor (!) der ersten Leistung getroffen werden muss, verknüpft sind.[269] Die vertragliche Vereinbarung bildet den Maßstab, welche ausgetauschten Leistungen zu vergleichen sind. Inkongruente Deckungen basieren nie auf einer vorherigen Vereinbarung, so dass die Anfechtung nach § 131 InsO möglich bleibt.[270] Zweite Voraussetzung ist, dass Leistung und erbrachte Gegenleistung **objektiv gleichwertig** sind. Dritte Voraussetzung ist, dass der Austausch von Leistung und Gegenleistung **unmittelbar** erfolgt (§ 142 Abs. 2 S. 1 InsO). Der Austausch ist unmittelbar, wenn er nach Art der der ausgetauschten Leistungen und unter Berücksichtigung der Gepflogenheiten des Geschäftsverkehrs in einem engen zeitlichen Zusammenhang erfolgt. § 142 Abs. 2, 3 InsO enthalten Sonderregelungen für Arbeitsentgelte. Nach § 142 Abs. 2 S. 2 InsO liegt ein enger zeitlicher Zusammenhang vor, wenn der Austausch von Arbeitsleistung und Lohn innerhalb von drei Monaten erfolgt.[271] Bei anderen Vertragstypen fehlt eine gesetzliche Regelung. Nach der Rechtsprechung des *BGH* darf die Frist maximal 30 Tage betragen.[272] Dies folge aus dem Rechtsgedanke des § 286 Abs. 3 BGB.[273]

264 *BGH* NZI 2021, 387 Rn. 26; NZI 2020, 170 Rn. 14; Braun/*Bra* InsO § 129 Rn. 26.
265 *BGH* NZI 2016, 773 Rn. 17; MüKoInsO/*Kayser/Freudenberg* InsO § 129 Rn. 113 ff.
266 Vgl. *Bork* Insolvenzrecht Rn. 252; *Becker* Insolvenzrecht § 8 Rn. 23.
267 *BGH* NZI 2022, 385 Rn. 100; NZI 2020, 170 Rn. 13; NZI 2019, 812 Rn. 14; NZI 2016, 773 Rn. 17.
268 *BGH* NZI 2019, 851 Rn. 21; NZI 2016, 584 Rn. 17.
269 *BGH* NZI 2016, 311 Rn. 21; NJW 2014, 2579, 2580.
270 BeckOK InsR/*Schoon* InsO § 142 Rn. 7.
271 *BGH* NZI 2022, 522 Rn. 14.
272 *BGH* NZI 2016, 134 Rn. 39; NZI 2014, 775 Rn. 33; NZI 2007, 517, 521.
273 *BGH* NJW 2015, 1109, 1116; NJW 2008, 659, 661.

Selbst Bargeschäfte sind ausnahmsweise anfechtbar. Jedoch hat der Gesetzgeber 2017 die Vorsatzanfechtung (§ 133 InsO), die auch bei einem Bargeschäft möglich ist, erschwert.[274] Nach § 142 Abs. 1 InsO kann ein Bargeschäft im Fall des § 133 InsO nur angefochten werden, wenn der Schuldner unlauter handelt und der Empfänger das unlautere Handeln erkennt. Die Anfechtung soll auf die Fälle beschränkt werden, in denen der Schuldner gezielt die Schädigung der übrigen Gläubiger herbeiführt. Als Beispiele werden Ausgaben für flüchtige Luxusgüter oder das Abstoßen unverzichtbarer Betriebsmittel genannt.[275] 328

3. Überblick zu den Anfechtungsgründen

Unterschieden wird zwischen den Anfechtungsgründen der §§ 130–132 InsO, die nur im Fall eines Insolvenzverfahrens anwendbar sind (= besondere Tatbestände), und den Anfechtungsgründen der §§ 133 bis 135 InsO, die sich auch im AnfG finden, das außerhalb eines Insolvenzverfahrens gilt (= allgemeine Tatbestände).[276] Die Anfechtungstatbestände knüpfen an unterschiedliche Zeitfenster. Am weitesten reist die Vorsatzanfechtung (§ 133 Abs. 1–3 InsO) „in die Vergangenheit" zurück. 329

4. Kongruenzanfechtung (§ 130 InsO)

In § 130 Abs. 1 S. 1 Nr. 1 bis 2 InsO werden zwei Fallgruppen der sog. Deckungsanfechtung unterschieden. 330

a) Rechtshandlung vor dem Eröffnungsantrag

Hat ein Insolvenzgläubiger Kenntnis von der Zahlungsunfähigkeit des Schuldners und lässt er sich schnell noch vor dem Eröffnungsantrag Befriedigung oder Sicherung gewähren, verdient er keinen Schutz, selbst wenn er ein vertragliches Recht auf die Befriedigung oder Sicherung hatte.[277] Unter „Deckung" ist die erlangte Sicherung oder Befriedigung zu verstehen. Sie ist „kongruent", wenn die Rechtshandlung dem Anfechtungsgegner eine Befriedigung oder Sicherung gewährt oder ermöglicht hat, die dieser aufgrund der vertraglichen Vereinbarungen genauso (nach Art und Zeitpunkt) beanspruchen durfte.[278] Klassisches Beispiel für die „Befriedigung" ist, dass der Schuldner die Forderung des Gläubigers erfüllt (§ 362 BGB), also beispielsweise die MODEHAUS GmbH eine Lieferantenrechnung begleicht. Beispiel für ein „Ermöglichen" ist, wenn der Schuldner den Anspruch im Prozess anerkennt (§ 307 ZPO).[279] Der Begriff der Sicherung wird weit verstanden. Erfasst sind sämtliche Arten von gesetzlichen oder vertraglichen Sicherheiten.[280] 331

Zudem müssen die weiteren Voraussetzungen des § 130 Abs. 1 S. 1 Nr. 1 InsO vorliegen. Danach ist die Rechtshandlung des Schuldners (Befriedigung, Sicherung) anfechtbar, wenn sie in den **letzten drei Monaten** vor dem Eröffnungsantrag erfolgt ist, der Schuldner zu diesem Zeitpunkt bereits **objektiv zahlungsunfähig** war und der Empfänger die Zahlungsunfähigkeit des Schuldners positiv **kannte**. 332

274 Näher *Ganter* NZI 2019, 481, 487 ff.
275 Näher Braun/*Riggert* InsO § 142 Rn. 23; *Ganter* NZI 2019, 481, 488.
276 *Jauernig/Berger/Thole* Insolvenzrecht § 26 Rn. 1.
277 Vgl. *Becker* Insolvenzrecht § 8 Rn. 25.
278 *OLG München* NZI 2021, 540 Rn. 25.
279 *BGH* NZI 2017, 352 Rn. 13.
280 *BGH* NZI 2021, 577 Rn. 49.

b) Rechtshandlung nach dem Eröffnungsantrag

333 Die zweite Fallgestaltung, die in § 130 Abs. 1 S. 1 InsO geregelt ist, betrifft Handlungen, die nach dem Eröffnungsantrag erfolgt sind. Diese sind anfechtbar, wenn der Empfänger die Zahlungsunfähigkeit oder den Eröffnungsantrag kannte oder kennen musste (§ 130 Abs. 1 S. 1 Nr. 2, Abs. 2 InsO). Die online-Veröffentlichung von richterlichen Anordnungen im Eröffnungsverfahren (§§ 23, 9 InsO) auf **insolvenzbekanntmachungen.de** führt nicht zu einem „Kennen-Müssen" des Eröffnungsantrags, da nicht alle Bewohnerinnen in Deutschland über einen Internetzugang verfügen.

c) Beweiserleichterungen

334 Beide Fallgestaltungen des § 130 Abs. 1 InsO knüpfen daran an, dass der Anfechtungsgegner die Zahlungsunfähigkeit positiv kennt. Selten wird der Insolvenzverwalter dem Gläubiger die Kenntnis nachweisen können, dass beim Schuldner eine 10%ige Unterdeckung (§ 17 Abs. 2 S. 1 InsO) vorlag. Daher sieht § 130 Abs. 2 InsO Beweiserleichterungen vor. So genügt es, wenn der Gläubiger **Umstände** kennt, die zwingend auf die Zahlungsunfähigkeit schließen lassen. Derartige „Umstände" sind: die Nichteinhaltung von Ratenzahlungsvereinbarungen, bloße Teilzahlungen trotz angedrohter Vollstreckung, erfolglose Vollstreckungsmaßnahmen, vergebliches Einfordern der (hohen) Forderung über einen längeren Zeitraum oder die Nichtabführung der Sozialversicherungsbeiträge über einen längeren Zeitraum.[281] Hat der Verwalter derartige Umstände dargelegt, kommt es zu einer Beweislastumkehr. Der Empfänger muss nachweisen, dass er die Leistung annehmen durfte, weil noch keine Zahlungsunfähigkeit vorlag.

Beispiel Die Krankenkasse K-AG erhält seit sechs Monaten keine Sozialversicherungsbeiträge für zehn Arbeitnehmer der MODEHAUS GmbH. Zahlt die GmbH kurz vor dem Eröffnungsantrag einen Teil der ausstehenden Beiträge, kann sich der Insolvenzverwalter auf § 130 Abs. 2 InsO berufen. Er kann anhand der Buchhaltung der MODEHAUS GmbH darlegen, dass die Krankenkasse wegen der längeren Nichtzahlung der Beiträge „Umstände" kannte, die auf eine Zahlungsunfähigkeit schließen lassen. ■

d) Beweislastumkehr bei nahestehenden Personen

335 Eine weitere Beweislastumkehr zugunsten des Insolvenzverwalters enthält § 130 Abs. 3 InsO. Ist Empfänger der Leistung eine dem Schuldner **nahestehende Person** (§ 138 InsO), wird vermutet, dass die Person die Zahlungsunfähigkeit bei Entgegennahme kannte. Der Insolvenzverwalter muss nicht einmal „Umstände" einer Zahlungsunfähigkeit vortragen. Grund ist die persönliche und wirtschaftliche Verbundenheit mit dem Schuldner, die regelmäßig einen Informationsvorsprung ermöglicht.[282] Die (lange) Norm des § 138 InsO unterscheidet danach, ob der Schuldner eine natürliche oder juristische Person ist. Ist er ein **Mensch**, sind nahestehende Personen gem. § 138 Abs. 1 Nr. 1 bis 3 InsO der Ehepartner, die Kinder und Großeltern oder Personen, die in häuslicher Gemeinschaft mit dem Schuldner leben.[283] Ist der Schuldner (oder ein Familienmitglied) Mitglied des Vertretungs- oder Aufsichtsorgans einer juristischen Person oder mit mehr als 25 % als Gesellschafter beteiligt, gehört auch die juristische Person zu den nahen Angehörigen (§ 138 Abs. 1 Nr. 4 InsO).

281 Vgl. Uhlenbruck/*Borries/Hirte* InsO § 130 Rn. 69 bis 76d; *Foerste* Insolvenzrecht Rn. 332.
282 Vgl. *BGH* NZI 2017, 358 Rn. 7; Braun/*Riggert* InsO § 138 Rn. 1.
283 Vgl. *BGH* NZI 2016, 773 Rn. 11; *Foerste* Insolvenzrecht Rn. 328.

Ist der Schuldner eine **juristische Person**, gehören Mitglieder des Vertretungs- oder Aufsichtsorgan (Vorstände, Aufsichtsratsmitglieder, Geschäftsführer) sowie Gesellschafter mit mehr als 25 % Beteiligung gem. § 138 Abs. 2 Nr. 1 InsO zu den nahestehenden Personen. Gleichfalls erfasst sind Personen, die zu den in § 138 Abs. 2 Nr. 1 und 2 InsO genannten Personen in einer in § 138 Abs. 1 InsO bezeichneten persönlichen Verbindung stehen (§ 138 Abs. 2 Nr. 3 InsO). **336**

5. Anfechtung nach § 131 InsO

a) Inkongruenz

Die Vorschrift des § 131 InsO knüpft an inkongruente Deckungen an. Anfechtungsgegner können nur Insolvenzgläubiger sein.[284] Eine inkongruente Deckung setzt nach § 131 Abs. 1 InsO voraus, dass der Anfechtungsgegner eine Sicherung oder Befriedigung erhält, die ihm nach dem Inhalt des Schuldverhältnisses **nicht** oder **nicht in der Art** oder **nicht zu der Zeit** zustand. Maßstab ist das vertraglich geschuldete Leistungsprogramm.[285] Eine Deckung ist beispielsweise inkongruent, wenn der Schuldner für eine ungesicherte Verbindlichkeit nachträglich eine Sicherheit bestellt oder eine verjährte Forderung erfüllt.[286] Inkongruenz besteht auch im Fall der Direktzahlung an einen Dritten[287] oder im Fall der Leistung auf eine nachrangige Forderung, die einer Durchsetzungssperre unterliegt.[288] Sogar eine durch **Einzelzwangsvollstreckung** erhaltene Sicherung oder Befriedigung (Pfändungspfandrecht bzw. Erlösauszahlung) ist nach Ansicht des *BGH* inkongruent.[289] Es lässt sich damit argumentieren, dass die Sicherung/Befriedigung nicht auf dem „vertraglichen Leistungsprogramm" basiert. Betroffen sind vor allem Finanzämter und Sozialversicherungsträger, die die (Verwaltungs-) Vollstreckung mit eigenem Personal selbst durchführen. **337**

b) Anfechtungszeiträume

§ 131 Abs. 1 Nr. 1 unterscheidet zwischen drei Zeiträumen. Eine inkongruente Handlung ist **ohne weiteres** anfechtbar, wenn sie **im letzten Monat vor** dem Eröffnungsantrag oder danach vorgenommen wurde (§ 131 Abs. 1 Nr. 1 InsO). Auf die Kenntnis des Anfechtungsgegners von der Zahlungsunfähigkeit kommt es nicht an. Der Insolvenzverwalter muss im Anfechtungsprozess lediglich die Rechtshandlung, die Inkongruenz und den einschlägigen Zeitpunkt darlegen und beweisen. Bei Vollstreckungsmaßnahmen ist zu unterscheiden. Wurde im letzten Monat vor dem Eröffnungsantrag lediglich ein Pfändungspfandrecht (Sicherheit) erlangt, unterliegt diese Vollstreckungsmaßnahme der Rückschlagsperre (§ 88 InsO), so dass es keiner Anfechtung bedarf.[290] Hat der Gläubiger dagegen im letzten Monat vor dem Eröffnungsantrag Befriedigung aus dem Pfändungspfandrecht (Erlösauskehr) erlangt, kann diese Maßnahme angefochten werden (§ 131 Abs. 1 S. 1 Nr. 1 InsO). Gleiches gilt für freiwillige Zahlungen an den Gerichtsvollzieher in der Monatsfrist, wenn der Schuldner damit die Vollstreckung abwenden will.[291] **338**

284 *BGH* NJW 2019, 3578 Rn. 9.
285 Vgl. *BGH* NZI 2022, 777 Rn. 43; NZI 2019, 509 Rn. 21; *BAG* NZI 2022, 782 Rn. 18.
286 *BGH* NZI 2019, 509 Rn. 20; *Foerste* Insolvenzrecht Rn. 334.
287 *BGH* NJW 2019, 3578 Rn. 22; NZI 2016, 311 Rn. 16.
288 *BGH* NZI 2019, 509 Rn. 24.
289 *BGH* NZI 2022, 733 Rn. 48; NZI 2008, 563; krit. *Foerste* Insolvenzrecht Rn. 335.
290 *Becker* Insolvenzrecht § 8 Rn. 30.
291 *BGH* NZG 2020, 70 Rn. 19.

339 Nach der zweiten Variante (§ 131 Abs. 2 Nr. 2 InsO) ist eine Handlung anfechtbar, wenn sie im **zweiten oder dritten Monat vor** dem Eröffnungsantrag vorgenommen wurde und der Schuldner zu diesem Zeitpunkt objektiv zahlungsunfähig war. Bei Zahlungseinstellung (§ 17 Abs. 2 S. 2 InsO) wird die Zahlungsunfähigkeit des Schuldners vermutet. Der Insolvenzverwalter muss hierzu lediglich Indizien vortragen. Auf die Kenntnis des Gläubigers von der Zahlungsunfähigkeit kommt es nicht an. Die Anfechtungsvoraussetzungen sind damit stark vereinfacht.

340 Nach der dritten Variante (§ 131 Abs. 1 Nr. 3 InsO) ist die inkongruente Deckung anfechtbar, wenn sie im **zweiten oder dritten Monat vor** dem Eröffnungsantrag vorgenommen wurde und der Gläubiger wusste, dass sie die Insolvenzgläubiger benachteiligt. Auch hier gilt, dass die subjektive Kenntnis schwer nachweisbar ist. Daher genügt es, wenn der Verwalter Umstände vorträgt, die zwingend auf eine Benachteiligung schließen lassen (§ 131 Abs. 2 S. 1 InsO). Bei nahestehenden Personen wird die Kenntnis vermutet (§ 131 Abs. 2 S. 2 InsO).

6. Anfechtung nach § 132 InsO

341 Nach § 132 Abs. 1 InsO ist ein Rechtsgeschäft des Schuldners anfechtbar, wenn es die Insolvenzgläubiger **unmittelbar** benachteiligt. § 132 InsO ist ein Auffangtatbestand und erfasst Handlungen, die nicht schon nach §§ 130, 131 InsO angefochten werden können.[292] Beispiele für unmittelbar benachteiligende Rechtsgeschäfte sind: der Verzicht auf eine Forderung, die Übernahme einer Bürgschaft, die Kündigung eines zinsgünstigen Kredits, die kostenlose Überlassung von Grundstücken oder Maschinen.[293] Weitere Voraussetzung ist, dass die Handlung in den letzten drei Monaten vor dem Eröffnungsantrag vorgenommen wurde, der Schuldner zu diesem Zeitpunkt zahlungsunfähig war und der Gläubiger die Zahlungsunfähigkeit kannte.

7. Anfechtung nach § 133 InsO

a) Allgemeines

342 Die Vorsatzanfechtung gem. § 133 InsO ist in der Praxis der wichtigste Anfechtungsgrund. Sie setzt voraus, dass der Schuldner seine Gläubiger wissentlich und willentlich benachteiligt und der „andere Teil" diesen Vorsatz kannte. Die Norm wurde 2017 geändert, um die anfechtungsfreundliche Rechtsprechung des *BGH* abzumildern.[294]

b) Anfechtung nach § 133 Abs. 1 bis 3 InsO

aa) Objektive Voraussetzungen und Zeitraum

343 § 133 Abs. 1 InsO setzt nach dem Wortlaut eine Rechtshandlung des **Schuldners** voraus. Vollstreckungsmaßnahmen des Gerichtsvollziehers sind keine Rechtshandlungen des „Schuldners" und sind nicht nach § 133 InsO anfechtbar.[295] Etwas anderes gilt, wenn der Schuldner die Vollstreckung (maßgeblich) gefördert hat, z.B. durch Schaffung eines Vollstreckungsti-

292 Nerlich/Römermann/*Nerlich* InsO § 132 Rn. 3.

293 *Foerste* Insolvenzrecht Rn. 343.

294 Näher *Ganter* NZI 2019, 481; *Kindler/Bitzer* NZI 2017, 369.

295 *BGH* NZI 2020, 190 Rn. 21; NZI 2012, 963 Rn. 25.

tels.[296] Dann ist die Vollstreckung einer freiwilligen Befriedigung gleichzustellen. Im Rahmen des § 133 Abs. 1 InsO genügt eine mittelbare Gläubigerbenachteiligung.[297]

Die Vorsatzanfechtung nach § 133 Abs. 1 InsO unterscheidet zwischen **zwei Anfechtungszeiträumen**. Die nach § 133 Abs. 1 InsO angefochtene (sonstige) Rechtshandlung muss in den letzten **zehn Jahren** vor dem Eröffnungsantrag oder danach vorgenommen worden sein. Handelt es sich bei der angefochtenen Rechtshandlung um eine Deckungshandlung, ist die Anfechtungsfrist nach § 133 Abs. 2 InsO auf **vier Jahre** verkürzt. Deckungshandlungen sind dadurch gekennzeichnet, dass sie einem Insolvenzgläubiger Befriedigung oder Sicherung gewähren. Die Vier-Jahres-Frist gilt nicht nur für kongruente Deckungen (§ 130 InsO), sondern nach der Gesetzesbegründung auch für inkongruente Deckungen (§ 131 InsO).[298] § 133 Abs. 2 InsO ist lex specialis zu § 133 Abs. 1 InsO, so dass Deckungshandlungen außerhalb des Vier-Jahreszeitraums nicht nach § 133 Abs. 1 InsO anfechtbar sind.[299] Die Zehn-Jahres-Frist des § 133 Abs. 1 InsO ist also nur für sonstige Vermögensverschiebungen relevant. 344

bb) Gläubigerbenachteiligungsvorsatz des Schuldners

Der Anwendungsbereich des § 133 Abs. 1, 2 InsO ist weit. Erfasst sind sämtliche Rechtshandlungen, die die Gläubiger mittelbar benachteiligen. Gerechtfertigt ist die lange Frist von 10 Jahren/4 Jahren durch die subjektiven Kriterien (§ 133 Abs. 1 S. 1 InsO). Der **Schuldner** muss bei Vornahme der Rechtshandlung mit dem Vorsatz handeln, seine Gläubiger zu benachteiligen (Gläubigerbenachteiligungsvorsatz). Nach ständiger Rechtsprechung des *BGH* genügt bedingter Vorsatz.[300] Er liegt vor, wenn der Schuldner die Benachteiligung der Gläubiger als mutmaßliche Folge seiner Rechtshandlung erkennt und billigt. Im Prozess muss der Benachteiligungsvorsatz positiv festgestellt werden. Nach allgemeinen Grundsätzen trägt der Insolvenzverwalter die Darlegungs- und Beweislast. Da es sich bei dem Gläubigerbenachteiligungsvorsatz des Schuldners um innere, dem unmittelbaren Beweis nur schwer zugängliche Tatsachen handelt, lässt die Rechtsprechung es genügen, dass dieser mittelbar aus objektiven Tatsachen hergeleitet wird.[301] Der Verwalter muss daher lediglich **Indizien** zur Zahlungsunfähigkeit vortragen. Das Gericht muss die Indizien im Rahmen einer Gesamtbetrachtung umfassend und widerspruchsfrei würdigen (§ 286 ZPO).[302] 345

Nach der neueren Rechtsprechung des *BGH* kann der Benachteiligungsvorsatz bei kongruenten Deckungen nicht allein darauf gestützt werden, dass der Schuldner bei Vornahme der Rechtshandlung erkanntermaßen zahlungsunfähig war.[303] Vielmehr ist erforderlich, dass der Schuldner weiß oder billigend in Kauf nimmt, seine übrigen Gläubiger auch zu einem späteren Zeitpunkt nicht vollständig befriedigen zu können.[304] Dass die Liquiditätslage im Zeitpunkt der Rechtshandlung „desaströs" war, reicht somit als alleiniges Indiz für den Benachteiligungsvorsatz nicht aus. Der Schuldner kann im Prozess einwenden, er habe bei Ausführung 346

296 *BGH* NZI 2017, 715 Rn. 15 ff.; NZI 2017, 718 Rn. 10; NZI 2017, 850 Rn. 6.
297 *BGH* NZI 2017, 28 Rn. 12; NZI 2016, 636 Rn. 30; BeckOK InsR/*Raupach* InsO § 133 Rn. 9.
298 Zur Kritik *Ganter* NZI 2019, 481, 482.
299 Vgl. *BGH* NZI 2021, 577 Rn. 47.
300 *BGH* NZI 2022, 733 Rn. 12; NZI 2022, 425 Rn. 19; NZI 2022, 385 Rn. 17; NZI 2018, 114 Rn. 8.
301 *BGH* NZI 2022, 733 Rn. 12; NZI 2022, 476 Rn. 9; NZI 2021, 387 Rn. 16; NZI 2020, 1101 Rn. 17.
302 Statt vieler *BGH* NZI 2022, 397 Rn. 11; NZI 2020, 682 Rn. 7; NZI 2017, 718 Rn. 13.
303 *BGH* NZI 2022, 733 Rn. 14; NZI 2021, 720 Rn. 30; hierzu *Ganter* NZI 2021, 945, 948 f.
304 *BGH* NZI 2022, 733 Rn. 14; NZI 2022, 425 Rn. 21; NZI 2022, 397 Rn. 13; NZI 2022, 385 Rn. 19, 74; NZI 2021, 720 Rn. 36.

der Rechtshandlung mit einer baldigen Überwindung der Krise, z.B. durch die Aufnahme von Fremd- oder Eigenkapital, rechnen dürfen. Der Insolvenzverwalter ist für den Umstand, dass keine begründete Aussicht auf Beseitigung der Illiquidität bestand, auch wenn es sich um negative Tatsachen handelt, beweisbelastet.[305] So kann der Verwalter vortragen, dass der Schuldner angesichts des Ausmaßes der Deckungslücke nicht auf Besserung hoffen konnte bzw. er das Scheitern seiner Sanierungsbemühungen erkannt hat.[306]

cc) Kenntnis des Anfechtungsgegners

347 Weitere Voraussetzung der Vorsatzanfechtung ist, dass der Anfechtungsgegner den Benachteiligungsvorsatz des Schuldners im Zeitpunkt der Vornahme der Rechtshandlung (§ 140 InsO) positiv kennt (§ 130 Abs. 1 S. 1 InsO).[307] Der Insolvenzverwalter ist hierfür darlegungs- und beweispflichtig. Er hat dabei **zwei Möglichkeiten**, die Kenntnis nachzuweisen.[308] Zum einen kann er den Vollbeweis für die Kenntnis des Anfechtungsgegners nach § 133 Abs. 1 S. 1 InsO erbringen. Spiegelbildich zum Benachteiligungsvorsatz des Schuldners ist erforderlich, dass der Anfechtungsgegner die eingetretene Zahlungsunfähigkeit des Schuldners positiv kennt und zusätzlich davon Kenntnis hat, dass keine Aussicht auf Besserung besteht.[309] Beweisbelastet ist der Insolvenzverwalter.

348 Um die Kenntnis des Anfechtungsgegners zu beweisen, kann sich der Insolvenzverwalter auch auf die (widerlegliche) Vermutungsregel des § 133 Abs. 1 S. 2 InsO stützen. Danach wird die Kenntnis des Empfängers vermutet, wenn er wusste, dass die Zahlungsunfähigkeit des Schuldners drohte und die Handlung die (anderen) Gläubiger benachteiligt. Eine Abschwächung enthält der 2017 neu eingefügte § 133 Abs. 3 S. 1 InsO. In Fällen *kongruenter Deckungshandlungen* wird die Kenntnis des Anfechtungsgegners nur noch vermutet, wenn er positiv weiß, dass Zahlungsunfähigkeit eingetreten ist. Im Hinblick auf § 17 Abs. 2 S. 2 InsO genügt es aber, wenn der Gläubiger die Zahlungseinstellung kennt bzw. Umstände kennt, die einen zwingenden Rückschluss auf eine bereits eingetretene Zahlungsunfähigkeit zulassen.[310] Eine weitere widerlegbare Gegenvermutung enthält § 133 Abs. 3 S. 2 InsO, der ebenfalls 2017 eingefügt wurde. Hat der Anfechtungsgegner mit dem Schuldner eine Zahlungsvereinbarung, etwa in Form einer Ratenzahlung oder Stundung, getroffen, wird vermutet, dass er die Zahlungsunfähigkeit des Schuldners nicht kannte. Eine Zahlungsvereinbarung führt also nicht mehr zwangsläufig dazu, dass der Anfechtungsgegner auf die Zahlungseinstellung schließen muss.

349 Die Kenntnis, dass durch die Handlung andere Gläubiger benachteiligt werden, die zweite Voraussetzung des Vermutungstatbestands, wird nach der Rechtsprechung des *BGH* durch die Kenntnis der drohenden Zahlungsunfähigkeit indiziert, wenn der Anfechtungsgegner weiß, dass der Schuldner unternehmerisch (gewerblich) tätig ist, so dass er damit rechnen muss, dass es weitere Gläubiger mit ungedeckten Forderungen gibt.[311]

305 *BGH* NZI 2022, 385 Rn. 74; NZI 2021, 720 Rn. 48.

306 *BGH* NZI 2022, 733 Rn. 15; NZI 2022, 385 Rn. 23, 54 ff., 74 ff.; NZI 2021, 720 Rn. 46.

307 *BGH* NZG 2019, 1355 Rn. 25; NJW 2014, 465, 466.

308 Vgl. *BGH* NZI 2022, 385 Rn. 109; NZI 2021, 720 Rn. 9.

309 *BGH* NJW 2021, 720 Rn. 30 ff.

310 *BGH* NZI 2017, 718 Rn. 18; NZI 2017, 64 Rn. 8.

311 *BGH* NZI 2021, 387 Rn. 30 ff.; NZI 2021, 720 Rn. 51; NZI 2020, 682 Rn. 21; NZI 2019, 812 Rn. 25; NZI 2019, 594 Rn. 10; NZI 2018, 325 Rn. 12; NZI 2017, 718 Rn. 30; NZI 2016, 636 Rn. 22.

c) Anfechtung nach § 133 Abs. 4 InsO

350 Stark erleichtert ist die Vorsatzanfechtung gegenüber **nahestehenden Personen** (§ 133 Abs. 4 InsO), die häufig die finanziellen Probleme des Schuldners kennen. Die Anfechtung nach § 133 Abs. 4 InsO setzt lediglich voraus, dass eine nahestehende Person mit dem Schuldner in den letzten **zwei Jahren vor** dem Eröffnungsantrag einen **entgeltlichen Vertrag** geschlossen hat, der die Gläubiger unmittelbar benachteiligt. Die nahestehenden Personen sind in § 138 InsO definiert (näher hierzu Rn. 335 f.). Sogar Steuerberater oder Rechtsanwälte sind als nahestehende Personen von § 138 Abs. 2 Nr. 2 InsO erfasst, wenn sie aufgrund des Beratervertrags die Möglichkeit haben, sich über die gesamten wirtschaftlichen Verhältnisse des Schuldners umfassend zu informieren.[312]

351 Die Anfechtung nach § 133 Abs. 4 InsO betrifft nur **entgeltliche Verträge.** Der Vertragsbegriff i.S.d. § 133 InsO ist weit auszulegen.[313] Erfasst sind schuld- und sachenrechtliche Verträge sowie jede Rechtshandlung des Schuldners, die in Übereinstimmung mit dem Willen des Anfechtungsgegners vorgenommen wird.[314] Entgeltlich ist der Vertrag, wenn die nahestehende Person eine ausgleichende Zuwendung für die Leistung des Schuldners erbringt.[315] Auch reine Erfüllungsgeschäfte zählen zu den entgeltlichen Verträgen; das „Entgelt" ist die Befreiung von der Schuld.[316]

352 Nach § 133 Abs. 4 S. 1 InsO muss die Rechtshandlung die anderen Gläubiger **unmittelbar** benachteiligen, d.h. die Benachteiligung muss auf der Vornahme selbst beruhen (z.B. Verkauf einer Sache unter Wert, Vertrag über eine überteuerte Beratungsleistung). **Gleichwertige Gegenleistungen** schließen eine unmittelbare Benachteiligung aus.[317] Weist die nahestehende Person nach, dass der Vertrag früher als **zwei Jahre** vor dem Eröffnungsantrag geschlossen wurde oder dass ihr der Benachteiligungsvorsatz des Schuldners zur Zeit des Vertragsschlusses nicht bekannt war, ist die Anfechtung ausgeschlossen (§ 133 Abs. 4 S. 2 InsO).

8. Anfechtung nach § 134 InsO

353 **Unentgeltliche Leistungen** des Schuldners sind gem. § 134 Abs. 1 InsO anfechtbar, sofern sie in den letzten **vier Jahren vor** dem Eröffnungsantrag vorgenommen wurden („Schenkungsanfechtung").[318] Die Anfechtung nach § 134 InsO bietet den Vorteil, dass es keine subjektiven Tatbestandsmerkmale gibt und der Anfechtungszeitraum relativ lang ist. Unter „unentgeltlichen Leistungen" sind zunächst Schenkungen (§ 516 BGB) oder Spenden zu subsumieren, wobei billige Gelegenheitsgeschenke nach § 134 Abs. 2 InsO ausgenommen sind. Die Wertgrenze beträgt bei Einzelgeschenken 200 EUR, auf das Jahr kumuliert maximal 500 EUR.[319]

354 Der Anwendungsbereich des § 134 InsO ist nicht auf Schenkungen beschränkt. Unterschieden wird zwischen Zwei-Personen-Verhältnissen und Drei-Personen-Verhältnissen. Nach Ansicht des *BGH* ist eine Leistung im **Zweipersonenverhältnis „unentgeltlich"**, wenn dem

312 *BGH* NZI 2022, 385 Rn. 68.
313 *BGH* NJW 2019, 2923 Rn. 69; NZI 2018, 491 Rn. 13; NZI 2017, 358 Rn. 17; NZI 2016, 773 Rn. 13.
314 Vgl. Braun/*Bra* InsO § 133 Rn. 45.
315 *BGH* NJW 2019, 2923 Rn. 69; NZI 2016, 773 Rn. 14.
316 *BGH* NJW 2019, 2923 Rn. 69; NZI 2017, 358 Rn. 17; NZI 2016, 773 Rn. 15.
317 Vgl. *BGH* NJW 2019, 2923 Rn. 73; NZI 2017, 358 Rn. 17; NJW 2014, 2579, 2584.
318 BeckOK InsR/*Raupach* InsO § 134 Rn. 1; *Bork* NZI 2018, 1.
319 *BGH* NZI 2016, 359 Rn. 35; Braun/*de Bra* InsO § 134 Rn. 46.

Leistenden nach den Vereinbarungen kein entsprechender Gegenwert zufließen soll (z.B. Scheingeschäfts § 117 BGB).[320] Erbringt der Empfänger eine objektiv gleichwertige **Gegenleistung**, die nicht synallagmatisch verbunden sein muss, liegt eine entgeltliche Leistung vor.[321] Für die Beurteilung, ob die Gegenleistung gleichwertig ist, kommt es auf die objektive Wertrelation an.[322] Ist die Leistung objektiv nicht werthaltig, berücksichtigt der *BGH* sogar subjektive Vorstellungen der Parteien. So wird Entgeltlichkeit bejaht, wenn beide Parteien zum Zeitpunkt des Leistungsaustausches gutgläubig von der Werthaltigkeit der Gegenleistung ausgegangen sind.[323] Leistungsstörungen (z.B. Verzug mit der Gegenleistung) bewirken keine „Unentgeltlichkeit", da der Schuldner die Gegenleistung oder zumindest Schadensersatz verlangen kann.[324]

355 Sind Leistungen auf nichtige Verträge unentgeltlich? Nach h.M. ist eine Anfechtung nach § 134 InsO ausgeschlossen, wenn der Schuldner die Leistung **ohne Rechtsgrund** erbracht hat und ihm deswegen gegen den Empfänger ein Bereicherungsanspruch aus § 812 Abs. 1 S. 1 BGB (als „Gegenleistung") zusteht.[325] Die rechtsgrundlose Leistung wird somit als entgeltliche Leistung angesehen. Leistet der Schuldner jedoch in Kenntnis des fehlenden Rechtsgrunds, schließt § 814 BGB den Anspruch aus § 812 BGB aus, so der Empfänger die Leistung unentgeltlich erhält.[326] Gleiches gilt im Fall der Kondiktionensperre des § 817 S. 2 BGB.[327]

356 Im **Dreipersonenverhältnis** kommt es nicht darauf an, ob der Schuldner selbst einen Ausgleich für seine Leistung erhalten hat, sondern ob der Empfänger eine Gegenleistung erbringen musste.[328] Typischer Fall ist die Leistung auf fremde Schuld. Verliert der Leistungsempfänger aufgrund der Leistung eine werthaltige Forderung gegen einen Dritten, ist dies als „Gegenleistung" und damit als entgeltliche Leistung zu bewerten. Demgegenüber ist die Tilgung einer fremden Schuld anfechtbar, wenn die gegen den Dritten gerichtete Forderung wertlos war.[329] Anfechtungsgegner ist der Vertragspartner des Schuldners als „wahrer" Empfänger, nicht der „tatsächliche" Empfänger.[330]

Beispiel Lin (L) schließt mit Max (M) einen Darlehensvertrag über 1 Mio. EUR. Vereinbarungsgemäß überweist (L) das Darlehen direkt an die MODEHAUS GmbH, die das Darlehen sechs Monate vor Insolvenzeröffnung an (L) zurückzahlt. (L) hat mit der Rückzahlung ihren Anspruch gegen Max (M) aus dem Darlehensvertrag (§ 488 Abs. 1 S. 2 BGB) verloren. Dieser Verlust stellt eine Gegenleistung dar, so dass die Leistung der MODEHAUS GmbH an (L) nicht unentgeltlich ist. Eine Ausnahme besteht, wenn die Forderung gegen Max (M) auf Rückzahlung des Darlehens nicht werthaltig ist. Das ist der Fall, wenn Max (M) selbst insolvent und zur Rückzahlung des Darlehens nicht in der Lage ist. ■

320 *BGH* NZI 2022, 522 Rn. 10; NZI 2022, 71 Rn. 50; NZI 2021, 973 Rn. 11; NZI 2021, 883 Rn. 9; NZI 2021, 729 Rn. 11; NZI 2021, 26 Rn. 9; NZI 2020, 422 Rn. 12; NJW 2019, 2923 Rn. 83; NJW 2019, 1446 Rn. 10.
321 *BGH* NZI 2018, 800 Rn. 38; *Bork* NZI 2018, 1, 3.
322 *BGH* NZI 2021, 26 Rn. 10; NZI 2018, 491 Rn. 11.
323 *BGH* NZI 2021, 26 Rn. 10; NJW 2019, 2923 Rn. 62; NZI 2017, 68 Rn. 22; krit. *Bork* NZI 2018, 1, 8.
324 *BGH* NZI 2021, 26 Rn. 23; NZI 2018, 746 Rn. 17.
325 *BGH* NZI 2022, 563 Rn. 11; NZI 2021, 973 Rn. 12; NZI 2021, 883 Rn. 10; NZI 2021, 30 Rn. 10.
326 *BGH* NZI 2022, 425 Rn. 16; NZI 2021, 30 Rn. 10; *Lütcke* NZI 2021, 979 (Anm. zu *BGH* NZI 2021, 973).
327 *BGH* NZI 2021, 973 Rn. 12; NZI 2021, 883 Rn. 10; NZI 2021, 30 Rn. 11; NJW 2019, 2923 Rn. 66.
328 *BGH* NZI 2022, 522 Rn. 10; NZI 2020, 422 Rn. 12; NZI 2018, 800 Rn. 26.
329 *BGH* NZI 2022, 522 Rn. 10; NZI 2016, 398 Rn. 10; NZI 2016, 80 Rn. 6.
330 *BGH* NZI 2020, 422 Rn. 12.

Im Prozess trägt der Insolvenzverwalter die Darlegungs- und Beweislast für die Tatbestandsvoraussetzungen des § 134 InsO.[331] Die Beweislast, dass die Leistung bereits länger als vier Jahre vor dem Eröffnungsantrag erbracht wurde, liegt bei dem Empfänger (Wortlaut: „... es sei denn ..."). Rechtsfolge der Anfechtung ist die Pflicht des Anfechtungsgegners, die empfangene Leistung zurück zu gewähren. § 143 Abs. 2 S. 1 InsO beschränkt die Rückgewährpflicht. So kann sich der Empfänger auf den Wegfall der Bereicherung berufen (§ 818 Abs. 3 BGB), etwa wenn ihm durch das „Geschenk" Kosten entstanden sind.[332] Hingegen ist der Empfänger weiterhin bereichert, wenn er durch den Verbrauch des Geschenks notwendige Ausgaben erspart hat. Handelt der Schuldner bösgläubig (§ 143 Abs. 2 S. 2 InsO), bleibt es bei der Regelung des § 143 Abs. 1 InsO. Probleme ergeben sich, wenn die Leistung nur teilweise unentgeltlich ist (z.B. Verkauf zum „Spottpreis"). Hier ist vorrangig der Wertüberschuss der schuldnerischen Leistung zurückzuerstatten.[333] Bei Unteilbarkeit der Leistung (z.B. Grundstücksübertragung) kann der Verwalter die gesamte Leistung Zug um Zug gegen Rückgewähr der erbrachten Gegenleistung verlangen.[334] 357

Beispiel Die MODEHAUS GmbH verkauft ihrem Gesellschafter Fred (F) drei Jahre vor Insolvenzeröffnung ein Grundstück für 100 000 EUR. Der wahre Wert EUR beträgt 300 000 EUR. Der Insolvenzverwalter kann entweder die Wertdifferenz über 200 000 EUR oder die Herausgabe des Grundstücks von Fred (F) Zug um Zug gegen Zahlung von 100 000 EUR verlangen.

9. Anfechtung von Gesellschafterhandlungen

a) Gesellschafterdarlehen

Die Anfechtungsnorm des § 135 InsO ist bei der Insolvenz juristischer Personen relevant und ist im Zusammenhang mit § 39 Abs. 1 S. 1 Nr. 5 InsO zu sehen, der Gesellschafterdarlehen als nachrangige Forderungen eingruppiert. Zahlt die GmbH ihrem Gesellschafter das Gesellschafterdarlehen schnell noch im letzten Jahr vor dem Eröffnungsantrag zurück, kann der Insolvenzverwalter nach § 135 Abs. 1 Nr. 2 InsO die **Rückzahlung** des **Darlehens anfechten**. In den Anwendungsbereich der Norm fallen – aufgrund der Bezugnahme des § 135 Abs. 4 InsO auf § 39 Abs. 4 S. 1 InsO – alle Gesellschaftsformen ohne natürliche Person als persönlich haftenden Gesellschafter, wie die GmbH, die AG oder die GmbH & Co. KG.[335] Der Adressatenkreis entspricht dem des § 39 Abs. 1 S. 1 Nr. 5 InsO. Es gilt das Minderheitenprivileg (§ 135 Abs. 5 i.V.m. § 39 Abs. 5 InsO), so dass Minderheitengesellschafter nicht von § 135 InsO erfasst sind.[336] „Gesellschafter" können nicht nur unmittelbare Gesellschafter, sondern auch Dritte sein, wenn der Dritte bei wirtschaftlicher Betrachtung in Folge einer horizontalen oder vertikalen Verbindung einem Gesellschafter gleichsteht.[337] Bei zwischengeschalteten Gesellschaften kommt es maßgeblich darauf an, welche Macht der „Dritte" auf die darlehensgewährende Gesellschaft hat. Ist beispielsweise eine GmbH unmittelbare Gesellschafterin des Schuldners und gewährt nicht diese, sondern deren Gesellschafter dem Schuldner ein Darle- 358

331 *BGH* NZI 2022, 425 Rn. 14; NZI 2022, 71 Rn. 51; NZI 2021, 26 Rn. 11; NZI 2017, 393 Rn. 8.
332 *BGH* NZI 2016, 359 Rn. 41.
333 *BGH* NZI 2021, 26 Rn. 20; MüKoInsO/*Kayser/Freudenberg* InsO § 134 Rn. 42.
334 *BGH* NZI 2021, 26 Rn. 20; Uhlenbruck/*Borries/Hirte* InsO § 134 Rn. 34a.
335 Vgl. *BGH* NZI 2020, 114 Rn. 12; NZI 2017, 760 Rn. 9 (zu § 135 Abs. 2 InsO).
336 *BGH* NJW 2019, 1446 Rn. 46; *Preuß* in: Kübler/Prütting/Bork InsO § 135 Rn. 21.
337 *BGH* NZI 2019, 810 Rn. 9; NZI 2019, 169 Rn. 7.

hen (= Gesellschafter-Gesellschafter), gehört der Gesellschafter-Gesellschafter zum Adressatenkreis des § 135 Abs. 1 Nr. 2 InsO, sofern er Alleingesellschafter ist oder aufgrund einer qualifizierten Anteilsmehrheit einen beherrschenden Einfluss hat.[338] Von § 135 Abs. 1 Nr. 2 InsO wird auch die Konstellation erfasst, dass ein Gesellschafter zugleich an der darlehensnehmenden Gesellschaft (Schuldner) beteiligt und an der darlehensgewährenden Gesellschaft maßgeblich beteiligt ist.[339] Eine maßgebliche Beteiligung liegt bei einer Beteiligung von mehr als 50 % vor.[340]

Beispiel Schuldnerin ist die A-GmbH. Alleingesellschafterin der Schuldnerin ist die A-GmbH & Co. KG (Muttergesellschaft). Ein Jahr vor Insolvenzeröffnung erhält die A-GmbH von Anton (A) ein Darlehen über 100 000 EUR, das sie einen Monat vor Insolvenzeröffnung an (A) zurückzahlt. (A) ist alleiniger Kommanditist der A-GmbH & Co. KG und einziger Gesellschafter der Komplementärin. Zwar hat (A) das Darlehen nicht als Gesellschafter der A-GmbH gewährt, sondern als Dritter. Aufgrund seiner Stellung als einziger Kommanditist der Muttergesellschaft und Alleingesellschafter der Komplementär-GmbH ist (A) aber wirtschaftlich betrachtet Alleingesellschafter der Schuldnerin. Die Rückzahlung des von (A) gewährten Darlehens ist nach § 135 Abs. 1 Nr. 2 InsO anfechtbar. ■

359 Der Anwendungsbereich des § 135 Abs. 1 Nr. 2 InsO entspricht in sachlicher Hinsicht § 39 Abs. 1 S. 1 Nr. 5 InsO. Erfasst wird die Rückzahlung von **Darlehen** oder **darlehensgleichen Forderungen**. Zu den darlehensgleichen Forderungen zählen insbesondere fällige Forderungen, die dem Gesellschafter aus einem Austauschgeschäft (z.B. Kaufvertrag, Dienstvertrag) oder aus einem anderen Rechtsgrund gegen die Gesellschaft zustehen und die er rechtlich oder faktisch über einen längeren Zeitraum gestundet hat. Grund ist die „Finanzierungsfunktion", da die Gesellschaft die Beträge kapitalmäßig nutzen kann. Daher kann der Insolvenzverwalter die Rückzahlung einer aus einem Austauschgeschäft (Warenlieferung) herrührenden Forderung, die über drei Monate gestundet wurde, anfechten.[341] Auch die Gewinnausschüttung an den Gesellschafter unterliegt der Anfechtung, wenn die Gewinnforderung über acht Monate auf dem Kapitalkonto stehengelassen wurde.[342] Anfechtbar ist auch die Rückzahlung eines Geldbetrags, der aufgrund eines sittenwidrigen Darlehensvertrags (§ 138 BGB) oder eines Scheingeschäfts (§ 117 BGB) gewährt wurde.[343] Keine „Darlehensrückzahlung" sind marktübliche Zinszahlungen für die Kapitalüberlassung, da sie keine „Befriedigung" gewähren.

b) Gesellschafts- und Gesellschaftersicherheiten

360 Hat die Gesellschaft dem Gesellschafter für sein Darlehen an die Gesellschaft eine Sicherheit gewährt (z.B. Sicherungsübereignung des Firmen-LKW), ist die Bestellung der Sicherheit nach § 135 Abs. 1 Nr. 1 InsO anfechtbar, wenn sie in den letzten **zehn Jahren vor** dem Eröffnungsantrag vorgenommen wurde.

» Bitte schreiben Sie die Norm des § 143 Abs. 3 neben § 135 Abs. 2 InsO. «

361 Eine weitere Besonderheit trifft § 135 Abs. 2 InsO. Die Norm beschreibt die Situation, dass ein Gesellschafter für das Darlehen eines Dritten an die Gesellschaft eine persönliche Sicherheit bestellt und die Gesellschaft dem Dritten **innerhalb eines Jahres vor** dem Eröffnungsantrag

338 *BGH* NZI 2019, 591 Rn. 10.
339 *BGH* NZI 2019, 169 Rn. 7.
340 *BGH* NZI 2019, 810 Rn. 9; NZI 2015, Rn. 50.
341 *BGH* NZI 2022, 425 Rn. 45; NZI 2019, 810 Rn. 15, 18.; Braun/*Bra* InsO § 135 Rn. 13.
342 *BGH* NZI 2021, 180 Rn. 12; a.A. *Moeckel* NZI 2022, 636, 640 f.
343 *BGH* NJW 2019, 2923 Rn. 32 ff.

„Befriedigung gewährt", d.h. das Darlehen zurückzahlt. Die Rückzahlung an den Dritten führt dazu, dass die Masse verkürzt wird. Diese Rechtshandlung ist nach § 135 Abs. 2 InsO anfechtbar.[344] Von der Rückzahlung profitiert allein der Gesellschafter, da seine Sicherheit, die dem Dritten gegenüber eigentlich vorrangig haftet, durch die masseschmälernde Zahlung frei wird. Dem trägt § 143 Abs. 3 S. 1 InsO Rechnung, der in diesem Fall eine Anfechtung gegenüber dem Gesellschafter, nicht gegenüber dem Dritten, anordnet. Der Gesellschafter muss das zur Masse zurückleisten, was der Dritte erhalten hat. Die Leistung ist auf die Höhe des Werts der gestellten Sicherheit begrenzt (§ 143 Abs. 3 S. 2 InsO).[345]

Der *BGH* erkennt in § 135 Abs. 2 InsO ein grundlegendes Prinzip. Entscheidender Anknüpfungspunkt ist, dass der Gesellschafter durch eine Rechtshandlung, die den Darlehensgeber befriedigt, von seiner Haftung aus der Sicherheit frei wird. Daher kommt es nicht darauf an, dass „die Gesellschaft" den Gläubiger „vor" dem Eröffnungsantrag befriedigt. Von der Norm des § 135 Abs. 2 InsO ist jede Befriedigung umfasst, auch durch Zwangsvollstreckungsmaßnahmen oder andere Handlungen. Das folgt aus dem systematischen Zusammenhang zu § 143 Abs. 3 InsO. Daher gilt § 135 Abs. 2 i.V.m. § 143 Abs. 3 S. 1 InsO analog, wenn der Gläubiger erst im Insolvenzverfahren durch die Verwertung der Sicherheit befriedigt wird, also vom Insolvenzverwalter den Erlös erhält. Diese Grundsätze gelten auch im Fall der Doppelbesicherung, d.h. wenn sowohl die Gesellschaft als auch der Gesellschafter eine Sicherheit stellt.[346] **362**

c) Stille Gesellschaft

Anfechtbar ist eine Rechtshandlung, durch die einem stillen Gesellschafter die Einlage zurückgewährt wird. Voraussetzung ist, dass die Rückzahlung aufgrund einer Vereinbarung erfolgt; bei einer Kündigung ist § 136 InsO nicht anwendbar.[347] Ist die Zahlungsunfähigkeit der Gesellschaft erst nach der Vereinbarung eingetreten, ist die Anfechtung unzulässig (§ 136 Abs. 2 InsO). **363**

10. Rechtsfolgen der Anfechtung

Die Anfechtung hat mit der BGB-Anfechtung nichts zu tun, so dass sie nicht zur Nichtigkeit der Rechtshandlung führt. Vielmehr ist in § 143 Abs. 1 S. 1 InsO eine eigene Anspruchsgrundlage normiert: „Was durch die anfechtbare Handlung aus dem Vermögen des Schuldners veräußert, weggegeben oder aufgegeben ist, muss zur Insolvenzmasse zurückgewährt werden." Nach vorwiegender Ansicht handelt es sich um einen **schuldrechtlichen Rückgewähranspruch**, der mit Eröffnung des Insolvenzverfahrens entsteht.[348] Nur der Insolvenzverwalter ist zur Geltendmachung des Anspruchs berechtigt (§ 129 InsO). Anspruchsgegner ist der Empfänger der anfechtbaren Leistung, d.h. derjenige, dessen Vermögen einen Vorteil erlangt hat, welcher der Vermögensminderung beim Schuldner entspricht.[349] Auch der Rechtsnachfolger kann u.U. haften (§ 145 InsO). **364**

344 *BGH* NZI 2017, 760 Rn. 8 ff.; BeckOK InsR/*Prosteder/Dachner* InsO § 135 Rn. 49.
345 *BGH* NZI 2022, 221 Rn. 28; *Neußer* in: Kübler/Prütting/Bork InsO § 135 Rn. 72.
346 *BGH* NZI 2022, 221 Rn. 14; NZI 2017, 760 Rn. 15; NJW 2012, 156, 158.
347 Braun/*Riggert* InsO § 136 Rn. 9.
348 Vgl. nur *Jauernig/Berger/Thole* Insolvenzrecht § 25 Rn. 8.
349 *BGH* NZI 2019, 851 Rn. 5; NJW 2018, 706 Rn. 14.

a) Inhalt des Anspruchs

365 DerAnfechtungsanspruch zielt primär auf „Rückgewähr“.[350] Die Art und Weise, wie diese zu erfolgen hat, richtet sich nach den Wirkungen der Rechtshandlung. Auch einzelne abtrennbare Wirkungen einer einheitlichen Rechtshandlung können zurückgefordert werden.[351] Im Einzelnen:[352] Hat der Insolvenzverwalter die Übereignung einer Sache angefochten, muss der Empfänger die Sache zurückübereignen bzw. rückauflassen (§ 929 bzw. § 925 BGB). Wird die Abtretung einer Forderung angefochten, ist diese rückabzutreten (§ 398 BGB). Ist die Bestellung einer Grundschuld angefochten, kann der Insolvenzverwalter Zustimmung zur Löschung (§§ 1192 Abs. 1, 1183 BGB) oder den Verzicht (§§ 1192 Abs. 1, 1168 BGB) verlangen. Ist ein Pfändungspfandrecht angefochten, muss der Empfänger darauf verzichten. Hat der Schuldner anfechtbar eine Geldforderung erlassen, muss der Begünstigte in die Aufhebung des Erlassvertrags einwilligen und Zahlung in die Masse leisten.

366 Ist ein Gegenstand aus dem Schuldnervermögen weggegeben, muss dieser grundsätzlich in natura zurückgewährt werden. Im Fall des Untergangs oder der Verschlechterung ist der Empfänger nach § 143 Abs. 1 S. 2 InsO einem bösgläubigen Bereicherungsschuldner bzw. einem unrechtmäßigen Besitzer gleichgestellt. Für die Haftung sind daher §§ 819 Abs. 1, 818 Abs. 4, 292 Abs. 1, 989, 990 BGB sowie die Vorschriften, auf die in diesen Normen verwiesen wird, maßgeblich.[353] Insbesondere kann sich der Empfänger nicht auf den Wegfall der Bereicherung berufen. § 144 InsO regelt Gegenansprüche des Anfechtungsgegners, um sicherzustellen, dass die Masse infolge der Anfechtung nicht mehr erhält als ihr zusteht.

b) Prozessuale Geltendmachung

367 Der Anfechtungsanspruch entsteht mit Eröffnung des Insolvenzverfahrens und wird damit fällig.[354] Die Verjährungsfrist für den Anspruch aus § 143 InsO beträgt drei Jahre (§ 146 Abs. 1 InsO i.V.m. §§ 195, 199 BGB), so dass die Anfechtungsklage spätestens innerhalb von drei Jahren ab Fälligkeit des Anspruchs und der Kenntnis des Verwalters bzw. grob fahrlässigen Unkenntnis zum 31.12. erhoben werden muss. Grobe Fahrlässigkeit setzt eine besonders schwere Vernachlässigung der Ermittlungspflichten voraus; der bloße Zugriff auf die schuldnerische Buchhaltung genügt nicht.[355] Für die Anfechtungsklage sind die *Zivilgerichte* (nicht die *Insolvenzgerichte*) zuständig.[356] Ausnahmsweise ist der Rechtsweg zu den *Arbeitsgerichten* gegeben, wenn der Insolvenzverwalter Lohnzahlungen anficht.[357] In der Regel ist Leistungsklage zu erheben. Die Anfechtungsnorm muss nicht genannt werden,[358] so dass die Anfechtungstatbestände im Prozess ausgetauscht werden können, sofern der zugrunde liegende Lebenssachverhalt (§ 253 Abs. 2 ZPO) hinreichend bestimmt dargelegt ist. Der Insolvenzverwalter muss nicht selbst prozessieren. Er kann den Anspruch aus § 143 InsO an einen Dritten gem. § 398 BGB abtreten.[359]

---

350 BeckOK InsR/*Schoon* InsO § 143 Rn. 1.

351 *BGH* NZI 2022, 221 Rn. 13.

352 Vgl. *Jauernig/Berger/Thole* Insolvenzrecht § 25 Rn. 12.

353 Braun/*Riggert* InsO § 143 Rn. 10.

354 BeckOK InsR/*Schoon* InsO § 143 Rn. 2.

355 *BGH* NZI 2017, 102 m. Anm. *Fuchs*.

356 *BGH* NJW 2011, 1365; *Foerste* Insolvenzrecht Rn. 383.

357 GmS-OGB NJW 2011, 1211; *BAG* NJW 2009, 3389 gegen *BGH* NJW 2009, 1968.

358 *BGH* NZI 2021, 222 Rn. 27.

359 *BGH* NJW 2019, 3578 Rn. 10.

Nach § 143 Abs. 1 S. 3 InsO schuldet der Anfechtungsgegner erst ab Eintritt des Schuldnerverzugs oder der Rechtshängigkeit der Anfechtungssache Zinsen. Nach alter Rechtslage (vor 2017) waren Prozesszinsen bereits ab Verfahrenseröffnung zu zahlen, so dass Anfechtungsansprüche häufig erst kurz vor Verjährungseintritt geltend gemacht wurden, um eine hohe Verzinsung zu erreichen.[360] 368

IV. Aussonderung

1. Durchsetzung des Aussonderungsrechts

Die Aussonderung ist Teil der Massebereinigung, um von der „Ist-Masse" zur „Soll-Masse" zu gelangen.[361] Der Insolvenzverwalter muss Gegenstände, die der Aussonderung unterliegen, herausgeben. Verweigert er die Herausgabe, richtet sich das Verfahren „nach den Gesetzen, die außerhalb des Insolvenzverfahrens gelten" (§ 47 S. 2 InsO). Der Aussonderungsberechtigte muss den Insolvenzverwalter auf Herausgabe verklagen, wenn sich der Gegenstand noch in der Insolvenzmasse befindet.[362] Bei Forderungen kommt eine Klage auf Feststellung in Betracht. Örtlich zuständig für die Klagen ist das *Amtsgericht* bzw. *Landgericht (Prozessgericht)*, in dessen Bezirk das *Insolvenzgericht* liegt (§ 19a ZPO). Ausschließliche Gerichtsstände gehen vor. 369

Beispiel Mitarbeiter Moritz (M) hat seine wertvolle Uhr (Wert 3000 EUR) im Warenlager der MODEHAUS GmbH vergessen. (M) steht ein Aussonderungsrecht zu (§ 47 InsO). Er kann vom Insolvenzverwalter Herausgabe der Uhr verlangen (§ 985 BGB). Gibt dieser die Uhr nicht freiwillig heraus, kann (M) den Insolvenzverwalter vor dem *AG Nürnberg* (§ 19a ZPO) auf Herausgabe verklagen. Auch eine einstweilige Verfügung (§ 935 ZPO) ist möglich.[363] ■

2. Ersatzaussonderung

Ist das Aussonderungsrecht durch eine wirksame Verfügung des Schuldners **vor** Verfahrenseröffnung oder des Insolvenzverwalters **nach** Verfahrenseröffnung vereitelt worden, kann der Aussonderungsberechtigte Ersatzaussonderung der Gegenleistung verlangen (§ 48 S. 1 InsO). Ist die Gegenleistung noch nicht erbracht, muss der Verwalter den Anspruch auf Erlös abtreten (§ 48 S. 1 InsO). Wurde die Gegenleistung bereits in die Masse geleistet, ist sie herauszugeben, sofern sie dort noch unterscheidbar vorhanden ist (§ 48 S. 2 InsO). Bei bar gezahltem Geld ist der Betrag unterscheidbar vorhanden, wenn der konkrete Geldbetrag getrennt von anderem Bargeld verwahrt worden ist.[364] Bei Einzahlung der Gegenleistung auf ein Konto genügt für die Unterscheidbarkeit, dass das Konto ein Guthaben aufweist.[365] Ist das Geld nicht mehr unterscheidbar vorhanden, weil sich das Konto im Soll befindet, besteht ein Masseanspruch wegen ungerechtfertigter Bereicherung (§ 55 Abs. 1 Nr. 3 InsO). Das soll verhindern, dass sich die Gläubiger auf Kosten Dritter befriedigen. Der Bereicherungsanspruch setzt voraus, dass die Insolvenzmasse erst nach Verfahrenseröffnung bereichert worden ist, also die Gegenleistung erst nach Eröffnung geflossen ist.[366] 370

360 *Kindler/Bitzer* NZI 2017, 369, 376.
361 Uhlenbruck/*Brinkmann* InsO § 47 Rn. 1; *Beck/Depré/Ringstmeier* Praxis der Insolvenz § 14 Rn. 4.
362 *Zimmermann* Insolvenzrecht Rn. 228.
363 Vgl. Braun/*Bäuerle* InsO § 47 Rn. 98.
364 *BGH* NJW 2019, 1940 Rn. 82 f.; *Foerste* Insolvenzrecht Rn. 410.
365 Vgl. *BGH* NZI 2020, 164 Rn. 7; *BGH* NJW 2019, 1940 Rn. 42, 84.
366 *BGH* NJW 2019, 1940 Rn. 55.

V. Verwertung des Absonderungsguts

1. Bewegliches Vermögen

a) Bewegliche Sachen

371 Lesen Sie die §§ 166, 167, 168, 169, 170, 171, 172, 173 InsO einmal komplett durch. Die Normen enthalten alle Informationen zum Verwertungsrecht des Insolvenzverwalters.

Sobald das Insolvenzverfahren eröffnet wird, ist nur noch der Insolvenzverwalter zur Verwertung der mit Absonderungsrechten belasteten, beweglichen Sachen, die er im Besitz hat, berechtigt (§ 166 Abs. 1 InsO). Dazu gehören vor allem sicherungsübereignete Gegenstände (§§ 929 S. 1, 930 BGB). Den Gläubigern steht kein eigenes Verwertungsrecht zu, sofern sich die Sachen im „Besitz" des Insolvenzverwalters befinden. Stets begründet der **unmittelbare Besitz** ein Verwertungsrecht.[367] In bestimmten Konstellationen fällt aber auch der **mittelbare Besitz** unter § 166 Abs. 1 InsO.[368] Erfasst sind Fälle, in denen der Schuldner die sicherungsübereigneten Sachen einem Dritten vorübergehend vermietet oder zur Reparatur weggegeben hat.[369] Demgegenüber berechtigt der mittelbare Besitz des Insolvenzverwalters nicht zur Verwertung, wenn der Absonderungsberechtigte selbst unmittelbarer Besitzer ist. Da der Schuldner in dieser Konstellation von der Nutzung der Sachen ausgeschlossen ist, darf der Absonderungsberechtigte die Sachen selbst verwerten (§ 173 Abs. 1 InsO), wobei das Gericht für die Verwertung eine Frist bestimmen kann (§ 173 Abs. 2 InsO).[370]

372 Die Verwertung durch den Insolvenzverwalter erfolgt nach dem Berichtstermin. Zwischen dem Eröffnungsbeschluss und dem Berichtstermin darf der Verwalter die beweglichen Sachen weiternutzen; er muss aber den eintretenden Wertverlust durch fortlaufende Zahlungen ausgleichen (§ 172 Abs. 1 InsO). Nach dem Berichtstermin muss der Verwalter unverzüglich mit der Verwertung beginnen (§ 159 InsO). Er entscheidet über die Art der Verwertung. Er kann die Sachen freihändig verkaufen oder im Wege einer öffentlichen Versteigerung veräußern. Möglich ist auch die Verarbeitung des Sicherungsguts (§ 172 Abs. 2 InsO). Sollte der Verwalter die Verwertung verzögern, wird der Absonderungsberechtigte durch § 169 S. 1 InsO geschützt. Er erhält ab dem Berichtstermin die laufenden Zinsen für den gesicherten Anspruch. Die Höhe der Zinsen richtet sich nach der vertraglichen Vereinbarung; ansonsten sind es 4 % (§ 246 BGB).[371] Der Verwalter ist außerdem zur Kommunikation verpflichtet. Er muss auf Verlangen über den Zustand der Sache berichten (§ 167 Abs. 1 InsO) und mitteilen, an wen und zu welchem Preis er verwerten will (§ 168 Abs. 1 S. 1 InsO). Innerhalb einer Woche kann der Gläubiger Gegenvorschläge unterbreiten (§ 168 Abs. 1 S. 2 InsO).

b) Forderungen

373 Die Verwertung von Forderungen ist in § 166 Abs. 2 InsO geregelt. Danach ist der Insolvenzverwalter zur Verwertung der Forderungen, die mit einem Absonderungsrecht belastet sind, zuständig. Das betrifft vor allem die zur Sicherheit abgetretenen Forderungen. Die Verwertungsbefugnis des Verwalters ist schon deshalb sachgerecht, da nur er über die erforderli-

---

367 *BGH* NZI 2018, 396 Rn. 18; NZI 2018, 174 Rn. 7.

368 Vgl. *BGH* NZI 2016, 633 Rn. 20; NZI 2016, 21 Rn. 20; NZI 2011, 602 Rn. 31.

369 *BGH* NZI 2018, 396 Rn. 19 ff.; *Foerste* Insolvenzrecht Rn. 429.

370 *BGH* NZI 2016, 633 Rn. 7; *Becker* Insolvenzrecht § 4 Rn. 36.

371 *BGH* NZI 2006, 342 Rn. 31.

chen Dokumente und Vertragsunterlagen, die beim Insolvenzschuldner liegen, verfügt.[372] Die Verwertung erfolgt durch Einziehung der Forderungen oder durch Verkauf (§§ 433, 453 Abs. 1 BGB). § 166 Abs. 2 InsO gilt nicht für verpfändete Forderungen; hier verwertet der Gläubiger selbst (vgl. § 173 Abs. 1 InsO).[373]

c) Erlösauskehr und Kostenbeteiligung

Nach der Verwertung ist der absonderungsberechtigte Gläubiger unverzüglich aus dem durch Verkauf erzielten Erlös zu befriedigen (§ 170 Abs. 1 S. 2 InsO). Zieht der Verwalter den Erlös zur Masse, erlischt das Absonderungsrecht; an seine Stelle tritt eine Masseschuld nach § 55 Abs. 1 Nr. 3 InsO.[374] Der vereinnahmte Erlös steht dem Absonderungsberechtigten nicht in voller Höhe zu, da zunächst einmal die Umsatzsteuer abzuziehen ist (§ 171 Abs. 2 S. 3 InsO). Ebenfalls abzuziehen sind die Kostenbeiträge des Insolvenzverwalters. Für die **Kosten der Feststellung** fallen pauschal **4 %** des Verwertungserlöses an (§§ 170 Abs. 1 S. 1, 171 Abs. 1 S. 2 InsO), für die **Kosten der Verwertung** sind es pauschal **5 %** (§§ 170 Abs. 1 S. 1, 171 Abs. 2 S. 1 InsO). Insgesamt kommen damit 9 % des erzielten Erlöses der Masse zugute. Dem Absonderungsberechtigten verbleiben 91 % des Erlöses, sofern die gesicherte Forderung den Betrag erreicht. Fallen höhere Verwertungskosten an, weil der Verwalter individuelle Vergütungsvereinbarungen mit dem absonderungsberechtigten Gläubiger trifft, muss der Gläubiger diesen Betrag entrichten (§ 171 Abs. 2 S. 2 InsO). **374**

2. Grundstücke

Gläubiger, denen ein Recht auf abgesonderte Befriedigung an einem Grundstück zusteht, sind auch nach Eröffnung des Insolvenzverfahrens berechtigt, die Zwangsversteigerung oder die Zwangsverwaltung des Grundstücks zu betreiben (§§ 49, 80 Abs. 2 S. 2 InsO). Dazu muss ein Vollstreckungstitel gegen den Insolvenzverwalter, der auf Duldung der Zwangsvollstreckung lautet (§§ 1147, 1192 Abs. 1 BGB), vorliegen. Besteht ein Vollstreckungstitel gegen den Schuldner (z.B. in Form einer vollstreckbaren Urkunde nach §§ 794 Abs. 1 Nr. 5, 800 ZPO), kann der Titel auf Antrag des Gläubigers auf den Insolvenzverwalter umgeschrieben (§ 727 ZPO) und ihm zugestellt werden (§ 750 Abs. 2 ZPO).[375] Dem Insolvenzverwalter steht das Recht zu, die durch den Gläubigerantrag veranlasste Zwangsversteigerung zu stoppen und deren Einstellung zu beantragen (§ 30d Abs. 1 S. 1 Nr. 1 bis 4 ZVG). Ein Einstellungsgrund liegt vor, wenn das Grundstück zur Betriebsfortführung benötigt wird (§ 30d Abs. 1 S. 1 Nr. 2 ZVG) oder wenn durch die Versteigerung eine angemessene Verwertung der Insolvenzmasse wesentlich erschwert würde (§ 30d Abs. 1 S. 1 Nr. 4 ZVG). In diesem Fall kann der Verwalter nach der Einstellung eine freihändige Verwertung durchführen.[376] **375**

Auch dem **Insolvenzverwalter** steht gleichwertig neben den Absonderungsgläubigern das Recht zu, die **Zwangsversteigerung** zu beantragen (§ 165 InsO). Er benötigt hierfür keinen Vollstreckungstitel.[377] Die Zwangsversteigerung erfolgt hier im Rang des § 10 Abs. 1 Nr. 5 ZVG, da der Insolvenzverwalter für alle ungesicherten Gläubiger handelt. Ist das Grundstück mit **376**

372 *BGH* NZI 2020, 20 Rn. 19; *Jauernig/Berger/Thole* Insolvenzrecht § 24 Rn. 6.
373 *BGH* NZI 2022, 373 Rn. 34.
374 *BGH* NZI 2018, 174 Rn. 7.
375 *BGH* NZI 2016, 773 Rn. 42; NJW 2011, 1818.
376 *BGH* NZI 2016, 773 Rn. 43.
377 Braun/*Dithmar/Miglietti* InsO § 165 Rn. 8.

mehreren Grundpfandrechten belastet, fallen die vorstehenden Grundschulden (§ 10 Abs. 1 Nr. 4 ZVG) in das geringste Gebot (§§ 44 Abs. 1, 45 Abs. 1 ZVG). Alternativ kann der Verwalter nach § 174a ZVG vorgehen und verlangen, dass nur die Rechte vor der Rangklasse 1a in das geringste Gebot fallen.[378] Voraussetzung ist, dass Feststellungskosten i.S.d. § 10 Abs. 1 Nr. 1a ZVG angefallen sind, weil sich mithaftendes Mobiliar auf dem Grundstück befindet.[379] Folge dieses Vorgehens ist, dass der Ersteher das Grundstück frei von den in § 10 Abs. 1 Nr. 2 bis 10 ZVG normierten Rechten erwirbt. Ein weiterer Vorteil der Zwangsversteigerung ist der Ausschluss der gesetzlichen Gewährleistungsrechte (§ 56 S. 3 ZVG). Nachteile sind die Kosten und die Dauer des Verfahrens.

377 Alternativ wird dem Verwalter zugebilligt, das Grundstück freihändig zu verwerten, auch wenn hierzu keine ausdrückliche Regelung in der InsO existiert.[380] Die freihändige Verwertung spart Kosten und kann rascher abgewickelt werden. Der Käufer übernimmt das Grundstück mit allen Belastungen. Die Absonderungsrechte bleiben bestehen und die Masse erhält den (gesamten) Erlös. Alternativ können die Absonderungsberechtigten auf ihre Rechte verzichten, sofern sie aus dem Kaufpreis entsprechend befriedigt werden.[381]

378 Die freihändige Veräußerung ist erschwert, wenn ein Grundpfandgläubiger bereits die **Zwangsverwaltung** des Grundstücks beantragt hat. Aus diesem Grund wird auch die sog. „kalte" oder „stille" Zwangsverwaltung praktiziert. Sie hat den Zweck, die Grundpfandgläubiger von der Durchführung der Zwangsverwaltung nach §§ 146 ff. ZVG abzuhalten und das aufwändige und kostenintensive Verfahren zu vermeiden. Sie ist dadurch gekennzeichnet, dass der Insolvenzverwalter mit den Grundrechtspfandgläubigern vereinbart, gegen Zahlung eines Kostenbeitrags an die Masse die Miet- und Pachtforderungen selbst einzuziehen und die Erlöse an die Grundrechtspfandgläubiger zu verteilen.[382] Die kalte Zwangsverwaltung wird von den Gerichten grundsätzlich akzeptiert, sofern die Masse nicht schlechter als im Fall der förmlichen Zwangsverwaltung gestellt wird.[383]

3. Ersatzabsonderung

379 Veräußert der Schuldner vor Verfahrenseröffnung oder der Verwalter nach Verfahrenseröffnung unbefugt das Absonderungsgut und wird das Absonderungsrecht dadurch vereitelt, stellt die InsO keine dem § 48 InsO (Ersatzaussonderung) entsprechende Vorschrift bereit. Nach überwiegender Ansicht gilt § 48 InsO analog.[384] Eine unberechtigte Veräußerung des Schuldners vor Verfahrenseröffnung liegt beispielsweise vor, wenn der Sicherungsgeber die Einziehungs-, Weiterveräußerungs- oder Verarbeitungsermächtigung (§ 185 BGB) wegen vertragswidrigem Verhalten des Schuldners widerrufen hat und der Schuldner die Ware dennoch veräußert oder die Forderung dennoch einzieht. Hier kann der Sicherungsnehmer Ersatzabsonderung verlangen, sofern der Erlös noch unterscheidbar in der Masse vorhanden ist.[385] Eine unbefugte Veräußerung des Insolvenzverwalters nach Verfahrenseröffnung wird nur selten vorkommen, da der Verwalter grundsätzlich zur Verwertung des Absonderungs-

378 Vgl. *BGH* NZI 2012, 575 Rn. 15; krit. MüKoInsO/*Kern* InsO § 165 Rn. 125.

379 *Foerste* Insolvenzrecht Rn. 427.

380 *BGH* NZI 2016, 773 Rn. 23; NZI 2011, 138 Rn. 15; NZI 2010, 482, 483.

381 Näher *Foerste* Insolvenzrecht Rn. 428.

382 *BGH* NZI 2021, 838 Rn. 25; NZI 2016, 824 Rn. 16 f., 26 ff.

383 *BGH* NZI 2016, 824 Rn. 18.

384 Zum Meinungsstand *Bork* Insolvenzrecht Rn. 307.

385 *BGH* NZI 2020164 Rn. 7; NZI 2019, 274 Rn. 19, 42; *Foerste* Insolvenzrecht Rn. 437.

guts ermächtigt ist (§ 166 Abs. 1 InsO). Steht jedoch dem Gläubiger das Verwertungsrecht zu (§ 173 Abs. 1 InsO), verfügt der Insolvenzverwalter als Nichtberechtigter und muss nach überwiegender Ansicht den Erlös analog § 48 InsO herausgeben.[386] Ist der Erlös nicht mehr unterscheidbar in der Masse vorhanden, hat der Absonderungsberechtigte einen Masseanspruch i.S.v. § 55 Abs. 1 Nr. 3 InsO.

E. Befriedigung der Insolvenzgläubiger

Primäres Ziel eines Insolvenzverfahrens ist die Befriedigung der Insolvenzgläubiger, die sich in mehreren Schritten vollzieht. Zunächst müssen die Insolvenzgläubiger ihre Forderungen zur Insolvenztabelle anmelden (§§ 175, 175 InsO). In der Tabelle werden alle anmeldenden Gläubiger aufgenommen. Danach schließt sich das Feststellungsverfahren (§§ 176 bis 186 InsO) an, in dem die angemeldeten Forderungen geprüft und festgestellt werden. Ist die Masse verwertet, folgt als letzter Schritt das (Schluss-)Verteilungsverfahren (§§ 187 bis 206 InsO). Hier erhalten die Gläubiger, deren Forderungen verbindlich festgestellt sind, die ihnen zustehende Quote ausgeschüttet. **380**

I. Feststellungsverfahren

1. Forderungsanmeldung

a) Vorrang der Anmeldung

Nach § 87 InsO können Insolvenzgläubiger (§ 38 InsO) ihre Forderungen gegen den Schuldner nach der Eröffnung des Insolvenzverfahrens nur noch nach den Vorschriften des Insolvenzrechts geltend machen. Die Gläubiger dürfen ihre Forderungen nicht mehr in einem Zivilprozess einklagen, sondern müssen diese – das ist die spezifische Besonderheit – zur **Insolvenztabelle anmelden** (§ 174 Abs. 1 S. 1 InsO).[387] Auch die Einleitung einer Musterfeststellungsklage (§§ 606 ff. ZPO) ist gesperrt.[388] Nur ein Gläubiger, der das in §§ 174 ff. InsO geregelte Anmeldeverfahren erfolgreich durchläuft, darf an der späteren Verteilung teilnehmen. Die Anmeldung ist damit das „Tor" zur Gläubigerbefriedigung. Anmeldeberechtigt sind neben den Insolvenzgläubigern die absonderungsberechtigten Gläubiger mit ihren persönlichen Forderungen (§ 52 InsO). Nachrangige Insolvenzgläubiger dürfen nur nach gesonderter Aufforderung anmelden (§ 174 Abs. 3 InsO). Für Aussonderungsberechtigte und Massegläubiger findet das Anmeldeverfahren keine Anwendung.[389] **381**

» Das Feststellungsverfahren ist in §§ 174 bis 186 InsO geregelt. Bitte lesen Sie auch hier alle zitierten Normen durch und unterstreichen Sie die wichtigsten Schlüsselwörter. «

b) Form und Inhalt der Anmeldung

aa) Grund und Betrag

Die Anmeldung muss gegenüber dem Insolvenzverwalter schriftlich erfolgen (§ 174 Abs. 1 S. 1 InsO). Auch E-Mail oder Telefax erfüllen das „Schriftformerfordernis". Möglich ist auch ein elektronisches Dokument, wenn der Verwalter zustimmt (§ 174 Abs. 4 S. 1 InsO). Die Forde- **382**

386 Uhlenbruck/*Brinkmann* InsO § 48 Rn. 40.
387 Vgl. *BGH* NZI 2020, 589 Rn. 16; NZI 2017, 712 Rn. 9; NZI 2017, 300 Rn. 8.
388 *Thole* NZI 2020, 411, 412 ff.; a.A. *OLG München* NZI 2020, 912.
389 *BGH* NZI 2017, 712 Rn. 9.

rungen sind vom **Betrag** her getrennt nach Haupt- und Nebenforderungen anzumelden. Nach § 174 Abs. 2 InsO ist auch der **Grund** der Forderung anzugeben. Nach Ansicht des *BGH* genügt es, wenn die Forderung ausreichend individualisiert ist, also der **Lebenssachverhalt** angegeben wird, um sie von anderen Forderungen abzugrenzen.[390] Mit der Individualisierung wird, ähnlich wie bei der Klageerhebung nach § 253 Abs. 2 Nr. 2 ZPO, der Streitgegenstand festgelegt und der Insolvenzverwalter in die Lage versetzt, die Forderung zu prüfen. Nicht erforderlich ist, dass die Forderung rechtlich eingeordnet oder schlüssig begründet wird.[391] Ist die Forderung wirksam angemeldet, muss der Insolvenzverwalter die Forderung in die Tabelle aufnehmen (§ 175 Abs. 1 S. 1 InsO).[392] Um einen Widerspruch des Verwalters im Prüfungstermin zu vermeiden, kann es sinnvoll sein, der Anmeldung Unterlagen, aus denen sich der Grund und die Höhe der Forderung ergibt, beizulegen (§ 174 Abs. 1 S. 2 InsO). Das können Rechnungen oder Verträge oder ein Vollstreckungstitel sein; auch eine elektronische Rechnung genügt (§ 174 Abs. 4 S. 2 InsO). Die hinreichende Individualisierung kann zudem noch im Prüfungstermin nachgeholt werden.[393]

Beispiel Lieferantin Lisa (L) hat der MODEHAUS GmbH zehn Handtaschen geliefert, aber den Kaufpreis von 1000 EUR nicht erhalten. (L) kann ihre Forderung über 1000 EUR beim Insolvenzverwalter mit der Bezeichnung „Forderung aus Kaufvertrag vom 30.4. i.H.v. 1000 EUR“ wirksam anmelden. Damit ist die Forderung hinreichend individualisiert. ■

bb) Angaben zu Attributen des § 302 Nr. 1 InsO

383 Für die späteren Ausschüttungen spielt es keine Rolle, mit welchem Rechtsgrund die Forderung angemeldet wird. Jedoch ist in § 302 Nr. 1 bis 3 InsO geregelt, dass bestimmte Forderungen wegen ihres Unrechtsgehalts von der Restschuldbefreiung ausgenommen sind. Darauf nimmt § 174 Abs. 2 InsO Bezug. Danach kann der Gläubiger seine Forderung mit dem Zusatz „Forderung aus vorsätzlich unerlaubter Handlung“ oder „Forderung aus vorsätzlicher pflichtwidriger Verletzung einer gesetzlichen Unterhaltspflicht“ oder „Forderung aus einer Steuerstraftat nach den §§ 370, 373 oder § 374 AO“ anmelden. Ist die Forderungen mit einem derartigen Attribut angemeldet, wird sie nicht von der Restschuldbefreiung erfasst (§§ 174 Abs. 2, 302 Nr. 1 InsO). Für eine zulässige Anmeldung i.S.d. § 174 Abs. 2 InsO ist erforderlich, dass der Anmeldende zusätzlich Tatsachen benennt, aus denen sich das Attribut „vorsätzlich begangene unerlaubte Handlung“ ergibt; eine schlagwortartige Begründung genügt dafür nicht.[394] Der Schuldner muss durch die Anmeldung eindeutig erkennen können, um welche Forderung es geht und welches Verhalten ihm vorgeworfen wird; ein substantiierter Tatsachenvortrag zu sämtlichen objektiven und subjektiven Tatbestandsmerkmalen (wie in einem Prozess) ist jedoch nicht erforderlich.[395] Wird ohne Attribut oder nicht fundiert genug zum Rechtsgrund vorgetragen, ist die Anmeldung dennoch wirksam. Einzige Folge ist, dass die Forderung von der Restschuldbefreiung erfasst wird.[396]

---

390 *BGH* NZI 2020, 782 Rn. 19 ff.; NZI 2018, 886 Rn. 14; NZI 2016, 78 Rn. 3.

391 *BGH* NZI 2020, 782 Rn. 19 ff.; NZI 2018, 886 Rn. 14.

392 *Marquardt/Hoffmann* NZI 2021, 1047 f.

393 *BGH* NZI 2020, 782 Rn. 27.

394 *BGH* NJW 2019, 3237 Rn. 14; *Zimmermann* Insolvenzrecht Rn. 472.

395 *BGH* NJW 2019, 3237 Rn. 14; *AG Mannheim* NZI 2021, 781 Rn. 35 f.

396 BeckOK InsR/*Zenker* InsO § 174 Rn. 29.

c) Anmeldefrist und verspätete Anmeldung

Bereits im Eröffnungsbeschluss (§ 28 Abs. 1 S. 1 InsO) wird den Gläubigern eine Frist für die Forderungsanmeldung gesetzt. Die Frist beträgt zwei Wochen bis höchstens drei Monate (§ 28 Abs. 1 InsO). Die Frist ist keine Ausschlussfrist.[397] Denn wie § 177 Abs. 1 S. 1 InsO zeigt, sind im Prüfungstermin auch Forderungen zur prüfen, die erst nach der gerichtlichen Frist eingegangen sind. Sogar nach diesem Termin sind noch Nachmeldungen möglich, indem auf Kosten des Säumigen ein besonderer Prüfungstermin bestimmt wird (§ 177 Abs. 1 S. 2 InsO). Grund ist, dass die Gläubiger auch in einem späten Verfahrensstadium ein schutzwürdiges Interesse an der Anmeldung und Prüfung ihrer Forderungen haben.[398] Denn wird die Forderung festgestellt, verfügt der Gläubiger über einen Vollstreckungstitel, den er nach Aufhebung des Insolvenzverfahrens gegen den Schuldner einsetzen kann (§ 201 Abs. 2 InsO). **384**

Letzte Gelegenheit für die Anmeldung ist der Schlusstermin. Dies gilt nach Ansicht des *BGH* zumindest für privilegierte Forderungen i.S.d. § 302 Nr. 1 InsO, so dass eine Forderung wegen „vorsätzlich begangener unerlaubter Handlung" spätestens bis zum Schlusstermin mit dem Attribut angemeldet werden muss.[399] Die späte Anmeldung ist allerdings riskant, da dem Gläubiger ein Ausfall bei der Verteilung droht.[400] Maßgebliche Zäsur für die Teilnahme an der Verteilung ist das Schlussverzeichnis. Meldet der Gläubiger erst nach Niederlegung des Schlussverzeichnisses an (§ 188 S. 2 InsO), nimmt seine Forderung nicht mehr an der Verteilung teil.[401] Der Gläubiger erhält keine Quote. Damit soll verhindert werden, dass nachlässige Gläubiger die Verfahrensabwicklung verzögern. **385**

d) Aufnahme in die Tabelle

Der Insolvenzverwalter muss jede (formal) wirksam angemeldete Forderung in die Insolvenztabelle aufnehmen (§ 175 Abs. 1 S. 1 InsO).[402] Die Tabelle ist zunächst ein erster Rohentwurf, da die Forderungen noch im Prüfungstermin geprüft werden müssen (erst hier wird das Ergebnis „festgestellt" oder bestritten" in der Tabelle vermerkt). In der Tabelle wird der Tag der Anmeldung notiert. Folge ist, dass die Verjährung des Anspruchs gehemmt wird (§ 204 Abs. 1 Nr. 10 BGB). Die Tabelle muss nach Ablauf der Anmeldefrist in der Geschäftsstelle niedergelegt werden (§ 175 Abs. 1 S. 2 InsO), um auch den anderen Gläubiger zu ermöglichen, sich auf den Prüfungstermin vorzubereiten. Die Anmeldung ist Prozesshandlung, so dass eine Rücknahme jederzeit möglich ist (§ 4 InsO i.V.m. § 269 ZPO). Die Rücknahmeerklärung erfolgt gegenüber dem Insolvenzverwalter. Nach dem Prüfungstermin muss die Rücknahme gegenüber dem *Insolvenzgericht* erfolgen, dem nun die Tabellenführung obliegt.[403] Eine Berichtigung der Tabelleneintragung bei Unrichtigkeit (z.B. wegen Übertragungsfehlern des Insolvenzverwalters) ist jederzeit gem. § 4 InsO i.V.m. § 164 ZPO zulässig.[404] **386**

---

397 Vgl. *BGH* NZI 2020, 229 Rn. 12; Uhlenbruck/*Zipperer* InsO § 28 Rn. 3.
398 Vgl. *BGH* NZI 2020, 229 Rn. 14.
399 *BGH* NZI 2020, 229 Rn. 19.
400 Näher *Foerste* Insolvenzrecht Rn. 453.
401 *BGH* NZI 2007, 401, 402.
402 *BGH* NZI 2017, 300 Rn. 26 ff.
403 *BGH* NZI 2019, 537 Rn. 20, 24 ff.
404 *BGH* NZI 2017, 213 Rn. 7 ff.

2. Prüfungstermin

a) Zweck und Ablauf

387 Der Prüfungstermin dient zur Feststellung der zur Insolvenztabelle angemeldeten Forderungen (§ 176 InsO). Er wird bereits im Eröffnungsbeschluss bekanntgegeben und soll frühestens eine Woche und spätestens zwei Monate nach Ende der Anmeldefrist stattfinden (§ 29 Abs. 1 Nr. 2 InsO). Der Prüfungstermin ist nicht öffentlich und wird durch den Rechtspfleger geleitet. Zur Teilnahme berechtigt sind der Insolvenzverwalter, der Schuldner, alle Insolvenzgläubiger sowie die Mitglieder des Gläubigerausschusses.[405] Die Prüfung der angemeldeten Forderung gehört zu den Kernaufgaben eines Insolvenzverwalters, die er in der Regel selbst übernehmen muss.[406] Im Prüfungstermin werden die angemeldeten Forderungen dem Grunde nach, der Höhe nach und ihrem Rang nach geprüft (§ 176 S. 1 InsO). Grundlage sind die eingereichten Unterlagen und die Auskunft des Schuldners. Meist geschieht die Prüfung nur oberflächlich.[407] Bestreitet der Insolvenzverwalter oder ein Insolvenzgläubiger die angemeldete Forderung, ist diese einzeln zu erörtern (§ 176 S. 2 InsO).

b) Kein Widerspruch des Insolvenzverwalters oder eines Gläubigers

aa) Teilnahme an der Verteilung

388 Widerspricht weder der Insolvenzverwalter noch ein anderer Gläubiger der angemeldeten Forderung im Prüfungstermin, ist die Forderung akzeptiert und wird in der Tabelle als „festgestellt" vermerkt (§ 178 Abs. 1 S. 1 InsO). Damit gehen zahlreiche (positive) insolvenzrechtliche Wirkungen einher. Die Eintragung in der Tabelle wirkt gegenüber dem Insolvenzverwalter und den anderen Insolvenzgläubigern wie ein rechtskräftiges Urteil (§ 178 Abs. 3 InsO). Die Forderung wird im Verteilungsverzeichnis aufgenommen und bei der Masseverteilung berücksichtigt. Ein Widerspruch des Schuldners ändert daran nichts (§ 178 Abs. S. 2 InsO). Der Gläubiger erhält die Insolvenzquote. Zudem gewährt die Forderung ein Stimmrecht in der Gläubigerversammlung (§ 77 Abs. 1 S. 1 InsO).

bb) Vollstreckungstitel

389 Die Eintragung der festgestellten und unwidersprochenen Forderung in die Tabelle hat zudem Auswirkungen für die Zeit nach Aufhebung des Insolvenzverfahrens. So gilt der Tabelleneintrag als **Vollstreckungstitel** gegen den Schuldner, sobald das Insolvenzverfahren beendet ist (§ 201 Abs. 2 S. 1 InsO). Der Gläubiger kann nun die Zwangsvollstreckung in das (neue) Vermögen des Schuldners betreiben (§ 201 Abs. 1 InsO). Dieses **Nachforderungsrecht** ist nur bei natürlichen Personen relevant; Gesellschaften werden aufgelöst und nach Abschluss des Verfahrens von Amts wegen gelöscht. Im Fall der Restschuldbefreiung ist das Nachforderungsrecht allerdings irrelevant (§ 201 Abs. 3 i.V.m. §§ 286 ff. InsO). Die Restschuldbefreiung wirkt nach § 301 Abs. 1 InsO gegenüber allen Insolvenzgläubigern. Ausgenommen sind privilegierte Forderungen i.S.d. § 302 Nr. 1 bis 3 InsO; hier bleibt es trotz erteilter Restschuldbefreiung bei der Nachhaftung aus § 201 Abs. 1 InsO.[408] Um dem Schuldner dieses Situation vor Augen zu halten, muss ihn das Gericht nach § 175 Abs. 2 InsO auf die Rechtsfolgen des § 302 InsO und die Möglichkeit des Widerspruchs hinwei-

405 Uhlenbruck/*Sinz* InsO § 176 Rn. 16; HK-InsO/*Depré* § 176 Rn. 2.
406 *BGH* NZI 2022, 134 Rn. 11; NZI 2021, 505 Rn. 12; NZI 2020, 589 Rn. 8.
407 *Foerste* Insolvenzrecht Rn. 455.
408 *BGH* NZI 2020, 229 Rn. 10 ff.

sen.[409] Für Forderungen aus unerlaubter Handlung gilt zudem das Vollstreckungsprivileg des § 850f Abs. 2 ZPO, das einen erweiterten Zugriff des Gläubigers auf das Arbeitseinkommen des Schuldners erlaubt. Den Nachweis für § 850f Abs. 2 ZPO kann der Gläubiger durch die Vorlage eines vollstreckbaren Auszugs aus der Insolvenztabelle führen (§ 201 Abs. 2 S. 3 InsO), wenn daraus hervorgeht, dass die Forderung mit dem Rechtsgrund „unerlaubte Handlung" festgestellt und vom Schuldner nicht bestritten wurde.[410]

c) Widerspruch des Insolvenzverwalters oder eines Gläubigers

Der Insolvenzverwalter oder ein anderer Gläubiger können eine angemeldete Forderung bestreiten (§§ 178 Abs. 1, 179 Abs. 1 InsO). Der Widerspruch wird in der Tabelle vermerkt (z.B. „vom Verwalter bestritten" oder vom „Gläubiger Nr. 18 bestritten").[411] Damit ist der Gläubiger von der Verteilung ausgeschlossen, außer er geht erfolgreich gegen den Widerspruch vor. **390**

aa) Nicht titulierte Forderung

Will der anmeldende Gläubiger den Widerspruch beseitigen, muss er gegen den Bestreitenden (Verwalter oder Gläubiger oder beide) **Klage auf Feststellung** seiner Forderung zur Insolvenztabelle erheben (§§ 179 Abs. 1, 180 Abs. 1 S. 1 InsO). Die Feststellungsklage kann nur auf den Betrag und den Rechtsgrund gerichtet sein, wie er in der Anmeldung bezeichnet ist. Die ordnungsgemäße Anmeldung ist Zulässigkeitsvoraussetzung der Feststellungsklage.[412] Der Rechtsweg folgt den allgemeinen Grundsätzen. Eine Lohnforderung ist vor dem *Arbeitsgericht* geltend zu machen (vgl. § 185 InsO), zivilrechtliche Klagen vor den ordentlichen Gerichten (§ 180 Abs. 1 S. 1 InsO). Die örtliche Zuständigkeit ist modifiziert; sie folgt dem Ort/Bezirk des *Insolvenzgerichts* (§ 180 Abs. 1 S. 2, 3 InsO). Je nach Streitwert ist das *Amtsgericht* oder *Landgericht* zuständig. Der Streitwert ist allerdings auf die zu erwartende Quote reduziert (§ 182 InsO). Das Feststellungsinteresse ergibt sich aus dem Bestreiten der Forderung (§ 256 Abs. 1 ZPO). **391**

Gewinnt der Gläubiger den Prozess gegen den Bestreitenden, erstreckt sich die Rechtskraft auf den Verwalter und alle anderen Gläubiger (§ 183 Abs. 1 InsO). Der obsiegende Gläubiger kann nun die Berichtigung der Tabelle beantragen (§ 183 Abs. 2 InsO). Dort wird vermerkt, dass der Widerspruch beseitigt und die Forderung festgestellt ist (§ 178 Abs. 1 S. 1 InsO). **392**

bb) Anhängiger Rechtstreit

War bereits ein Rechtstreit gegen den Schuldner anhängig, ist die Feststellung durch die Aufnahme des unterbrochenen Rechtsstreits zu betreiben (§ 180 Abs. 2 InsO).[413] Erforderlich ist eine Änderung des Klageantrags (Feststellungsklage statt Leistungsklage). Der Klageantrag der Feststellungsklage (§ 256 ZPO) lautet: „Es wird festgestellt, dass der Kläger eine Insolvenzforderung von 10 000 EUR zur Insolvenztabelle im Insolvenzverfahren über das Vermögen der MODEHAUS GmbH hat".[414] Das ist eine ohne weiteres zulässige Klageänderung nach **393**

409 *BGH* NJW 2019, 3237 Rn. 14, 18; *AG Mannheim* NZI 2021, 781 Rn. 28.
410 *BGH* NZI 2020, 438 Rn. 10; NJW 2019, 3237 Rn. 9 ff.
411 Zum Inhalt des Widerspruchs Gottwald/*Haas/Eickmann/Wimmer* Insolvenzrechts-Handbuch § 62 Rn. 4 ff.
412 *BGH* NZI 2018, 886 Rn. 14; NZI 2016, 78 Rn. 3.
413 *BGH* NZI 2017, 300 Rn. 8.
414 Vgl. Gottwald/*Haas/Eickmann/Wimmer* Insolvenzrecht-Handbuch § 62 Rn. 39.

§ 264 Nr. 3 ZPO.[415] Die Zuständigkeit des Gerichts bleibt bestehen (§ 261 Abs. 3 Nr. 2 ZPO). Erforderlich ist zudem ein Austausch der Parteien (statt des Schuldners tritt der Bestreitende in die Rolle des Beklagten). Das ist ein zulässiger Parteiwechsel.

cc) Titulierte Forderung

394 Verfügt der Gläubiger bereits bei der Anmeldung über einen vollstreckbaren Titel für seine Forderung, ist es Sache des Bestreitenden, zu widersprechen und noch mögliche Rechtsbehelfe (Berufung, Revision, Einspruch gegen ein Versäumnisurteil) einzulegen (§ 179 Abs. 2 InsO). Bleibt der Bestreitende passiv, darf der Gläubiger den Prozess aufnehmen und feststellen lassen, dass der Widerspruch (mangels Verfolgung) unbegründet ist.[416] Auch hier findet ein Parteiwechsel statt. Der Widersprechende übernimmt die Parteistellung des Schuldners. War der Titel bereits rechtskräftig, sind Verwalter und Gläubiger an die Rechtskraft gebunden (§ 325 Abs. 1 ZPO).[417]

d) Widerspruch des Schuldners

395 Auch der Schuldner ist zum Widerspruch berechtigt. Ist der Schuldner eine juristische Person oder rechtsfähige Personengesellschaft üben die Vertretungsorgane das Widerspruchsrecht aus.[418] In der Tabelle wird neben dem Vermerk „festgestellt" der Vermerk „vom Schuldner bestritten" eingetragen (vgl. § 178 Abs. 2 S. 2 InsO). Der Widerspruch des Schuldners hindert nicht, dass die Forderung zur Tabelle festgestellt wird (§ 178 Abs. 1 S. 1 InsO). Die Forderung wird bei der Erlösverteilung berücksichtigt. Der Widerspruch des Schuldners führt aber dazu, dass die festgestellte Forderung nach Aufhebung des Insolvenzverfahrens nicht zu einer späteren Zwangsvollstreckung in den Neuerwerb des Schuldners berechtigt (§ 201 Abs. 2 S. 1 InsO). Diese **Sperrwirkung** ist die einzige, aber zentrale Folge des Schuldnerwiderspruchs.

396 Dem Gläubiger wird es gestattet, die negative Folge des Widerspruchs frühzeitig zu beseitigen. So kann er bereits während des Insolvenzverfahrens Feststellungsklage gegen den Schuldner erheben (§ 184 Abs. 1 S. 1 InsO). War ein Rechtsstreit über die Forderung anhängig, kann der Gläubiger den unterbrochenen Prozess (§ 240 ZPO) aufnehmen (§ 184 Abs. 1 S. 2 InsO). Hat der Gläubiger bereits über die Forderung einen Vollstreckungstitel, obliegt es dem Schuldner, innerhalb einer Frist von einem Monat (ab dem Prüfungstermin) den Widerspruch zu verfolgen (§ 184 Abs. 2 S. 1 InsO).

397 Um die Kosten einer Feststellungsklage zu vermeiden, kann der Schuldner seinen Widerspruch auch auf den angemeldeten Rechtsgrund i.S.d. § 302 Nr. 1 bis 3 InsO beschränken.[419] Wendet sich der Widerspruch isoliert gegen den Rechtsgrund, wird die Forderung zwar tituliert, so dass der Gläubiger nach Aufhebung des Insolvenzverfahrens einen Vollstreckungstitel erhält (§ 201 Abs. 2 InsO).[420] Jedoch kann sich der Schuldner gegen eine spätere Vollstreckung mit der Vollstreckungsgegenklage (§ 767 ZPO) wehren und argumentieren, dass das angemeldete Attribut nicht vorgelegen hat.[421]

415 *Pape/Schaltke* in: Kübler/Prütting/Bork InsO § 180 Rn. 13.
416 *BGH* NZI 2014, 749, 750; *Foerste* Insolvenzrecht Rn. 462.
417 A.A. *Reischl* Insolvenzrecht Rn. 769.
418 *BGH* NZI 2018, 442 Rn. 33.
419 Vgl. *BGH* NJW 2019, 3237 Rn. 14; *BFH* NZI 2019, 175 Rn. 15.
420 Braun/*Specovius* InsO § 184 Rn. 2.
421 *BGH* NZI 2020, 736 Rn. 20; NZI 2014, 568, 569 f.

II. Masseverwertung

1. Zeitpunkt

Dem Insolvenzverwalter obliegt die Aufgabe, die Gegenstände der Insolvenzmasse zu verwerten, um die Insolvenzgläubiger aus den Verwertungserlösen zu befriedigen (§ 80 Abs. 1 InsO). Die InsO billigt den Gläubigern weitreichende Einflussmöglichkeiten zu. Betreibt der Schuldner ein Unternehmen, ist es Aufgabe der Gläubigerversammlung im Berichtstermin (§ 156) zu entscheiden, ob das Unternehmen stillgelegt oder fortgeführt (§ 157 S. 1 InsO)[422] oder der Insolvenzverwalter beauftragt wird, einen Insolvenzplan auszuarbeiten (§ 157 S. 2 InsO). Um die Gläubiger bei ihrer Entscheidung zu unterstützen, muss der Insolvenzverwalter im Berichtstermin zunächst über die wirtschaftliche und rechtliche Lage des Schuldners und die Ursachen der Krise berichten (§ 156 Abs. 1 S. 1 InsO) und darlegen, ob das Unternehmen insgesamt oder ein Teil erhalten werden kann, ob ein Insolvenzplan möglich ist und welche Auswirkungen die Varianten haben (§ 156 Abs. 1 S. 2 InsO). Hier wird er auf bereits geführte Investorengespräche und Vertragsverhandlungen Bezug nehmen. Sein Bericht mit der Vergleichsrechnung bildet die zentrale Entscheidungsgrundlage für die Gläubigerversammlung. Zumeist folgt sie seinen Empfehlungen. 398

2. Verwertungsvarianten

Nach dem Berichtstermin muss der Verwalter **unverzüglich** das zur Insolvenzmasse gehörende Vermögen verwerten, sofern die Gläubigerversammlung nichts Abweichendes beschlossen hat (§ 159 InsO), etwa die Sanierung mittels Insolvenzplan (vgl. § 218 Abs. 2 InsO). Ist das nicht der Fall, kommt es zur Verwertung des Unternehmens. Hinsichtlich der konkreten Vorgehensweise ist der Insolvenzverwalter frei. Er kann zwischen Einzelverwertung (Liquidation) und Gesamtverwertung (übertragende Sanierung) entscheiden. Er kann das Unternehmen auch noch eine Zeit lang fortführen, wenn die vorübergehende Fortführung einen höheren Verwertungserlös verspricht.[423] Seine Entscheidungen hat der Verwalter am Ziel der bestmöglichen Gläubigerbefriedigung auszurichten. Bei besonders bedeutsamen Rechtshandlungen hat er die Zustimmung des Gläubigerausschusses einzuholen. Die Zustimmung ist nötig, wenn er das Unternehmen als Ganzes, einen Betriebsteil, das Warenlager im Ganzen oder ein Grundstück frei veräußern will (§ 161 Abs. 2 Nr. 1 InsO). 399

a) Liquidation

Entscheidet sich der Verwalter für die **Liquidation**, sind die Vermögenswerte des Schuldners einzeln zu veräußern („zu versilbern"). Das Unternehmen wird zerschlagen. Dabei steht es im Ermessen des Verwalters, ob er bewegliche Sachen selbst freihändig verkauft (oder durch eine beauftragte Verwertungsgesellschaft)[424] oder durch den Gerichtsvollzieher versteigern lässt. Gibt es für Gegenstände des Schuldnerunternehmens Markt- oder Börsenpreise, kann sich der Verwalter daran orientieren. Er kann auch ein Bieterverfahren nutzen, um ein optimales Verwertungsergebnis zu erzielen.[425] Die Verwertung von Forderungen erfolgt durch Einziehung oder Verkauf.[426] Grundstücke kann der Verwalter ebenfalls frei verkaufen oder vom 400

422 *BGH* NZI 2020, 671 Rn. 39.

423 BeckOK InsR/*Verhoeven/Theiselmann* InsO § 159 Rn. 4; MüKoInsO/*Janssen* InsO § 159 Rn. 6.

424 Hierzu *Andres/Leithaus/Andres* InsO § 159 Rn. 18.

425 *Markwardt* NZI 2022, 106, 109.

426 MüKoInsO/*Janssen* InsO § 159 Rn. 10.

Vollstreckungsgericht zwangsversteigern lassen (Rn. 376 f.).[427] Ob der Betrieb sofort nach dem Berichtstermin eingestellt wird, steht ebenfalls im Ermessen des Verwalters. Sind noch Aufträge abzuarbeiten, die Geld in die Masse bringen, kann eine temporäre Ausproduktion sinnvoll sein.

b) Übertragende Sanierung

401 Die Veräußerung des gesamten Betriebs oder eines Betriebsteils stellt eine besonders profitable Verwertungsart in der Insolvenz des Schuldners dar. Sie erfolgt durch Unternehmenskaufvertrag (§ 433 BGB) an einen anderen Rechtsträger und wird als **übertragende Sanierung** bezeichnet.[428] Die Insolvenzgläubiger werden aus dem erzielten Kaufpreis befriedigt, der im Regelfall deutlich höher ausfällt als die Zerschlagungswerte bei einer Liquidation. Um den richtigen Kaufpreis zu finden, werden bei komplizierten und großen Unternehmensverkäufen häufig strukturierte M&A-Prozesse genutzt. Das Geschäft selbst wird als sog. **Asset Deal** durchgeführt.[429] Dabei werden sämtliche Aktiva des Unternehmens einzeln bzw. als Sachgesamtheit (= Assets) verkauft und im Anhang des Kaufvertrags aufgezählt. Die sachenrechtliche Übereignung erfolgt nach den jeweiligen sachenrechtlichen Grundsätzen für bewegliche Sachen, Forderungen und Grundstücke (§§ 929 f., 398, 872, 925 BGB). Zusätzlich ist der Verkauf der Firma möglich (§§ 22, 23 HGB). Wird die Firma fortgeführt, ist das Risiko einer Haftung aus § 25 HGB ausgeschlossen, da die Norm in der Insolvenz keine Geltung hat.[430] Aus Sicht der Arbeitnehmer ist die übertragende Sanierung der Liquidation vorzuziehen, da § 613a BGB zum Übergang der Arbeitsverhältnisse auf den Erwerber führt (Rn. 298).

402 Beabsichtigt der Insolvenzverwalter eine übertragende Sanierung und führt er das Unternehmen nach dem positiven Beschluss der Gläubigerversammlung mit dem Ziel des Verkaufs fort, billigt der *BGH* dem Insolvenzverwalter einen weiten Ermessensspielraum zu. Jedoch muss er nach Ablauf einer Einarbeitungszeit das Ziel des § 1 InsO in den Vordergrund rücken und dem Wirtschaftlichkeitsgebot Rechnung tragen. So muss der Insolvenzverwalter ermitteln, ob die Kosten und Risiken der Unternehmensfortführung angesichts der Pflicht zur Massesicherung noch vertretbar sind (z.B. die Vergütung eines Unternehmensberaters, der 9 Monate mit jeweils 5 Beratertagen pro Woche tätig ist).[431] Ist die Fortführung unvertretbar, liegt ein pflichtwidriges Handeln nach § 60 InsO vor.

403 Bei der übertragenden Sanierung muss der Insolvenzverwalter die rechtlichen Rahmenbedingungen der §§ 160 ff. InsO beachten. Vor der Veräußerung ist die Zustimmung des Gläubigerausschusses einzuholen (§ 160 Abs. 2 Nr. 1 i.V.m. Abs. 1 S. 1 InsO). Fehlt ein Gläubigerausschuss, muss die Zustimmung der Gläubigerversammlung eingeholt werden (§ 160 Abs. 1 S. 2 InsO). Auch eine Veräußerung des Betriebs vor dem Berichtstermin bedarf der vorherigen Zustimmung des Gläubigerausschusses (§ 158 Abs. 1 InsO). Die Betriebsveräußerung an Insider ist in § 162 InsO geregelt. Ist der Erwerber eine nahestehende Person (Angehöriger oder Mehrheitsgesellschafter gem. § 138 InsO), ein Absonderungsberechtigter oder ein Insolvenzgläubiger mit einem großen Forderungsvolumen, muss der Verwalter die vorherige Zustimmung der Gläubigerversammlung einholen (§ 162 Abs. 1 InsO). Denn hier besteht die Gefahr, dass

427 *Foerste* Insolvenzrecht Rn. 469.

428 Näher *Hoffmann/Danylak* NZI 2020, 705.

429 Vgl. MükoInsO/*Janssen* InsO § 157 Rn. 17; Uhlenbruck/*Zipperer* InsO § 157 Rn. 7.

430 *BGH* BeckRS 2006, 14044; *Foerste* Insolvenzrecht Rn. 485.

431 So im Ausgangsfall des *BGH* NZI 2020, 671 Rn. 47.

der Verkauf zu Sonderbedingungen erfolgt und kein regulärer Marktpreis erzielt wird.[432] Versäumt der Verwalter die Einholung der Zustimmung, hat das für das Außenverhältnis keine Relevanz (§ 164 InsO). Der Verkauf an die „Insider-Person" ist wirksam. Der Verwalter macht sich aber schadensersatzpflichtig (§ 60 InsO).

III. Masseverteilung

1. Überblick

404 Die Massebereinigung und Masseverwertung erstreckt sich in der Praxis meist über mehrere Jahre. Dem trägt die InsO Rechnung, indem angeordnet wird, dass die Verteilung des Masseerlöses an die Insolvenzgläubiger in Form von **Abschlagsverteilungen** (§ 187 Abs. 2 S. 1 InsO) und einer abschließenden **Schlussverteilung** (§ 196 InsO) erfolgt. In seltenen Fällen kommt es nach Aufhebung des Insolvenzverfahrens noch zu einer **Nachtragsverteilung** (§ 203 InsO). Bevor es zu einer Abschlagsverteilung kommt, müssen zunächst die Absonderungsberechtigten und die Massegläubiger befriedigt werden. Der Rest (die sog. „Teilungsmasse") wird an die Insolvenzgläubiger, deren Forderungen festgestellt sind, verteilt.[433] Mit der Verteilung darf frühestens nach dem Prüfungstermin begonnen werden (§ 187 Abs. 1 InsO). Denn erst im Prüfungstermin steht fest, welche Forderungen festgestellt sind und an der Verteilung teilnehmen dürfen. Zuständig für die Anordnung, Vorbereitung und Durchführung der Verteilungen ist der Insolvenzverwalter (§ 187 Abs. 3 S. 1 InsO). Vor jeder Verteilung muss er die Zustimmung des Gläubigerausschusses einholen (§ 187 Abs. 3 S. 2 InsO). Grundlage jeder Verteilung ist das Verteilungsverzeichnis (§ 188 S. 1 InsO).

2. Verteilungsverzeichnis

a) Allgemeines

405 Das Verteilungsverzeichnis (§ 188 S. 1 InsO) erstellt der Verwalter auf der Grundlage der im Prüfungstermin erörterten Forderungstabelle. Es ist vor jeder Verteilung zu erstellen, d.h. vor jeder Abschlagsverteilung und vor der Schlussverteilung (sog. Schlussverzeichnis). Jedes **Verzeichnis** liegt in der Geschäftsstelle des *Insolvenzgerichts* zur Einsicht aus (§ 188 S. 2 InsO). Das *Insolvenzgericht* muss den verfügbaren Betrag und die Summe der Forderungen öffentlich bekannt machen (§ 188 S. 3 Hs. 2 InsO). Die öffentliche **Bekanntmachung** setzt zwei Fristen in Lauf. Zum einen beginnt die **zweiwöchige Ausschlussfrist** (§ 189 Abs. 1 InsO), in der Gläubiger, deren Forderungen bestritten wurden, nachweisen müssen, dass sie Feststellungsklage erhoben haben. Zum anderen beginnt mit Ablauf der Ausschlussfrist die Wochenfrist des § 194 Abs. 1 InsO, in der Gläubiger Einwendungen gegen das Verteilungsverzeichnis geltend machen können.

b) Inhalt

406 Im Verzeichnis sind „die bei der Verteilung zu berücksichtigenden Forderungen" ausgewiesen (§ 188 S. 1 InsO). Die Berücksichtigung erfolgt unterschiedlich. Festgestellte Forderungen nehmen an der Verteilung teil, indem tatsächlich eine Quote ausgezahlt wird. Für bestrittene

432 *Markwardt* NZI 2022, 106, 108.

433 Vgl. *Becker* Insolvenzrecht § 10 Rn. 3; *Foerste* Insolvenzrecht Rn. 486.

Forderungen muss der Insolvenzverwalter Geld zurücklegen, wenn der Gläubiger nachweist, dass er innerhalb der zweiwöchigen Ausschlussfrist Feststellungsklage erhoben hat (§ 189 Abs. 1, 2 InsO). Wird der Nachweis, dass ein Rechtsstreit aufgenommen wurde, nicht geführt, nimmt die Forderung nicht an der Verteilung teil (§ 189 Abs. 3 InsO).

407 Auch absonderungsberechtigte Gläubiger können bei der Verteilung berücksichtigt werden. Sie müssen in der zweiwöchigen Frist des § 189 InsO nachweisen, dass und für welchen Betrag sie auf ihr Absonderungsrecht verzichtet haben oder ausgefallen sind (vgl. § 190 Abs. 1 S. 1 InsO). Der Ausfall steht allerdings erst nach endgültiger Verwertung des Absonderungsrechts fest.[434] Daher geschieht die Berücksichtigung bei Abschlagsverteilungen derart, dass Geld zurückbehalten wird (§ 190 Abs. 2 S. 2 InsO). Voraussetzung hierfür ist, dass der Gläubiger binnen der Ausschlussfrist des § 189 Abs. 1 InsO nachweist, dass er derzeit die Verwertung des Gegenstands betreibt (§ 190 Abs. 2 S. 1 InsO). Zudem muss er die Höhe des Ausfalls glaubhaft machen. Will der absonderungsberechtigte Gläubiger bei der Schlussverteilung teilnehmen, muss er endgültig nachweisen, in welcher Höhe er tatsächlich mit der Forderung ausgefallen ist (§ 190 Abs. 2 S. 2 i.V.m. Abs. 1 InsO). Andernfalls wird die Forderung bei der Verteilung nicht berücksichtigt (§ 190 Abs. 2 S. 3 InsO). Ist die Verwertung zu diesem Zeitpunkt noch nicht abgeschlossen (z.B. das mit den Grundpfandrechten belastete Grundstück ist noch nicht verwertet), bleibt dem Gläubiger nur der Verzicht, wenn er die Quote möchte.[435] Ist der Insolvenzverwalter selbst zur Verwertung des Gegenstands berechtigt (§§ 166 ff. InsO), gelten § 190 Abs. 1 und Abs. 2 InsO nicht (§ 190 Abs. 3 S. 1 InsO). Denn in diesem Fall weiß der Insolvenzverwalter selbst am besten, wie hoch der Ausfall ist.

408 Wurde ein Gläubiger im Verteilungsverzeichnis nicht (richtig) berücksichtigt, kann er innerhalb von einer Woche nach Ablauf der Frist des § 189 Abs. 1 InsO Einwendungen gegen das Verzeichnis vor dem *Insolvenzgericht* erheben (§ 194 Abs. 1 InsO). Gegen die Entscheidung des Gerichts ist die sofortige Beschwerde statthaft (§ 194 Abs. 2 S. 2, Abs. 3 S. 2 InsO).

3. Abschlagsverteilungen

409 Abschlagszahlungen können je nach Masse und Verfahrensdauer mehrmals erfolgen, d.h. wenn sich genug Bargeld angesammelt hat (§ 187 Abs. 2 S. 1 InsO). Ist ein Gläubigerausschuss bestellt, muss er der Abschlagsverteilung zustimmen (§ 187 Abs. 3 S. 2 InsO). Der Verwalter muss dem Gericht vor der Verteilung den Ausschüttungsbetrag und die Summe der Forderungen bekannt geben (§ 188 S. 2 InsO). Die Verteilungsquote bestimmt sich nach dem Verhältnis der Barmittel zu den Forderungen. Jeder Gläubiger erhält einen entsprechenden Anteil seiner Forderung, entweder als Barzahlung oder in Form einer Zurückhaltung des Betrags. Die konkrete Höhe der Quote der Abschlagszahlung bestimmt der Gläubigerausschuss (§ 195 Abs. 1 S. 1 InsO).

4. Schlussverteilung

410 Die Schlussverteilung erfolgt, sobald die vorhandene Masse verwertet ist (§ 196 Abs. 1 InsO). Ein noch anhängiger Aktivprozess hindert die Verteilung nicht, da der erstrittene Betrag einer Nachtragsverteilung zugeführt werden kann.[436] Gleiches gilt für anhängige Feststellungspro-

434 Braun/*Pehl* InsO § 190 Rn. 7.

435 Näher BeckOK InsR/*Nicht* InsO § 190 Rn. 7.

436 Gottwald/*Haas/Eickmann/Wimmer* Insolvenzrechts-Handbuch § 63 Rn. 11.

zesse; hier werden die Beträge einfach hinterlegt (§ 198 InsO). Einkommen des Schuldners (Neuerwerb) hindert die Schlussverteilung ebenfalls nicht (§ 196 Abs. 1 InsO); andernfalls wären lebenslange Insolvenzverfahren vorprogrammiert.[437]

a) Schlussrechnung

411 Ist das Vermögen verwertet und das Verfahren abschlussreif, hat der Insolvenzverwalter bei Beendigung seines Amtes einer Gläubigerversammlung Rechnung zu legen (§ 66 Abs. 1 InsO), sog. **Schlussrechnung**. Da das Amt des Insolvenzverwalters mit der Aufhebung des Insolvenzverfahrens endet (§ 200 InsO), erfolgt die Rechnungslegung in der Praxis bereits vor dem Ende des Amtes, damit das Gericht die Verteilungsmasse überprüfen kann. Denn vor Aufhebung des Insolvenzverfahrens muss der Insolvenzverwalter noch die restliche Insolvenzmasse gemäß dem genehmigten und rechtskräftigen Schlussverzeichnis verteilen (§ 196 InsO). Die insolvenzrechtliche Rechnungslegung hat der Insolvenzverwalter höchstpersönlich vorzunehmen.[438] Grundsätzlich hat die Schlussrechnung die gesamte Tätigkeit des Insolvenzverwalters in vollständiger und verständlicher Form zu dokumentieren. Sie besteht aus einer Einnahmen- und Ausgabenrechnung, einer Schlussvermögensübersicht und einem erläuternden **Schlussbericht**.[439] Die Vermögensübersicht muss insbesondere Angaben enthalten, welche Vermögenswerte mit welchem Ergebnis verwertet oder aus- und abgesondert wurden, wie Prozesse abgewickelt wurden und was durch Anfechtung zur Masse gezogen wurde.[440] Regelmäßig wird mit der Schlussrechnung auch der Vergütungsantrag eingereicht (§ 8 Abs. 1 S. 3 InsVV). Denn sind nur noch Schlusstermin und Schlussverteilung offen, kann der Insolvenzverwalter seine (fällige) Vergütung festsetzen lassen.[441]

» Die Schlussverteilung markiert das Ende des Regelverfahrens. Bis es soweit ist, vergehen in der Regel mehrere Jahre. «

412 § 66 Abs. 2 S. 1 InsO sieht vor, dass das *Insolvenzgericht* die Schlussrechnung des Insolvenzverwalters prüft. Funktionell zuständig ist der Rechtspfleger. Die gerichtliche Prüfung nach § 66 Abs. 2 S. 1 InsO erstreckt sich nur auf die Rechtmäßigkeit, nicht auf die Zweckmäßigkeit des Verwalterhandelns.[442] Das Gericht kann die Hilfe eines Sachverständigen in Anspruch nehmen (§ 5 Abs. 1 InsO). Über das Ergebnis der Prüfung wird ein Vermerk gefertigt. Die Schlussrechnung ist beim *Insolvenzgericht* zur Einsicht auszulegen (§ 66 Abs. 2 S. 2 InsO).

b) Schlussverzeichnis

413 Kein originärer Bestandteil der Schlussrechnung ist das **Schlussverzeichnis**. Es wird in der Praxis aber zumeist der Schlussrechnung beigefügt. Es handelt sich um das verfahrensabschließende Verteilungsverzeichnis (§ 188 InsO), das den Abschluss der Verwertung des Schuldnervermögens markiert. Es enthält die zu berücksichtigenden Forderungen, den verfügbaren Betrag sowie einen Verteilungsvorschlag. Das Schlussverzeichnis ist öffentlich bekannt zu machen (§ 188 S. 3 InsO). Damit wird die zweiwöchige Ausschlussfrist in Lauf gesetzt (§ 189 Abs. 1 InsO).

414 Das Schlussverzeichnis bildet die Grundlage für die Schlussverteilung. Erforderlich ist eine doppelte Zustimmung. Zum einen muss der vorläufige Gläubigerausschuss zustimmen,

437 *Foerste* Insolvenzrecht Rn. 499.
438 *BGH* NZI 2016, 352 Rn. 22.
439 Nerlich/Römermann/*Weiß* InsO § 66 Rn. 7.
440 Braun/*Blümle* InsO § 66 Rn. 9.
441 *BGH* NZI 2022, 137 Rn. 16.
442 BeckOK InsR/*Karg* InsO § 66 Rn. 11.

sofern ein solcher installiert ist (§ 187 Abs. 3 S. 2 InsO). Die Schlussverteilung bedarf zudem der Zustimmung des *Insolvenzgerichts* (§ 196 Abs. 2 InsO). Die Zustimmung ist zu erteilen, wenn die Schlussrechnung und das Schlussverzeichnis geprüft worden sind.[443] Erteilt das Gericht die Zustimmung, bestimmt es sogleich den Schlusstermin (§ 197 Abs. 1 S. 1 InsO).

c) Schlusstermin

415 Der vom Gericht bestimmte **Schlusstermin** ist eine abschließende Gläubigerversammlung (§ 197 Abs.1 S. 1 InsO). Der Termin dient zur Erörterung der Schlussrechnung, zur Erhebung von Einwendungen gegen das Schlussverzeichnis und zur Entscheidung der Gläubiger über die nicht verwertbaren Gegenstände der Insolvenzmasse (§ 197 Abs. 1 S. 2 Nr. 1 bis 3 InsO). Zur Erhebung von Einwendungen sind nur die Insolvenzgläubiger berechtigt. Die Einwendungen müssen mündlich im Termin erhoben werden, andernfalls sind sie präkludiert.[444] Weist das Gericht eine Einwendung zurück, steht dem Gläubiger die sofortige Beschwerde zu (§§ 197 Abs. 3, 194 Abs. 2 S. 2 InsO). Gibt das Gericht der Einwendung statt, muss der Verwalter das Verzeichnis berichtigen. Andere Korrekturen des Schlussverzeichnisses sind nicht erlaubt. So können nachträglich angemeldete Forderungen, die im Schlusstermin geprüft und festgestellt werden, nicht mehr in das Schlussverzeichnis aufgenommen werden.[445] Gleichwohl kann die (späte) Feststellung sinnvoll sein, da der Tabellenauszug einen Vollstreckungstitel bildet (§ 201 InsO), aus dem nach Verfahrensaufhebung in den Neuerwerb des Schuldners vollstreckt werden kann.[446] Sobald das Schlussverzeichnis unanfechtbar ist, also rechtskräftig über die Einwendungen entschieden wurde (§ 194 Abs. 2, 3 InsO), kann die Schlussverteilung durchgeführt werden. Mit der Schlussverteilung steht endgültig fest, welche Insolvenzquote für die Gläubiger erzielt werden konnte.

d) Vollzug der Schlussverteilung

416 Nach dem Schlusstermin führt der Insolvenzverwalter (§ 187 Abs. 3 S. 1 InsO) die Schlussverteilung durch. Die Verwertungserlöse aus der restlichen Insolvenzmasse werden an die zu berücksichtigenden Gläubiger ausgeschüttet (§ 196 InsO). Muss der Verwalter Beträge zurückhalten, weil noch ein Rechtstreit anhängig ist (vgl. § 189 Abs. 2 InsO), sind diese bei einer geeigneten Stelle zu hinterlegen (§ 198 InsO). Nach der Durchführung der Schlussverteilung muss das Gericht die Aufhebung des Insolvenzverfahrens beschließen (§ 200 Abs. 1 InsO). Damit ist das Insolvenzverfahren beendet.

417 Einen in der Praxis eher atypischen Fall regelt § 199 InsO. Sollte nach der Schlussverteilung ein **Überschuss** verbleiben, also der Fall eintreten, dass alle Insolvenzgläubiger und nachrangigen Gläubiger zu 100 % befriedigt wurden, muss der Überschuss vor Aufhebung des Insolvenzverfahrens an den Schuldner verteilt werden (§ 199 S. 1 InsO). Bei Gesellschaften erfolgt die Verteilung des Überschusses an die Gesellschafter (§ 199 S. 2 InsO). Nur an diesem Punkt des Insolvenzverfahrens können Gesellschafter ihre mitgliedschaftlichen Vermögensrechte, wie erbrachte Einlagen oder Beiträge oder Abfindungsansprüche, die der Kapitalerhaltung (§§ 30, 31 GmbHG) unterlagen, zurückfordern.[447] Da das Vorhandensein eines Überschusses

443 Braun/*Pehl* InsO § 196 Rn. 21.

444 MüKoInsO/*Kebekus*/*Schwarzer* InsO § 197 Rn. 7 f.

445 Braun/*Pehl* InsO § 196 Rn. 20.

446 BeckOK InsR/*Nicht* InsO § 197 Rn. 3.

447 *BGH* NZI 2020, 371 Rn. 27 ff., 36 ff.

in der Praxis so gut wie nie vorkommt, werden Forderungen, die aus der Mitgliedschaft resultieren, so gut wie nie befriedigt. Aus § 199 S. 2 InsO kann zudem nicht gefolgert werden, dass der Insolvenzverwalter für den Innenausgleich der Gesellschafter einer Personengesellschaft zuständig ist,[448] da es nicht Aufgabe des Insolvenzverwalters ist, die Liquidation der insolventen Gesellschaft mit dem Ziel der Vollbeendigung vorzunehmen.

F. Beendigung des Insolvenzverfahrens

Sobald die Schlussverteilung vollzogen ist, hebt das *Insolvenzgericht* das Insolvenzverfahren **418** auf (§ 200 InsO). Nicht beendete Rechtstreitigkeiten hindern die Aufhebung nicht.[449] Konnte das Schuldnervermögen in der Schlussverteilung noch nicht vollständig verteilt werden (z.B. ein Rechtsstreit über Aktiva wird erst nach Aufhebung des Insolvenzverfahrens gewonnen), muss noch eine Nachtragsverteilung erfolgen (§ 203 InsO). In manchen Fällen muss das Insolvenzverfahren sogar vorzeitig abgebrochen werden, weil einfach nicht genug Masse für die Gläubiger vorhanden ist. Dann endet das Insolvenzverfahren mit der Einstellung (§§ 207 ff. InsO). Alle drei Konstellationen werden im Folgenden behandelt.

I. Aufhebung des Insolvenzverfahrens

1. Folgen für natürliche Personen und Gesellschaften

Ist die Schlussverteilung vollzogen (§ 196 InsO), wird das Insolvenzverfahren förmlich durch **419** Beschluss des *Insolvenzgerichts* aufgehoben (§ 200 Abs. 1 InsO). Alle Wirkungen des Insolvenzbeschlags entfallen. Die Rechtswirkungen der Aufhebung treten bereits im Zeitpunkt der Beschlussfassung ein.[450] Mit der Insolvenzaufhebung endet das Amt des Insolvenzverwalters. Seine Verwaltungs- und Verfügungsbefugnis entfällt. Ist der Schuldner eine **natürliche Person**, erhält er mit dem Aufhebungsbeschluss die **volle Verfügungsbefugnis** über sein Vermögen zurück (§ 259 Abs. 1 S. 2 InsO).[451] Dies gilt auch für die Prozessführungsbefugnis. Ist der Schuldner eine juristische Person, wird die aufgelöste Gesellschaft (z.B. § 60 Abs. 1 Nr. 4 GmbHG) wegen Vermögenslosigkeit von Amts wegen aus dem Register gelöscht (§ 394 FamFG). Ein Fortsetzungsbeschluss ist nach der Schlussverteilung nicht mehr möglich.[452] Schwebende Anfechtungsprozesse darf der Verwalter fortsetzen, da diese weiterhin dem Insolvenzbeschlag unterliegen.[453] Er muss dem Schuldner bzw. den Gesellschaftern (oder einem Dritten) die gesamten Unterlagen (Bücher, Geschäftspapiere, Urkunden etc.) zur Aufbewahrung zurückgeben (vgl. § 74 Abs. 2 GmbHG).

Beispiel Für die MODEHAUS GmbH, die mit Eröffnung des Insolvenzverfahrens aufgelöst wird (§ 60 Abs. 1 Nr. 4 GmbHG), markiert der Aufhebungsbeschluss (§ 200 InsO) das rechtliche Ende. Mit der vollständigen Verwertung des Vermögens tritt Vollbeendigung ein. Nach der Schlussverteilung steht fest, dass die aufgelöste GmbH vermögenslos ist. Nun

448 *BGH* NZI 2021, 2021, 494 Rn. 63 ff.
449 HambKomm-InsR/*Preß* InsO § 200 Rn. 3.
450 HambKomm-InsR/*Preß* InsO § 200 Rn. 15.
451 *BGH* NZI 2021, 45 Rn. 20; NJW 2019, 2156 Rn. 39.
452 *BGH* NZI 2015, 775 Rn. 12; *KG* NZI 2017, 269, 270.
453 HambKomm-InsR/*Preß* InsO § 200 Rn. 18.

folgt die Löschung im Handelsregister (§ 394 Abs. 1 S. 2 FamFG). Die Gesellschafter Max (M) und Fred (F) müssen die Geschäftsunterlagen zurücknehmen; es gilt eine zehnjährige Aufbewahrungsfrist (§ 74 Abs. 2 GmbHG). ■

2. Nachforderungsrecht der Insolvenzgläubiger

420 Für den Schuldner, der seine Verfügungsbefugnis wiedererlangt, hat die Aufhebung des Insolvenzverfahrens aber auch Schattenseiten. Da das Vollstreckungsverbot des § 89 InsO nach dem Aufhebungsbeschluss nicht mehr gilt, können die Gläubiger die Einzelzwangsvollstreckung in das neu erlangte Vermögen des Schuldners betreiben, sofern sie im Insolvenzverfahren keine 100%ige Quote erhalten haben.[454] Als Vollstreckungstitel steht ihnen der Auszug aus der Insolvenztabelle zur Verfügung; denn die Eintragung in die Insolvenztabelle wirkt für festgestellte Forderungen, gegen die der Schuldner keinen Widerspruch erhoben hat, wie ein vollstreckbares Urteil (§ 201 Abs. 2 InsO). Diesem Nachforderungsrecht kann der Schuldner nur entgehen, indem er Restschuldbefreiung beantragt. Während der Wohlverhaltensperiode gilt das Vollstreckungsverbot des § 294 Abs. 1 InsO, so dass Einzelzwangsvollstreckungsmaßnahmen in diesem Zeitraum untersagt sind. Nach Erteilung der Restschuldbefreiung gelten alle Altschulden als „erlassen" (vgl. § 301 Abs. 1 InsO), so dass das Nachforderungsrecht ein für alle Mal beendet ist und der Tabellenauszug keinen Nutzen mehr hat. Ausgenommen sind die in § 302 Nr. 1 bis 3 InsO aufgezählten Forderungen.

II. Nachtragsverteilung

421 Das *Insolvenzgericht* ordnet nach § 203 Abs. 1 InsO auf Antrag des Insolvenzverwalters oder des Insolvenzgläubigers oder von Amts wegen eine **Nachtragsverteilung** an, wenn es nach dem Schlusstermin (§ 203 Abs. 1 InsO) oder nach der Aufhebung des Insolvenzverfahrens (§ 203 Abs. 2 InsO) noch zu **Massezuflüssen** kommt.[455] Das kann passieren, wenn erst nachträglich Zahlungen erfolgen, z.B. weil es zu Steuererstattungen kommt oder ein Prozess gewonnen wird, oder Gegenstände, die der Verwalter zunächst für unverwertbar hielt, doch noch zur Masse gezogen werden (§ 203 Abs. 1 Nr. 3 InsO).[456] Das Gericht muss gegebenenfalls von Amts wegen ermitteln (§ 5 InsO), ob ein Gegenstand massezugehörig ist.[457] Der Schuldner ist zudem auskunftspflichtig (§ 97 InsO).[458] Die Anordnung der Nachtragsverteilung erfolgt durch Beschluss, in dem das Gericht einen Insolvenzverwalter zu bestellen hat (vgl. § 205 InsO). Zudem müssen die betreffenden Gegenstände im Beschluss ausreichend bestimmt bezeichnet werden, damit die Beschlagnahmewirkung eintritt und der Insolvenzverwalter die Verfügungsbefugnis über die Gegenstände erhält.[459] Die Verteilung erfolgt nach Maßgabe des Schlussverzeichnisses (§ 205 S. 1 InsO).

454 Vgl. *Jauernig/Berger/Thole* Insolvenzrecht § 30 Rn. 3 f.
455 Zur Auslegung des Antrags *BGH* NZI 2017, 608 Rn. 10 ff.
456 *BGH* NZI 2020, 839 Rn. 29; NZI 2019, 419 Rn. 26; NZI 2017, 608 Rn. 18.
457 *BGH* NZI 2017, 608 Rn. 16.
458 *BGH* NZI 2016, 365 Rn. 14.
459 *BGH* NZI 2019, 419 Rn. 26; NZI 2017, 608 Rn. 15; NZI 2016, 365 Rn. 8, 13.

III. Einstellung des Insolvenzverfahrens

422 Das Insolvenzverfahren ist vorzeitig zu beenden, wenn während des Verfahrens „das Geld ausgeht" (Insolvenz in der Insolvenz). Die InsO unterscheidet hierbei zwei Situationen. Bei Massearmut (§ 207 InsO) ist das Insolvenzverfahren sofort einzustellen. Bei Masseunzulänglichkeit (§ 208 InsO) muss noch eine „Restabwicklung" erfolgen. Des Weiteren ist das Insolvenzverfahren auf Antrag des Schuldners einzustellen, wenn der Eröffnungsgrund weggefallen ist (§ 212 InsO), oder wenn die Insolvenzgläubiger dem zustimmen (§ 213 InsO). Die Einstellung hat weitgehend dieselben Wirkungen wie die Aufhebung des Verfahrens (vgl. § 215 InsO).[460]

1. Einstellung mangels Masse

423 Stellt sich während des Insolvenzverfahren heraus, dass das eingenommene Geld nicht einmal ausreicht, um die voraussichtlichen Kosten des Verfahrens (§ 54 InsO) zu decken (sog. Massearmut), ist das Insolvenzverfahren unverzüglich nach Anhörung der Gläubigerversammlung sowie der Massegläubiger einzustellen (§ 207 Abs. 1 S. 1, Abs. 2 InsO). Der Verwalter ist nicht mehr zur Verwertung der Masse verpflichtet (§ 207 Abs. 3 S. 2 InsO). Das „staatliche Programm" wird gestoppt. Vorhandenes Bargeld (auch Bankguthaben) verteilt der Verwalter an sich (für seine Auslagen) und an das Gericht, um dessen Auslagen auszugleichen (§ 207 Abs. 3 S. 1 InsO).

2. Masseunzulänglichkeit

424 Ist noch ausreichend Masse für die Verfahrenskosten (§ 54 InsO) vorhanden, reicht das Geld aber nicht für alle Massegläubiger (sog. Masseunzulänglichkeit), richtet sich das weitere Programm nach § 208 InsO. Der Insolvenzverwalter muss dem *Insolvenzgericht* die Masseunzulänglichkeit anzeigen, sobald er diese erkennt (§ 208 Abs. 1 S. 1 InsO). Das Gericht muss die Anzeige veröffentlichen (§§ 208 Abs. 2 S. 1, 9 InsO) und diese den Massegläubigern gesondert zustellen (§ 208 Abs. 2 S. 2). Das Insolvenzverfahren wird fortgesetzt (§ 208 Abs. 3 InsO). Der Insolvenzverwalter muss seinen Aufgabenkreis weiter erfüllen. Er bleibt insbesondere verpflichtet, das gesamte zur Insolvenzmasse gehörende Vermögen zu verwerten.[461] Seinen Hauptzweck aber, die Insolvenzgläubiger (§ 38 InsO) quotal zu befriedigen, kann das Insolvenzverfahren nicht mehr erfüllen (die Quote beträgt 0 %).[462] Als „Insolvenzprogramm light" wird es nur noch für die Bezahlung der Verfahrenskosten (Gebühren von Gericht und Insolvenzverwalter) und für die Massegläubiger weiter geführt.

425 Dabei kommt es zu einer Neuordnung der Rangfolge der Masseverbindlichkeiten (§ 209 InsO).[463] Die Neuordnung gibt dem Insolvenzverwalter den nötigen Spielraum, um die Verwertung auch bei Masseunzulänglichkeit zum Abschluss zu bringen.[464] An erster Rangstelle stehen die Verfahrenskosten, die als erstes (vollständig) zu begleichen sind (§ 209 Abs. 1 Nr. 1 InsO).[465] Als zweites werden die sog. **Neumasseverbindlichkeiten** bedient (§ 209 Abs. 1 Nr. 2 InsO). Dabei handelt es sich um Masseverbindlichkeiten, die nach Anzeige der Masseunzu-

460 Näher *Becker* Insolvenzrecht § 10 Rn. 55.
461 *BGH* NZG 2021, 505 Rn. 60; *BAG* NZI 2018, 450 Rn. 12.
462 *Paulus* Insolvenzrecht § 3 Rn. 266.
463 *BAG* NZI 2021, 446 Rn. 5.
464 *BAG* NZI 2018, 450 Rn. 12.
465 *BGH* NZI 2006, 392, 394; Braun/*Ludwig* InsO § 209 Rn. 6.

länglichkeit entstanden sind (§ 209 Abs. 1 Nr. 2 InsO). Dazu gehören Verbindlichkeiten aus einem gegenseitigen Vertrag, der nach der Anzeige geschlossen wurde (§ 209 Abs. 2 Nr. 1 InsO). Für Dauerschuldverhältnisse (insbesondere Arbeitsverträge) gelten § 209 Abs. 2 Nr. 2 und Nr. 3 InsO. Hat der Insolvenzverwalter nach der Anzeige der Masseunzulänglichkeit die Gegenleistung beansprucht, ist der Anspruch Neumasseverbindlichkeit (Nr. 3). Hat er das Arbeitsverhältnis zum ersten möglichen Termin gekündigt und den Arbeitnehmer freigestellt, sind die Ansprüche bis zur Kündigung Altmasseverbindlichkeiten, bei nicht rechtzeitiger Kündigung sind die nach dem Kündigungstermin entstandenen Annahmeverzugsansprüche Neumasseverbindlichkeiten (Nr. 2).[466] Zur Vermeidung von Neumasseverbindlichkeiten muss der Verwalter also zum erstmöglichen Kündigungstermin wirksam kündigen. An dritter Rangstelle stehen die **Altmasseverbindlichkeiten**, die als letztes beglichen werden (§ 209 Abs. 1 Nr. 3 InsO). Das sind die Masseverbindlichkeiten, die zwischen Eröffnung des Insolvenzverfahrens und der Anzeige der Masseunzulänglichkeit entstanden sind.

426 Eine Altmasseverbindlichkeit kann nach Erklärung der Masseunzulänglichkeit nicht mehr vollstreckt werden (§ 210 InsO). Aus diesem Grund fehlt Altmassegläubigern das Rechtsschutzinteresse für eine Leistungsklage mit dem Ziel, einen Vollstreckungstitel zu schaffen.[467] Die Altmassegläubiger können ihre Forderungen nur noch mittels Feststellungsklage verfolgen.[468] Damit kann zumindest die Verjährung des Anspruchs verhindert werden.[469] Kommt es zu einer Neumasseunzulänglichkeit, sind die Ansprüche der Neumassegläubiger quotal zu erfüllen.[470] Nach Verwertung der Insolvenzmasse und der (quotalen) Verteilung wird das Verfahren eingestellt (§ 211 InsO). Ein Insolvenzplanverfahren bleibt weiter zulässig (§ 210a InsO).

Online-Wissens-Check

Was gehört zur Insolvenzmasse?

Überprüfen Sie jetzt online Ihr Wissen zu den in diesem Abschnitt erarbeiteten Themen. Unter **www.juracademy.de/skripte/login** steht Ihnen ein Online-Wissens-Check speziell zu diesem Skript zur Verfügung, den Sie kostenlos nutzen können. Den Zugangscode hierzu finden Sie auf der Codeseite.

466 *BAG* NZI 2018, 450 Rn. 13.

467 *BGH* NZI 2019, 505 Rn. 9 f.; NZI 2018, 353 Rn. 23.

468 *BGH* NZI 2019, 505 Rn. 14; NJW 2019, 1940 Rn. 51; *BAG* NZI 2018, 278 Rn. 13.

469 Vgl. *BGH* NZI 2018, 154 Rn. 17 m. Anm. *Schädlich.*

470 *BAG* NZI 2023, 33 Rn. 31 ff.

5. Teil
Insolvenzplan und Eigenverwaltung

A. Insolvenzplanverfahren

I. Grundlagen

1. Zielsetzung

Nach § 1 S. 1 InsO kann die Befriedigung der Gläubiger abweichend vom gesetzlichen Verwertungsmodell auch durch einen Insolvenzplan insbesondere zum Erhalt des Unternehmens erfolgen. Die näheren Vorgaben zum Insolvenzplanverfahren finden sich in §§ 217 bis 269i InsO. Nach § 217 Abs. 1 S. 1 InsO steht es den Beteiligten frei, in einem Insolvenzplan von den gesetzlichen Vorschriften der InsO, welche die Befriedigung der Gläubiger, die Verwertung der Insolvenzmasse, die Verfahrensabwicklung sowie die Restschuldbefreiung betreffen, abzuweichen.[1] Während das Regelverfahren zur Verwertung des Unternehmen durch Liquidation oder übertragende Sanierung und zur Löschung des Rechtsträgers führt, kann im Insolvenzplan vorgesehen werden, dass der **insolvente Rechtsträger erhalten** bleibt, die Gläubiger auf einen Teil ihrer Forderungen verzichten und im Übrigen aus künftigen Erlösen oder aus Drittmitteln befriedigt werden (sog. **Sanierungsplan**).[2] Parallel dazu kann der Schuldner Eigenverwaltung (§§ 270 ff. InsO) beantragen. Das hat zur Folge, dass er die Verfügungsbefugnis behält und sein Unternehmen ohne Insolvenzverwalter durch das Insolvenzverfahren führen kann. Der Gesetzgeber hat dem Planersteller einen weiten Spielraum bezüglich der Inhalte eines Insolvenzplans zugebilligt. So muss ein Insolvenzplan nicht auf Sanierung gerichtet sein, die Beteiligten können auch eine abweichende Art der Liquidation vorsehen (sog. Liquidationsplan) oder eine übertragende Sanierung anstreben (sog. Übertragungsplan).[3] Sie können auch die Restschuldbefreiung abweichend von §§ 286 ff. InsO regeln.[4] **427**

2. Adressatenkreis

Das Insolvenzplanverfahren ist nicht auf Kapitalgesellschaften beschränkt. Es steht auch allen natürlichen Personen offen, egal ob sie Einzelunternehmer oder Verbraucher sind. **428**

Beispiel Die MODEHAUS GmbH ist bedingt durch die COVID-19-Pandemie in eine wirtschaftliche Krise geraten. Sie kann ihre Verbindlichkeiten (Miete, Löhne, Leasingraten, Zinsen etc.) nicht mehr zahlen. Die Geschäftsführer (G) und (S) planen kurzentschlossen, das Unternehmen zu sanieren. Sie beabsichtigen, die Produktvielfalt zu verringern, das Online-Shopping auszubauen, Mitarbeitende zu entlassen sowie die Gläubiger um Sanierungsbeiträge zu bitten. Angesichts der eingetretenen Zahlungsunfähigkeit bietet sich hierfür das Insolvenzplanverfahren an. In einem Insolvenzplan kann die MODEHAUS

---

1 *BVerfG* NZI 2020, 1112 Rn. 50.

2 Vgl. *Tan/Lambrecht* NZI 2019, 249.

3 *BGH* NZI 2020, 635 Rn. 16; *Jauernig/Berger/Thole* Insolvenzrecht § 32 Rn. 3.

4 *BGH* NZI 2022, 743 Rn. 15.

GmbH verbindliche Regelungen zur Entschuldung des Unternehmens vorschlagen. Beispielsweise könnte in den Plan ein Forderungsverzicht der 36 Insolvenzgläubiger (Lieferanten, Finanzamt, Krankenkassen, Banken etc.) derart aufgenommen werden, dass diese auf 50 % ihrer Forderungen verzichten und den Restbetrag für sechs Monate stunden. ■

3. Alternativen

429 Seit 1.1.2021 haben Unternehmen und Einzelunternehmer (nicht Verbraucher) die Wahl, statt eines Insolvenzplanverfahrens das vorinsolvenzliche Restrukturierungsverfahren nach §§ 2 ff. StaRUG in Anspruch nehmen. Das StaRUG-Verfahren greift aber nur im Fall drohender Zahlungsunfähigkeit. Beide Verfahren geben Unternehmen Werkzeuge für die Unternehmenssanierung zur Hand, die sich teils überschneiden, teils aber deutlich unterscheiden (Rn. 615).[5]

4. Dogmatische Einordnung

430 Die Rechtsnatur des Insolvenzplans ist streitig. Nach der Rechtsprechung ist er ein spezifisch insolvenzrechtliches Instrument, mit dem die Gläubiger die Befriedigung aus dem Schuldnervermögen abweichend vom Regelverfahren organisieren.[6] Die Literatur vertritt mehrheitlich die Vertragstheorie,[7] wobei Einigkeit besteht, dass der Insolvenzplan, der durch Mehrheitsbeschluss angenommen werden kann, mangels Konsensprinzip kein Vertrag im herkömmlichen Sinn ist. Zudem bindet er auch Gläubiger, die sich nicht an der Abstimmung beteiligt (§ 254 Abs. 1 InsO), dem Plan widersprochen oder ihre Forderungen gar nicht angemeldet (§ 254b InsO) haben. Für die Auslegung des Insolvenzplans finden die §§ 133, 157 BGB Anwendung.[8]

5. Ablauf eines Insolvenzplanverfahrens im Überblick

431

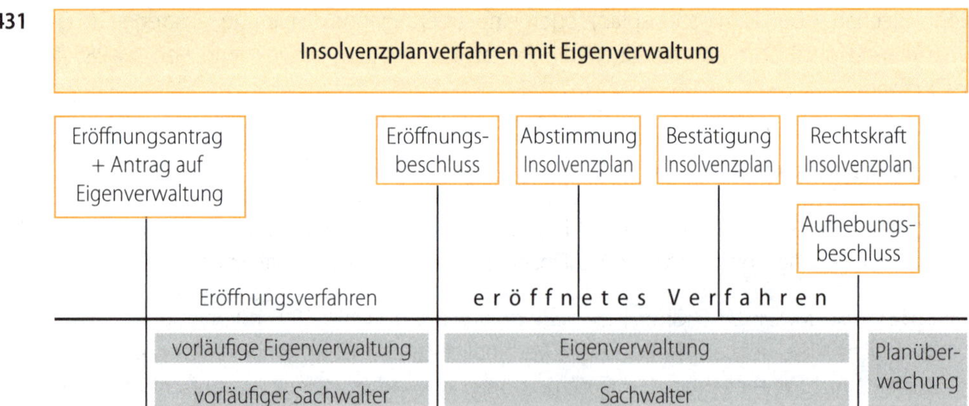

Das Insolvenzplanverfahren ist kein eigenständiges Verfahren. Es wird im Rahmen eines eröffneten Insolvenzverfahrens durchgeführt, setzt also einen Eröffnungsbeschluss (§ 27 InsO) voraus. Die Normen des Regelverfahrens werden durch die Normen des Insolvenzplanverfah-

5 *De Bruyn/Ehmke* NZG 2021, 661.
6 *BGH* NZI 2015, 697 Rn. 26.
7 Näher *Madaus* NZI 2020, 545.
8 *BGH* NZI 2021, 733 Rn. 12; NZI 2015, 697 Rn. 26; *Madaus* NZI 2020, 545, 547 f.

rens nur punktuell ersetzt. Das Insolvenzplanverfahren hat beispielsweise eigene Abstimmungsmodalitäten. So muss der Insolvenzplan durch das *Insolvenzgericht* bestätigt werden (§ 248 InsO). Überhaupt nimmt das Gericht eine Schlüsselrolle ein; das Verfahren ist dem Richter vorbehalten (§ 18 Abs. 1 Nr. 2 RpflG).

Die Durchführung des Insolvenzplanverfahrens verläuft in mehreren Etappen. Meist geht die Initiative vom Schuldner aus. In diesem Fall gestaltet sich der Ablauf wie folgt: Der (zahlungsunfähige, überschuldete, drohend zahlungsunfähige) Schuldner reicht bei dem zuständigen *Insolvenzgericht* einen Eröffnungsantrag (§ 13 InsO) verbunden mit einem Insolvenzplan (§ 218 InsO) ein, der Vorschläge zur Sanierung des Unternehmens (§§ 219 ff. InsO) enthält. Ist der Eröffnungsantrag zulässig, folgt (ganz normal) das dreimonatige Eröffnungsverfahren. Das Gericht kann Sicherungsmaßnahmen (§§ 21 ff. InsO) anordnen. Liegt ein Eröffnungsgrund vor und sind die Kosten des Insolvenzverfahrens gedeckt, kommt es zum Eröffnungsbeschluss (§ 27 InsO). Ab diesem Zeitpunkt starten die eigentlichen Besonderheiten des Insolvenzplanverfahrens. Nach dem Eröffnungsbeschluss erfolgt eine Vorprüfung des Plans durch das *Insolvenzgericht* (§ 231 InsO). Ist der Plan mangelhaft, weist das Gericht den Plan zurück. Hat der Plan keine groben Fehler, wird er dem Gläubigerausschuss, dem Betriebsrat sowie dem Insolvenzverwalter zur Stellungnahme zugeleitet (§ 232 InsO). Danach wird der Insolvenzplan nebst Stellungnahmen in der Geschäftsstelle niedergelegt (§ 234 InsO). Sodann wird ein Erörterungs- und Abstimmungstermin anberaumt (§ 235 InsO); hier entscheiden die Beteiligten in Gruppen (§§ 244–246a InsO) über die Annahme des Plans. Anschließend muss das Gericht den Plan bestätigen (§ 248 InsO); in diesem Zusammenhang muss das Gericht (nochmals) prüfen, ob die wesentlichen Vorschriften zum Plan (Inhalt, Verfahren) eingehalten wurden. Bestätigt das Gericht den Plan, treten mit Rechtskraft des Bestätigungsbeschlusses die Wirkungen des Plans für und gegen alle Beteiligten ein (§§ 254 ff. InsO). Als Abschluss folgt die Aufhebung des Insolvenzverfahrens (§ 258 InsO). Der Schuldner kann unter seinem alten Rechtsträger das Unternehmen weiterführen. 432

II. Vorlage des Insolvenzplans

Zur Vorlage eines Insolvenzplans an das *Insolvenzgericht* sind nur der Schuldner oder der Insolvenzverwalter berechtigt (§ 218 Abs. 1 S. 1 InsO). 433

» Geht der Insolvenzplan vom Schuldner aus, wird regelmäßig auch Eigenverwaltung beantragt. «

1. Schuldner

Der Schuldner wird die Vorlage des Insolvenzplans regelmäßig mit dem Eröffnungsantrag (§ 13 InsO) verbinden, was § 218 Abs. 1 S. 2 InsO vorsieht. Damit signalisiert er dem Gericht, dass er das Insolvenzplanverfahren als strategischen Weg nutzen möchte, um sein Unternehmen zu sanieren.[9] Im Regelfall wird der Schuldner parallel einen Antrag auf Eigenverwaltung stellen (§ 270f InsO). Bei großen Unternehmen ist ein Vorgespräch (§ 10a InsO) obligatorisch. 434

Ist der Schuldner eine juristische Person (AG, GmbH), sind nur die Vertretungsorgane berechtigt, den Plan für den Schuldner vorzulegen.[10] Es gelten die gesellschaftsrechtlichen Vertretungsregelungen, so dass die Geschäftsführer der GmbH (§ 35 GmbHG) bzw. der Vorstand 435

9 Vgl. MüKoInsO/*Eidenmüller* InsO § 218 Rn. 66.
10 BeckOK InsR/*Geiwitz/von Danckelmann* InsO § 218 Rn. 4.

der AG (§ 78 AktG) das Recht zur Vorlage haben. Bei Gesamtvertretung muss der Plan von allen gemeinsam vorgelegt werden. Die Norm des § 15 Abs. 1 InsO, die für den Eröffnungsantrag selbst gilt und jeden Geschäftsführer berechtigt, allein für die GmbH zu handeln, gilt nicht analog.[11] Besteht laut Satzung Einzelvertretungsbefugnis, ist ein gemeinsames Handeln nicht erforderlich.[12] Die Gesellschafter bzw. Anteilseigner (so der Sprachgebrauch in den §§ 217 ff. InsO) haben kein eigenes Planvorlagerecht.

2. Insolvenzverwalter

436 Auch der Insolvenzverwalter ist eigeninitiativ zur Vorlage eines Insolvenzplans berechtigt.[13] Der Verwalter kann einen Insolvenzplan naturgemäß erst nach seiner Einsetzung, also im eröffneten Insolvenzverfahren vorlegen. Deadline ist der Schlusstermin (§ 218 Abs. 1 S. 3 InsO). Nach § 157 S. 2 InsO kann auch die Gläubigerversammlung den Verwalter zur Ausarbeitung eines Insolvenzplans beauftragen. Die Planvorlage muss dann binnen angemessener Frist erfolgen (§ 218 Abs. 2 InsO).

III. Inhalt des Insolvenzplans

437 Nach § 219 InsO besteht der Insolvenzplan aus einem darstellenden (§ 220 InsO) und gestaltenden Teil (§ 221 InsO). Zudem sind Plananlagen (§§ 229, 230 InsO) beizufügen.

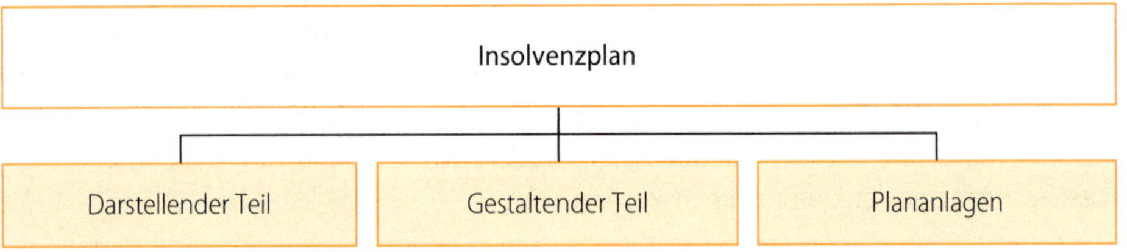

1. Darstellender Teil

a) Grundlegende Informationen

438 Der darstellende Teil bildet die Grundlage für den gestaltenden Teil. Er enthält Angaben, welche Maßnahmen getroffen werden, damit der gestaltende Teil umgesetzt werden kann (§ 220 Abs. 1 InsO). Gericht, Gläubiger und Gesellschafter sollen in die Lage versetzt werden, auf Grundlage der Dokumentation eine Entscheidung zu treffen, ob sie den Plan befürworten oder nicht. Daher muss der darstellende Teil nach § 220 Abs. 2 S. 1 InsO alle Angaben zu den Grundlagen und Auswirkungen des Plans enthalten. Unentbehrlich sind die Angaben, welche die Gläubiger für ein sachgerechtes Urteil über den Insolvenzplan im Hinblick auf ihre eigenen Interessen, benötigen.[14] Unternehmen müssen vor allem über die Ursachen der Krise, die rechtlichen Verhältnisse, die finanz- und leistungswirtschaftlichen Rahmenbedingungen sowie über die eingeleiteten und beabsichtigten Sanierungsmaßnahmen (Sanie-

11 HK-InsO/*Haas* § 218 Rn. 7; *Spahlinger* in: Kübler/Prütting/Bork InsO § 218 Rn. 27.

12 HK-InsO/*Haas* § 218 Rn. 7; Uhlenbruck/*Lüer/Streit* InsO § 218 Rn. 10; a.A. HambKomm-InsR/*Thies/Lieder* § 218 Rn. 4; wiederum a.A. *Spahlinger* in: Kübler/Prütting/Bork InsO § 218 Rn. 27.

13 H.M., MüKoInsO/*Eidenmüller* InsO § 218 Rn. 26 f.; a.A. *Andres/Leithaus/Andres* InsO § 218 Rn. 3.

14 *BGH* NZI 2022, 743 Rn. 19; NZI 2015, 697 Rn. 29; *AG Köln* NZI 2019, 711 Rn. 14.

rungskonzept) informieren.[15] Insbesondere ist darzulegen, ob Betriebsänderungen (z.B. Filialschließungen) oder andere organisatorische bzw. personelle Maßnahmen (z.B. Massenentlassungen) vorgesehen sind.[16] Die Vermögensverhältnisse müssen vollständig und korrekt mitgeteilt werden.[17] Natürliche Personen müssen zudem über den Stand der Restschuldbefreiung und über aktuelle und künftige Einkommensentwicklungen informieren.[18]

b) Vergleichsrechnung

Der Insolvenzplan muss zwingend eine Vergleichsrechnung enthalten, in der die Befriedigungsaussichten der Beteiligten, die der Insolvenzplan vorsieht (= Planquote), mit den Befriedigungsaussichten, die in einem Regelinsolvenzverfahren zu erzielen wären (= Insolvenzquote), verglichen werden (§ 220 Abs. 2 S. 2 InsO). Sieht der Plan den Erhalt des Unternehmens vor, müssen in der Vergleichsrechnung Fortführungswerte angesetzt werden (§ 220 Abs. 2 S. 3 InsO). Der Planersteller darf nur dann von einem Abwicklungsszenario im Regelverfahren ausgehen und Liquidationswerte ansetzen, wenn er nachweist, dass eine übertragende Sanierung des Unternehmens aussichtslos ist (§ 220 Abs. 2 S. 4 InsO). Bei Großunternehmen ist ein M&A Prozess zu empfehlen, der ergibt, ob (und zu welchem Preis) ein Dritter bereit wäre, das Unternehmen zu kaufen.[19] Bei kleinen Unternehmen wird eine plausible Marktanalyse ausreichen, um nachzuweisen, dass ein Verkauf mangels Interessenten oder aufgrund des (veralteten) Geschäftsmodells aussichtslos ist.[20] **439**

c) Gruppenbildung

Der Planersteller muss die Beteiligten in Gruppen einteilen (§ 222 InsO), da über den Insolvenzplan in Gruppen abgestimmt wird (§ 243 InsO). Die Gruppenbildung erfolgt im darstellenden Teil.[21] Hier sind die Beteiligten festzulegen. Stets beteiligt sind die Insolvenzgläubiger (§ 217 Abs. 1 S. 1 InsO). Auch die absonderungsberechtigten Gläubiger können in den Plan aufgenommen werden (§ 217 Abs. 1 S. 1 InsO), ebenso die Rechte der Anteilseigner (§ 217 Abs. 1 S. 2 InsO) sowie gruppeninterne Drittsicherheiten (§ 217 Abs. 2 InsO). Umgekehrt lässt sich § 217 InsO entnehmen, dass die Rechte der Aussonderungsberechtigten und Massegläubiger nicht gestaltbar sind.[22] Ein vormerkungsberechtigter Gläubiger (§ 106 InsO) kann daher nur auf freiwilliger Basis in den Plan einbezogen werden.[23] Da der Vergütungsanspruch des Insolvenzverwalters Masseverbindlichkeit und zudem zwingendes Recht ist (§ 54 Nr. 2 InsO), kann er, auch im Fall der Planüberwachung, nicht im Insolvenzplan geregelt werden.[24] Zwingende Normen der InsO, wie etwas §§ 103 ff. InsO, können ebenfalls nicht Gegenstand eines Insolvenzplans sein.[25] **440**

---

15 *Spahlinger* in: Kübler/Prütting/Bork InsO § 220 Rn. 4.
16 *Bork* Insolvenzrecht Rn. 374.
17 *LG Wuppertal* NZI 2016, 494 f.; *AG Köln* NZI 2019, 711 Rn. 16 ff.
18 *BGH* NZI 2022, 743 Rn. 21.
19 Vgl. Braun/*Braun/Frank* InsO § 220 Rn. 14; *Spahlinger* in: Kübler/Prütting/Bork InsO § 220 Rn. 20 f.
20 Zum Ganzen *Harig/Höfer/Reus* NZI 2021, 993, 996.
21 HambKomm-InsR/*Thies/Lieder* § 220 Rn. 4; MüKoInsO/*Eidenmüller* InsO § 222 Rn. 22.
22 *BGH* NZI 2021, 733 Rn. 18; NZI 2017, 260 Rn. 21; *BFH* NZI 2019, 87 Rn. 25.
23 *BVerfG* NZI 2020, 1112 Rn. 61.
24 *BGH* NZI 2021, 733 Rn. 18; NZI 2017, 260 Rn. 20 ff.
25 Zum Meinungsstand *Keller* NZI 2022, 416.

aa) Obligatorische Gruppenbildung

441 Sind Beteiligte mit unterschiedlichen Rechtsstellungen von den Planregelungen betroffen, muss der Plan bei der Festlegung der Rechte verschiedene Gruppen bilden. § 222 InsO unterscheidet zwischen Pflichtgruppen und fakultativen Gruppen. In § 222 Abs. 1 InsO sind die **Pflichtgruppen** geregelt. Jeweils eine eigene Gruppe bilden die absonderungsberechtigten Gläubiger (§ 222 Abs. 1 S. 2 Nr. 1 InsO), die Insolvenzgläubiger (§ 222 Abs. 1 S. 2 Nr. 2 InsO), die nachrangigen Insolvenzgläubiger (§ 222 Abs. 1 S. 2 Nr. 3 InsO) sowie die Anteilseigner (§ 222 Abs. 1 S. 2 Nr. 4 InsO). Seit dem SanInsFoG 2021 ist auch für die Inhaber von gruppeninternen Drittsicherheiten eine eigene Gruppe (§ 222 Abs. 1 S. 2 Nr. 5 InsO) zu bilden, sofern sie in den Plan einbezogen sind. Dies Neuregelung soll bei Insolvenz einer Konzerngesellschaft wegen der wechselseitig gewährten Sicherheiten die Durchführung mehrerer Insolvenzverfahren (und damit das Auseinanderfallen des Konzerns) verhindern. Nach der Neuregelung des § 9 Abs. 4 S. 1 BetrAVG ist für den Pensionssicherungsverein, der in der Insolvenz für die Betriebsrenten nach § 7 Abs. 1 BetrAVG einstehen muss, eine eigene Gruppe zu bilden, sofern er nicht darauf verzichtet.[26] Beteiligter eines Insolvenzplans ist auch der Schuldner, der aber keine Gruppe bildet (§ 247 InsO).

Beispiel Die MODEHAUS GmbH hat insgesamt 36 Insolvenzgläubiger. Diese bilden eine separate Gruppe. Hat die GmbH der A-Bank ihre Forderungen und der B-Bank ihr Warenlager zur Sicherheit übereignet, bilden die beiden Banken als absonderungsberechtigte Gläubiger eine eigene Gruppe. Sind Max (M) und Fred (F) mit ihren GmbH-Anteilen in den Plan einbezogen, bilden sie als Anteilseigner eine eigene Gruppe. Hat die GmbH ein Jahr vor dem Eröffnungsantrag nachrangige Anleihen begeben, bilden die Anleihegläubiger als nachrangige Gläubiger eine eigene Gruppe, wenn ihnen der Plan eine Quote gewährt, d.h. ihre Forderungen nicht als erlassen gelten (§ 225 InsO). ■

bb) Fakultative Gruppenbildung

442 In § 222 Abs. 2 InsO ist die fakultative Gruppenbildung geregelt. Nach § 222 Abs. 2 S. 1 InsO können aus den Beteiligten mit gleicher Rechtsstellung Gruppen (Untergruppen) gebildet werden, wenn die Beteiligten gleichartige wirtschaftliche Interessen haben. Nach § 222 Abs. 2 S. 2 InsO müssen die Gruppen **sachgerecht** voneinander abgegrenzt werden. Aus dem Insolvenzplan muss sich ergeben, welche Kriterien für die Gruppenbildung zugrunde gelegt wurden (§ 222 Abs. 2 S. 3 InsO). Dies erfordert im darstellenden Teil des Plans eine Begründung, auf Grund welcher gleichartiger insolvenzbezogener wirtschaftlicher Interessen eine bestimmte Gruppe gebildet wurde.[27] Im Gesetz finden sich Regelbeispiele. So sollen die Arbeitnehmer eine eigene Gruppe stellen, wenn sie mit erheblichen Forderungen beteiligt sind (§ 222 Abs. 3 S. 1 InsO). Auch für geringfügig beteiligte Anteilseigner (weniger als 1 % oder weniger als 1000 EUR am Grundkapital) kann eine eigene Gruppe gebildet werden (§ 222 Abs. 3 S. 2 InsO). Ansonsten lässt die Norm des § 222 Abs. 2 InsO dem Planersteller erheblichen Spielraum (in Bezug auf Anzahl der Gruppen, Größe der Gruppen, Aufteilung der Gruppenmitglieder). Das erlaubt einen strategischen Ansatz.[28] So kann der Planersteller eine eigene Gruppe für die Banken und Lieferanten, die Steuergläubiger (Finanzamt), die Sozialversicherungsträger oder für die Bundesagentur für Arbeit vorsehen.

26 Näher *Holthusen* NZI 2021, 705; *Uhlenbruck* NZI 2020, 878.
27 *BGH* NZI 2015, 697 Rn. 10; *AG Köln* NZI 2016, 537.
28 Vgl. HambKomm-InsR/*Thies/Lieder* § 222 Rn. 17.

2. Gestaltender Teil

Der wichtigste Teil des Insolvenzplans ist der gestaltende Teil (§ 221 InsO), in dem vollstreckbar festgelegt wird, wie sich die Rechtsstellung der Beteiligten verändert. Wird der Insolvenzplan gerichtlich bestätigt, bildet er mit seinem gestaltenden Teil in Verbindung mit dem Tabellenauszug einen **Vollstreckungstitel** (§ 257 InsO). **443**

a) Gleichbehandlungsgrundsatz

Die Gestaltungsfreiheit des Planerstellers wird durch den **Gleichbehandlungsgrundsatz** begrenzt (§ 226 Abs. 1 InsO). Den Beteiligten **innerhalb einer Gruppe** sind gleiche Rechte anzubieten. Wird eine Befriedigungs-Quote angeboten, muss diese innerhalb einer Gruppe gleich hoch sein. Hingegen ist eine unterschiedliche Behandlung der jeweiligen Gruppen erlaubt. Nebenabsprachen mit einzelnen Gläubigern außerhalb des Plans, um diese für die Abstimmung milde zu stimmen („Stimmenkauf"), sind nichtig (§ 226 Abs. 3 InsO). Der Gleichbehandlungsgrundsatz gilt auch für die Anteilseigner. **444**

b) Eingriffe in die Gläubigerrechte

aa) Insolvenzgläubiger

Wie die Rechte der Insolvenzgläubiger (§ 38 InsO) in einem Insolvenzplan gestaltet werden können, ist in § 224 InsO geregelt. Insbesondere kommen Kürzung, Stundung oder die Besicherung der Forderungen in Betracht, wobei wichtigstes Instrument die **Kürzung** (= **Teilverzicht** § 397 BGB) ist. Folge ist die Entschuldung des Rechtsträgers, da sich die Verbindlichkeiten auf der Passivseite der Bilanz verringern.[29] Der Teilverzicht kann dadurch erfolgen, dass im Plan eine prozentuale Quotenzahlung zugesagt und in Höhe des Restbetrags eine Erlassregelung aufgenommen wird.[30] In der Praxis sind Verzichte zwischen **30 % bis 80 %** durchaus üblich. **445**

Neben dem endgültigen Erlass ist auch ein Forderungsverzicht mit Besserungsschein möglich.[31] Den Gläubigern kann im Plan auch angeboten werden, ihre Forderungen gegen Gesellschaftsanteile umzutauschen (sog. Debt-Equity-Swap). Damit können sie als Neu-Gesellschafter von dem später sanierten Unternehmen profitieren. Bei Arbeitnehmern ist zu beachten, dass sie selbst nicht auf ihre tarifvertraglichen (Lohn-)Ansprüche verzichten können, sondern der Verzicht von der zuständigen Gewerkschaft gebilligt werden muss (§ 4 Abs. 4 S. 1 TVG).[32] **446**

bb) Absonderungsberechtigte

Die Rechte von absonderungsberechtigten Gläubiger werden von einem Insolvenzplan nicht berührt (§ 223 Abs. 1 S. 1 InsO), es sei denn, der Insolvenzplan sieht ausdrücklich Eingriffe vor. Dann müssen Art und Umfang der Änderungen konkret benannt werden (§ 223 Abs. 2 InsO). Im Plan können insbesondere abweichende Regelungen zu den Normen des Regelverfahrens (§§ 165 ff. InsO) getroffen werden. Insbesondere kann der Plan eine Kürzung der gesicherten Forderungen (Teilverzicht) oder deren Stundung vorsehen. Möglich ist auch eine **447**

29 Der hierdurch entstehende Sanierungsgewinn ist nicht zu versteuern, § 3a Abs. 2 EStG.

30 BeckOK InsR/*Geiwitz/von Danckelmann* InsO § 224 Rn. 3.

31 Näher MüKoInsO/*Breuer* InsO § 224 Rn. 12.

32 BeckOK InsR/*Geiwitz/von Danckelmann* InsO § 224 Rn. 5.

Freigabe der Sicherheiten selbst oder der Austausch der Sicherheit durch eine andere.[33] Die erforderlichen dinglichen Erklärungen (z.B. Verzicht auf ein Pfandrecht § 1255 BGB, Einigung über die Rückübertragung des Sicherungsguts § 929 BGB) können im Insolvenzplan mitaufgenommen werden (§ 228 InsO). Mit Wirksamwerden des Insolvenzplans gelten sie als formgerecht abgegeben (§ § 254a Abs. 1 InsO).

cc) Nachrangige Gläubiger

448 Im Regelverfahren haben die nachrangigen Gläubiger als letztes Glied der „Befriedigungskette" kaum Aussicht auf eine Quote. Daher bestimmt § 225 Abs. 1 InsO, dass ihre Forderungen im Insolvenzplan als erlassen gelten, außer es wird im Plan eine abweichende Regelung getroffen. In diesem Fall muss der Plan die Rechtsänderung ausdrücklich und konkret benennen (§ 225 Abs. 2 InsO).

dd) Gruppeninterne Drittsicherheiten

449 Neu eingeführt wurde § 223a InsO, wonach Drittsicherheiten vom Plan unberührt bleiben, außer der Plan trifft eine ausdrückliche Regelung (§ 223a S. 1 InsO). In diesem Fall muss der Eingriff in die Rechte angemessen entschädigt werden (§ 223a S. 2 InsO). Die Norm zielt auf eine erleichterte Sanierung von Konzerninsolvenzen.[34] Drittsicherheiten sind Personalsicherheiten (Bürgschaft, Schuldbeitritt, Garantie etc.) sowie dingliche Sicherheiten (vgl. §§ 217 Abs. 2, 254 Abs. 2 InsO). Die Sicherheiten müssen von einem verbundenen Unternehmen bestellt sein. Erfasst sind Sicherheiten der Tochter- an die Muttergesellschaft (sog. Upstream-Sicherheiten) oder Sicherheiten von Mutter- und Schwesterngesellschaften (sog. Downstream-Sicherheiten).[35]

c) Rechtsstellung des Schuldners

450 Hauptinteresse des Schuldners ist die Befreiung von seinen Verbindlichkeiten. Findet sich im Plan keine abweichende Regelung, wird der Schuldner von seinen restlichen Verbindlichkeiten befreit (§ 227 Abs. 1 InsO). Die Befreiung erstreckt sich auch auf die persönliche Haftung der Gesellschafter von Personengesellschaften (§ 227 Abs. 2 InsO). Ist der Schuldner eine Kapital- oder Personengesellschaft, kann seine Fortsetzung beschlossen werden (§ 225a Abs. 3 InsO).

d) Eingriffe in die Anteilsrechte

451 Im Regelverfahren gehen die Mitgliedschaftsrechte an einer Kapitalgesellschaft nach Beendigung des Insolvenzverfahrens unter, da die Gesellschaft aus dem Handelsregister gelöscht wird (z.B. §§ 60 Abs. 1 Nr. 4 GmbHG, 394 FamFG). In § 225a Abs. 1 InsO ist vorgesehen, dass Eingriffe in die Rechte der Anteilseigner auch durch Insolvenzplan möglich sind. Zweck der Norm, die durch das ESUG 2012 eingeführt wurde, ist es, nicht nur den Gläubigern „Verzichte", sondern auch den Gesellschafter „Sanierungsbeiträge" abzuverlangen.

---

33 HK-InsO/*Haas* § 223 Rn. 3.

34 BeckOK InsR/*Geiwitz/von Danckelmann* InsO § 223a Rn. 1.

35 Braun/*Frank* InsO § 223a Rn. 7.

aa) Maßnahmenkatalog im Überblick

Nach § 225a Abs. 2 S. 1 InsO kann im Insolvenzplan geregelt werden, dass Forderungen von Gläubigern in Anteils- oder Mitgliedschaftsrechte des Schuldners umgewandelt werden (sog. Debt-Equity-Swap), sofern die Gläubiger einverstanden sind (§ 225a Abs. 2 S. 2 InsO). Der Plan kann auch eine Kapitalherabsetzung, Kapitalerhöhung (mit oder ohne Ausschluss der Bezugsrechte), die Leistung von Sacheinlagen sowie die Zahlung von Abfindungen an ausscheidende Gesellschafter vorsehen (§ 225a Abs. 2 S. 3 InsO). Der Katalog des § 225a Abs. 2 InsO ist nicht abschließend. § 225a Abs. 3 InsO erlaubt sämtliche Maßnahmen, die gesellschaftsrechtlich möglich und zulässig sind. Daher können in einem Insolvenzplan weitere Strukturmaßnahmen beschlossen werden, wie etwa die Umwandlung der Rechtsform. Beispiel ist das Unternehmen Suhrkamp, das von einer GmbH & Co. KG in eine AG umgewandelt wurde. In Kombination mit dem Obstruktionsverbot (§ 245 InsO) kann der Insolvenzplan sogar gegen den Willen der Alt-Gesellschafter durchgesetzt werden.[36] **452**

bb) Debt-Equity-Swap

Eine anerkannte Methode im Sanierungsrecht ist der sog. Debt-Equity-Swap. Er hat zum Inhalt, dass Forderungen von Gläubigern mit ihrer Zustimmung in Anteilsrechte umgewandelt werden (§ 225a Abs. 1 S. 1, 2 InsO). Im Regelfall ist der Debt-Equity-Swap in ein komplexes Geflecht von gesellschaftsrechtlichen Maßnahmen eingebunden. **453**

Beispiel Hauptlieferant der MODEHAUS GmbH ist Lasse (L), der die GmbH seit vielen Jahren beliefert; er hat offene Forderungen in Höhe von 2 Mio. EUR. (L) erklärt sich bereit, das Modehaus zu übernehmen und seine Forderung in Geschäftsanteile umzutauschen. Der Insolvenzplan sieht einen Debt-Equity-Swap vor, der folgendermaßen umgesetzt wird: Zunächst wird das Grundkapital der GmbH auf null herabgesetzt (sog. Kapitalschnitt).[37] Damit haben die Alt-Gesellschafter keine Geschäftsanteile mehr. Dann erfolgt eine Barkapitalerhöhung auf 25 000 EUR und eine Sachkapitalerhöhung auf zwei Millionen EUR. Die neuen Geschäftsanteile werden ausschließlich von (L) gezeichnet. Parallel dazu wird das Bezugsrecht der Alt-Gesellschafter nach § 186 AktG analog ausgeschlossen, so dass diese nicht an der Kapitalerhöhung teilnehmen dürfen. Ein sachlicher Grund, der nach § 186 AktG für den Bezugsrechtsausschluss erforderlich ist, liegt wegen der angestrebten Sanierung der Gesellschaft vor. Die Sachkapitalerhöhung selbst erfolgt derart, dass (L) seine Forderungen i.H.v. 2 Mio. EUR, die er gegen die MODEHAUS GmbH hat, als Sacheinlage einbringt. Die Forderungen von (L) erlöschen durch Erlassvertrag bzw. durch Abtretung (Konfusion).[38] Damit ist der Tausch von Fremd- in Eigenkapital abgeschlossen. Der Bilanztausch bringt erhebliche Vorteile. Zum einen wird die Passivseite der Bilanz entlastet. Der hierdurch entstandene Sanierungsgewinn ist nach § 3a Abs. 1 S. 1 EStG steuerfrei.[39] Zum anderen entfällt die Zinslast für das Unternehmen. Für die Alt-Gesellschafter führt der Debt-Equity-Swap bei der Kapitalherabsetzung auf null zum Verlust ihrer Anteile. Würde den Alt-Gesellschafter hingegen erlaubt, neben (L) an der Kapitalerhöhung teilzunehmen, würde es (nur) zu einer Verwässerung ihrer Anteile kommen, d.h. Gewinnansprüche und Stimmrecht würden sinken. ■

36 Keine einstweilige Anordnung möglich: *BVerfG* NZI 2019, 75.

37 *Foerste* Insolvenzrecht Rn. 539.

38 Braun/*Frank* InsO § 225a Rn. 7; HK-InsO/*Haas* InsO § 225a Rn. 26.

39 Näher *BFH* NZI 2021, 591 Rn. 5 ff. (auch zur Historie).

454 In einer GmbH unterliegen Sacheinlagen strengen Bewertungskriterien. So darf eine Forderung als Sacheinlage nur mit ihrem wahren Wert eingebracht werden; andernfalls gilt die Differenzhaftung (z.B. §§ 9 Abs. 1, 19 Abs. 4 GmbHG). Grundsätzlich ist die Forderung zum Nominalwert einzubringen. Ist die Bonität zweifelhaft oder das Unternehmen insolvent, muss der Wert der Forderung nach unten korrigiert werden. Daraus folgt, dass Gläubiger die Forderungen bei einem Debt-Equity-Swap nur zu einem Teilwert ansetzen dürfen.[40] Bei einem Verstoß darf das *Insolvenzgericht* die Planbestätigung aber nur versagen, sofern eine **wesentliche** Überbewertung erfolgte (§ 250 Nr. 1 InsO). Nach der gerichtlichen Bestätigung kann der Schuldner zudem keine Ansprüche wegen der Überbewertung geltend machen. § 254 Abs. 4 InsO schließt die Differenzhaftung aus.[41] Das erhöht die Planungssicherheit für die zum Tausch entschlossenen Gläubiger.

cc) Change-of-Control Klauseln

455 Durch sog. Change-of-Control Klauseln behalten sich Vertragspartner ein Sonderkündigungsrecht für den Fall erheblicher gesellschaftsrechtlicher Strukturmaßnahmen vor. Derartige Klauseln finden sich in der Unternehmenspraxis in Miet-, Dienst- oder Lizenzverträgen.[42] Nach § 225a Abs. 4 InsO berechtigen gesellschaftsrechtliche Strukturmaßnahmen (§ 225a Abs. 2, 3 InsO) nicht dazu, die Verträge mit dem Schuldner zu beenden, um den Erfolg der Sanierung nicht zu gefährden.

dd) Fortsetzungsbeschluss

456 Nach § 225a Abs. 3 InsO kann der Insolvenzplan die Fortsetzung der durch Eröffnung des Insolvenzverfahrens aufgelösten Gesellschaft vorsehen. Der Fortsetzungsbeschluss wird mit Aufhebung des Insolvenzverfahrens nach rechtskräftiger Planbestätigung wirksam.[43] Für einen Fortsetzungsbeschluss i.S.d. § 60 Abs. 1 Nr. 4 GmbHG genügt es, wenn der Insolvenzplan die abstrakte Möglichkeit der Fortführung nach Aufhebung des Insolvenzverfahrens vorsieht.[44]

e) Weitere Regelungen

aa) Überwachung der Planerfüllung

457 Im gestaltenden Teil kann geregelt werden, dass die Planerfüllung nach Aufhebung des Insolvenzverfahrens überwacht werden soll (§ 260 Abs. 1 InsO). Die Überwachung ist Aufgabe des Insolvenzverwalters (§ 261 Abs. 1 S. 1 InsO) bzw. des Sachwalters bei Eigenverwaltung (§ 284 Abs. 2 InsO), deren Ämter fortbestehen (§ 261 Abs. 1 S. 2 InsO). Der Insolvenzplan kann aber auch die Überwachung einer (privatrechtlich beauftragten) dritten Person überantworten und deren Vergütung regeln.[45] Es gilt der Grundsatz der Vertragsfreiheit. Vergütungsvereinbarungen mit dem Insolvenzverwalter bezüglich der Überwachung können nicht Gegenstand eines Insolvenzplans sein, da die Normen zur Festsetzung der Vergütung und zur Fälligkeit zwingendes Recht und damit planfest sind.[46]

40 BeckOK InsR/*Geiwitz/von Danckelmann* InsO § 225a Rn. 7.
41 *Rugullis* NZI 2021, 663, 664.
42 HK-InsO/*Haas* § 225a Rn. 40.
43 MüKoInsO/*Eidenmüller* InsO § 225a Rn. 84.
44 *BGH* NZI 2020, 635 Rn. 11, 21 ff.
45 Vgl. *BGH* NZI 2021, 733 Rn. 11 ff.; *Ganter* NZI 2021, 97, 98 ff.
46 *BGH* NZI 2022, 137 Rn. 23; NZI 2021, 733 Rn. 18; *Ganter* NZI 2021, 97, 100 f.

bb) Kreditrahmen

Der Erfolg der Sanierung hängt oftmals davon ab, dass das Unternehmen nach Planbestätigung und Aufhebung des Insolvenzverfahrens neue Kredite erhält. Meist hat das insolvente Unternehmen aber keine Realsicherheiten anzubieten. Daher kann im Plan ein sog. Kreditrahmen (§§ 264 ff. InsO) aufgenommen werden. Er privilegiert Neukredite. Im Plan wird geregelt, dass die Insolvenzgläubiger gegenüber den kreditgewährenden Gläubigern nachrangig sind (§ 264 Abs. 1 S. 1 InsO). 458

cc) Mittelbereitstellung

Der Plan kann vorsehen, dass Mittel für solche Beteiligten bereitgestellt werden, die dem Gericht nachweisen können, dass sie durch den Plan schlechter gestellt sind als ohne Plan (vgl. § 251 Abs. 1, 2 InsO).[47] In diesem Fall kann das Gericht den Antrag auf Versagung der Planbestätigung abweisen (§ 251 Abs. 3 InsO). 459

Hinweis

Die Aufnahme von Mitteln für den „Nachteilsausgleich" sollte jeder Planersteller als Standardklausel in seinem Insolvenzplan berücksichtigen.

3. Plananlagen

Sieht der Insolvenzplan vor, dass die Gläubiger aus den Erträgen des fortzuführenden Unternehmens befriedigt werden, sind dem Insolvenzplan eine **Vermögensübersicht** und ein **Ergebnis- und Finanzplan** beizufügen (§ 229 InsO). Daraus muss hervorgehen, welche Erträge und Aufwendungen künftig zu erwarten sind und wie die Zahlungsfähigkeit des Unternehmens in Zukunft gewährleistet werden soll (§ 229 S. 2 InsO). Ist ein Debt-Equity-Swap im Plan vorgesehen, müssen die Zustimmungserklärungen der betroffenen Gläubiger einzeln beigefügt werden (§ 230 Abs. 2 InsO). 460

IV. Gerichtliche Vorprüfung

Nach § 231 Abs. 1 InsO findet vor der Weiterleitung des Plans an die Beteiligten eine **gerichtliche Vorprüfung** statt. Sie erfolgt von Amts wegen und hat den Zweck, einer Verfahrensverzögerung durch völlig ungeeignete und aussichtslose Pläne vorzubeugen.[48] 461

1. Zurückweisung des Plans

Nach § 231 Abs. 1 S. 1 Nr. 1 InsO weist das Gericht den Plan zurück, wenn die Vorschriften über das Recht zur Vorlage und den Inhalt des Plans, insbesondere zur Bildung von Gruppen, nicht beachtet sind und der Mangel nicht in angemessener Frist behoben werden kann. Die Kontrolle des Gerichts erstreckt sich insbesondere darauf, ob die (fakultative) Gruppenbildung 462

47 Näher MüKoInsO/*Eidenmüller* InsO § 221 Rn. 46.
48 Braun/*Braun/Frank* InsO § 231 Rn. 4.

(§ 222 Abs. 1 S. 2 Nr. 1 bis 5, Abs. 2 InsO) sachgerecht ist.[49] Eine Zurückweisung erfolgt auch, wenn maßgebliche Erläuterungen zur Gruppenbildung fehlen. Dem Gericht ist es aber nicht erlaubt zu prüfen, ob der Plan zweckmäßig ist.[50] Der Plan ist zudem zurückzuweisen, wenn er offensichtlich keine Aussicht hat, von den Gläubigern angenommen zu werden (§ 231 Abs. 1 S. 1 Nr. 2 InsO). Dies ist der Fall, wenn im Zeitpunkt der Vorprüfung unzweifelhaft feststeht, dass der Plan gegen den Minderheitenschutz verstößt (§ 251 InsO).[51] Das Gericht muss den Plan außerdem zurückweisen, wenn die im Plan festgesetzten Quoten offensichtlich nicht erfüllt werden können (§ 231 Abs. 1 S. 1 Nr. 3 InsO).

2. Entscheidungsfrist

463 Nach § 231 Abs. 1 S. 2 InsO soll das Gericht seine Entscheidung binnen zwei Wochen ab Einreichung des Plans treffen. Die Entscheidung kann erst im eröffneten Verfahren ergehen, zuvor gibt es keine Rechtsgrundlage.[52] Hat der Schuldner den Plan (wie üblich) mit dem Eröffnungsantrag eingereicht, kann das Gericht das dreimonatige Eröffnungsverfahren nutzen, um die Stellungnahmen der Gläubiger einzuholen; diese Möglichkeit wurde durch das SanInsFoG in § 232 Abs. 4 S. 1 InsO neu geschaffen. Erhält das Gericht dadurch Kenntnis von Gründen, die eine Zurückweisung rechtfertigen, muss es dem Planersteller Gelegenheit zur einer Gegenstellungnahme geben (§ 232 Abs. 4 S. 2 InsO). Weist das Gericht den Plan zurück, steht dem Planersteller die sofortige Beschwerde zu (§ 231 Abs. 3 InsO). Soweit das Gericht eine ablehnende Entscheidung nach § 231 InsO unterlässt, erzeugt dies für das Verfahren nach § 250 Nr. 1 InsO keine Bindungswirkung.[53]

3. Fortsetzung des Verfahrens

464 Wird der Insolvenzplan nicht zurückgewiesen, hat das Gericht in das Erörterungs- und Abstimmungsverfahren überzuleiten und den Plan den in § 232 Abs. 1 InsO genannten Personen und Institutionen zur Stellungnahme zuzuleiten,[54] sofern nicht bereits nach § 232 Abs. 4 InsO vorgegangen wurde. Der Plan ist zur Einsicht niederzulegen (§ 234 InsO) und eine Frist für die Stellungnahme zu bestimmen (§ 232 Abs. 3 InsO). Fällt die gerichtliche Vorprüfungsentscheidung positiv aus, muss das Gericht einen Erörterungs- und Abstimmungstermin festlegen (§ 235 Abs. 1 S. 1 InsO). Der Termin ist mit dem Hinweis, dass Plan und Stellungnahmen auf der Geschäftsstelle eingesehen werden können, öffentlich bekannt zu machen (§ 235 Abs. 2 S. 1, 2 InsO). Besonders zu laden sind die Insolvenzgläubiger, die ihre Forderungen angemeldet haben, der Insolvenzverwalter, die Absonderungsberechtigten, der Schuldner, der Betriebsrat sowie die Anteilseigner (§ 235 Abs. 3 S. 1, 3 InsO); der Ladung ist eine Zusammenfassung des Plans beizulegen (§ 235 Abs. 3 S. 2 InsO). Mit der Ladung kann der Insolvenzverwalter beauftragt werden (§ 235 Abs. 3 S. 4, § 8 Abs. 3 InsO). Börsennotierte Unternehmen müssen den Plan auf ihrer Website bereitstellen (§ 235 Abs. 3 S. 5 InsO). Soweit die Durchführung des Plans gefährdet wird, ordnet das Gericht auf Antrag des Planerstellers die Aussetzung der Verwertung an (§ 233 InsO).

49 *BGH* NZI 2015, 697 Rn. 9.
50 *BGH* NZI 2020, 635 Rn. 29; NZI 2015, 697 Rn. 8.
51 *BGH* NZI 2017, 751 Rn. 8 ff.
52 Braun/*Braun/Frank* InsO § 231 Rn. 12.
53 *BGH* NZI 2018, 691 Rn. 13; NZI 2017, 260 Rn. 15 f.
54 *BGH* NZI 2017, 751 Rn. 7.

V. Abstimmung über den Plan und Annahme des Plans

1. Abstimmungs- und Erörterungstermin, Stimmrechte

Der Insolvenzplan bedarf der Annahme der Beteiligten. Dem dient der Erörterungs- und Abstimmungstermin (§ 235 Abs. 1 S. 1 InsO), der nicht vor dem Prüfungstermin stattfinden darf (§ 236 S. 1 InsO). Beide Termine können miteinander verbunden werden (§ 236 S. 2 InsO). Im Abstimmungs- und Erörterungstermin wird zunächst das Stimmrecht der Gläubiger erörtert (§§ 237 bis 238b InsO). Insolvenzgläubigern, deren Forderungen weder vom Insolvenzverwalter noch von einem anderen stimmberechtigten Gläubiger bestritten wurden, steht ohne weiteres ein Stimmrecht zu (§§ 237 Abs. 1, 77 Abs. 1 S. 1 InsO). Die Absonderungsberechtigten haben ein Stimmrecht, sofern ihre Vorrechte unstreitig sind (§ 238 InsO).[55] Das Stimmrecht der Anteilseigner richtet sich nach ihrer Beteiligung (§ 238a InsO), das der Drittsicherheiten nach dem mutmaßlichen Befriedigungsbetrag (§ 238b InsO). Abschließend wird eine Stimmliste erstellt (§ 239 InsO). Danach folgt die Abstimmung. Wird die Stimmrechtsfestsetzung später korrigiert, wirkt die Korrektur nicht auf das im Termin festgestellte Abstimmungsergebnis zurück.[56] **465**

Nach § 240 InsO kann der Plan noch im Termin geändert werden. In welchem Umfang Änderungen vorgenommen werden können, ist umstritten. Zu berücksichtigen ist, dass die Gläubiger, die auf eine Teilnahme im Abstimmungstermin verzichten, keine Möglichkeit mehr haben, auf die Planänderungen Einfluss zu nehmen. Daher sind Änderungen, die den Kern des Plans betreffen, unzulässig. Die Gruppenbildung ist als zentraler Bestandteil des Plans nicht abänderbar.[57] **466**

2. Abstimmung nach Gruppen

a) Mehrheitserfordernisse in den Gruppen der Gläubiger

Die Abstimmung erfolgt in den im Insolvenzplan festgelegten Gruppen (§ 222 InsO). Jede Gruppe stimmt über den Plan gesondert ab (§ 243 InsO). Zur Annahme des Insolvenzplans durch die Gläubiger ist eine **Kopf- und Summenmehrheit** in jeder Gruppe erforderlich. Nach § 244 Abs. 1 Nr. 1 InsO muss die Mehrheit der **abstimmenden** Gläubiger dem Plan zustimmen (Kopfmehrheit). Enthaltungen bleiben damit außer Betracht.[58] Zudem muss nach § 244 Abs. 1 Nr. 2 InsO die Summe der Ansprüche der „Ja"-Abstimmenden mehr als die Hälfte der Summe der Ansprüche der **abstimmenden** Gläubiger betragen (Summenmehrheit). Die Schwelle ist höher als in der „normalen Gläubigerversammlung" im Regelverfahren, da dort die Summenmehrheit genügt (§ 76 Abs. 2 InsO). Grund ist, dass die Kleingläubiger nicht von den (wenigen) Großgläubigern übervorteilt werden sollen. Wird nicht in allen Gruppen die erforderliche Mehrheit erreicht, kann die Zustimmung einzelner Gruppen durch das Obstruktionsverbot (§ 245 InsO) ersetzt werden. **467**

55 *Foerste* Insolvenzrecht Rn. 549.

56 *BGH* NZI 2021, 177 Rn. 20.

57 *AG Düsseldorf* NZI 2020, 435 Rn. 11 ff.; a.A. Braun/*Frank* InsO § 240 Rn. 3.

58 *Foerste* Insolvenzrecht Rn. 551.

b) Anteilsinhaber

468 Die Anteilsinhaber stimmen als eigene Gruppe nach § 243 InsO gesondert über den Plan ab. Das Stimmrecht der Gesellschafter bestimmt sich nach der Höhe der Kapitalbeteiligung (§ 238a Abs. 1 S. 1 InsO). Der Plan ist gem. § 244 Abs. 3 InsO angenommen, wenn die Summe der Beteiligungen der zustimmenden Anteilsinhaber mehr als die Hälfte der Summe der Beteiligungen der abstimmenden Anteilsinhaber beträgt. Da nur die Summenmehrheit zählt, kann der Mehrheitsgesellschafter (50,01 %) die Gruppe dominieren. Lehnt die Gruppe der Anteilseigner den Plan mehrheitlich ab, kann die fehlende Zustimmung durch das Obstruktionsverbot (§ 245 InsO) ersetzt werden. Kommen die Gesellschafter nicht zur Abstimmung, gilt die Zustimmung der Gruppe als erteilt (§ 246a InsO).

3. Obstruktionsverbot

» Das Obstruktionsverbot (§ 245 InsO) stellt ein wichtiges Instrument dar, um dem Plan zum Erfolg zu verhelfen,wenn eine Gruppe mit „Nein" gestimmt hat. «

469 Das Obstruktionsverbot (§ 245 InsO) ist eine „Wunderwaffe" im Insolvenzplanverfahren. Es ist dem US-amerikanischen Insolvenzrecht (Chapter 11) entnommen.[59] Um eine willkürliche Blockade („Obstruktion") durch einzelne Gruppen zu verhindern, bestimmt § 245 InsO, dass das „Nein" einer Gruppe unter drei Voraussetzungen unbeachtlich ist und die Zustimmung der Gruppe fingiert wird. Die Voraussetzungen müssen kumulativ vorliegen (§ 245 Abs. 1 S. 1 Nr. 1 bis 3 InsO).[60]

a) Keine Schlechterstellung

470 Nach § 245 Abs. 1 Nr. 1 InsO ist erste Voraussetzung, dass die Angehörigen der ablehnenden Gruppe durch den Plan voraussichtlich nicht schlechter gestellt werden, als sie ohne den Plan stünden. Die Position der Gruppenangehörigen, die ihnen im Plan zugeteilt wird, muss mit der hypothetischen Position im Fall des Regelverfahrens verglichen werden.[61] Das Gericht muss die Schlechterstellung feststellen; es kann dabei auf die Vergleichsrechnung (§ 220 Abs. 2 S. 2 InsO) zurückgreifen.[62]

471 Die Neuregelung des § 245a InsO betrifft Insolvenzpläne natürlicher Personen. Damit sollen Vergleichsrechnungen vereinfacht werden.[63] So wird vermutet, dass die Einkommens-, Vermögens- und Familienverhältnisse, die zum Zeitpunkt der Abstimmung bestehen, gleich bleiben werden. Zum anderen wird unterstellt, dass der Schuldner nach drei Jahren (Ende der Abtretungsfrist des § 287 Abs. 2 InsO) Restschuldbefreiung erlangt.

b) Angemessene wirtschaftliche Beteiligung

472 Zweite Voraussetzung ist gem. § 245 Abs. 1 Nr. 2 InsO, dass die Angehörigen der opponierenden Gruppe angemessen an dem wirtschaftlichen Wert beteiligt werden, der den Beteiligten zufließen soll. Für die Gruppe der Gläubiger wird die angemessene wirtschaftliche Beteiligung in § 245 Abs. 2 InsO legal definiert, für die Gruppe der Anteilseigner in § 245 Abs. 3 InsO.

---

59 Braun/*Frank* InsO § 245 Rn. 2.

60 *OLG Köln* NZI 2001, 660; *LG Göttingen* NZI 2005, 41, 42; *AG Köln* NZI 2018, 108, 110.

61 Braun/*Frank* InsO § 245 Rn. 3.

62 *Pleister* in: Kübler/Prütting/Bork InsO § 245 Rn. 10.

63 *BGH* NZI 2022, 743 Rn. 21; Graf-Schlicker/*Kebekus/Handschumacher* InsO § 245a Rn. 1.

aa) Gläubiger

Damit für die Gruppe der Gläubiger eine angemessene wirtschaftliche Beteiligung bejaht werden kann, müssen drei Voraussetzungen vorliegen, die kumulativ gelten (§ 245 Abs. 2 InsO). Zunächst darf kein anderer Gläubiger (aus einer anderen Gruppe) einen wirtschaftlichen Wert erhalten, der den vollen Betrag seines Anspruchs übersteigt (§ 245 Abs. 2 S. 1 Nr. 1 InsO). 473

Zudem dürfen die nachrangigen Gläubiger, der Schuldner sowie die Anteilseigner keinen wirtschaftlichen Vorteil erhalten, der nicht durch eine Leistung vollständig ausgeglichen wird (§ 245 Abs. 2 S. Nr. 2 InsO). Bei Sanierungen erscheint dieses Erfordernis problematisch, da der Insolvenzplan auf den Unternehmenserhalt und die Bereinigung der Passivseite abzielt, so dass Schuldner und Anteilseigner letztlich von der Betriebsfortführung profitieren, wenn das Unternehmen wieder Gewinne macht.[64] Die Neuregelung des § 245 Abs. 2 S. 2 InsO greift diese Problematik auf.[65] Ist der Schuldner ein Einzelunternehmer (natürliche Person), ohne die der Betrieb nicht fortgeführt werden kann, weil seine Mitwirkung unerlässlich ist, darf er ausnahmsweise wirtschaftliche Werte erhalten, wenn er sich im Plan zur Betriebsfortführung für fünf Jahre verpflichtet und bei einem früheren, verschuldeten Abbruch der Tätigkeit die erhaltenen Werte überträgt.[66] Unklar ist, an wen zu übertragen ist. In § 245 Abs. 2 S. 3 InsO wird der Rechtsgedanke auf geschäftsführende Anteilseigner, z.B. die geschäftsführenden GmbH-Gesellschafter, erstreckt. Auch diese dürfen anlässlich der Unternehmensfortführung wirtschaftliche Werte erhalten, vorausgesetzt ihr Engagement ist für die Fortführung unerlässlich. Anteilseigner, die nicht in der Geschäftsführung sind, dürfen (anders § 28 Abs. 2 S. 1 Nr. 1 StaRUG) nicht profitieren.[67] 474

Letze Voraussetzung ist gem. § 245 Abs. 2 S. 1 Nr. 3 InsO, dass kein Gläubiger, der im Regelverfahren gleichrangig mit den Gläubigern der ablehnenden Gruppe steht, bessergestellt wird. Daher muss der Planersteller allen Insolvenzgläubigern (§ 38 InsO) dieselbe Quote gewähren, wenn er vom Obstruktionsverbot Gebrauch machen und auf der sicheren Seite stehen will. Der Wortlaut des § 245 Abs. 2 S. 1 Nr. 3 InsO sieht keine Ausnahme vor. Eine Ungleichbehandlung kann daher nicht mit sachlichen Gründen gerechtfertigt werden, etwa die Zubilligung einer höheren Quote für von der Restschuldbefreiung ausgenommene Forderungen (§ 302 Nr. 1 InsO).[68] 475

bb) Anteilsinhaber

Für eine angemessene Beteiligung der Anteilseigner ist zum einen erforderlich, dass kein Gläubiger wirtschaftliche Werte erhält, die den Betrag seines Anspruchs übersteigen (§ § 245 Abs. 3 Nr. 1 InsO). Zum anderen darf kein anderer Anteilsinhaber bessergestellt werden (§ 245 Abs. 3 Nr. 2 InsO). Die letzte Variante meint den Fall, dass im Plan verschiedene Gruppen für die Gesellschafter vorgesehen sind, z.B. eine Großaktionärs-Gruppe (§ 222 Abs. 1 Nr. 4 InsO) und eine Kleinaktionärs-Gruppe (§ 222 Abs. 3 S. 2 InsO). Dann darf die eine Gruppe (z.B. Mehrheitsgesellschafter) nicht besser behandelt werden als die andere Gesellschaftergruppe (z.B. Aktionäre mit einem geringeren Anteil als 1 %). 476

---

64 Vgl. BeckOK InsR/*Geiwitz/von Danckelmann* InsO § 245 Rn. 12.

65 Näher Braun/*Frank* InsO § 245 Rn. 24 ff.

66 Braun/*Frank* InsO § 245 Rn. 25.

67 Kritik üben BeckOK InsR/*Geiwitz/von Danckelmann* InsO § 245 Rn. 14b ff.

68 *AG Köln* NZI 2018, 108, 109.

cc) Gruppeninterne Drittsicherheiten

477 Das negative Votum einer Gruppe von gruppeninternen Drittsicherheiten kann ersetzt werden, wenn der Plan eine angemessene Entschädigung für den Eingriff in die Sicherheiten vorsieht (§ 245 Abs. 2a InsO).[69] Maßstab für die angemessene Entschädigung ist die Werthaltigkeit der Sicherheit.

c) Mehrheitliche Zustimmung

478 Dritte Voraussetzung für das Obstruktionsverbot des § 245 InsO ist, dass die Mehrheit der abstimmenden Gruppen dem Plan zugestimmt hat (§ 245 Abs. 1 Nr. 3 InsO). Voraussetzung für eine solche Mehrheit ist, dass es mindestens drei Gruppen gibt.[70] Ist nur eine Gruppe gebildet, scheidet die Anwendung des Obstruktionsverbots aus. Auch bei zwei Gruppen gibt es keine Mehrheit. Anders ist die Situation im StaRUG-Verfahren; hier genügt es, wenn eine von zwei gebildeten Gruppen dem Restrukturierungsplan zustimmt (§ 26 Abs. 1 Nr. 3 Hs. 2 StaRUG).

4. Zustimmung des Schuldners

479 Grundsätzlich muss auch der Schuldner dem Plan zustimmen (§ 247 InsO). Ist der Schuldner eine Kapitalgesellschaft, wird er durch seine Leitungsorgane (Geschäftsführer, Vorstand) vertreten. Widerspricht der Schuldner dem Plan nicht spätestens bis zum Abstimmungstermin, gilt seine Zustimmung als erteilt (§ 247 Abs. 1 InsO). Sein Widerspruch ist unbeachtlich, wenn er durch den Plan voraussichtlich nicht schlechter gestellt wird als ohne Plan und kein Gläubiger einen wirtschaftlichen Wert erhält, der den vollen Betrag seines Anspruchs übersteigt (§ 247 Abs. 2 InsO).

VI. Gerichtliche Planbestätigung

480 Nach Annahme des Plans muss das *Insolvenzgericht* den Plan abschließend bestätigen (§ 248 Abs. 1 InsO). Die Bestätigung des Plans nach § 248 InsO ist Teil der rechtsprechenden Gewalt i.S.v. Art. 92 GG, da sie eine letztverbindliche Klärung der Rechtslage in einem besonderen Verfahren umfasst.[71]

JURIQ-Klausurtipp

Die Bestätigung des Plans unterfällt dem Spruchrichterprivileg des § 839 Abs. 2 S. 1 BGB.

1. Prüfungsumfang

481 Das Gericht prüft das Vorliegen von Verfahrensmängeln (§ 250 Nr. 1 InsO), die Herbeiführung des Plans durch unlautere Mittel (§ 250 Nr. 2 InsO) sowie den Minderheitenschutz (§ 251 InsO).

69 Braun/*Frank* InsO § 245 Rn. 44; HambKomm-InsR/*Thies/Lieder* § 245 Rn. 19.

70 *AG Göttingen* NZI 209, 673 Rn. 4; Graf-Schlicker/*Kebekus/Handschumacher* InsO § 245 Rn. 3.

71 *BVerfG* NZI 2020, 1112 Rn. 49.

a) Verstoß gegen Verfahrensvorschriften

Nach § 250 Nr. 1 InsO muss das Gericht die Bestätigung des Plans versagen, wenn Vorschriften über den Inhalt und die verfahrensmäßige Behandlung des Insolvenzplans sowie über die Annahme durch die Beteiligten in einem wesentlichen Punkt nicht beachtet sind und der Mangel nicht behoben werden kann. Das Gericht hat daher zu prüfen, ob die Vorschriften über den Inhalt des Plans (§§ 217, 219–230 InsO), das Verfahren (§§ 218, 231, 232–243 InsO), die Annahme durch die Beteiligten (§§ 244–246a InsO) und die Zustimmung des Schuldners (§ 247 InsO) beachtet wurden. Bei Vorliegen der Voraussetzungen des § 251 Nr. 1 InsO muss das Gericht ohne Ermessensspielraum die Bestätigung des Plans von Amts wegen ablehnen.[72] Ein wesentlicher Verstoß i.S.d. § 250 Nr. 1 InsO liegt vor, wenn es sich um einen Mangel handelt, der Einfluss auf das Abstimmungsergebnis gehabt haben könnte.[73] Das ist der Fall, wenn der darstellende Teil des Plans keine aussagekräftigen Informationen enthält[74] oder die Gläubigergruppen nicht korrekt gebildet wurden. Eine Planregelung, die entgegen §§ 221 S. 2, 259 Abs. 3 InsO vorsieht, dass der Insolvenzverwalter Anfechtungsklagen auch noch nach rechtskräftiger Aufhebung des Insolvenzverfahrens einleiten kann, ist verfahrensfehlerhaft i.S.d. § 250 Nr. 1 InsO.[75] Gleiches gilt für Planregelungen, die in die nach Verfahrensaufhebung wiederauflebende Verfügungsbefugnis des Schuldners (§ 259 Abs. 1 S. 2 InsO) eingreifen. Auch bei wesentlichen Fehlern in der Vergleichsrechnung (§ 220 Abs. 2 S. 2 InsO) ist der Plan nach § 250 Nr. 1 InsO zurückzuweisen.[76] Ist der Plan durch unlauteres Handeln angenommen worden, muss die Planbestätigung ebenfalls versagt werden (§ 250 Nr. 2 InsO). Darunter fällt die Begünstigung eines Beteiligten oder das Verheimlichen von Vermögensgegenständen.[77] **482**

b) Minderheitenschutz

§ 251 InsO regelt den Minderheitenschutz, der nicht von Amts wegen, sondern nur auf Antrag eines Gläubigers oder Anteilseigners Beachtung findet. So muss das Gericht die Bestätigung des Insolvenzplans versagen, wenn der Antragsteller dem Plan spätestens im Abstimmungstermin widersprochen hat (§ 251 Abs. 1 Nr. 1 InsO), er voraussichtlich durch den Plan schlechter gestellt wird, als er ohne ihn stünde (§§ 251 Abs. 1 Nr. 2, 245a InsO), und er die Schlechterstellung bis zum Abstimmungstermin glaubhaft gemacht hat (§ 251 Abs. 2 InsO). Hat der Gläubiger eine voraussichtliche Benachteiligung im Sinne überwiegender Wahrscheinlichkeit glaubhaft gemacht, trifft das Gericht eine Amtsermittlungspflicht (§ 5 InsO), ob die Schlechterstellung tatsächlich vorliegt.[78] Die Prüfung erfolgt ausschließlich auf Basis der vorgetragenen Tatsachen. **483**

Die gerichtliche Ermittlung der Schlechterstellung kann das Verfahren nachhaltig verzögern, sodass die Sanierungschancen sinken. In § 251 Abs. 3 S. 1 InsO findet sich eine Abhilferegelung. Werden im Plan ausreichende Ausgleichsmittel für die Schlechterstellung bereitgestellt, darf die gerichtliche Planbestätigung nicht versagt werden. Die Norm soll verhindern, dass einzelne „Akkordstörer" den Insolvenzplan zum Scheitern bringen. Der Benachteiligte muss **484**

72 *BGH* NZI 2022, 743 Rn. 12; NZI 2018, 691 Rn. 14.
73 *BGH* NZI 2022, 743 Rn. 23.
74 Vgl. *BGH* NZI 2012, 139, 140.
75 *BGH* NZI 2018, 691 Rn. 16 ff.
76 *BGH* NZI 2018, 691 Rn. 32 ff.
77 *LG Wuppertal* NZI 2016, 494, 495; *Foerste* Insolvenzrecht, Rn. 562.
78 *BGH* NJW 2014, 2436 Rn. 23.

dann seinen Anspruch gerichtlich, d.h. außerhalb des Insolvenzverfahrens, geltend machen (§ 251 Abs. 3 S. 2 InsO).

2. Entscheidung des Gerichts

a) Bekanntgabe

485 Nach § 252 Abs. 1 S. 1 InsO ist der Beschluss des Gerichts, durch den der Plan bestätigt oder seine Bestätigung versagt wird, im Abstimmungstermin oder in einem eigenen Termin zu verkünden. Die Insolvenzgläubiger, die Absonderungsberechtigten sowie die Gesellschafter erhalten einen Abdruck des Plans (§ 252 Abs. 2 S. 1, 2 InsO). Wurde der Plan bereits mit der Ladung zum Abstimmungstermin versandt und unverändert angenommen, entfällt die Übersendungspflicht (§ 252 Abs. 2 S. 3 InsO). Börsennotierte Gesellschaften müssen eine Zusammenfassung des Plans über ihre Internetseite zugänglich machen (§ 252 Abs. 2 S. 5 InsO).

b) Sofortige Beschwerde

» Nehmen Sie sich die Zeit und lesen Sie § 253 InsO sorgfältig durch. Hier finden sich alle relevanten Informationen. «

486 Gegen den Beschluss des Gerichts, mit dem der Plan bestätigt oder versagt wird, steht den Beteiligten die sofortige Beschwerde zu (§§ 253 Abs. 1, 6 Abs. 1 InsO). Sie ist aufgrund des bestehenden Zeitdrucks stark eingeschränkt.

aa) Zulässigkeit

487 Beschwerdeberechtigt sind nach § 253 Abs. 1 S. 1 InsO die Gläubiger, der Schuldner bzw. die Anteilseigner. Bei einem ablehnenden Beschluss ist nur der Schuldner beschwerdeberechtigt.[79] Die sofortige Beschwerde ist binnen einer Notfrist von zwei Wochen ab Verkündung des Beschlusses einzulegen (§ 6 Abs. 2 InsO i.V.m. § 569 Abs. 1 S. 1 ZPO). Die weiteren Zulässigkeitsvoraussetzungen sind in § 253 Abs. 2 Nr. 1 bis 3 InsO enthalten. Wird die gerichtliche Planbestätigung angegriffen, muss der Beschwerdeführer spätestens im Abstimmungstermin dem Plan schriftlich oder zu Protokoll widersprochen haben (§ 253 Abs. 2 Nr. 1 InsO). Zudem muss der Beschwerdeführer nach § 253 Abs. 2 Nr. 2 InsO an der Abstimmung teilgenommen und mit „Nein" gestimmt haben. Weitere Voraussetzung ist nach § 253 Abs. 2 Nr. 3 InsO, dass der Beschwerdeführer glaubhaft macht, durch den Plan **wesentlich** schlechter gestellt zu sein, als er ohne Plan stünde, und dass dieser Nachteil nicht durch die Mittelbereitstellung im Plan ausgeglichen ist. Erforderlich ist eine Schlechterstellung von mindestens 10 %.[80] Für natürliche Personen gilt § 245a i.V.m. § 253 Abs. 1 Nr. 3 Hs. 2 InsO.

488 Keine Zulässigkeitsvoraussetzung ist das (erfolglose) Stellen eines Minderheitenschutzantrags (§ 251 InsO) bei Gericht.[81] Ein derartiges Erfordernis lässt sich weder dem Wortlaut noch der Systematik des § 253 Abs. 2 Nr. 3 InsO entnehmen. Beide Paragrafen verfolgen unterschiedliche Ziele.

---

79 *BGH* NZI 2018, 691 Rn. 13.

80 *LG Köln* NZI 2021, 397 Rn. 15; *Foerste* Insolvenzrecht Rn. 564; nach *Pleister* in: Kübler/Prütting/Bork InsO § 253 Rn. 19 gilt die 10 %-Schwelle auch für die Anteilseigner.

81 *BGH* NJW 2014, 2436, 2437 ff.

bb) Unverzügliche Zurückweisung

Die sofortige Beschwerde hat aufschiebende Wirkung (Suspensiveffekt), da die Wirkungen des Plans nach § 254 Abs. 1 InsO erst mit Rechtskraft des Bestätigungsbeschlusses eintreten. Um missbräuchliche Beschwerden, die nur aus taktischen Gründen eingelegt werden, zu verhindern, hat der Gesetzgeber § 253 Abs. 4 InsO eingefügt, der an das aktienrechtliche Freigabeverfahren (§ 246a AktG) angelehnt ist.[82] Nach § 253 Abs. 4 S. 1 InsO ist der Insolvenzverwalter (im Fall der Eigenverwaltung der Schuldner)[83] befugt, die beschleunigte Zurückweisung der Beschwerde zu beantragen, wenn das alsbaldige Wirksamwerden des Plans vorrangig erscheint. Abzuwägen ist zwischen den Nachteilen, die aus einer Verzögerung des Planvollzugs für die übrigen Planbetroffenen resultieren, und den Nachteilen für den Beschwerdeführer, die er bei sofortigem Planvollzug erleidet.[84] Das Gericht muss sich insbesondere mit den Nachteilen, die aus einem langwierigen Beschwerdeverfahren folgen, auseinandersetzen. Liegt der Beschwerde ein **besonders schwerer Rechtsverstoß** zugrunde, muss die Zurückweisung unterbleiben, um den Rechtsschutz des Beschwerdeführers nicht leer laufen zu lassen (§ 253 Abs. 4 S. 2 InsO).[85] Ist das Wirksamwerden des Insolvenzplans vorrangig und liegt kein schwerer Rechtsverstoß vor, muss das Gericht die Beschwerde unverzüglich zurückweisen (§ 253 Abs. 4 S. 1 InsO). 489

Mit der Zurückweisungsentscheidung ist das Verfahren der sofortigen Beschwerde beendet. Eine Rechtsbeschwerde gegen die Entscheidung des *LG* ist nicht statthaft, da sie in der InsO nicht vorgesehen ist. Es hilft auch nicht, wenn das *LG* die Rechtsbeschwerde zum *BGH* zugelassen hat (§ 574 Abs. 1 Nr. 2 ZPO), da sie in Eilverfahren stets ausgeschlossen ist.[86] Der Zurückweisungsbeschluss wird daher sofort rechtskräftig. Der Beschwerdeführer kann nur noch Schadensersatz verlangen, nicht aber in Form der Naturalrestitution = Rückgängigmachung des Plans (§ 253 Abs. 4 S. 3 Hs. 2 InsO). Ausschließlich zuständig für den Schadensersatzanspruch ist das *LG*, das die sofortige Beschwerde zurückgewiesen hat (§ 253 Abs. 4 S. 4 InsO). 490

VII. Planwirkungen

Mit Rechtskraft des Bestätigungsbeschlusses treten die rechtlichen Wirkungen des Plans, die im gestaltenden Teil geregelt sind, und zwar **für und gegen alle Beteiligten** ein (§ 254 Abs. 1 InsO).[87] Sind im Plan Forderungsverzichte vorgesehen, würde das eigentlich auch die akzessorischen Drittsicherheiten erfassen. Hier trifft § 254 Abs. 2 S. 2 InsO die Sonderregelung, dass die Drittsicherheiten wie Bürgschaften, Schuldbeitritte, Garantien und dingliche Sicherheiten Dritter zugunsten der Gläubiger in voller Höhe bestehen bleiben.[88] 491

Nach § 254b InsO entfaltet der Plan auch für die Gläubiger bindende Wirkung, die sich **nicht** am Insolvenzplanverfahren **beteiligt** oder dem Plan **widersprochen** haben. Von § 254b InsO werden damit auch unbekannte Insolvenzgläubiger (sog. Nachzügler) erfasst, die ihre Forderungen nicht angemeldet haben. Für diese Nachzügler gelten sowohl die negativen als auch 492

82 Vgl. *Harig* NZI 2018, 969; *Pleister* in: Kübler/Prütting/Bork InsO § 253 Rn. 25 f.
83 *LG Köln* NZI 2021, 397 Rn. 25; a.A. (auch Sachwalter) MüKoInsO/*Sinz* § 253 Rn. 60.
84 *BVerfG* NZI 2020, 1112 Rn. 55 ff.
85 *BVerfG* NZI 2020, 1112 Rn. 59.
86 *BGH* NZI 2015, 390.
87 Vgl. *BGH* NZI 2010, 734, 735; *Foerste* Insolvenzrecht Rn. 565.
88 BeckOKInsR/*Freund/Stadler* InsO § 254 Rn. 5.

die positiven Wirkungen des Plans (§ 254b i.V.m. §§ 254, 254a InsO). Ihnen wird die im Plan festgesetzte Quote zugebilligt.[89] Sie können die Quote nach Aufhebung des Insolvenzverfahrens mittels Leistungsklage verlangen. Bei einer Vielzahl von Nachzüglern kann diese Situation zu unvorhergesehenen finanziellen Engpässen führen. Daher sieht § 259a InsO vor, dass das Gericht dem Schuldner für maximal drei Jahre Vollstreckungsschutz gewähren kann. Außerdem müssen die Nachzügler binnen Jahresfrist, die mit Rechtskraft des Plans beginnt, ihre Forderungen anmelden; andernfalls sind die Forderungen verjährt (§ 259b InsO). Hingegen ist es nicht zulässig, im Insolvenzplan eine Präklusionsregelung für „Nachzügler" in Form einer Ausschlussfrist vorzusehen, durch die diese von der Plan-Quote ausgeschlossen werden.[90] Hierin liegt ein Verstoß gegen das Gleichbehandlungsgebot (§ 226 InsO) sowie gegen das Eigentumsrecht des Art. 14 GG.

493 § 254a InsO ergänzt § 254 InsO. Sind im Insolvenzplan dingliche Rechtsänderungen vorgesehen, gilt die vom Gesetz vorgeschriebene Form für die Abgabe dieser Willenserklärung als gewahrt (z.B. Auflassung § 925 BGB). Die rechtskräftige Planbestätigung ersetzt nach § 254a Abs. 2 InsO auch die gesellschaftsrechtlichen Wirksamkeitserfordernisse. So müssen gesellschaftsrechtliche Maßnahmen, wie die Kapitalerhöhung, nicht eigens notariell beurkundet werden. Nicht entbehrlich sind die erforderlichen Publizitätsakte, wie die Grundbucheintragung oder die Handelsregistereintragung, wie sich aus § 254a Abs. 2 S. 3 InsO mittelbar ergibt.

VIII. Das weitere Verfahren

1. Aufhebungsbeschluss

494 Mit der Rechtskraft des Bestätigungsbeschlusses hebt das *Insolvenzgericht* das Insolvenzverfahren auf (§ 258 Abs. 1 InsO). Der Aufhebungsbeschluss ist öffentlich bekanntzumachen (§ 258 Abs. 3 S. 2 InsO). Der Beschluss enthält den Zeitpunkt der Aufhebung, der frühestens zwei Tage nach der Beschlussfassung liegen soll (§ 258 Abs. 3 S. 1 InsO). Vor dem Aufhebungsbeschluss muss der Insolvenzverwalter die unstreitigen fälligen Masseansprüche berichtigen (§ 258 Abs. 2 S. 1 InsO). Mit der Aufhebung enden die Wirkungen der Insolvenzeröffnung. Jetzt darf der Schuldner wieder frei über sein Vermögen verfügen (§ 259 Abs. 1 S. 2 InsO). Die Norm ist zwingend und kann nicht im Insolvenzplan abbedungen werden.[91] Mit dem Aufhebungsbeschluss endet das Amt des Insolvenzverwalters; seine Verwaltungs-, Verfügungs- und Prozessführungsbefugnis erlischt.[92] Da es nach § 259 Abs. 1 S. 2 InsO allein Sache des Schuldners ist, Forderungen nach Verfahrensaufhebung durchzusetzen, darf weder der Insolvenzverwalter noch ein Dritter (Treuhänder) im Insolvenzplan ermächtigt werden, Rechtsstreitigkeiten für den Schuldner einzuleiten.[93] Der Insolvenzverwalter darf nach der Sonderregelung des § 259 Abs. 3 InsO nur noch eine anhängige Insolvenzanfechtungsklage zu Ende führen. Auch das Amt des Gläubigerausschusses erlischt (§ 259 Abs. 1 S. 1 InsO). Die Vorschriften zur Überwachung bleiben von der Verfahrensaufhebung unberührt (§ 259 Abs. 2 InsO).

89 Vgl. *BAG* NZI 2016, 175 Rn. 21; BeckOK InsR/*Freund/Stadler* InsO § 254b Rn. 3.
90 *BGH* NZI 2016, 170 Rn. 2; NZI 2015, 697 Rn. 15; *LG Hamburg* NZI 2018, 261, 262.
91 *BGH* NZI 2021, 733 Rn. 15.
92 *BGH* NZI 2018, 691 Rn. 27.
93 *BGH* NZI 2018, 691 Rn. 27.

2. Planüberwachung

Die Erfüllung des Plans wird häufig erst nach Aufhebung des Insolvenzverfahrens relevant, also zu einem Zeitpunkt, in dem das Amt des Insolvenzverwalters (des Sachwalters) erloschen ist.[94] Der Plan kann daher im gestaltenden Teil vorsehen, dass seine Erfüllung überwacht wird (§ 260 Abs. 1 InsO). Dies ist insbesondere sinnvoll, wenn die Gläubiger aus den Erträgen des Unternehmens befriedigt werden sollen.[95] Zuständig ist der Insolvenzverwalter (§ 261 Abs. 1 S. 1 InsO), der hierfür sein Amt behält (§ 261 Abs. 1 S. 2 InsO). Der Gegenstand der Überwachung ist auf die Ansprüche beschränkt, die den Gläubigern nach dem gestaltenden Teil zustehen (§ 260 Abs. 2 InsO). Dem Insolvenzverwalter ist es nicht gestattet, in die laufende Geschäftsführung des Schuldners einzugreifen.[96] Eine Ausnahme besteht, wenn der Plan vorsieht, dass Rechtsgeschäfte des Schuldners an die Zustimmung des Verwalters geknüpft werden (§ 263 S. 1 InsO). Bei fehlender Zustimmung sind die Geschäfte unwirksam (§§ 263 S. 2, 81, 82 InsO). Erkennt der Insolvenzverwalter, dass die Erfüllung des Plans gefährdet ist, muss er dies unverzüglich dem *Insolvenzgericht* anzeigen (§ 262 InsO). **495**

Die Überwachung ist durch Beschluss des *Insolvenzgerichts* aufzuheben, sobald alle Regelungen im gestaltenden Teil erfüllt oder drei Jahre verstrichen sind und kein neuer Eröffnungsantrag gestellt worden ist (§ 268 Abs. 1 Nr. 1, 2 InsO). Die Aufhebung ist bekannt zu machen (§ 268 Abs. 2 InsO). **496**

3. Nichterfüllung des bestätigten Plans

Um den Schuldner zur Erfüllung der im Plan geregelten Ansprüche anzuhalten, enthält § 255 Abs. 1 InsO als Druckmittel eine Wiederauflebensklausel. So lebt eine teilerlassene Forderung vollständig auf, wenn der Schuldner mit der Auszahlung der im Plan vorgesehenen Quote gegenüber dem Gläubiger erheblich in Rückstand gerät. Ein (zeitlich erheblicher) Rückstand liegt vor, wenn der Gläubiger die Forderung angemahnt und hierfür eine Frist von zwei Wochen gesetzt hat (§ 255 Abs. 1 S. 2 InsO).[97] Der Gläubiger kann nun die Zwangsvollstreckung gegen den Schuldner betreiben. Der rechtskräftig bestätigte Insolvenzplan wirkt für Forderungen, die in die Tabelle aufgenommen und nicht bestritten worden sind, wie ein Vollstreckungstitel (§ 257 Abs. 1 InsO). **497**

B. Eigenverwaltung

I. Grundlagen

Die Eigenverwaltung ist in §§ 270 bis 285 InsO geregelt und dadurch gekennzeichnet, dass der Schuldner auf seinen Antrag hin während des gesamten Insolvenzverfahrens die Verwaltungs- und Verfügungsbefugnis behält (§ 270 Abs. 1 S. 1 InsO).[98] Ein Insolvenzverwalter wird nicht bestellt. Dessen Aufgaben übernimmt der Schuldner weitgehend selbst. Zum Schutz der Gläubiger wird dem Schuldner ein Sachwalter mit Kontroll- und Überwachungsbefugnis- **498**

94 *Foerste* Insolvenzrecht Rn. 569.

95 *Pleister* in: Kübler/Prütting/Bork InsO § 260 Rn. 3.

96 *BGH* NZI 2021, 733 Rn. 16.

97 Vgl. BeckOK InsR/*Freund/Stadler* InsO § 255 Rn. 7.

98 Zu den Vorteilen *BGH* NZI 2018, 519 Rn. 16.

sen zur Seite gestellt (§ 270 Abs. 1 S. 1 InsO).[99] Die Eigenverwaltung ist vor allem bei Unternehmenssanierungen ein sinnvolles Instrument. Der Schuldner behält die operative Kontrolle und steuert den Sanierungsprozess selbst. Die Eigenverwaltung kann aber auch zur Durchführung einer übertragenden Sanierung oder Liquidation beantragt werden.[100] Die Eigenverwaltung ist keine eigene Verfahrensart.[101] Für das Verfahren gelten nach § 270 Abs. 1 S. 2 InsO die allgemeinen Regeln (Regelverfahren, Insolvenzplanverfahren), sofern sich aus §§ 270 ff. InsO nichts Abweichendes ergibt. Für Verbraucherinsolvenzverfahren ist die Eigenverwaltung ausgeschlossen (§§ 270 Abs. 2, 304 InsO).

499 Das Konzept der Eigenverwaltung, das dem unternehmerisch tätigen Schuldner die Verfügungsbefugnis im Insolvenzverfahren belässt, wurde seit seiner Einführung 1999 wiederholt kritisiert („den Bock zum Gärtner machen").[102] Im Jahr 2012 wurde die Eigenverwaltung, die kaum praktische Bedeutung erlangt hatte, durch das ESUG reformiert und die Voraussetzungen „maßvoll gelockert".[103] Das SanInsFoG 2021 hat die Zugangsvoraussetzungen zur Eigenverwaltung wieder verschärft.

500 Die Eigenverwaltung folgt dem System des Insolvenzverfahrens, das zwischen dem vorläufigen Insolvenzverwalter im Eröffnungsverfahren (§ 21 Abs. 2 S. 1 Nr. 1 InsO) und dem Insolvenzverwalter im eröffnetem Verfahren (§ 80 InsO) unterscheidet. Dementsprechend gibt es die **vorläufige Eigenverwaltung** im Eröffnungsverfahren (§§ 270b, 270c InsO) und die **Eigenverwaltung** im eröffneten Verfahren (§§ 270, 270f InsO). Im Eröffnungsverfahren wird der „vorläufige Sachwalter" bestellt, im eröffneten Verfahren der „Sachwalter". Die nachfolgende Darstellung folgt diesem Aufbau. Dies macht wegen der Verweisungstechnik des Gesetzgebers ein Hin- und Herspringen innerhalb der Normen der §§ 270 ff. InsO erforderlich. Das Schutzschirmverfahren (§ 270d InsO) als Besonderheit des vorläufigen Eigenverwaltungsverfahrens wird am Ende des Abschnitts behandelt.

II. Vorläufige Eigenverwaltung

1. Anordnungsvoraussetzungen

501 Die Anordnungsvoraussetzungen finden sich in § 270b und § 270f InsO.

a) Antrag auf Eigenverwaltung

502 Die vorläufige Eigenverwaltung setzt keinen separaten Antrag „auf vorläufige Eigenverwaltung" voraus. Sie wird vom Gericht von Amts wegen angeordnet, wenn ein Eröffnungsantrag (§ 13 InsO) und ein Antrag auf Eigenverwaltung (§ 270f InsO) vorliegen, die beigefügte Eigenverwaltungsplanung vollständig und schlüssig ist und keine Umstände bekannt sind, dass die Planung auf unzutreffenden Tatsachen beruht (§ 270b Abs. 1 S. 1 Nr. 1 und Nr. 2 InsO). Die Anordnung der vorläufigen Eigenverwaltung erfolgt dadurch, dass das Gericht statt eines vorläufigen Insolvenzverwalters einen **vorläufigen Sachwalter** bestellt (§ 270b Abs. 1 S. 1 InsO). Dieser Verfahrensabschnitt wird als „vorläufige Eigenverwaltung" (so die Überschriften in §§ 270b, 270c InsO) bezeichnet.

99 Vgl. *BGH* NZI 2020, 285 Rn. 17.
100 *BGH* NZI 2020, 635 Rn. 19; HambKomm-InsR/*Fiebig* InsO § 270 Rn. 11.
101 *BGH* NZI 2007, 240.
102 Vgl. *Paulus* Insolvenzrecht § 3 Rn. 233.
103 HambKomm-InsR/*Fiebig* InsO Vorbem. zu §§ 270 ff. Rn. 7 ff.

b) Eigenverwaltungsplanung

Wesentliches Element, um Zugang zur (vorläufigen) Eigenverwaltung zu erhalten, ist die Vorlage einer **Eigenverwaltungsplanung** nach § 270a Abs. 1 i.V.m. § 270b Abs. 1 S. 1 Nr. 1 InsO. Die Eigenverwaltungsplanung muss einen Finanzplan (Nr. 1), ein Durchführungskonzept (Nr. 2), eine Darstellung des Verhandlungsstands (Nr. 3), eine Darstellung der vom Schuldner getroffenen Vorkehrungen zur Sicherstellung seiner insolvenzrechtlichen Pflichten (Nr. 4) sowie einen Kostenvergleich (Nr. 5) enthalten. Zweck dieser umfangreichen Erfordernisse ist es, sicherzustellen, dass nur ein gut vorbereiteter Schuldner in den Genuss der Eigenverwaltung kommt.[104] 503

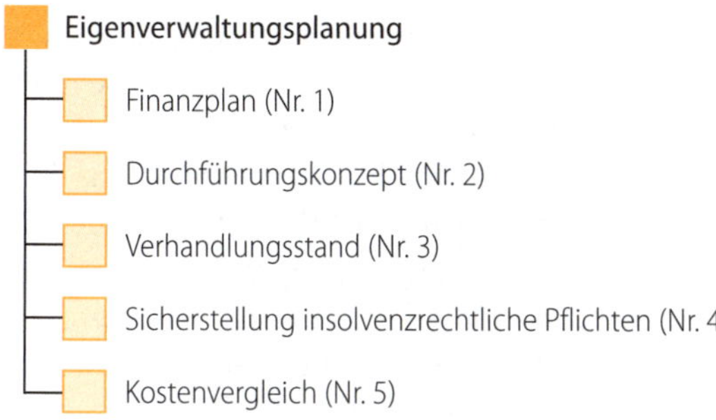

Nach § 270a Abs. 1 Nr. 1 InsO muss der Finanzplan aufzeigen, dass die Unternehmensfortführung für die nächsten sechs Monate[105] sichergestellt ist. Der Finanzplan muss alle Mittelzuflüsse und -abflüsse im Planungszeitraum erfassen. Dabei sind auch negative und positive Aspekte der Insolvenzantragstellung abzubilden, wozu das Insolvenzgeld, die Umstellung auf Vorkasse sowie etwaige Massekredite gehören.[106] Die Planung für den Sechs-Monats-Zeitraum sollte auf Monatsbasis erfolgen (vgl. IDW ES 9).[107] Zweiter Baustein der Eigenverwaltungsplanung ist das Durchführungskonzept (§ 270a Abs. 1 Nr. 2 InsO), in dem das Ziel der Eigenverwaltung – im Regelfall die Sanierung des Rechtsträgers – zu erläutern ist. Darzulegen sind die Krisenursachen sowie die Maßnahmen, mit welchen die Krise überwunden werden soll.[108] Die Darstellungstiefe hängt von der Größe des Schuldners ab.[109] Die Eigenverwaltungsplanung muss zudem eine Darstellung des Verhandlungsstands mit den Gläubigern, Anteilseignern und Dritten enthalten (§ 270a Abs. 1 Nr. 3 InsO). Hier sind die (positiven und negativen) Äußerungen zu den vorgeschlagenen Sanierungsmaßnahmen darzustellen, um dem Gericht ein realistisches Bild zu den Umsetzungschancen des Sanierungskonzepts zu ermöglichen. Gab es noch keine Verhandlungen, ist dies ebenfalls zu vermerken.[110] Die Einhaltung der insolvenzrechtlichen Pflichten (§ 270a Abs. 1 Nr. 4 InsO) kann der Schuldner dadurch sicherstellen, dass er die Expertise „einkauft" und die Fachperson als Sanierungsgeschäftsführer (CRO = Chief Restructuring Officer) oder als Generalbevollmächtigten einsetzt.[111] Bei Großunternehmen hat sich dieser Ansatz bewährt (z.B. Galeria Karstadt Kaufhof, Klier, Condor, Hallhuber, Esprit). Letzter Baustein der Eigenverwaltungsplanung ist der Kosten- 504

104 *Smid* NZI 2022, 7, 8.
105 Vom 9.11.2022 bis 31.12.2023 beträgt der Zeitraum vier Monate (§ 4 Abs. 2 S. 1 Nr. 2 SanInsKG).
106 *Harig/Höfer/Reus* NZI 2021, 993, 994.
107 BeckOK InsR/*Kreutz/Ellers* InsO § 270a Rn. 12a.
108 *Erbe* NZI 2021, 753, 755.
109 Braun/*Riggert* InsO § 270a Rn. 4.
110 *Erbe* NZI 2021, 753, 755 f.
111 *Harig/Höfer/Reus* NZI 2021, 993, 995.

vergleich (§ 270a Abs. 1 Nr. 5 InsO). Hier muss der Schuldner etwaige Mehr- oder Minderkosten des Eigenverwaltungsverfahrens den Kosten, die im Regelverfahren anfallen, gegenüberstellen.[112] Welches Maß an Genauigkeit die Gerichte fordern werden, ist derzeit offen. In jedem Fall wird deutlich, dass der Zugang zur Eigenverwaltung nur funktioniert, wenn der Schuldner eine betriebswirtschaftlich fundierte Aufbereitung der Geschäftszahlen und Geschäftsstrategie vorlegt.

c) Weitere Erklärungen

505 Zusätzlich muss der Schuldner gem. § 270a Abs. 2 InsO diverse Erklärungen abgeben, die das Gericht im Rahmen des § 270b Abs. 2 InsO prüft. Gem. § 270a Abs. 2 Nr. 1 InsO muss der Schuldner erklären, ob und in welchem Umfang er sich gegenüber welchen Gläubigern mit der Erfüllung von Verbindlichkeiten aus Arbeitsverhältnissen, Pensionszusagen oder dem Steuerschuldverhältnis, gegenüber Sozialversicherungsträgern oder Lieferanten in Verzug befindet. Außerdem muss er erklären, ob in den letzten drei Jahren Vollstreckungs- oder Verwertungssperren nach der InsO oder dem StaRUG angeordnet wurden (§ 270a Abs. 2 Nr. 2 InsO) und ob er für die letzte drei Geschäftsjahre seinen Offenlegungspflichten, insbesondere nach §§ 325 bis 328 bzw. § 339 HGB nachgekommen ist (§ 270a Abs. 2 Nr. 3 InsO). Durch die Erklärungen soll das Gericht herausfinden, ob bereits eine „vertiefte" Insolvenz vorliegt, die ein Eigenverwaltungsverfahren nur erlaubt, wenn positiv feststeht, dass der Schuldner seine Geschäftsführung an den Gläubigerinteressen ausrichtet (vgl. § 270b Abs. 2 InsO).

2. Entscheidung des Gerichts

a) Anordnung der vorläufigen Eigenverwaltung

506 Das Gericht **muss** die vorläufige Eigenverwaltung anordnen, wenn die Eigenverwaltungsplanung vollständig und schlüssig ist (§ 270b Abs. 1 S. 1 Nr. 1 InsO) und keine Umstände bekannt sind, dass sie in wesentlichen Punkte auf unzutreffenden Tatsachen beruht (§ 270b Abs. 1 S. 1 Nr. 2 InsO). Die Schlüssigkeitsprüfung bedeutet, dass das Gericht die Planung bewertet, wie sie vom Schuldner vorgelegt worden ist.[113] Bei behebbaren Mängeln **kann** das Gericht die vorläufige Eigenverwaltung für einen Zeitraum von 20 Tagen anordnen (§ 270b Abs. 1 S. 2). Weisen die eingereichten Unterlagen Defizite auf, **kann** das Gericht unter den Voraussetzungen des § 270b Abs. 2 InsO die Eigenverwaltung anordnen, wenn zu erwarten ist, dass der Schuldner bereit und in der Lage ist, seine Geschäftsführung an den Interessen der Gläubiger auszurichten. Der Tenor einer positiven gerichtlichen Entscheidung lautet nicht auf „Anordnung der vorläufigen Eigenverwaltung", sondern gem. § 270b Abs. 1 S. 1 InsO auf „Einsetzung eines vorläufigen Sachwalters" (z.B. „Zur vorläufigen Sachwalterin über das Vermögen der MODEHAUS GmbH wird Frau Dr. Müller bestellt").

b) Ablehnung der vorläufigen Eigenverwaltung

507 Lehnt das Gericht die vorläufige Eigenverwaltung ab, indem es einen vorläufigen Insolvenzverwalter bestellt, muss es seine Entscheidung begründen (§ 270b Abs. 4 S. 1 InsO). Dem Schuldner ist zuvor Gelegenheit zu geben, den Eröffnungsantrag zurückzunehmen, sofern sein Eröffnungsantrag auf drohender Zahlungsunfähigkeit basiert (§ 270c Abs. 5 InsO).

---

112 BeckOK InsR/*Kreutz/Ellers* InsO § 270a Rn. 19.

113 *Thole* NZI-Beil. 2021, 90, 93.

c) Bindendes Votum des vorläufigen Gläubigerausschusses

Wurde im Eröffnungsverfahren ein vorläufiger Gläubigerausschuss eingesetzt (§§ 270c Abs. 3 S. 1, 21 Abs. 2 S. 1 Nr. 1a, 22a InsO), kommt seinem Votum zentrale Bedeutung zu. Das Gericht muss den vorläufigen Gläubigerausschuss vor der Entscheidung zur vorläufigen Eigenverwaltung anhören (§ 270b Abs. 3 S. 1 InsO). Das Gericht muss die vorläufige Eigenverwaltung anordnen, wenn der vorläufige Gläubigerausschuss diese **einstimmig** befürwortet (§ 270b Abs. 3 S. 3 InsO). Nach einem Teil der Literatur bindet das Votum jedoch nicht für die Anordnung nach § 270b Abs. 1 InsO.[114] Argumentiert wird, dass der Gläubigerausschuss nach dem Wortlaut des § 270b Abs. 3 S. 1 InsO nur zu Themen des § 270b Abs. 2 InsO (Prognose-Entscheidung) Stellung nehmen darf und seine Zustimmung nicht die unabdingbaren Anordnungsvoraussetzungen des § 270b Abs. 1 InsO ersetzen kann. Die Gegenansicht hält die Formulierung in § 270 Abs. 3 S. 1 mit dem Verweis auf Abs. 2 für ein Redaktionsversehen.[115] Lehnt der vorläufige Gläubigerausschuss die Eigenverwaltung ab, muss die Anordnung der vorläufigen Eigenverwaltung unterbleiben (§ 270b Abs. 3 S. 4 InsO). Damit wird der im Insolvenzrecht geltende Grundsatz der Gläubigerautonomie weiter aufgewertet. 508

3. Rechtsstellung des vorläufigen Sachwalters und des Schuldners

a) Grundregel

Die Bestellung eines vorläufigen Sachwalters im Eröffnungsverfahren hat auf die Rechtsmacht des Schuldners keinen Einfluss. Der Schuldner bleibt verfügungsbefugt. Das erlaubt ihm sogar, den Betrieb still zu legen.[116] 509

b) Aufgabenteilung zwischen Schuldner und Sachwalter

Die Befugnisse des vorläufigen Sachwalters ergeben sich aus §§ 274, 275 InsO, da § 270b Abs. 1 S. 1 InsO auf diese Normen verweist. Der vorläufige Sachwalter prüft die wirtschaftliche Lage des Schuldners und überwacht die Geschäftsführung. Er kann, sofern eine gerichtliche Anordnung vorliegt, den Schuldner bei der Insolvenzgeldvorfinanzierung unterstützen (§ 274 Abs. 2 S. 2 InsO). Er ist gegenüber dem Gericht anzeigepflichtig, wenn er wesentliche Änderungen, welche die Eigenverwaltungsplanung betreffen, feststellt (§ 270c Abs. 2 InsO). Nach § 270c Abs. 1 Nr. 1 InsO kann er beauftragt werden, zu überprüfen, ob die Eigenverwaltungsplanung des Schuldners auf richtigen Tatsachen beruht. Nach § 270c Abs. 1 Nr. 2 InsO kann das Gericht den vorläufigen Sachwalter zudem die Buchführung des Schuldners begutachten lassen, insbesondere ihre Eignung als Grundlage für die Finanzplanung, und ihm nach § 270c Abs. 1 Nr. 3 InsO aufgeben, Haftungsansprüche gegen die aktuellen und früheren Leitungsorgane des Schuldners zu eruieren.[117] 510

c) Sicherungsmaßnahmen und Masseverbindlichkeiten

Das Gericht kann gem. § 270c Abs. 3 i.V.m. § 21 Abs. 2 S. 1 Nr. 1a, 3 bis 5 InsO weitere Sicherungsmaßnahmen zum Schutz der Masse treffen. In Betracht kommen das Verbot von Vollstreckungsmaßnahmen und die Untersagung von Verwertungsmaßnahmen der aus- und 511

114 BeckOK InsR/*Ellers* InsO § 270b Rn. 32.
115 *Foerste* Insolvenzrecht Rn. 657.
116 *BAG* BeckRS 2020, 10022 Rn. 100.
117 *Erbe* NZI 2021, 753, 759.

absonderungsberechtigten Gläubiger. Nach § 270c Abs. 4 S. 1 InsO muss das Gericht auf Antrag des Schuldners anordnen, dass der Schuldner **Masseverbindlichkeiten** begründen darf. Nach § 270c Abs. 4 S. 3 InsO gilt § 55 Abs. 2 InsO entsprechend.[118] Die Anordnung erfasst nur solche Verbindlichkeiten, die im Finanzplan enthalten sind (vgl. § 270c Abs. 4 S. 2 InsO). Das Gericht kann hierfür eine Einzel- oder Gruppenermächtigung („alle Lieferanten", „alle Arbeitnehmer"), jedoch keine Globalermächtigung, erteilen.[119] Für nicht im Finanzplan berücksichtigte Verbindlichkeiten muss der Schuldner seinen Antrag gesondert begründen. Für Steuerverbindlichkeiten existiert eine eigene Regelung. Nach § 55 Abs. 4 InsO gelten Umsatzsteuerverbindlichkeiten sowie Lohn- und Verbrauchssteuern, die in der Eigenverwaltung anfallen, nach Eröffnung des Verfahrens automatisch als Masseverbindlichkeiten.[120]

4. Aufhebung der vorläufigen Eigenverwaltung

512 Die Aufhebung der vorläufigen Eigenverwaltung ist in § 270e InsO geregelt. Nach § 270e Abs. 1 Nr. 1 InsO ist die Eigenverwaltung aufzuheben, wenn der Schuldner in schwerwiegender Weise gegen insolvenzrechtliche Pflichten verstößt oder sich in sonstiger Weise zeigt, dass er nicht bereit ist, seine Geschäftsführung an den Interessen der Gläubiger auszurichten. In § 270e Abs. 1 Nr. 1 InsO sind in Buchst. a bis c Regelbeispiele aufgeführt, wozu eine mangelhafte Eigenverwaltungsplanung aufgrund unzutreffender Tatsachen (Buchst. a), eine unvollständige Buchführung (Buchst. b) sowie das Erschwernis der Durchsetzung von Haftungsansprüchen gegen die (früheren) Organe des Schuldners (Buchst. c) gehören. Außerdem kann die vorläufige Eigenverwaltung aufgehoben werden, wenn Planungsmängel nicht innerhalb der gesetzten Frist behoben werden (§ 270e Abs. 1 Nr. 2 InsO) oder sich die angestrebte Sanierung als aussichtslos erweist (§ 270e Abs. 1 Nr. 3 InsO). Der Gläubigerausschuss ist in diesen Fällen anzuhören (§ 270e Abs. 4 S. 1 InsO). Die vorläufige Eigenverwaltung ist ferner aufzuheben, wenn der vorläufige Sachwalter mit Zustimmung des Gläubigerausschusses oder der Gläubigerausschuss selbst (§ 270e Abs. 1 Nr. 4 InsO) oder der Schuldner dies beantragt (§ 270e Abs. 1 Nr. 5 InsO). Beim Votum des Gläubigerausschusses wird zum Teil Einstimmigkeit gefordert, obgleich diese Formulierung im Gesetzeswortlaut fehlt.[121] Eine andere Ansicht hält die Kopfmehrheit für ausreichend.[122] Den Antrag auf Aufhebung kann auch ein einzelner absonderungsberechtigter Gläubiger oder ein Insolvenzgläubiger stellen, wenn er den Nachweis erbringt, dass ihm durch die Eigenverwaltung erhebliche Nachteile drohen (§ 270e Abs. 2 S. 1 InsO). Ordnet das Gericht die Aufhebung der vorläufigen Eigenverwaltung an, wird das Verfahren in ein normales Eröffnungsverfahren übergeleitet und ein vorläufiger Insolvenzverwalter bestellt (§ 270e Abs. 1, 2 InsO).

513 Der Aufhebungsbeschluss ist nur beschränkt anfechtbar. Nach § 270e Abs. 2 S. 3 InsO ist die sofortige Beschwerde statthaft, wenn ein absonderungsberechtigter Gläubiger oder ein Insolvenzgläubiger die Aufhebung gem. § 270e Abs. 2 S. 1 InsO beantragt. Gegen die stattgebende Entscheidung des Gerichts kann sich der Schuldner, gegen die ablehnende Entscheidung der Gläubiger mit der sofortigen Beschwerde wehren. Bei einer Aufhebung von Amts wegen (§ 270e Abs. 1 Nr. 1 bis 3 InsO) und bei der Aufhebung auf Antrag des Sachwalters oder des Schuldners (§ 270e Abs. 1 Nr. 4 bis 5 InsO) sieht die InsO kein Rechtsmittel vor. Es

118 Zum Umfang vgl. *BGH* NZI 2016, 779 Rn. 25 ff.

119 H.M., Braun/*Riggert* InsO § 270c Rn. 10; BeckOK InsR/*Ellers/Kreutz* InsO § 270c Rn. 25.

120 Näher *Rickert/Tielmann/Trostheide* NZI 2022, 463.

121 *Erbe* NZI 2021, 753, 758.

122 BeckOK InsR/*Kreutz/Ellers* InsO § 270e Rn. 12.

bleibt daher bei dem Grundsatz des § 6 Abs. 1 S. 1 InsO, dass Entscheidungen des *Insolvenzgerichts* nur dann der sofortigen Beschwerde unterliegen, wenn die InsO dies ausdrücklich zulässt. Wird die Eigenverwaltung aufgehoben und zugleich ein vorläufiger Insolvenzverwalter eingesetzt, kann nur die Sicherungsmaßnahmen (isoliert) angefochten werden.[123]

III. Die Eigenverwaltung

Ordnet das Gericht im Eröffnungsbeschluss die Eigenverwaltung an, erlangt der Schuldner originär das Recht, die Insolvenzmasse zu verwalten und über sie als Amtswalter in eigenen Angelegenheiten zu verfügen (§ 270 Abs. 1 S. 1 InsO).[124] Diese „Wohltat" wird statistisch nur selten gewährt (in 1,75 % der Unternehmensinsolvenzen bis 2019).[125] Meist sind es Großunternehmen. **514**

1. Voraussetzungen der Anordnung

Die Anordnung der Eigenverwaltung hat gem. § 270f InsO drei Voraussetzungen. Erforderlich ist zunächst ein Antrag des Schuldners (§ 270f Abs. 1 InsO). Bei juristischen Personen sind ausschließlich die vertretungsbefugten Organe antragsbefugt; es gelten die Grundsätze des § 18 Abs. 3 InsO analog.[126] Zweite Voraussetzung ist, dass die Anordnungsvoraussetzungen der vorläufigen Eigenverwaltung (§ 270b InsO) auch im Zeitpunkt der endgültigen Entscheidung vorliegen. Das Gericht muss die Voraussetzungen des § 270b InsO, also die Vollständigkeit und Schlüssigkeit der Eigenverwaltungsplanung, erneut prüfen. Da das Gericht die Unterlagen bereits im Eröffnungsverfahren geprüft hat, ist fraglich, ob die alte Planung Prüfungsgegenstand ist oder ob eine aktualisierte Planung vorgelegt werden muss. Da das Gesetz dieses Vorgehen nicht ausdrücklich anordnet und dem Schuldner Nachbesserungen nur im Fall des § 270b Abs. 1 S. 2 InsO abverlangt, sprechen systematische Gründe dafür, dass das Gericht auf Grundlage der alten Planung entscheidet.[127] Als dritte Voraussetzung muss das Gericht zudem prüfen, ob zwischenzeitlich Aufhebungsgründe i.S.d. § 270e InsO vorliegen. Diesbezüglich kann das Gericht auf Auskünfte des Sachwalters zurückgreifen und ggfs. weitere Amtsaufklärung (§ 5 InsO) betreiben. Da § 270f Abs. 3 InsO auf § 270 Abs. 3 InsO verweist, ist vor Erlass der Entscheidung der vorläufige Gläubigerausschuss anzuhören. Das Gericht ist gem. § 270f Abs. 3 InsO an die ablehnende oder stattgebende Entscheidung des Gläubigerausschusses zur Anordnung/Ablehnung der Eigenverwaltung gebunden. Es gelten die zu § 270b Abs. 2 InsO getroffenen Aussagen. **515**

Wird die Eigenverwaltung abgelehnt, steht dem Schuldner gegen den Zurückweisungsbeschluss kein Rechtsmittel zu. Es bleibt beim dem Grundsatz des § 6 Abs. 1 S. 1 InsO, dass es keine sofortige Beschwerde gibt, wenn diese nicht ausdrücklich in der InsO vorgesehen ist.[128] **516**

123 *BGH* NZI 2022, 334 Rn. 11 ff.
124 *BGH* NZI 2020, 285 Rn. 19; NJW 2019, 224 Rn. 11; *BAG* NZI 2018, 47 Rn. 11.
125 *Foerste* Insolvenzrecht Rn. 666.
126 HambKomm-InsR/*Fiebig* § 270f Rn. 2.
127 BeckOnline InsR/*Ellers/Plaßmeier* InsO § 270f Rn. 8; a.A. Braun/*Riggert* InsO § 270f Rn. 3.
128 HambKomm-InsR/*Fiebig* InsO § 270f Rn. 13.

2. Allgemeine Folgen

517 Für den Eröffnungsbeschluss gelten die §§ 27 ff. InsO mit wenigen Besonderheiten. Die Aufforderung, nicht mehr an den Schuldner zu leisten, entfällt. Die Gläubiger werden aufgefordert, ihre Forderungen beim Sachwalter anzumelden (§ 270f Abs. 2 S. 2 InsO). Eine Eintragung der Insolvenzeröffnung im Grundbuch erfolgt nicht (§ 270f Abs. 2 S. 3 InsO). Die Eigenverwaltung ist aber im Handelsregister einzutragen (§ 32 Abs. 1 S. 2 Nr. 3 HGB). Es gelten die Normen des Regelverfahrens (§ 270 Abs. 1 S. 2 InsO). Anhängige Prozesse werden unterbrochen (§ 240 ZPO).[129]

3. Person des Sachwalters

518 Im Verfahren der Eigenverwaltung gibt es keinen Insolvenzverwalter. Nach § 270f Abs. 2 S. 1 InsO wird ein **Sachwalter** bestellt. Zuständig für die Auswahl ist das Gericht. Meist wird dem vorläufigen Sachwalter das Amt des endgültigen Sachwalters übertragen. Für die Anforderungen an die Person des Sachwalters gelten § 56 i.V.m. § 274 Abs. 1 InsO. War die Person als Sanierungsberater im Vorfeld der Insolvenz für den Schuldner tätig, fehlt es an der Unabhängigkeit (§ 56 Abs. 1 S. 4 Nr. 2 InsO). Die Personalhoheit des Gerichts wird in zwei Ausnahmefällen durchbrochen. Hat sich ein vorläufiger Gläubigerausschuss einstimmig für eine bestimmte Person ausgesprochen, ist diese zu bestellen (§§ 274 Abs. 1, 56a Abs. 2 S. 1 InsO). Eine zweite Ausnahme besteht im Schutzschirmverfahren. Hier steht allein dem Schuldner das Recht zu, den vorläufigen Sachwalter zu benennen (§ 270d Abs. 2 S. 2, 3 InsO); die Befugnis erstreckt sich auch auf den endgültigen Sachwalter.[130] Die Aufsicht über den Sachwalter übt das *Insolvenzgericht* aus (§§ 274 Abs. 1, 58 Abs. 1 InsO). Sein Amt endet mit der Aufhebung des Insolvenzverfahrens analog § 259 InsO.[131]

4. Rechtsstellung des Schuldners und des Sachwalters

a) Verfügungsbefugnis des Schuldners

519 Wichtigstes Merkmal der Eigenverwaltung ist, dass der **Schuldner** auch nach der Eröffnung des Insolvenzverfahrens verfügungsbefugt bleibt (§ 270 Abs. 1 S. 1 InsO).[132] Nach überwiegender Ansicht handelt es sich um eine vom *Insolvenzgericht* zugewiesene insolvenzspezifische Verfügungsbefugnis.[133] Demzufolge muss er die Geschäftsführung an den Interessen der Gläubiger ausrichten und eigene Interessen zurückstellen.[134] Sofern keine Zuständigkeit des Sachwalters besteht, treffen ihn sämtliche Aufgaben, die im regulären Insolvenzverfahren dem Insolvenzverwalter zugewiesen sind.[135] Er ist sozusagen „Insolvenzverwalter in eigener Sache".[136] Bei juristischen Personen üben die Vertretungsorgane die Befugnisse aus.[137]

---

129 *BAG* NZI 2018, 47 Rn. 12.
130 HambKomm-InsR/*Fiebig* § 274 Rn. 7.
131 *BGH* NZI 2016, 779 Rn. 11, 12.
132 *BGH* NJW 2019, 2125 Rn. 12, 17.
133 *BGH* NJW 2019, 224 Rn. 11; *BAG* NZI 2018, 47 Rn. 11.
134 *BGH* NZI 2018, 519 Rn. 20, 53.
135 *BGH* NZI 2020, 285 Rn. 19; HambKomm-InsR/*Fiebig* § 270 Rn. 3.
136 Vgl. *BGH* NZI 2018, 519 Rn. 28, 52.
137 *BGH* NZI 2020, 285 Rn. 18; NZI 2018, 519 Rn. 19, 27 f., 52.

b) Aufgabenteilung zwischen Schuldner und Sachwalter

Da der Schuldner die Verfügungsbefugnis behält, ist es seine Aufgabe, das Unternehmen fortzuführen. Er ist jedoch verpflichtet, sich mit dem Sachwalter abzusprechen und eine Art „gemeinsame Unternehmensleitung" herzustellen.[138] So soll der Schuldner Verbindlichkeiten, die nicht zum gewöhnlichen Geschäftsbetrieb gehören, nur mit vorheriger Zustimmung des Sachwalters eingehen (§ 275 Abs. 1 S. 1 InsO). Gewöhnliche Verbindlichkeiten sollen bei Widerspruch des Sachwalters unterbleiben (§ 275 Abs. 1 S. 2 InsO). Der Sachwalter kann verlangen, dass ihm die Kassenführung übergeben wird, so dass er die Kontrolle über die Zahlungseingänge und -ausgänge erlangt (§ 275 Abs. 2 InsO). Will der Schuldner Rechtshandlungen vornehmen, die für das Insolvenzverfahren von besonderer Bedeutung (i.S.d. § 160 Abs. 2 InsO) sind, wie der Verkauf des Betriebsgrundstücks, muss der Schuldner die Zustimmung des vorläufigen Gläubigerausschusses einholen (§ 276 InsO). Im Außenverhältnis hat die Missachtung der §§ 275, 276 InsO keine Relevanz. Die Geschäfte sind aufgrund der fortbestehenden Verfügungsbefugnis des Schuldners wirksam. Das Gericht kann aber von Amts wegen oder auf Antrag der Gläubigerversammlung anordnen, dass bestimmte Geschäfte (z.B. Grundstücksgeschäfte oder Geschäfte mit einem hohen Volumen) der Zustimmung des Sachwalters bedürfen (§ 277 Abs. 1 S. 1 InsO). Entgegenstehende Verfügungen sind in diesem Fall absolut unwirksam (§§ 277 Abs. 1 S. 2, 81 InsO). **520**

Nach § 279 S. 1 InsO steht dem Schuldner die Befugnis zu, die Rechte aus §§ 103 bis 128 InsO auszuüben. Er soll hierbei das Einvernehmen mit dem Sachwalter suchen (§ 279 S. 2 InsO). Bei gegenseitigen, von beiden Seiten nicht vollständig erfüllten Verträgen kann der Schuldner wählen, ob er diese erfüllen will oder nicht (§ 279 S. 1 i.V.m. § 103 InsO).[139] Damit können auch in der Eigenverwaltung verlustreiche Verträge beendet werden. Der Schuldner entscheidet über die Ausübung von Sonderkündigungsrechten nach §§ 109, 113 InsO.[140] Die Kündigungsfrist des § 113 S. 2 InsO findet Anwendung,[141] ebenso die Vermutungswirkung des § 125 Abs. 1 S. 1 InsO.[142] Der Schuldner trifft die Entscheidung, ob er einen unterbrochenen Prozess nach § 240 S. 1 ZPO wieder aufnimmt.[143] Veräußert der Schuldner sein Handelsgeschäft, ist § 25 Abs. 1 S. 1 HGB (Haftung bei Firmenfortführung) wie im Regelverfahren unanwendbar.[144] Da der Schuldner an die Stelle des Insolvenzverwalters tritt, begründet er durch seine Rechtshandlungen (Waren kaufen, Arbeitnehmer weiter beschäftigen etc.) **Masseverbindlichkeiten** (§ 55 Abs. 1 Nr. 1, 2 InsO).[145] **521**

Für die Erstellung der Masse-, Gläubiger- und Vermögensverzeichnisse ist der Schuldner verantwortlich (§ 281 Abs. 1 S. 1 InsO). Dem Sachwalter obliegt die Aufgabe, die Verzeichnisse zu prüfen und ggfs. schriftlich Einwendungen zu erheben (§ 281 Abs. 1 S. 2 InsO). Im Berichtstermin muss der Schuldner Bericht erstatten (§ 281 Abs. 2 S. 1 InsO); der Sachwalter hat hierzu Stellung zu nehmen (§ 281 Abs. 2 S. 2 InsO). Die Gläubigerversammlung kann den Sachwalter oder den Schuldner im Berichtstermin ermächtigen, einen Insolvenzplan auszuarbeiten (§ 284 Abs. 1 S. 2 InsO). Die Verwertung des Absonderungsgutes obliegt **522**

138 Vgl. FK-InsO/*Foltis* § 274 Rn. 4.
139 *BGH* NZI 2020, 285 Rn. 20.
140 *BGH* NZI 2018, 519 Rn. 28; *BAG* NZI 2017, 577 Rn. 29; NZI 2016, 181 Rn. 16.
141 *BAG* NJW 2019, 3538 Rn. 23; NZI 2017, 577 Rn. 29, 49.
142 *BAG* NJW 2019, 3538 Rn. 29.
143 *BGH* NZI 2018, 519 Rn. 28; NZI 2007, 188, 189.
144 *BGH* NZI 2020, 285 Rn. 11 ff.
145 Vgl. *BGH* NZI 2022, 978 Rn. 16 ff.; NZI 2022, 694, 16; NZI 2020, 285 Rn. 20.

gem. § 282 Abs. 1 S. 1 InsO dem Schuldner. Er soll das Einvernehmen mit dem Sachwalter suchen (§ 282 Abs. 2 InsO).

523 Bezüglich der Prüfung und Feststellung der Forderungen steht dem Schuldner neben dem Sachwalter ein eigenes Widerspruchsrecht zu (§ 283 Abs. 1 S. 1 InsO). Widerspricht er der Forderung, gilt diese als „nicht festgestellt", so dass der Gläubiger klagen muss. Die Erlösverteilung und Befriedigung der Insolvenzgläubiger nimmt der Schuldner selbst vor (§ 283 Abs. 2 S. 1 InsO). Der Sachwalter muss die Schlussrechnung prüfen und etwaige Einwendungen schriftlich erheben (§ 283 Abs. 2 S. 2 InsO).

c) Befugnisse des Sachwalters

524 Die Befugnisse des Sachwalters sind überschaubar. Nach § 270f Abs. 2 S. 2 InsO ist er für die Forderungsanmeldung zuständig. Ihm steht nach § 280 InsO ausschließlich das Recht zur Insolvenzanfechtung und zur Geltendmachung von Gesamtschäden (§§ 92, 93 InsO) zu. Hier bedarf es einer unparteiischen Person, die frühere Rechtshandlungen des Schuldners und seiner Organe überprüft. Nach § 274 Abs. 2 S. 1 InsO hat der Sachwalter die wirtschaftliche Lage des Schuldners und die Geschäftsführung zu prüfen sowie die Ausgaben für die Lebensführung zu überwachen. Ihm steht nach § 274 Abs. 2 S. 3, § 22 Abs. 3 InsO die Befugnis zu, die Geschäftsräume des Schuldners zu betreten, die Bücher einzusehen und Auskünfte zu verlangen. Das Gericht kann gem. § 274 Abs. 2 S. 2 InsO anordnen, dass der Sachwalter den Schuldner bei der Insolvenzgeldvorfinanzierung, der insolvenzrechtlichen Buchführung und den Verhandlungen mit Banken und Lieferanten unterstützen kann. Damit hat der Gesetzgeber auf die Wünsche der Praxis reagiert, die dem Sachwalter hier besondere Kompetenzen zusprechen.[146] Ob er die Unterstützungsleistungen erbringt, steht in seinem Ermessen. Diese Tätigkeiten sind in Form von Zuschlägen zu vergüten (§§ 10, 3 InsVV). Der Vergütungsanspruch des Sachwalters gegenüber einem Insolvenzverwalter ist auf 60 % der Regelvergütung reduziert (§ 12 Abs. 1 InsVV).

525 Hat der Sachwalter Anhaltspunkte dafür, dass die Eigenverwaltung für die Gläubiger nachteilig ist, muss er diese Information unverzüglich an das *Insolvenzgericht* und den Gläubigerausschuss weitergeben (§ 274 Abs. 3 S. 1 InsO). Meldepflichtig sind Verstöße gegen die Kooperationspflichten, finanzielle Unregelmäßigkeiten sowie hohe Entnahmen für die private Lebensführung.[147] Die Unterrichtungspflicht gehört zu den Kernaufgaben des Sachwalters.

d) Beschränkter Einfluss der Überwachungsorgane

526 Die Auswirkungen der Eigenverwaltung auf das Kompetenzgefüge bei juristischen Personen und rechtsfähigen Personengesellschaften ist in § 276a Abs. 1 InsO geregelt. Um die Unabhängigkeit der Vertretungsorgane zu stärken, sieht § 276a Abs. 1 S. 2 InsO vor, dass Gesellschafterversammlung und Aufsichtsrat die Befugnis, Einfluss auf die Geschäftsführung zu nehmen, verlieren. Damit verliert die Gesellschafterversammlung einer GmbH das Recht, den Geschäftsführern Weisungen zu erteilen (vgl. § 37 GmbHG). Bei der AG muss der Vorstand, der ohnehin weisungsfrei handelt (§ 78 AktG), im Fall von zustimmungsbedürftigen Geschäften (§ 111 Abs. 4 S. 2 AktG) nicht mehr mit dem Aufsichtsrat kooperieren. Der Kompetenzverlust wird damit gerechtfertigt, dass die Vertretungsorgane, sobald Eigenverwaltung angeordnet

146 HambKomm-InsR/*Fiebig* § 274 Rn. 8, 15.

147 MünchKomm/*Kern* InsO § 274 Rn. 63.

ist, ihr Handeln am Insolvenzzweck und den Interessen der Gläubigergesamtheit ausrichten müssen.[148] Zudem stehen Gläubigerversammlung, Gläubigerausschuss und Sachwalter als „neue Überwachungsorgane" bereit.

Eine Ausnahme gilt für die Abberufung und Neubestellung der Leitungsorgane (vgl. §§ 46 Nr. 4 GmbHG, 84 AktG). Diese Maßnahmen können weiterhin vorgenommen werden, bedürfen aber nach § 276a Abs. 1 S. 2 InsO der Zustimmung des Sachwalters.[149] Grund für das Zustimmungserfordernis ist, dass die Eigenverwaltung vor allem auf dem Vertrauen der Gläubiger in die aktuelle Geschäftsleitung und deren Planungen basiert. Die Zustimmung muss erteilt werden, wenn Abberufung oder Neubestellung nicht zu Nachteilen für die Gläubiger führt (§ 276a Abs. 1 S. 3 InsO). Nach der Neuregelung des § 276a Abs. 3 InsO gelten die Bestimmungen des § 276a Abs. 1 InsO bereits im vorläufigen Eigenverwaltungsverfahren. Damit ist die Sorge ausgeräumt, dass sanierungswillige Geschäftsführer in dieser Phase zugunsten von „Marionetten" abberufen werden. 527

5. Haftung

a) Leitungsorgane bei juristischen Personen

Die Haftung der Leitungsorgane im Verfahren der Eigenverwaltung ist in § 276a Abs. 2 und 3 InsO (neu eingeführt durch das SanInsFoG) geregelt. Nach § 276a Abs. 2 S. 1 InsO haften die Leitungsorgane nach Maßgabe der §§ 60 bis 62 InsO (wie ein Insolvenzverwalter) gegenüber den Verfahrensbeteiligten auf Schadensersatz, wenn sie gegen ihre insolvenzspezifischen Pflichten verstoßen. Der Gesetzgeber hat mit der Regelung die frühere *BGH*-Rechtsprechung übernommen.[150] Die Neuregelung verdeutlicht, dass die Leitungsorgane die Aufgaben eines Insolvenzverwalters wahrnehmen und ihm gleichgestellt sind („liability follows function").[151] Der Verweis auf die Norm des § 61 InsO stellt für die Leitungsorgane ein erhebliches Risiko dar, da sie in der Eigenverwaltung Masseverbindlichkeiten begründen und bei einem Ausfall persönlich haften. Die Haftung aus § 276a Abs. 2 InsO findet auch im vorläufigen Eigenverwaltungsverfahren Anwendung (§ 276a Abs. 3 InsO). 528

b) Sachwalter

Der Sachwalter haftet nach §§ 274 Abs. 1, 60 Abs. 1 InsO, wenn er seine Aufgaben, wie die Geschäftsführung zu überwachen, nicht erfüllt.[152] § 274 InsO verweist zwar nicht auf die Norm des § 61 InsO. Der Sachwalter haftet jedoch nach §§ 277 Abs. 1 S. 3, 61 InsO, wenn er für ein zustimmungsbedürftiges Geschäft, das nicht aus der Masse erfüllbar ist, seine Zustimmung erteilt.[153] 529

6. Aufhebung der Eigenverwaltung

Die in § 272 InsO genannten Aufhebungsgründe sind mit den Aufhebungsgründen bei vorläufiger Eigenverwaltung (§ 270e InsO) weitgehend deckungsgleich. Das Gericht muss die 530

148 *BGH* NZI 2020, 285 Rn. 18.
149 *BGH* NZI 2018, 519 Rn. 20.
150 Vgl. *BGH* NZI 2018, 519 Rn. 21 ff., 47 ff.
151 Vgl. *Bachmann/Becker* NJW 2018, 2235, 2236.
152 *BGH* NZI 2018, 519 Rn. 25; Braun/*Riggert* InsO § 274 Rn. 5.
153 *BGH* NZI 2018, 519 Rn. 64.

Eigenverwaltung von Amts wegen aufheben, wenn der Schuldner schwerwiegende Pflichtverstöße begeht oder seine Geschäftsführung nicht am Interesse der Gläubiger ausrichtet (§ 272 Abs. 1 Nr. 1 InsO) oder sich die angestrebte Sanierung als aussichtslos erweist (§ 272 Abs. 1 Nr. 2 InsO). Grundlage für die Entscheidung können Berichte des Sachwalters oder Hinweise von Gläubigern sein.[154] Der Amtsermittlungsgrundsatz (§ 5 InsO) erlaubt es dem Gericht, bei Anhaltspunkten weitere Nachforschungen zu betreiben. Einen besonderen Aufhebungsgrund enthält § 272 Abs. 1 Nr. 3 InsO, der den Grundsatz der Gläubigerautonomie eindrucksvoll widerspiegelt. Danach kann die Gläubigerversammlung jederzeit mit der Mehrheit des § 76 Abs. 2 InsO die Aufhebung der Eigenverwaltung beantragen. Das Gericht muss dem Antrag, ohne dass ihm ein Ermessensspielraum zusteht, entsprechen.[155] Zudem muss das Gericht die Eigenverwaltung aufheben, wenn ein absonderungsberechtigter Gläubiger oder ein Insolvenzgläubiger (§ 272 Abs. 1 Nr. 4 InsO) oder der Schuldner dies beantragt (§ 272 Abs. 1 Nr. 5 InsO).

531 Die Entscheidung des Gerichts ist nur eingeschränkt anfechtbar. Nach § 272 Abs. 2 S. 3 InsO ist die sofortige Beschwerde statthaft, wenn ein Absonderungsberechtigter oder ein Insolvenzgläubiger die Aufhebung nach § 272 Abs. 1 Nr. 4 InsO beantragt hat. Gegen die stattgebende Entscheidung kann sich der Schuldner, gegen die ablehnende Entscheidung kann sich der Gläubiger mit der sofortigen Beschwerde wehren. Bei einer Aufhebung von Amts wegen (§ 272 Abs. 1 Nr. 1 und Nr. 2 InsO) und bei der Aufhebung auf Antrag der Gläubigerversammlung oder des Schuldners (§ 272 Abs. 1 Nr. 3 und Nr. 5 InsO) sieht das Gesetz kein Rechtsmittel vor.[156]

IV. Das Schutzschirmverfahren

532 Das Schutzschirmverfahren ist ein Zusatzmodul zur vorläufigen Eigenverwaltung, das besondere Vorteile bietet. Vorläufige Eigenverwaltung (als Basismodul) und Schutzschirmverfahren (als Zusatzmodul) verlaufen stets parallel.[157] Das Schutzschirmverfahren erlaubt dem Schuldner, dem es nicht gelungen ist, zeitgleich mit dem Eröffnungsantrag und dem Antrag auf vorläufige Eigenverwaltung einen Insolvenzplan einzureichen, die Ausarbeitung des Insolvenzplans nachzuholen (§ 270d Abs. 1 S. 1 InsO). Ihm wird eine „Nachfrist" gewährt. Das *Insolvenzgericht* bestimmt hierfür eine Frist von maximal drei Monaten (§ 270d Abs. 1 S. 2 InsO). In dieser Zeit dürfen die Gläubiger nicht in das Vermögen des Schuldners vollstrecken (§ 270d Abs. 3 InsO). Damit behält der Schuldner die Chance, eine Sanierung auf Grundlage eines Insolvenzplanverfahrens durchzuführen. Manche Großunternehmen (z.B. Esprit, Galeria Karstadt Kaufhof, Klier Hair, Adler Mode) haben diese Chance genutzt.

1. Erforderliche Anträge

533 Das Schutzschirmverfahren ist an strenge Zugangsvoraussetzungen geknüpft. Es setzt zunächst drei Anträge voraus, nämlich einen Eröffnungsantrag (§ 13 InsO), einen Antrag auf Eigenverwaltung (§§ 270f, 270a InsO) sowie einen Schutzschirmantrag, d.h. einen Antrag auf Bestimmung einer Frist für die Einreichung eines Insolvenzplans (§ 270d Abs. 1 S. 1 InsO). Als

154 HambKomm-InsR/*Fiebig* InsO § 272 Rn. 2.

155 HambKomm-InsR/*Fiebig* InsO § 272 Rn. 3.

156 Vgl. *BVerfG* NZI 2021, 989 Rn. 15; *BGH* NZI 2022, 334 Rn. 12.

157 *Thole* NZI-Beil. 2021, 90, 92.

weitere Voraussetzung kommt hinzu, dass der Schuldner gem. § 270d Abs. 1 S. 1 InsO seinem Antrag eine mit Gründen versehene Bescheinigung eines in Insolvenzsachen erfahrenen Steuerberaters, Wirtschaftsprüfers oder Rechtsanwalts oder einer Person mit vergleichbarer Qualifikation vorlegen muss, aus der sich ergibt, dass nur drohende Zahlungsunfähigkeit oder Überschuldung vorliegt und die angestrebte Sanierung nicht offensichtlich aussichtlos ist (§ 270d Abs. 1 S. 1 InsO). Der Aussteller der Bescheinigung muss in Insolvenzsachen erfahren, also fachkundig sein. Das Merkmal der Unabhängigkeit wird im Wortlaut nicht genannt.[158] Die inhaltlichen Anforderungen an die Bescheinigung sind, was Detailangaben anbelangt, regional unterschiedlich. Dies erschwert die Planbarkeit. Zur Klärung offener Fragen bietet sich ein Vorgespräch gem. § 10a InsO an. In jedem Fall muss der Aussteller bescheinigen, dass noch keine Zahlungsunfähigkeit (§ 17 InsO) des Schuldners eingetreten ist. Dieses Negativattest ist zwingender Bestandteil der Bescheinigung. In welchen Fällen die „Sanierung nicht offensichtlich aussichtlos" ist, wird nicht einheitlich beantwortet. Ein umfassendes Gutachten nach IDW ES 9 ist nicht erforderlich. Es genügen schlüssige Angaben zur Krise und wie diese überwunden werden soll (sog. Grobkonzept).[159] Bei unrealistischen oder denklogisch falschen Vorstellungen des Schuldners ist die Sanierung aussichtslos, was parallel im Rahmen des § 270a Abs. 1 Nr. 2 InsO geprüft wird.

2. Privilegien

Das Schutzschirmverfahren bietet mehrere **Privilegien**. Zum einen erhält der Schuldner drei **534** Monate „Zusatz-Zeit" zur Entwicklung eines Sanierungsplans. Der größte Vorteil ist jedoch das (verbindliche) Vorschlagsrecht des Schuldners zur Person des vorläufigen Sachwalters (§ 270d Abs. 2 S. 2 InsO).[160] Dem Schuldner ist es im Rahmen seines Schutzschirmantrags erlaubt, eine Vertrauensperson als Sachwalter zu benennen. Dieses Recht sticht das Vorschlagsrecht des vorläufigen Gläubigerausschusses nach § 56a InsO.[161] Das Gericht ist an den Vorschlag des Schuldners gebunden, außer der Aussteller der Bescheinigung wird als vorläufiger Sachwalter vorgeschlagen (§ 270d Abs. 2 S. 1 InsO) oder die vorgeschlagene Person ist für das Amt offensichtlich ungeeignet (§ 270d Abs. 2 S. 3 InsO). Weicht das Gericht von dem Vorschlag ab, muss es die Abweichung begründen (§ 270d Abs. 2 S. 3 Hs. 2 InsO). Die Entscheidung ist allerdings nicht beschwerdefähig.[162] In der Praxis werden im Regelfall nur insolvenzerprobte „Schwergewichte" als Sachwalter vorgeschlagen.

3. Anordnung des Schutzschirms

Liegen sämtliche Anordnungsvoraussetzungen vor, muss das Gericht den Schutzschirm **535** anordnen, d.h. eine Frist für die Nachreichung des Insolvenzplans setzen. Grundsätzlich ist die Höchstfrist von drei Monaten zu gewähren, die sich am Insolvenzgeldzeitraum (§ 165 Abs. 1 SGB III) orientiert. Das Gericht muss einen vorläufigen Sachwalter bestellen und zwar den vom Schuldner „mitgebrachten" Sachwalter (§ 270d Abs. 2 S. 2, 3 InsO). Ansonsten gelten sämtliche Regelungen des vorläufigen Eigenverwaltungsverfahrens. Nach § 270c Abs. 3 S. 1 InsO kann das Gericht im vorläufigen Eigenverwaltungsverfahren Sicherungsmaßnahmen

158 A.A. Braun/*Riggert* InsO § 270d Rn. 10 f.; zum Meinungsstand BeckOK InsR/*Ellers* InsO § 270d Rn. 44.1.

159 Braun/*Riggert* InsO § 270d Rn. 8.

160 BeckOK InsR/*Ellers* InsO § 270d Rn. 7, 48.

161 Braun/*Riggert* InsO § 270d Rn. 9.

162 *Erbe* NZI 2021, 753, 757.

nach § 21 Abs. 1, Abs. 2 S. 1 Nr. 1a, 3 bis 5 InsO anordnen. Eine Besonderheit gilt nach § 270d Abs. 3 InsO. Hat der Schuldner bei Gericht die Anordnung beantragt, die Mobiliarzwangsvollstreckung zu untersagen oder einstweilen einzustellen (§ 21 Abs. 2 S. 1 Nr. 3 InsO), muss das Gericht die Anordnung erlassen. Damit kann der Schuldner sein bewegliches Vermögen vor Zwangsvollstreckungsmaßnahmen schützen. Eine weitere Besonderheit ist in § 270d Abs. 4 InsO enthalten. Tritt während des Eröffnungsverfahrens Zahlungsunfähigkeit ein, sind der Schuldner oder der vorläufige Sachwalter verpflichtet, dies dem Gericht unverzüglich mitzuteilen.

4. Aufhebung

536 Das Schutzschirmverfahren endet vorzeitig, wenn das vorläufige Eigenverwaltungsverfahren vorzeitig aufgehoben wird. Maßgeblich ist die Aufhebungsnorm des § 270e InsO, da für das Schutzschirmverfahren keine eigene Vorschrift existiert.[163] Endet das Schutzschirmverfahren nicht vorzeitig und sind die drei Monate abgelaufen, hat das Gericht über die Eröffnung des Insolvenzverfahrens (§ 270d Abs. 4 S. 2 Fall 2 InsO) und den Antrag auf Eigenverwaltung (§ 270f InsO) zu entscheiden, unabhängig ob es dem Schuldner gelungen ist, in den drei Monaten einen Insolvenzplan zu erstellen. Das Gericht muss nun entscheiden, ob es das Insolvenzverfahren als Regelverfahren in Eigenverwaltung, als Regelverfahren mit Insolvenzverwalter, als Insolvenzplanverfahren in Eigenverwaltung oder als Insolvenzplanverfahren mit Insolvenzverwalter eröffnet oder den Eröffnungsantrag mangels Masse abweist.

Online-Wissens-Check

Welche Mehrheitserfordernisse sind bei der Abstimmung über den Insolvenzplan zu beachten?

Überprüfen Sie jetzt online Ihr Wissen zu den in diesem Abschnitt erarbeiteten Themen. Unter **www.juracademy.de/skripte/login** steht Ihnen ein Online-Wissens-Check speziell zu diesem Skript zur Verfügung, den Sie kostenlos nutzen können. Den Zugangscode hierzu finden Sie auf der Codeseite.

163 BeckOK InsR/*Ellers* InsO § 270d Rn. 69.

6. Teil
Restschuldbefreiung und Verbraucherinsolvenz

A. Restschuldbefreiungsverfahren

I. Grundlagen

1. Spannungsverhältnis zwischen Schuldner- und Gläubigerinteressen

Die Restschuldbefreiung bewegt sich im Spannungsverhältnis zwischen dem Interesse der Gläubiger, vollständig befriedigt zu werden, und dem Interesse des Schuldners, seinen Schuldenberg hinter sich zu lassen.[1] Den Interessen der Gläubiger wird dadurch Rechnung getragen, dass sie nach Aufhebung des Insolvenzverfahrens ihre restlichen Forderungen unbeschränkt gegen den Schuldner geltend machen können (§ 201 Abs. 1 InsO). Für den Schuldner hat das „Nachverfolgungsrecht" zur Folge, dass seine wirtschaftliche Existenz dauerhaft gefährdet ist. Um ihm lebenslange „Dauerpfändungen" oder ein Ausweichen in die Schwarzarbeit zu ersparen, wird dem redlichen Schuldner (§ 1 S. 2 InsO) mit dem Instrument der Restschuldbefreiung (§§ 286–303a InsO) Gelegenheit gegeben, sich von seinen restlichen Schulden zu befreien. Ein verfassungswidriger Eingriff in die Grundrechte der Gläubiger (Art. 14 Abs. 1 GG) ist darin nicht zu sehen.[2] **537**

2. Persönlicher Anwendungsbereich

Die Restschuldbefreiung wird natürlichen Personen gewährt (§ 286 InsO). Sie steht Verbrauchern und Unternehmern offen, ist also unabhängig davon, ob ein Regel- oder Verbraucherinsolvenzverfahren eröffnet wird.[3] Juristische Personen und Personengesellschaften werden durch das Insolvenzverfahren aufgelöst, so dass für die Restschuldbefreiung kein Anlass besteht.[4] Mit der Restschuldbefreiung wird der Schuldner von (fast) allen Forderungen erlöst (§§ 201 Abs. 3, 301 Abs. 1 InsO). Ausgenommen sind Forderungen i.S.d. § 302 InsO, für die es wegen ihres Unrechtsgehalts bei der Nachhaftung bleibt.[5] **538**

3. Reformen

Die Restschuldbefreiung setzt voraus, dass sich der Schuldner eine Zeit lang „wohl verhält", d.h. seine pfändbaren Einkünfte an einen Treuhänder abtritt. Betrug die Abtretungsfrist 1999 noch sieben Jahre, wurde sie 2001 auf sechs Jahre und 2014 (in privilegierten Fällen) auf fünf bzw. drei Jahre gesenkt. Manche Schuldner suchten in anderen EU-Ländern, die kürzere Fristen vorsahen, ihr Glück. Das Gesetz zur weiteren Verkürzung des Restschuldbefreiungsverfahrens hat nun auch in Deutschland die Restschuldbefreiung erleichtert und die Abtretungsfrist für alle natürlichen Personen pauschal auf **drei Jahre** verkürzt (§ 287 Abs. 2 S. 1 InsO). **539**

---

1 Vgl. *BGH* NZI 2021, 36 Rn. 24; NJW 2019, 3522 Rn. 21.
2 Vgl. auch *BVerfG* NZI 2004, 222; zur Diskussion HambKomm-InsR/*Streck* § 286 Rn. 6.
3 BeckOK InsR/*Riedel* InsO § 286 Rn. 1; *Reischl* Insolvenzrecht Rn. 791.
4 Vgl. *Bork* Insolvenzrecht Rn. 447; *Jauernig/Berger/Thole* Insolvenzrecht § 35 Rn. 9.
5 *BGH* NZI 2021, 36 Rn. 24.

4. Alternativen

540 Alternativ zur Restschuldbefreiung kann sich ein Einzelunternehmer auch mittels Insolvenzplan entschulden. Seit 2014 steht diese Möglichkeit auch Verbrauchern zu.[6] Im Insolvenzplan kann die Entschuldung beliebig geregelt werden. Es muss keine dreijährige Wohlverhaltensperiode eingehalten werden. Zudem sind Forderungen aus unerlaubter Handlung in die Gestaltungswirkung einbezogen[7] und der Schuldner muss nicht die Geltendmachung von Versagungsgründen befürchten. Die Entschuldung per Insolvenzplan setzt allerdings voraus, dass eine qualifizierte Mehrheit der Gläubiger (§§ 244, 245 InsO) zustimmt. Stimmt eine Gruppe mit „Nein", ist im Fall einer Obstruktion § 245a InsO zu beachten.

5. Überblick zum Verlauf des Restschuldbefreiungsverfahrens

541 Das Restschuldbefreiungsverfahren ist ein eigenständiges Verfahren. Es setzt jedoch zwingend die Durchführung eines Regel- bzw. Verbraucherinsolvenzverfahrens voraus und ist eng mit diesem verbunden.[8] Der Schuldner muss vier Phasen durchlaufen.[9]

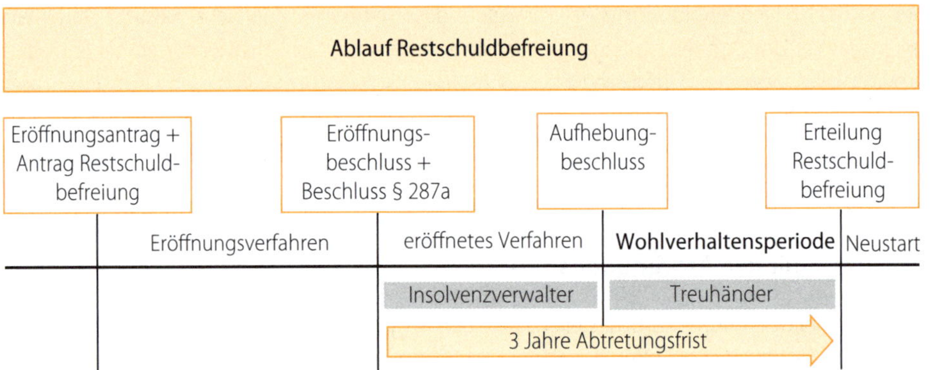

a) Erste Phase

542 Zusammen mit dem Eröffnungsantrag (§ 13 InsO) stellt der Schuldner einen Antrag auf Restschuldbefreiung. Beigefügt wird eine Abtretungserklärung (§ 287 Abs. 1 InsO), in welcher der Schuldner erklärt, dass er seine Arbeitseinkünfte für die Dauer von drei Jahren ab Insolvenzeröffnung an einen (noch unbekannten) Treuhänder abtritt (§ 287 Abs. 2 S. 1 InsO). Ist der Antrag auf Restschuldbefreiung zulässig, trifft das *Insolvenzgericht* eine sog. **Eingangsentscheidung** (§ 287a InsO), in der es feststellt, dass der Schuldner Restschuldbefreiung erlangen wird, wenn er seinen Obliegenheiten nach §§ 295, 295a InsO nachkommt und keine Versagungsgründe nach §§ 290, 297 bis 298 InsO vorliegen.

b) Zweite Phase

543 Während des anschließenden Regel- bzw. Verbraucherinsolvenzverfahrens, der zweiten Phase, verwertet der Insolvenzverwalter das Schuldnervermögen. Parallel dazu trifft den Schuldner eine Erwerbsobliegenheit (§ 287b InsO). Seine Einkünfte fallen als Neuerwerb in die Insolvenz-

6 Näher *Madaus* NZI 2017, 697.
7 Näher Uhlenbruck/*Lüer/Streit* InsO § 227 Rn. 10.
8 Vgl. MüKoInsO/*Stephan* InsO § 286 Rn. 20; Braun/*Pehl* InsO § 286 Rn. 9.
9 So *Foerste* Insolvenzrecht Rn. 579; a.A. (drei Abschnitte) Braun/*Pehl* InsO § 286 Rn. 11.

masse (§ 35 InsO). In dieser Phase kann jeder Gläubiger die Versagung der Restschuldbefreiung aus Gründen des § 290 InsO beantragen. Über die eingehenden Versagungsanträge wird nicht einzeln, sondern gebündelt nach dem Schlusstermin entschieden.

c) Dritte Phase

Wird das Insolvenzverfahren, weil die Verwertung des Schuldnervermögens abgeschlossen ist, durch gerichtlichen Aufhebungsbeschluss beendet (§ 200 InsO), beginnt die dritte Phase. Das Gericht bestimmt die Person des Treuhänders (§ 288 InsO), der das abgetretene Einkommen kontinuierlich an die Gläubiger verteilt. In diesem Zeitraum muss sich der Schuldner weiter wohlverhalten und zahlreiche Obliegenheiten beachten. Ihn trifft u.a. eine Erwerbsobliegenheit (§§ 295 S. Nr. 1, 295a InsO). Deshalb hat sich die Bezeichnung **„Wohlverhaltensperiode"** eingebürgert.[10] In dieser Phase sind ebenfalls Versagungsanträge der Gläubiger möglich, entweder wegen einer Obliegenheitsverletzung (§ 296 InsO) oder weil nachträglich ein Versagungsgrund aus § 290 InsO bekannt wird (§ 297a InsO) . 544

d) Vierte Phase

Zuletzt, in der vierten Phase, trifft das Gericht die Entscheidung über die Restschuldbefreiung durch Beschluss (§ 300 Abs. 1 InsO). Die Entscheidung muss das Gericht spätestens mit dem Ende der Abtretungsfrist, also nach drei Jahren, treffen. Die Entscheidung muss auch dann ergehen, wenn das (überlange) Insolvenzverfahren noch andauert (vgl. § 300a InsO). Auch in dieser Phase kann die Restschuldbefreiung noch versagt werden (§ 300 Abs. 3 InsO). Werden Versagungsgründe erst danach bekannt, besteht (in der fünften Phase) die Möglichkeit eines Widerrufs (§ 303 InsO). 545

II. Antrag des Schuldners

1. Mehrheit von Anträgen

a) Eröffnungsantrag des Schuldners

Nach § 287 Abs. 1 S. 1 InsO setzt die Restschuldbefreiung zwei Anträge des Schuldners voraus, einen Antrag auf Eröffnung des Insolvenzverfahrens (Eigenantrag § 13 InsO) sowie einen Antrag auf Restschuldbefreiung (§ 287 Abs. 1 S. 1 InsO). Im laufenden Insolvenzverfahren kann der Antrag auf Restschuldbefreiung nur **einmal** gestellt werden.[11] Dies gilt auch, wenn der Antrag als unzulässig abgewiesen wurde. Zusätzlich kann ein Antrag auf Verfahrenskostenstundung (§ 4a InsO) eingereicht werden. 546

Hat der Schuldner einen Eröffnungsantrag, aber kein Restschuldbefreiungsantrag gestellt, ist zu unterscheiden, ob sich die Situation im Regelverfahren oder im Verbraucherinsolvenzverfahren ereignet. Im **Regelverfahren** muss das Gericht den Schuldner auf die Möglichkeit der Restschuldbefreiung hinweisen (§ 20 Abs. 2 InsO). Der Antrag auf Restschuldbefreiung ist dann innerhalb der **zweiwöchigen Frist** nachzureichen (§ 287 Abs. 1 S. 2 InsO), die mit der vollständigen gerichtlichen Belehrung beginnt (§ 20 Abs. 2 InsO). Wird die Frist versäumt, ist der Restschuldbefreiungsantrag als unzulässig abzuweisen. Über den Eröffnungsantrag des 547

---

10 Vgl. *Bork* Insolvenzrecht Rn. 450; HambKomm-InsR/*Streck* § 286 Rn. 5.

11 *BGH* NZI 2020, 953 Rn. 10 f.; BeckOK InsR/*Riedel* InsO § 287 Rn. 1a.

Schuldners (§ 13 InsO) wird normal entschieden. Wird das Insolvenzverfahren daraufhin eröffnet, ist es dem Schuldner verwehrt, einen zweiten Restschuldbefreiungsantrag zu stellen. In diesem Fall sollte der Eigenantrag zurückgenommen werden, um die Durchführung eines (sinnlosen) Insolvenzverfahrens, das nicht zur Restschuldbefreiung führt, zu verhindern. Im **Verbraucherinsolvenzverfahren** gelten spezifische Besonderheiten. Fehlt der Antrag auf Restschuldbefreiung und wird dieser nach richterlicher Belehrung nicht **binnen eines Monats** nachgereicht, gilt auch der Eröffnungsantrag als zurückgenommen (§ 305 Abs. 3 S. 1, 2 InsO). Die Rücknahmefiktion hindert den Schuldner nicht, einen neuen Eröffnungs- und Restschuldbefreiungsantrag zu stellen.

b) Eröffnungsantrag eines Gläubigers

548 Hat ein Gläubiger den Eröffnungsantrag (§ 14 InsO) gestellt, muss das Gericht den Schuldner vor Verfahrenseröffnung gem. § 20 Abs. 2 InsO belehren, dass er sich mit einem Eigenantrag verbunden mit einem Restschuldbefreiungsantrag anschließen muss, um Restschuldbefreiung zu erlangen.[12] Für die Nachholung muss das Gericht eine Frist von mindestens vier Wochen, die keine Ausschlussfrist ist, setzen.[13] Versäumt der Schuldner die Frist, darf er die Anträge im eröffneten Verfahren nicht nachholen. Das Insolvenzverfahren (veranlasst durch den Gläubigerantrag) wird zu Ende geführt. Die Chance auf Restschuldbefreiung ist erst einmal vertan. Eine Ausnahme wird bei fehlerhafter gerichtlicher Belehrung anerkannt.[14]

c) Rücknahme

549 Grundsätzlich kann der Schuldner seinen Restschuldbefreiungsantrag zurücknehmen.[15] Hat ein Gläubiger zwischenzeitlich einen Versagungsantrag gestellt, findet § 269 Abs. 1 ZPO (i.V.m. § 4 InsO) auf die Rücknahme entsprechende Anwendung. Die Rücknahme ist unzulässig, wenn das Gericht die Restschuldbefreiung aufgrund des Versagungsantrags bereits durch (noch nicht rechtskräftigen Beschluss) versagt hat.[16] Der (unredliche) Schuldner soll sich nach einer abschlägigen Entscheidung nicht dem Verfahren entziehen dürfen. Unklar ist, ob auch andere prozessuale Ereignisse im Restschuldbefreiungsverfahren als „Beginn der mündlichen Verhandlung" i.S.d. § 269 ZPO anzusehen sind und eine einseitige Rücknahme schon zu einem früheren Zeitpunkt ausschließen.[17]

2. Abtretungserklärung

550 Der Schuldner muss dem Antrag auf Restschuldbefreiung eine Erklärung beifügen, dass er seine pfändbaren Forderungen auf Bezüge aus einem Dienstverhältnis (Arbeitseinkommen) für einen Zeitraum von **drei Jahren** ab Insolvenzeröffnung (Abtretungsfrist) an einen vom Gericht zu bestimmenden Treuhänder abtritt (§ 287 Abs. 2 S. 1 InsO). Die dreijährige Frist gilt seit 1.10.2020. Damit der Schuldner nicht leichtsinnig mit diesem neuen Instrument umgeht, ist in § 287 Abs. 2 S. 3 InsO geregelt, dass die Abtretungsfrist (für ein zweites Verfahren) fünf Jahre beträgt, wenn dem Schuldner nach dem 30.9.2020 schon einmal Restschuldbefreiung

12 *BGH* NZI 2016, 38 Rn. 8; Braun/*Pehl* InsO, § 287 Rn. 5.
13 *BGH* NZI 2016, 880 Rn. 9; NZI 2016, 38 Rn. 8; NZI 2015, 79, 80.
14 *BGH* NZI 2016, 880 Rn. 9; NZI 2016, 38 Rn. 8.
15 *BGH* NZI 2021, 1028 Rn. 11; NZI 2017, 75 Rn. 5.
16 Vgl. *BGH* NZI 2018, 700 Rn. 7; NZI 2017, 75 Rn. 10.
17 Offen gelassen *BGH* NZI 2021, 1028 Rn. 16; NZI 2018, 700 Rn. 9; ferner NZI 2017, 75 Rn. 11.

erteilt wurde.[18] Die Pflicht zur Abtretung erfasst jeden Schuldner, also Arbeitslose, Arbeitnehmer, Rentner oder Strafgefangene gleichermaßen, unabhängig ob sie pfändbares Einkommen haben oder nicht. Auch selbstständig tätige Schuldner sind von der Pflicht erfasst, die allerdings ins Leere läuft, da es keine laufenden Bezüge gibt.[19]

Die Abtretungserklärung entfaltet erst im Anschluss an das Insolvenzverfahren Wirkung, da das Einkommen des Schuldners während des Insolvenzverfahrens (zweite Phase) als Neuerwerb zur Insolvenzmasse gehört (§§ 35 Abs. 1, 36 Abs. 1 InsO). Da die dreijährige Abtretungsfrist bereits mit der Eröffnung des Insolvenzverfahrens beginnt (vgl. § 287 Abs. 2 S. 1 InsO), wird die Laufzeit des Insolvenzverfahrens auf die dreijährige Abtretungsfrist angerechnet.[20] Hat der Schuldner seine Lohnansprüche bereits an einen Dritten (vor dem Insolvenzantrag) abgetreten, ist die Vereinbarung für die Dauer der Abtretungsfrist unwirksam (§ 287 Abs. 3 InsO). **551**

3. Erklärung über Sperrgründe nach § 287a InsO

Nach § 287 Abs. 1 S. 3, 4 InsO muss der Schuldner in seinem Restschuldbefreiungsantrag eidesstattlich erklären, ob er bereits früher einen Restschuldbefreiungsantrag gestellt hat und ein Fall des § 287a Abs. 2 S. 1 Nr. 1 oder Nr. 2 InsO vorliegt. Auf Grundlage dieser Erklärungen kann das Gericht überprüfen, ob der Schuldner die Sperrfristen für einen „Zweitversuch" eingehalten hat. **552**

III. Eingangsentscheidung

1. Grundlagen

Das *Insolvenzgericht* muss noch vor Eröffnung des Insolvenzverfahrens in einer Eingangsentscheidung (§ 287a Abs. 1 S. 1 InsO) über die Zulässigkeit des Restschuldbefreiungsantrags befinden.[21] Der Schuldner soll frühzeitig Klarheit über die Erfolgsaussichten seines Antrags erhalten.[22] Ist der Antrag zulässig, **muss** das Gericht nach § 287a Abs. 1 S. 1 InsO feststellen, dass der Schuldner Restschuldbefreiung erlangen wird, wenn er die Obliegenheiten nach § 295 InsO erfüllt und keine Versagungsgründe nach §§ 290, 297, 298 InsO vorliegen (sozusagen eine Art „Orakel"). Der Beschluss ist öffentlich bekannt zu machen (§ 287a Abs. 1 S. 2 InsO), um die Gläubiger zu informieren. **553**

2. Sperrfristen nach § 287a Abs. 2 InsO

Das Gericht muss von Amts wegen prüfen, ob die Unzulässigkeitsgründe des § 287a Abs. 2 InsO vorliegen. Wurde die Restschuldbefreiung bereits früher einmal erteilt oder versagt, ist ein zweiter Antrag unzulässig, wenn die in § 287a Abs. 2 Nr. 1, 2 InsO vorgeschriebenen Sperrfristen nicht eingehalten wurden. Damit soll ein „Drehtür-Effekt" vermieden werden. **554**

---

18 Vgl. Braun/*Pehl* InsO § 287 Rn. 11.
19 Vgl. Braun/*Pehl* InsO § 287 Rn. 14; *Wenzel* in: Kübler/Prütting/Bork InsO § 287 Rn. 54.
20 HambKomm-InsR/*Streck* § 287 Rn. 24.
21 Braun/*Pehl* InsO § 287a Rn. 1.
22 *BGH* NZI 2021, 1064 Rn. 24.

555 Nach § 287a Abs. 2 S. 1 Nr. 1 Fall 1 InsO ist der Antrag auf Restschuldbefreiung unzulässig, wenn dem Schuldner in den letzten **elf Jahren** bereits Restschuldbefreiung **erteilt** worden ist. Der Schuldner soll das Restschuldbefreiungsverfahren nicht als „Dauergast" nutzen können. Hat der Schuldner Restschuldbefreiung auf Grundlage eines nach dem 1.1.2020 gestellten Antrags bekommen, muss er insgesamt 16 Jahre warten, bis es zu einer erneuten Entschuldung kommt (fünf Jahre Abtretungsfrist des § 287 Abs. 2 S. 2 plus elf Jahre Sperrfrist des § 287a Abs. 2 S. 1 Nr. 1 Fall 1 InsO).[23]

556 Nach § 287 Abs. 2 S. 1 Nr. 1 Fall 2 InsO ist der Antrag auf Restschuldbefreiung unzulässig, wenn die Restschuldbefreiung in den letzten **fünf Jahren** vor dem jetzigen Eröffnungsantrag wegen § 297 InsO **versagt** worden ist. Dieser Versagungsgrund setzt voraus, dass sich der Schuldner schon einmal um Restschuldbefreiung bemüht hat, diese aber verweigert wurde, weil er wegen einer Insolvenzstraftat nach § 297 Abs. 1 InsO i.V.m. §§ 283 bis 283c StGB rechtskräftig zu einer Geldstrafe von mehr als 90 Tagessätzen verurteilt wurde. Die Versagung nach § 297 InsO sperrt also den neuen Restschuldbefreiungsantrag für die Dauer von fünf Jahren.

557 Schließlich ist ein erneuter Restschuldbefreiungsantrag unzulässig, wenn dem Schuldner die Restschuldbefreiung in den letzten **drei Jahren** vor dem jetzigen Eröffnungsantrag oder danach wegen § 290 Abs. 1 Nr. 5, 6 oder 7 InsO oder wegen § 296 InsO **versagt** worden ist (§ 287a Abs. 2 S. 1 Nr. 2 Fall 1 InsO). So ist der Antrag unzulässig, wenn der Schuldner in den letzten drei Jahren vor dem Eröffnungsantrag in dem vorausgegangenen Restschuldbefreiungsverfahren seine Auskunfts-, Mitwirkungs- und Erklärungspflichten vorsätzlich oder grob fahrlässig verletzt hat (§ 290 Abs. 1 Nr. 5 und 6 InsO) und ihm deshalb die Restschuldbefreiung versagt worden ist (z.B. falsche Angaben im Gläubiger- oder Vermögensverzeichnis). Gleiches gilt, wenn ihm die Restschuldbefreiung wegen schuldhaften Verstoßes gegen seine Erwerbsobliegenheit versagt wurde (§ 296 Abs. 1 InsO).

3. Weitere Fallgruppen

558 Der *BGH* befürwortet in Einzelfällen eine analoge Anwendung des § 287a Abs. 2 InsO. Wird ein Restschuldbefreiungsantrag als unzulässig verworfen und in demselben Insolvenzverfahren ein zweiter Antrag gestellt, ist § 287a Abs. 2 InsO vom Wortlaut nicht einschlägig, da die Restschuldbefreiung bislang weder versagt noch erteilt wurde. Nach Ansicht des *BGH* ist der Zweitantrag unzulässig; ein neuer Antrag kann nur in einem neuen Insolvenzverfahren gestellt werden.[24] Die Konstellation, dass in einem Erstinsolvenzverfahren ein Restschuldbefreiungsantrag gestellt wird, über den noch nicht entschieden ist, und in einem Zweitinsolvenzverfahren ein erneuter Antrag gestellt wird, ist ebenfalls nicht vom Wortlaut des § 287a Abs. 2 InsO erfasst. Dazu kann es kommen, wenn der Insolvenzverwalter im ersten Insolvenzverfahren die selbstständige Tätigkeit nach § 35 Abs. 2 InsO freigibt (sog. Negativerklärung) und der Schuldner später die Eröffnung eines (zweiten) Insolvenzverfahren über den Neuerwerb beantragt. Nach h.M. ist der Zweitantrag analog § 287a Abs. 2 S. 1 Nr. 1 Fall 1 InsO unzulässig.[25] Der Schuldner könne nicht gleichzeitig zwei Restschuldbefreiungsverfahren durchlaufen und zwei Abtretungserklärungen für zwei zeitgleich stattfindende Verfahren abgeben.

---

23 HambKomm-InsR/*Streck* § 287 Rn. 24.

24 *BGH* NZI 2020, 953 Rn. 10 ff. mit zust. Anm. *Ahrens* (mit Verweis auf § 322 Abs. 1 ZPO).

25 *BGH* NZI 2021, 1064 Rn. 18 ff.; *Wenzel* in: Kübler/Prütting/Bork InsO § 287 Rn. 13 ff.

4. Gerichtliche Hinweise

Ist der Antrag auf Restschuldbefreiung unzulässig, hat das Gericht dem Schuldner Gelegenheit zu geben, seinen Eröffnungsantrag zurückzunehmen (§ 287a Abs. 2 S. 2 InsO). Grund ist, dass der Eröffnungsantrag (§ 13 InsO) regelmäßig nur wegen der Restschuldbefreiung gestellt wird, so dass das Insolvenzverfahren für den Schuldner nutzlos wäre. Zugleich kann das Gericht dem Schuldner Gelegenheit geben, seinen Restschuldbefreiungsantrag zurückzunehmen.[26] Tut er dies nicht, stellt das Gericht die Unzulässigkeit des Antrags auf Restschuldbefreiung durch Beschluss fest. Hiergegen steht dem Schuldner die sofortige Beschwerde zu (§ 287a Abs. 1 S. 3 InsO). 559

IV. Zeitraum des Insolvenzverfahrens

1. Erwerbsobliegenheit während des Insolvenzverfahrens

Mit der Eröffnung des Insolvenzverfahrens beginnt die dreijährige Abtretungsfrist (§ 287 Abs. 2 InsO). Bereits in diesem Zeitraum trifft den Schuldner eine Erwerbsobliegenheit (§ 287b InsO). Zwar gibt es keine Pflicht, zu arbeiten (Art. 12 GG). Kommt der Schuldner der Erwerbsobliegenheit schuldhaft nicht nach, führt dies zur Versagung der Restschuldbefreiung (§ 290 Abs. 1 Nr. 7 InsO). 560

» Die Erwerbsobliegenheit während des Insolvenzverfahrens ist in § 287b InsO geregelt. «

a) Abhängig beschäftigter Schuldner

Nach § 287b InsO obliegt es dem Schuldner, während des Insolvenzverfahrens (zweite Phase) eine **angemessene** Erwerbstätigkeit auszuüben (für die dritte Phase trifft § 295 S. 1 Nr. 1 InsO eine gleichlautende Regelung). Die Rechtsprechung setzt strenge Maßstäbe. Der Schuldner erfüllt die Erwerbsobliegenheit nur, wenn er einer Erwerbstätigkeit nachgeht, die seiner Ausbildung und seinen Fähigkeiten entspricht und angemessen vergütet wird.[27] Ist der Schuldner arbeitslos, muss er sich um eine angemessene Beschäftigung bemühen. Gelingt ihm das nicht, muss er eine berufsfremde, eine auswärtige und notfalls eine Aushilfstätigkeit annehmen. Parallel muss er sich bei der Bundesagentur für Arbeit arbeitssuchend melden und eigeninitiativ in der Regel zwei- bis dreimal pro Woche auf eine Stelle bewerben. Ein in Teilzeit arbeitender Schuldner muss grundsätzlich auf eine Vollzeittätigkeit wechseln bzw. sich intensiv um eine solche Stelle bemühen.[28] 561

b) Selbstständiger Schuldner

Der selbstständige Schuldner erfüllt seine Erwerbsobliegenheit, indem er seine selbstständige Tätigkeit ausübt.[29] Zieht der Insolvenzverwalter die Tätigkeit zur Masse (Positiverklärung), fließen die Einkünfte in vollem Umfang als Neuerwerb in die Masse (§ 35 Abs. 1 InsO). Hat der Verwalter den Neuerwerb freigegeben (§ 35 Abs. 2 S. 1 InsO), muss der Schuldner Ausgleichszahlungen an den Verwalter leisten (§ 295a i.V.m. § 35 Abs. 2 S. 2 InsO). Er muss so viel Geld an die Masse zahlen, als ob er einer angemessenen abhängigen Beschäftigung nachginge (sog. fiktives pfändbares Nettoeinkommen).[30] 562

---

26 Braun/*Pehl* InsO § 287a Rn. 12.
27 Vgl. *BGH* NZI 2018, 359 Rn. 9.
28 *BGH* NZI 2018, 359 Rn. 12; *AG Hamburg* NZI 2020, 846 Rn. 9; Uhlenbruck/*Sternal* InsO § 287b Rn. 10.
29 HambKomm-InsR/*Streck* § 287b Rn. 6.
30 *Foerste* Insolvenzrecht Rn. 593.

2. Erstmögliche Versagung der Restschuldbefreiung

a) Versagungsantrag

563 Da nur der redliche Schuldner Restschuldbefreiung erhalten soll (§ 1 S. 2 InsO), sind in § 290 Abs. 1 InsO Versagungsgründe aufgeführt, die an die Unredlichkeit des Schuldners anknüpfen. Sie werden nur auf Antrag berücksichtigt. Antragsberechtigt ist nach § 290 Abs. 1 S. 1 InsO jeder Insolvenzgläubiger, der seine Forderung angemeldet hat.[31] Der Versagungsantrag kann jederzeit bis zum Schlusstermin oder bis zur Entscheidung nach § 211 InsO[32] schriftlich gestellt werden (§ 290 Abs. 2 S. 1 Hs. 1 InsO). Der Gläubiger muss einen der in § 290 Abs. 1 Nr. 1 bis 7 InsO genannten Versagungsgründe glaubhaft machen (§ 290 Abs. 2 S. 1 Hs. 2 InsO i.V.m. § 294 ZPO). Hierzu genügt es, wenn der Gläubiger auf die Feststellungen des Insolvenzverwalters Bezug nimmt oder die Tatsachen unstreitig sind.[33] Das *Insolvenzgericht* sammelt alle Versagungsanträge und entscheidet nach dem **Schlusstermin** gebündelt darüber (§ 290 Abs. 2 S. 2 InsO).

b) Versagungsgründe

564 Der Katalog der Versagungsgründe in § 290 Abs. 1 Nr. 1 bis 7 InsO ist abschließend. Schuldner und Gläubiger sollen aus Gründen der Rechtssicherheit von vornherein wissen, unter welchen Bedingungen Restschuldbefreiung erteilt oder versagt wird.[34]

aa) Insolvenzstraftaten

565 Nach § 290 Abs. 1 Nr. 1 InsO liegt ein Versagungsgrund vor, wenn der Schuldner in den letzten fünf Jahren vor dem Eröffnungsantrag oder danach wegen einer Insolvenzstraftat nach §§ 283, 283a, 283b, 283c StGB spätestens bis zum **Schlusstermin** rechtskräftig zu einer Geldstrafe von mehr als 90 Tagessätzen oder einer Freiheitsstrafe von mehr als drei Monaten verurteilt worden ist.[35]

bb) Falsche Angaben über wirtschaftliche Verhältnisse

566 Nach § 290 Abs. 1 Nr. 2 InsO liegt ein Versagungsgrund vor, wenn der Schuldner in den letzten drei Jahren vor dem Eröffnungsantrag oder danach (bis zum Schlusstermin) vorsätzlich oder grob fahrlässig schriftlich falsche oder unvollständige Angaben über seine wirtschaftlichen Verhältnisse getätigt hat, um Kredite oder öffentliche Leistungen zu erhalten oder Leistungen an öffentliche Kassen zu vermeiden. Eine schriftliche Erklärung liegt auch dann vor, wenn der Schuldner die Erklärung nicht eigenhändig verfasst, sondern die Hilfe eines Dritten (Anwalt, Steuerberater) in Anspruch genommen hat.[36] Unerheblich ist, ob der Schuldner durch die Falschangabe sein Ziel erreicht. Unrichtige Angaben zur Vermeidung von Steuerzahlungen sind in der Praxis häufig und ein typisches Beispiel für § 290 Abs. 1 Nr. 2 InsO.[37]

---

31 *BGH* NZI 2015, 516 Rn. 9 ff. (unabhängig, ob sie bestritten oder geprüft ist).
32 Hierzu *BGH* NZI 2022, 625 Rn. 13 ff.
33 *BGH* NZI 2022, 625 Rn. 21 f.
34 *BGH* NZI 2018, 702 Rn. 13.
35 *BGH* NJW 2003, 974; *Wenzel* in: Kübler/Prütting/Bork InsO § 290 Rn. 29.
36 *BGH* NZI 2022, 125 Rn. 9.
37 *BGH* NZI 2022, 125 Rn. 14, 16.

cc) Unangemessene Lebensführung

567 Nach § 290 Abs. 1 Nr. 4 InsO liegt ein Versagungsgrund vor, wenn der Schuldner in den letzten drei Jahren vor dem Eröffnungsantrag oder danach vorsätzlich oder grob fahrlässig die Befriedigung der Insolvenzgläubiger beeinträchtigt hat, weil er unangemessene Verbindlichkeiten begründet oder sein Vermögen verschwendet. Das zeigt uneinsichtiges Verhalten. Der Versagungsgrund „Vermögensverschwendung" zielt vor allem auf das Verhalten **vor** Verfahrenseröffnung ab.[38] Er liegt vor, wenn der Schuldner wertvolle Massegegenstände auf dem Sperrmüll entsorgt oder seinen Betrieb veräußert, um davon einen Luxusurlaub zu finanzieren.[39]

dd) Verletzung von Mitwirkungspflichten

568 Nach § 290 Abs. 1 Nr. 5 InsO liegt ein Versagungsgrund vor, wenn der Schuldner seine Auskunfts- oder Mitwirkungspflichten nach der InsO mindestens grob fahrlässig verletzt hat. Derartige Pflichten bestehen im Eröffnungsverfahren (§§ 20 Abs. 1, 22 Abs. 3 S. 3 InsO) und im eröffneten Verfahren (§ 97 InsO). Die Auskunftspflicht erfordert eine umfassende Offenlegung der Vermögensverhältnisse, insbesondere bei gezielter Nachfrage des Insolvenzverwalters,[40] wobei der Schuldner auch ohne Nachfrage wichtige Umstände von sich aus offenbaren muss.[41] Ein Rechtsirrtum schließt Verschulden aus.[42] Ein Verstoß gegen § 290 Abs. 1 Nr. 5 InsO liegt beispielsweise vor, wenn der Schuldner den Anfall einer Erbschaft oder (Neben-)Einnahmen verschweigt oder es unterlässt, das fiktive pfändbare Nettoeinkommen an die Masse zu zahlen (§ 35 Abs. S. S. 2 i.V.m. § 295a InsO).[43]

ee) Unrichtige Erklärungen und Verzeichnisse

569 Nach § 290 Abs. 1 Nr. 6 InsO liegt ein Versagungsgrund vor, wenn der Schuldner in den nach § 287 Abs. 1 S. 3 InsO vorgeschriebenen Erklärungen zu früheren Restschuldbefreiungsverfahren unrichtige oder unvollständige Angaben übermittelt hat. Verbraucher sind zudem verpflichtet, die Verzeichnisse nach § 305 Abs. 1 Nr. 3 InsO richtig und vollständig auszufüllen. Ganz minimale Verstöße hindern die Restschuldbefreiung jedoch nicht.[44]

ff) Verletzung der Erwerbsobliegenheit

570 Nach § 290 Abs. 1 Nr. 7 Hs. 1 InsO liegt ein Versagungsgrund vor, wenn der Schuldner seine Erwerbsobliegenheit nach § 287b InsO verletzt und dadurch die Befriedigung der Insolvenzgläubiger **messbar** beeinträchtigt. Erforderlich ist eine Vergleichsrechnung, in der die Befriedigung der Gläubiger mit und ohne Obliegenheitsverletzung ermittelt wird. Kündigt der Schuldner das Arbeitsverhältnis oder lehnt er eine Beschäftigung ab, liegt keine Verkürzung der Befriedigung vor, wenn der Schuldner sowieso nur unpfändbare Einkünfte erzielt hätte.[45] Die Versagung muss unterbleiben, wenn den Schuldner kein Verschulden trifft

38 *BGH* NZI 2016, 89 Rn. 14.
39 Vgl. *BGH* BeckRS 2009, 21142; *Foerste* Insolvenzrecht Rn. 599.
40 *BGH NZI* 2022, 625 Rn. 24.
41 *BGH* NZI 2010, 264, 265; NZI 2017, 674 Rn. 8; *AG Hamburg* NZI 2020, 846 Rn. 6.
42 *BGH* NZI 2020, 837 Rn. 17.
43 HambKomm-InsR/*Streck* § 290 Rn. 38.
44 *BGH* NZI 2005, 233, 234; *Reischl* Insolvenzrecht Rn. 802.
45 *BGH* NZI 2018, 359 Rn. 13.

(§ 290 Abs. 1 Nr. 7 Hs. 2 InsO). Er handelt aber fahrlässig, wenn er sich nicht eigenständig über den Umfang seiner Pflichten zur Erwerbstätigkeit informiert. Der Schuldner muss zudem Auskunft zu seiner Erwerbstätigkeit geben und auf Antrag eines Gläubigers die Richtigkeit der Auskunft eidesstattlich versichern (§ 290 Abs. 1 Nr. 7 Hs. 3 i.V.m. § 296 Abs. 2 S. 2 InsO). Gibt er die Auskunft oder die eidesstattliche Versicherung nicht innerhalb der gesetzten Frist ab, ist ihm allein deshalb die Restschuldbefreiung zu versagen (§ 297 Abs. 1 Nr. 7 Hs. 3 i.V.m. § 296 Abs. 2 S. 3 InsO).

c) Entscheidung des Gerichts

571 Nach § 290 Abs. 2 S. 2 InsO entscheidet das Gericht nach dem Schlusstermin über alle bis dahin eingegangenen Versagungsanträge. Hat ein Gläubiger einen Versagungsgrund glaubhaft gemacht, setzt die Amtsermittlungspflicht ein und das Gericht muss den vom Gläubiger vorgebrachten Tatsachen von Amts wegen (z.B. über Internetauskünfte) nachgehen (§ 5 Abs. 1 S. 1 InsO). Ist eine Aufklärung nicht zweifelsfrei möglich, weist das Gericht den Versagungsantrag zurück.[46] Hiergegen steht dem Gläubiger die sofortige Beschwerde zu (§ 290 Abs. 3 S. 1 InsO). Steht der Versagungsgrund zur Überzeugung des Gerichts fest, versagt das Gericht die Restschuldbefreiung durch Beschluss. Hiergegen steht dem Schuldner die sofortige Beschwerde zu (§ 290 Abs. 3 S. 1 InsO). Mit der Zurückweisung des Antrags müssen die Vorschriften zur Wohlverhaltensperiode (z.B. Vollstreckungsverbot § 294 InsO, Erwerbsobliegenheiten § 295 Abs. 1 Nr. 1 InsO) nicht mehr beachtet werden.[47] Die Gläubiger können frei von ihrem Nachforderungsrecht Gebrauch machen. Ein neuer Restschuldbefreiungsantrag muss den Sperrfristen des § 287a InsO genügen.

V. Zeitraum bis zum Ende der Abtretungsfrist

572 Nachdem die Schlussverteilung erfolgt ist, wird das Insolvenzverfahren aufgehoben (§ 200 InsO). Ist die dreijährige Abtretungsfrist noch nicht abgelaufen, bleibt das Restschuldbefreiungsverfahren weiter anhängig. Es beginnt die dritte Phase (Treuhandphase = Wohlverhaltensperiode).

1. Treuhänder

a) Bestimmung des Treuhänders

573 Das Gericht muss mit der Entscheidung über die Aufhebung des Insolvenzverfahrens für die Restlaufzeit einen Treuhänder bestimmen, auf den die abgetretenen Lohnforderungen übergehen (§ 288 S. 2 InsO).[48] Häufig wird der Insolvenzverwalter zum Treuhänder bestellt. Schuldner oder Gläubiger können eine andere Person vorschlagen (§ 288 S. 1 InsO). Der Treuhänder hat Anspruch auf Vergütung und Aufwendungsersatz (§ 293 InsO). Sein Amt endet mit Ende der Abtretungsfrist. Nach Abschluss seiner Tätigkeit ist er zur Rechnungslegung verpflichtet (§ 292 Abs. 3 S. 1 InsO).

46 *BGH* NJW 2003, 3558, 3560.

47 BeckOK InsR/*Riedel* InsO § 290 Rn. 79.

48 *Foerste* Insolvenzrecht Rn. 616; *Wenzel* in: Kübler/Prütting/Bork InsO § 288 Rn. 8.

b) Aufgaben

Der Treuhänder muss den Arbeitgeber (Drittschuldner) über die Abtretung des Arbeitseinkommens unterrichten (§ 292 Abs. 1 S. 1 InsO). Die erlangten Beträge und sonstigen Leistungen muss er separat auf einem Treuhandkonto verwahren (§ 292 Abs. 1 S. 2 InsO). Der Treuhänder schuldet keine Beratung des Schuldners.[49] Er ist nicht verpflichtet, einen selbstständigen Schuldner auf seine Obliegenheit zur Abführung des fiktiven Nettoeinkommens (§ 295a InsO) hinzuweisen. Die erlangten Beträge muss der Treuhänder einmal jährlich an die Gläubiger verteilen (§ 292 Abs. 1 S. 2 InsO). Vorab sind die gestundeten Verfahrenskosten (§ 4a InsO) abzuziehen. Die Gläubigerversammlung kann dem Treuhänder die Aufgabe übertragen, die Erfüllung der Obliegenheiten des Schuldners zu überwachen (§ 292 Abs. 2 S. 1 InsO). In diesem Fall muss er die Gläubiger unverzüglich über Verstöße benachrichtigen (§ 292 Abs. 2 S. 2 InsO). 574

2. Vollstreckungsverbot

Während der Wohlverhaltensperiode besteht für die Insolvenzgläubiger ein Vollstreckungsverbot (§ 294 Abs. 1 InsO). Es umfasst das gesamte Vermögen des Schuldners, auch den Neuerwerb. Deliktsgläubiger dürfen nicht in den Vorrechtsbereich des § 850f Abs. 2 ZPO vollstrecken.[50] Das Vollstreckungsorgan muss das Verbot von Amts wegen beachten. Wird gegen § 294 Abs. 1 InsO verstoßen, ist die Verstrickung durch Aussetzung der Vollziehung zu beseitigen;[51] es gelten dieselben Grundsätze wie bei §§ 89, 90 InsO (näher Rn. 243, 246). Zuständig für die Vollstreckungserinnerung (§ 766 ZPO) ist das *Vollstreckungsgericht*, nicht das *Insolvenzgericht*, da eine dem § 89 Abs. 3 InsO vergleichbare Vorschrift fehlt.[52] Das Vollstreckungsverbot gilt nicht für die Neugläubiger. Da die pfändbaren Bezüge für drei Jahre abgetreten sind, wird die Vollstreckung im Regelfall erfolglos sein. 575

3. Obliegenheiten des Schuldners

Während der Wohlverhaltensperiode hat der Schuldner die Obliegenheiten nach §§ 295, 295a InsO zu beachten. Bei einer Verletzung kann ihm die Restschuldbefreiung versagt werden. 576

a) Erwerbsobliegenheit

JURIQ-Klausurtipp 577

Die Erwerbsobliegenheit zwischen Beginn der Abtretungsfrist und dem Ende des Insolvenzverfahrens richtet sich nach § 287b InsO. Zwischen der Beendigung des Insolvenzverfahrens und dem Ende der Abtretungsfrist bestimmt sich die Erwerbsobliegenheit nach §§ 295 S. 1 Nr. 1, 295a InsO.

Die Erwerbsobliegenheit gilt auch während der Wohlverhaltensperiode. Für den angestellten Schuldner ist die Erwerbsobliegenheit in § 295 S. 1 Nr. 1 InsO, der exakt dem § 287b InsO entspricht, geregelt. Es gelten dieselben Grundsätze wie zu § 287b InsO.

49 *Reischl* Insolvenzrecht Rn. 795.
50 *Wenzel* in: Kübler/Prütting/Bork InsO § 294 Rn. 8.
51 *BGH* NZI 2022, 439 Rn. 16 ff.; *AG Zeitz* NZI 2019, 82.
52 *Becker* Insolvenzrecht § 11 Rn. 45; offen gelassen *BGH* NZI 2022, 439 Rn. 12.

578 Für **Selbstständige** ist die Erwerbsobliegenheit in § 295a InsO geregelt. Nach § 295a Abs. 1 S. 1 InsO obliegt es dem Schuldner, die Insolvenzgläubiger durch Zahlungen an den Treuhänder so zu stellen, als wenn er ein angemessenes Dienstverhältnis eingegangen wäre (sog. fiktives Nettoeinkommen). Um den Betrag genauer zu bestimmen, sieht § 295a Abs. 2 S. 1 InsO ein gerichtliches Feststellungsverfahren vor. Auf Antrag des Schuldners setzt das Insolvenzgericht den konkreten Betrag fest. Der Schuldner muss die Höhe der Bezüge, die in einem angemessenen Dienstverhältnis zu erzielen wären, glaubhaft machen (§ 295a Abs. 2 S. 2 InsO). Treuhänder und Insolvenzgläubiger sind vor der Entscheidung zu hören (§ 295a Abs. 2 S. 3 InsO). Das Gericht legt nur den Einkommensbetrag, nicht die Höhe der Zahlung fest. Der Schuldner muss den pfändbaren Anteil seines Einkommens selbst ermitteln und den Zahlungsbetrag selbst errechnen.[53] Gewinne, die über das fiktive Nettoeinkommen hinausgehen, darf er behalten. Neu geregelt wurde auch der Zahlungstermin. Nach § 295a Abs. 1 S. 2 InsO muss die Zahlung kalenderjährlich erfolgen, und zwar spätestens zum 31.1. des Folgejahres.

b) Erbschaft, Schenkung

579 Vermögen, das der Schuldner während der Wohlverhaltensperiode durch Erbschaft oder Schenkung erwirbt, muss er zur Hälfte des Wertes an den Treuhänder herausgeben (§ 295 S. 1 Nr. 2 Hs. 1 Fall 1 bis 3 InsO), bei Lottogewinnen ist es der gesamte Betrag (§ 295 S. 1 Nr. 2 Hs. 1 Fall 4 InsO). Ausgenommen sind Gelegenheitsgeschenke von geringem Wert (§ 295 S. 1 Nr. 2 Hs. 2 InsO). Ob ein Fall der Geringwertigkeit vorliegt, stellt das Gericht auf Antrag des Schuldners fest (§ 295 S. 2 InsO). Herauszugeben ist der Nettowert, nicht der vererbte oder verschenkte Gegenstand selbst. Dies gilt auch im Fall der Erbengemeinschaft; eine Übertragung des Erbanteils an den Treuhänder ist nicht erlaubt.[54] Keine Obliegenheitsverletzung stellt die Ausschlagung der Erbschaft oder der Verzicht auf die Geltendmachung des Pflichtteilsanspruchs dar.

c) Weitere Pflichten

580 Nach § 295 S. 1 Nr. 3 InsO trifft den Schuldner während der Wohlverhaltensperiode die Pflicht, jeden Wohnsitz- oder Arbeitsplatzwechsel anzuzeigen und sämtliche Bezüge, Erbschaften und Schenkungen offenzulegen. Nach § 295 S. 1 Nr. 4 InsO darf der Schuldner Zahlungen zur Befriedigung der Insolvenzgläubiger nur an den Treuhänder leisten und darf keinem Insolvenzgläubiger einen Sondervorteil zukommen lassen. Nach § 295 S. 1 Nr. 5 InsO darf der Schuldner auch in der Wohlverhaltensperiode keine unangemessenen Verbindlichkeiten i.S.d. § 290 Abs. 1 Nr. 4 InsO begründen, wobei einfache Fahrlässigkeit außer Betracht bleibt (§ 296 Abs. 1 S. 1 Hs. 3 InsO). Da der Schuldner in dieser Phase nur über den unpfändbaren Teil seines Einkommens verfügt, sind Verbindlichkeiten, die seine Ressourcen übersteigen, regelmäßig „unangemessen".[55] Die Restschuldbefreiung soll einem Schuldner, der „weder Maß noch Ziel kennt", nicht zugutekommen.

53 *Ahrens* NZI 2021, 57, 65.

54 *BGH* NZI 2013, 191, 192 f.

55 *Wenzel* in: Kübler/Prütting/Bork Insolvenzrecht § 290 Rn. 54c f., § 295 Rn. 100 ff.

4. Vorzeitige Versagung der Restschuldbefreiung

Auch während der Wohlverhaltensperiode kann das *Insolvenzgericht* die Restschuldbefreiung durch Beschluss vorzeitig versagen (§ 299 InsO). Die Versagungsgründe sind in §§ 296, 297, 298 InsO abschließend aufgeführt. Sie nehmen auf die Obliegenheiten in der Wohlverhaltensperiode Bezug. Die Entscheidung des Gerichts ergeht durch Beschluss. Funktionell zuständig ist der Richter (§ 18 Abs. 1 Nr. 3 RPflG), im Fall des § 298 InsO der Rechtspfleger. Gibt das Gericht einem Versagungsantrag statt, endet die Laufzeit der Abtretung. Das Amt des Treuhänders endet (§ 299 InsO). Die an den Treuhänder abgetretenen Ansprüche fallen an den Schuldner zurück. Die Gläubiger unterliegen nicht mehr den Beschränkungen des § 294 InsO. Sie können ihr Nachforderungsrecht (§ 201 Abs. 1 InsO) frei ausüben und die Zwangsvollstreckung in das Arbeitseinkommen des Schuldners betreiben.[56] Gegen die Entscheidung stehen dem Schuldner und dem Antragsteller die sofortige Beschwerde zu (§§ 296 Abs. 3 S. 1, 297 Abs. 2, 297a Abs. 2, 298 Abs. 3 InsO). 581

a) Verstoß gegen Obliegenheiten

Nach § 296 Abs. 1 S. 1 InsO ist dem Schuldner auf Antrag eines Gläubigers die Restschuldbefreiung zu versagen, wenn der Schuldner in der Wohlverhaltensperiode schuldhaft seine Obliegenheiten verletzt und dadurch die Befriedigung der Insolvenzgläubiger beeinträchtigt. Der Antrag muss innerhalb eines Jahres, nachdem der Gläubiger davon Kenntnis erlangt hat, gestellt werden (§ 296 Abs. 1 S. 2 InsO). Die Jahresfrist läuft für jeden Gläubiger und jeden Versagungsgrund gesondert.[57] Weitere Voraussetzung ist, dass der Gläubiger eine Verletzung der in § 295 S. 1 Nr. 1–5, 295a InsO aufgeführten Obliegenheiten glaubhaft macht (§ 296 Abs. 1 S. 3 InsO). Zudem muss er glaubhaft machen, dass durch die Obliegenheitsverletzung die Befriedigung der Gläubiger beeinträchtigt wird (§ 296 Abs. 1 S. 3 InsO). Das ist der Fall, wenn ohne die Obliegenheitsverletzung dem Treuhänder mehr Mittel zur Verfügung gestanden hätten als dies tatsächlich der Fall war.[58] 582

Im Übrigen kann das Gericht den Schuldner auffordern, Auskunft über die Erfüllung seiner Obliegenheiten zu geben. Der Schuldner muss dann auf Antrag des Gläubigers die Richtigkeit seiner erteilten Auskünfte eidesstattlich versichern (§ 296 Abs. 2 S. 2 InsO). Erteilt der Schuldner die verlangte Auskunft/eidesstattliche Versicherung nicht fristgerecht, ist die Restschuldbefreiung schon allein aus diesem Grund von Amts wegen zu versagen (§ 296 Abs. 2 S. 3 InsO).[59] 583

b) Insolvenzstraftat

Wurde der Schuldner **in der Wohlverhaltensperiode** wegen einer Insolvenzstraftat nach §§ 283, 283a, 283b, 283c StGB rechtskräftig zu einer Geldstrafe (über 90 Tagessätze) oder Freiheitsstrafe (über drei Monate) verurteilt, ist ihm nach § 297 InsO die Restschuldbefreiung zu versagen. 584

56 BeckOK InsR/*Riedel* InsO § 299 Rn. 2.

57 *Wenzel* in: Kübler/Prütting/Bork InsO § 296 Rn. 4; ferner *BGH* NZI 2016, 269 Rn. 25.

58 *BGH* NZI 2016, 269 Rn. 9.

59 *BGH* NZI 2016, 269 Rn. 20.

c) Nachträgliche Kenntnis von Versagungsgründen

585 § 297a Abs. 1 S. 1 InsO ermöglicht es, die Restschuldbefreiung auf Antrag eines Gläubigers zu versagen, wenn dem Gläubiger Versagungsgründe des § 290 Abs. 1 Nr. 1–7 InsO erst nach dem Schlusstermin bekannt geworden sind. Der Antrag kann nur innerhalb von sechs Monaten ab Kenntniserlangung gestellt werden (§ 297a Abs. 1 S. 2 InsO). Zudem ist der Gläubiger nur antragsbefugt, wenn er seine Forderung zur Insolvenztabelle angemeldet hat.[60]

» Bitte notieren Sie neben § 297a InsO die Norm des § 174 InsO, sofern dies Ihre Prüfungsordnung erlaubt. «

d) Mindestvergütung Treuhänder

586 Hat der Treuhänder seine Mindestvergütung für das Vorjahr nicht erhalten, kann er einen Versagungsantrag stellen, wenn er den Schuldner zuvor schriftlich zur Zahlung unter Einhaltung einer Mindestfrist von zwei Wochen aufgefordert hat (§ 298 Abs. 1 InsO).[61] Das Gericht muss den Schuldner anhören und ihn zur Zahlung auffordern (§ 298 Abs. 2 S. 1 InsO). Zahlt der Schuldner binnen zwei Wochen, muss die Versagung unterbleiben (§ 298 Abs. 2 S. 2 InsO). Im Fall der Verfahrenskostenstundung ist der Treuhänderantrag unzulässig (§ 298 Abs. 1 S. 2, Abs. 2 S. 2 InsO).

VI. Entscheidung über die Restschuldbefreiung

1. Zeitpunkt

587 Geht die Wohlverhaltensperiode ohne vorzeitige Versagung vorüber, entscheidet das Gericht gem. § 300 Abs. 1 S. 1 InsO nach Ablauf der dreijährigen Abtretungsfrist endgültig über die Erteilung der Restschuldbefreiung. Dies gilt auch bei einem asymmetrischen Verfahren, d.h. wenn das Insolvenzverfahren zu diesem Zeitpunkt noch nicht beendet ist.[62] Der Schuldner, die Insolvenzgläubiger und der Treuhänder (oder der Insolvenzverwalter in asymmetrischen Verfahren) sind vor der Entscheidung zu hören (§ 300 Abs. 1 S. 2 InsO). Gibt das Gericht dem Antrag des Schuldners auf Restschuldbefreiung statt, hat dies zur Folge, dass die Restschuldbefreiung mit dem Tag des Ablaufs der Abtretungsfrist als erteilt gilt (§ 300 Abs. 1 S. 3 InsO). Damit ist der Schuldner endgültig entschuldet. Der Beschluss ist öffentlich bekannt zu machen (§ 300 Abs. 4 S. 1 InsO). In seltenen Fällen kann das *Insolvenzgericht* bereits vor Ablauf der Abtretungsfrist die Entscheidung zur Restschuldbefreiung treffen, nämlich dann, wenn die Forderungen vollständig bezahlt wurden und auch die Kosten des Verfahrens berichtigt sind (§ 300 Abs. 2 S. 1 InsO), z.B. wenn ein Verwandter des Schuldners die Beträge übernimmt.[63] Gegen den Beschluss, mit dem die Restschuldbefreiung erteilt wird, steht jedem Insolvenzgläubiger, der bei der Anhörung einen Versagungsantrag gestellt hat, die sofortige Beschwerde zu (§ 300 Abs. 4 S. 2 InsO).

2. Versagungsgründe

588 Nach § 300 Abs. 3 InsO haben die Gläubiger im Rahmen der Anhörung zur Restschuldbefreiung noch einmal Gelegenheit, einen Versagungsantrag zu stellen. Als Versagungsgründe kommen alle in der zweiten und dritten Phase bestehenden Versagungsgründe (§§ 290, 295, 297, 297a,

60 *BGH* NZI 2020, 369 Rn. 5 ff.
61 Graf-Schlicker/*Kexel* InsO § 298 Rn. 3.
62 *Wenzel* in: Kübler/Prütting/Bork InsO § 300 Rn. 12.
63 Vgl. *Foerste* Insolvenzrecht Rn. 627.

297a InsO) in Betracht. Für den Treuhänder gilt § 298 InsO. Liegt ein bislang nicht geltend gemachter Versagungsgrund vor, wird die Restschuldbefreiung endgültig versagt.[64] Die Entscheidung trifft der Richter (§ 18 Abs. 1 Nr. 3 RPflG). Die Entscheidung wird gem. § 303a InsO in das Schuldnerverzeichnis (§ 882b ZPO) eingetragen. Gegen die Versagung der Restschuldbefreiung steht dem Schuldner die sofortige Beschwerde zu (§ 300 Abs. 3 S. 2 InsO).

3. Wirkung der Restschuldbefreiung

a) Insolvenzgläubiger

Nach § 301 Abs. 1 S. 1 InsO wirkt die Restschuldbefreiung gegenüber allen Insolvenzgläubi- **589**
gern (§ 38 InsO), auch gegenüber denen, die ihre Forderungen nicht zur Tabelle angemeldet haben (§ 301 Abs. 1 S. 2 InsO). Die Restschuldbefreiung führt nicht zum Erlöschen der Forderungen (vgl. § 301 Abs. 3 InsO). Vielmehr werden diese zu „unvollkommenen Verbindlichkeiten", die erfüllbar, aber nicht erzwingbar sind.[65] Gegen eine etwaige Vollstreckung kann sich der Schuldner mit der Vollstreckungsgegenklage wehren, da die fehlende Durchsetzbarkeit ein materiell-rechtlicher Einwand i.S.d. § 767 ZPO ist.[66]

b) Absonderungsberechtigte, Massegläubiger, Neugläubiger

Absonderungsrechte werden durch die Restschuldbefreiung nicht berührt (§ 301 Abs. 2 S. 1 **590**
InsO). Der absonderungsberechtigte Gläubiger kann aus einer Hypothek/Grundschuld die Vollstreckung in das unbewegliche Vermögen betreiben.[67] Unberührt bleiben auch die Rechte der Insolvenzgläubiger gegen Bürgen oder Mitschuldner des Schuldners (§ 301 Abs. 2 S. 1 InsO). Diesen wiederum ist ein Rückgriff beim Schuldner verwehrt (§ 301 Abs. 2 S. 2 InsO). Eine Anfechtungsklage nach dem AnfG ist auch nach Erteilung der Restschuldbefreiung möglich.[68] Masseverbindlichkeiten sind nach dem Wortlaut des § 301 Abs. 1 S. 1 InsO nicht von der Restschuldbefreiung erfasst.[69]

c) Ausgenommene Verbindlichkeiten

Nicht von der Restschuldbefreiung erfasst sind Verbindlichkeiten aus vorsätzlich begangener **591**
unerlaubter Handlung (§ 302 Nr. 1 Fall 1 InsO), aus rückständigem gesetzlichen Unterhalt, der vorsätzlich nicht gewährt wurde (§ 302 Nr. 1 Fall 2 InsO) sowie aus einem Steuerschuldverhältnis, wenn der Schuldner deswegen zu einer Steuerstraftat nach §§ 370, 373 oder 374 AO rechtskräftig verurteilt worden ist (§ 302 Nr. 1 Fall 3 InsO). Voraussetzung ist aber, dass die Forderungen mit dem einschlägigen Rechtsgrund fristgerecht zur Insolvenztabelle angemeldet wurden (§§ 302 Nr. 1 Hs. 4, 174 Abs. 2 InsO). Eine „Nachmeldung" nach dem Schlusstermin oder dem Ende der Abtretungsfrist ist nicht möglich.[70] Wurde korrekt mit Rechtsgrund angemeldet, können die Gläubiger eine vollstreckbare Ausfertigung aus der Insolvenztabelle beantragen und die Vollstreckung in das (neue) Vermögen des Schuldners betreiben. Hat der Schuldner seinen Widerspruch auf den angemeldeten Rechtsgrund beschränkt, kann er sich

64 *Bork* Insolvenzrecht Rn. 460.

65 *BGH* NZI 2021, 184 Rn. 9; NZI 2020, 736 Rn. 19; NJW 2018, 2322 Rn. 19; NJW 2013, 3300, 3301.

66 *BGH* NZI 2008, 737, 738.

67 *BGH* NZI 2021, 184 Rn. 10.

68 *BGH* NJW 2018, 2322 Rn. 8 ff.

69 *BFH* NZI 2018, 461 Rn. 14 ff.; *Wenzel* in: Kübler/Prütting/Bork InsO § 301 Rn. 9.

70 Vgl. *BGH* NZI 2020, 229 Rn. 19 ff.; *Foerste* Insolvenzrecht Rn. 632.

gegen eine Vollstreckung mit der Vollstreckungsgegenklage (§ 767 ZPO) wehren und darlegen, dass kein Fall des § 302 Nr. 1 bis 3 InsO vorliegt.[71] Die Vollstreckung ist 30 Jahre lang möglich und unterliegt nicht der zeitlichen Begrenzung des § 51 Abs. 1 BZRG.[72] Im Übrigen sind Geldstrafen (§ 302 Nr. 2 InsO) und Ansprüche auf Rückzahlung zinsloser Darlehen, die dem Schuldner für die Verfahrenskosten gewährt wurden (§ 302 Nr. 3 InsO), von der Restschuldbefreiung ausgenommen.

d) Berufsverbote

592 Nach § 301 Abs. 4 S. 1 InsO treten Berufsausübungsverbote, die „allein aufgrund der Insolvenz des Schuldners" erlassen wurden, mit Rechtskraft der Erteilung der Restschuldbefreiung automatisch außer Kraft. Dazu gehört § 35 Abs. 1 GewO. Erfasst werden aber auch Berufsverbote, die sich mittelbar auf die Insolvenz stützen, wie z.B. §§ 7 Nr. 9, 14 Abs. 2 Nr. 7 BRAO.[73]

4. Insolvenzmasse bei asymmetrischen Verfahren

593 Wird dem Schuldner während des laufenden Insolvenzverfahrens Restschuldbefreiung erteilt, weil das Insolvenzverfahren länger dauert als die Abtretungsfrist läuft, ist die Insolvenzmasse vom insolvenzfreien Neuerwerb abzugrenzen. In § 300a Abs. 1 S. 1 InsO ist geregelt, dass das Vermögen, das der Schuldner nach Ende der dreijährigen Abtretungsfrist oder nach Eintritt der Voraussetzungen des § 300 Abs. 2 S. 1 InsO erwirbt, nicht mehr zur Insolvenzmasse gehört (Neuerwerb). Nach Ansicht des *BGH* ist für die Frage, ob ein Vermögensgegenstand zum Neuerwerb gehört, nicht der Zeitpunkt des konkreten Vermögenszuflusses entscheidend, sondern wann der Rechtsgrund für den Vermögenszufluss gelegt worden ist.[74] Kein Neuerwerb sind kraft Gesetzes (§ 300a Abs. 1 S. 2 InsO) Anfechtungsansprüche, massebezogene Aktivprozesse des Insolvenzverwalters oder massebezogene Verwertungshandlungen.[75] Der noch im Amt tätige Insolvenzverwalter (einen Treuhänder gibt es nach Ende der Abtretungsfrist nicht mehr) muss den Neuerwerb bis zur Rechtskraft des Restschuldbefreiungsbeschlusses treuhänderisch für den Schuldner verwalten (§ 300a Abs. 2 S. 1 InsO). Danach ist der Betrag an den Schuldner herauszugeben (§ 300a Abs. 2 S. 3 InsO). Die Gläubiger, deren Verbindlichkeiten nicht von der Restschuldbefreiung erfasst sind, dürfen nun in den Neuerwerb vollstrecken, da § 89 InsO nicht mehr gilt (§ 300a Abs. 2 S. 2 InsO).

VII. Widerruf der Restschuldbefreiung

1. Widerrufsgründe

594 Ist der Restschuldbefreiungsbeschluss rechtskräftig, muss der Schuldner noch ein Jahr lang mit einem Widerruf rechnen. Nach § 303 Abs. 1 Nr. 1 InsO ist die Restschuldbefreiung zu widerrufen, wenn sich nachträglich herausstellt, dass der Schuldner **vorsätzlich** seine Obliegenheiten (aus §§ 295, 295a InsO)[76] verletzt hat und dadurch die Befriedigung der Gläubiger **erheblich** beeinträchtigt wurde. Für den Schuldner bedeutet die Schwelle einen gewissen

71 *BGH* NZI 2020, 736 Rn. 20.

72 *BGH* NZI 2021, 36 Rn. 12 ff.

73 *Wenzel* in: Kübler/Prütting/Bork InsO § 301 Rn. 22.

74 *BGH* NZI 2022, 226 Rn. 17.

75 Näher *BGH* NZI 2022, 226 Rn. 19 ff.

76 *Wenzel* in: Kübler/Prütting/Bork InsO § 303 Rn. 4.

Schutz. Stellt sich nachträglich heraus, dass der Schuldner innerhalb der dreijährigen Abtretungsfrist oder danach rechtskräftig wegen einer Insolvenzstraftat (zu mehr als 90 Tagessätze) verurteilt wurde, ist die Restschuldbefreiung ebenfalls zu widerrufen (§ 303 Abs. 1 Nr. 2 InsO). Schließlich ist die Restschuldbefreiung zu widerrufen, wenn der Schuldner nach Erteilung der Restschuldbefreiung seine Auskunfts- und Mitwirkungspflichten in dem noch andauernden (überlangen) Insolvenzverfahren vorsätzlich oder grob fahrlässig verletzt (§ 303 Abs. 1 Nr. 3 InsO).

2. Verfahren und Entscheidung

Der Entscheidung, die Restschuldbefreiung zu widerrufen, ergeht nur auf Antrag eines Insolvenzgläubigers (§ 303 Abs. 1 InsO). Der Antrag ist fristgebunden und muss innerhalb eines Jahres nach der Rechtskraft der Entscheidung über die Restschuldbefreiung gestellt werden; im Fall des § 303 Abs. 1 Nr. 3 InsO ist er binnen sechs Monaten zu stellen (§ 303 Abs. 2 S. 1 InsO). Die Entscheidung über den Widerruf trifft der Richter (§ 18 Abs. 1 Nr. 3 RPflG). Er muss den Parteien rechtliches Gehör gewähren (§ 303 Abs. 3 S. 1 InsO). 595

B. Verbraucherinsolvenzverfahren

I. Grundlagen

1. Ziele des Verfahrens

Für die Insolvenz von Verbrauchern steht ein eigenes Verfahren, das Verbraucherinsolvenzverfahren (§§ 304 ff. InsO), bereit. Im allgemeinen Sprachgebrauch wird der Begriff „Privatinsolvenz" verwendet. Steht im Regelverfahren die Verwertung des Schuldnervermögens im Mittelpunkt, wird das Verbraucherinsolvenzverfahren regelmäßig nur als „Sprungbrett" für die Restschuldbefreiung genutzt. Häufig ist bei Verbrauchern kein verwertbares Vermögen, außer der Arbeitskraft, vorhanden. In 99 % der Verfahren wird der Eröffnungsantrag mit dem Antrag auf Restschuldbefreiung verbunden.[77] 596

2. Adressatenkreis

Wer Verbraucher ist, wird in § 304 Abs. 1 S. 1 InsO legal definiert. Die Norm stellt die Weichen, ob das Regelverfahren oder das Verbraucherinsolvenzverfahren die statthafte Verfahrensart ist.[78] Nach § 304 Abs. 1 S. 1 InsO sind Verbraucher natürliche Personen, die **keine selbständige Tätigkeit** ausüben oder ausgeübt haben. Zu den natürlichen Personen, die keine selbstständige Tätigkeit ausüben, gehören beispielsweise Beamte, Arbeitnehmerinnen, Schüler, Studierende, Rentnerinnen oder Arbeitssuchende. Umgekehrt ist § 304 Abs. 1 S. 1 InsO zu entnehmen, dass selbstständige Einzelunternehmer (z.B. Frisör, Gastwirtin, Rechtsanwalt, Zahnärztin) das Regelverfahren durchlaufen. Bei Gesellschaftern ist zu unterscheiden. Persönlich haftende Gesellschafter einer Personengesellschaft (GbR, OHG, KG, PartG, PartmbB) sind keine Verbraucher, schon allein wegen der engen Verbindung zwischen Gesellschafterhaftung und 597

» Den Adressatenkreis haben Sie schon am Anfang des Skripts kennengelernt. Hier können Sie Ihr Wissen vertiefen. «

77 *Frind* NZI 2017, 842, 843.
78 Für eine Abschaffung der Norm *Frind* NZI 2020, 497, 500 m.w.N.

Gesellschaftsinsolvenz.[79] Nach überwiegender Ansicht gehören auch Mehrheitsgesellschafter einer Kapitalgesellschaft (GmbH, UG, AG) oder geschäftsführende Gesellschafter zu den „Selbständigen“.[80]

598 Für natürliche Personen, die **früher** einmal wirtschaftlich **selbstständig** tätig waren, kommt es für ihre Verbrauchereigenschaft nach § 304 Abs. 1 S. 2 InsO auf zwei Merkmale an. Diese Alt-Unternehmer unterliegen dem Verbraucherinsolvenzverfahren, wenn ihre **Vermögensverhältnisse überschaubar** sind und gegen sie keine Forderungen aus Arbeitsverhältnissen bestehen (§ 304 Abs. 1 S. 2 InsO). Zu den Forderungen aus Arbeitsverhältnissen gehören nicht nur Lohnansprüche der ehemals Beschäftigten, sondern auch Ansprüche der Sozialversicherungsträger oder der Finanzämter.[81] Überschaubarkeit der Vermögensverhältnisse liegt vor, wenn der Schuldner **maximal 19 Gläubiger** hat (§ 304 Abs. 2 InsO). Trotz kleiner Gläubigerzahl können jedoch andere Indizien für unüberschaubare Verhältnisse sprechen, wie komplexe Anfechtungssachverhalte, Auslandsbezug oder Absonderungsrechte.[82] Zwischen Regelverfahren und Verbraucherverfahren existieren wenige Unterschiede.[83] Im Verbraucherinsolvenzverfahren herrscht **Vordruckzwang**; zudem muss ein **vorheriger Güteversuch** (außergerichtliches Schuldenbereinigung) mit den Gläubigern durchgeführt worden sein.

3. Übersicht zum Verfahrensablauf

599

Ablauf eines Verbraucherinsolvenzverfahrens mit Restschuldbefreiung

Zahlungsunfähigkeit	Eröffnungsantrag und Restschuldbefreiungsantrag	Eröffnungsbeschluss	Aufhebungsbeschluss
Außergerichtliches Schuldenbereinigungsverfahren	Gerichtliches Schuldenbereinigungsverfahren	Eröffnetes Insolvenzverfahre	Restschuldbefreiungsverfahren
Erste Stufe	Zweite Stufe	Dritte Stufe	Vierte Stufe

Das Verbraucherinsolvenzverfahren selbst besteht aus drei Stufen.[84] Zunächst muss sich der Schuldner außergerichtlich um eine Schuldenbereinigung mit seinen Gläubigern bemühen (§ 305 Abs. 1 Nr. 1 InsO). Hierbei unterstützen häufig Schuldnerberatungsstellen. Erst nach dem Scheitern darf der Verbraucher einen Eröffnungsantrag (§ 13 InsO) stellen, der im Regelfall mit einem Restschuldbefreiungsantrag (§§ 287, 305 Abs. 1 Nr. 2 InsO) verbunden wird. In der zweiten Stufe wirkt das Gericht auf Grundlage des Schuldenbereinigungsplans auf eine Einigung zwischen Gläubigern und Schuldner hin. Scheitert der gerichtliche Versuch, wird das Insolvenzverfahren eröffnet, womit die dritte Stufe startet. Das Restschuldbefreiungsverfahren schließt sich regelmäßig als vierte Stufe an.

79 BeckOK InsR/*Savini* § 304 Rn. 11; HambKomm-InsR/*Ritter* § 304 Rn. 7.
80 Näher Gottwald/*Haas/Ahrens* Insolvenzrechts-Handbuch § 79 Rn. 20.
81 *BGH* NJW 2006, 917, 919.
82 *BGH* NZI 2009, 384, 385.
83 Vgl. *Frind* NZI 2020, 497, 500.
84 Gottwald/*Haas/Ahrens* Insolvenzrechts-Handbuch § 79 Rn. 13 ff.

II. Eröffnungsantrag

Der Ablauf unterscheidet sich danach, ob der Schuldner oder ein Gläubiger den Eröffnungsantrag stellt.[85] Der Eröffnungsantrag des Schuldners (§ 13 InsO) muss den (strengen) Anforderungen des § 305 InsO genügen. 600

1. Eröffnungsantrag des Schuldners

Der Schuldner muss seinen Eröffnungsantrag schriftlich stellen und die in § 305 Abs. 1 Nr. 1 bis 4 InsO vorgesehenen Formulare und Nachweise beifügen. Hierfür existieren amtliche Vordrucke (§ 305 Abs. 5 InsO). Es besteht Verwendungszwang. Hat der Schuldner die amtlichen Formulare nicht vollständig abgegeben, fordert ihn das Gericht auf, das Fehlende unverzüglich zu ergänzen (§ 305 Abs. 3 S. 1 InsO). Kommt der Schuldner dem nicht binnen **eines Monats** nach, gilt sein Eröffnungsantrag als zurückgenommen (§ 305 Abs. 3 S. 2 InsO). Gegen die Rücknahmefiktion gibt es kein Rechtsmittel.[86] Ein neuer Antrag ist aber möglich. 601

» Wenn Sie die (lange) Vorschrift des § 305 InsO lesen, können Sie erahnen, dass es gar nicht so einfach ist, einen Eröffnungsantrag korrekt zu stellen und alles richtig auszufüllen. «

a) Scheitern der außergerichtlichen Einigung

Nach § 305 Abs. 1 Nr. 1 InsO muss der Schuldner eine Bescheinigung vorlegen, die dokumentiert, dass er sich in den letzten sechs Monaten vor dem Eröffnungsantrag erfolglos um eine außergerichtliche Einigung mit seinen Gläubigern auf Basis eines Schuldenbereinigungsplans bemüht hat. Die Bescheinigung muss von einer geeigneten Person oder Stelle auf Grundlage persönlicher Beratung und eingehender Prüfung der Einkommens- und Vermögensverhältnisse des Schuldners ausgestellt worden sein (§ 305 Abs. 1 Nr. 1 Hs. 1 InsO). Für die Bescheinigung ist zwingend das Formular, das Teil des amtlichen Antragsvordrucks für das Insolvenzverfahren ist (§ 305 Abs. 5 S. 2 InsO), zu verwenden.[87] Geeignete Stellen sind in den Ausführungsgesetzen der Bundesländer bestimmt, wozu insbesondere die Verbraucherzentralen, die Schuldnerberatungsstellen, die Gütestellen, die Sozialämter, aber auch Rechtsanwältinnen, Notare, Steuerberaterinnen und Gerichtsvollzieher gehören (vgl. § 305 Abs. 1 Nr. 1 Hs. 3 InsO). Der *BGH* hat klargestellt, dass das *Insolvenzgericht* lediglich prüfen darf, ob der Schuldner die Unterlagen vollständig ausgefüllt abgegeben hat (§ 305 Abs. 5 InsO), nicht aber, ob sie inhaltlich zutreffend sind.[88] Den Gerichten ist es folglich verwehrt, zu prüfen, ob eine geeignete Person i.S.d. § 305 Abs. 1 Nr. 1 InsO beraten hat und ob die Qualitätsanforderungen an eine persönliche Beratung eingehalten wurden.[89] Damit hat der *BGH* den Weg geebnet, die Beratung per Telefon oder Videokonferenz durchzuführen, so dass die digitalen Formate, die auch in der Insolvenzordnung Eingang gefunden haben (z.B. Videokonferenzen § 4 S. 2 i.V.m. § 128a ZPO, E-Akte), zu Recht gestärkt worden sind. 602

Aus der Bescheinigung muss hervorgehen, dass das Scheitern des Plans nicht länger als sechs Monate zurückliegt (§ 305 Abs. 1 Nr. 1 Hs. 1 InsO). Der Plan ist gescheitert, wenn nur ein Gläubiger widerspricht. Nach § 305a InsO wird das Scheitern zudem fingiert, wenn ein Gläubiger nach Beginn der Verhandlungen Zwangsvollstreckungsmaßnahmen gegen den Schuldner einleitet. Die Bescheinigung muss zudem den vorgelegten Plan sowie die wesentlichen Gründe für das Scheitern umfassen (§ 305 Abs. 1 Nr. 1 Hs. 2 InsO). 603

85 *Becker* Insolvenzrecht Rn. 12.
86 *BGH* NJW 2004, 67, 68 f.
87 Vgl. *BGH* NZI 2022, 441 Rn. 14.
88 *BGH* NZI 2022, 441 Rn. 12 ff.
89 *BGH* NZI 2022, 441 Rn. 12; zum bisherigen Streitstand *BVerfG* NZI 2020, 1060 Rn. 19.

b) Weitere Unterlagen

604 Neben dem Eröffnungsantrag hat der Schuldner den Antrag auf Restschuldbefreiung (§ 305 Abs. 1 Nr. 2 InsO), ein Vermögensverzeichnis und ein Gläubigerverzeichnis (§ 305 Abs. 1 Nr. 3 InsO) sowie einen Schuldenbereinigungsplan (§ 305 Abs. 1 Nr. 4 InsO) beizufügen. Der Schuldenbereinigungsplan muss die Schulden, die Gläubiger und die Vorschläge zur Schuldenbereinigung (Quote, Zahlungszeitpunkt) enthalten.[90] Der Plan kann alle Regelungen aufnehmen, die unter Berücksichtigung der Gläubigerinteressen und der persönlichen Verhältnisse des Schuldners zu einer **angemessenen** Schuldenbereinigung führen (§ 305 Abs. 1 Nr. 4 Hs. 1 InsO). Typische Regelungen, die in einem Schuldenbereinigungsplan aufgenommen werden, sind Forderungsverzichte, Ratenzahlungen, Einmalzahlungen, Stundungen oder Besserungsklauseln.[91] Die Gerichte akzeptieren auch sog. **Null-Pläne**.[92] Hier bietet der Schuldner keine Mindestquote an, so dass die Gläubiger keinerlei Zahlungen erhalten. Dies ist aus verfassungsrechtlichen Gründen gerechtfertigt. Der Schuldner muss auch dann die Restschuldbefreiung erlangen, wenn er keine pfändbaren Einkünfte erzielt oder auf Sozialhilfe angewiesen ist.

605 Für alle Unterlagen existieren Formulare, die im amtlichen Vordruck zum Eröffnungsantrag (Anlagen 2 bis 7 C) enthalten sind (www.justiz.de). Hier sollte der Schuldner Sorgfalt walten lassen. Denn das fahrlässige Falschausfüllen (z.B. beim Gläubigerverzeichnis werden Gläubiger vergessen) kann dazu führen, dass die Restschuldbefreiung später versagt wird (§ 290 Abs. 1 Nr. 6 InsO).

2. Gläubigerantrag

606 Beantragt ein Gläubiger die Eröffnung des Insolvenzverfahrens, hat das Gericht dem Schuldner Gelegenheit zu geben, einen Eigenantrag zu stellen (§ 306 Abs. 3 S. 1 InsO). Da ein Eigenantrag stets das erfolglose Bemühen einer außergerichtlichen Einigung voraussetzt (§ 306 Abs. 3 S. 3 i.V.m. § 305 Abs. 1 Nr. 1 InsO), ruht das Verfahren zunächst (§ 306 Abs. 3 S. 2, Abs. 1 InsO).

III. Verfahren über den Schuldenbereinigungsplan

1. Ruhen des Eröffnungsverfahrens

607 Der (zulässig) Eröffnungsantrag des Schuldners leitet die zweite Stufe ein, in der das Gericht versucht, die Schuldenbereinigung einvernehmlich zu regeln.[93] Währenddessen ruht das Eröffnungsverfahren (§ 306 Abs. 1 S. 1 InsO). Zugunsten des Schuldnervermögens können Sicherungsmaßnahmen (§ 21 InsO) angeordnet werden (§ 306 Abs. 2 InsO). Zuständig ist der Richter (§ 18 Abs. 1 Nr. 1 RPflG). Das Gericht kann ausnahmsweise auf das gerichtliche Schuldenbereinigungsverfahren (zweite Stufe) verzichten, indem es sogleich die Eröffnung des Insolvenzverfahrens (dritte Stufe) anordnet, wenn eine konkrete Wahrscheinlichkeit besteht, dass der Plan voraussichtlich nicht angenommen wird (§ 306 Abs. 1 S. 2 InsO). Das ist in der

---

90 *Becker* Insolvenzrecht § 12 Rn. 15.

91 *Bork* Insolvenzrecht Rn. 485; HambKomm-InsR/*Ritter* § 305 Rn. 3.

92 *BGH* NZI 2014, 34 Rn. 7; HambKomm-InsR/*Ritter* § 305 Rn. 6.

93 Vgl. Uhlenbruck/*Sternal* InsO § 306 Rn. 9 f.

Praxis häufig bei einem Null-Plan der Fall.[94] Gerade bei masselosen Verbraucherinsolvenzen ist das aufwändige Verfahren meistens ohne praktischen Nutzen. Es wird nur in 3 % der Verfahren durchgeführt.[95]

2. Zustellung, Hinweise, Stellungnahmen

Führt das Gericht das gerichtliche Schuldenbereinigungsverfahren durch, stellt es den Schuldenbereinigungsplan den Gläubigern zu und fordert diese zur Stellungnahme binnen einer Notfrist von einem Monat auf (§ 307 Abs. 1 S. 1 Hs. 1 InsO). Das Gericht muss darauf hinweisen, dass die Forderungen nach § 308 Abs. 3 S. 2 InsO erlöschen, sofern sie nicht fristgerecht ergänzt werden (§ 307 Abs. 1 S. 2 InsO). Jeder Gläubiger ist auch darauf hinzuweisen, dass sein Einverständnis zum Plan fingiert wird, wenn er innerhalb der Monatsfrist keine Stellungnahme abgibt (§ 307 Abs. 2 InsO). Nach Ablauf der Monatsfrist ist dem Schuldner Gelegenheit zu geben, seinen Schuldenbereinigungsplan „nachzubessern“, wenn dies aufgrund der Stellungnahmen der Gläubiger sinnvoll erscheint (§ 307 Abs. 3 S. 1 InsO). **608**

3. Abstimmung über den Schuldenbereinigungsplan

Nach Ablauf der Frist werden die positiven und die negativen Stellungnahmen ausgezählt. **609** Für Gläubiger, die keine Stellungnahme abgegeben haben, gilt die Zustimmungsfiktion des § 307 Abs. 2 S. 1 InsO. Außerdem kann die fehlende Zustimmung auf Antrag des Schuldners oder eines Gläubigers durch Entscheidung des Gerichts gem. § 309 Abs. 1 S. 1 InsO ersetzt werden, wenn mehr als die Hälfte der benannten Gläubiger mit „Ja“ gestimmt haben (Kopfmehrheit) und diese mehr als die Hälfte der Forderungen repräsentieren (Summenmehrheit).[96] Die Ersetzung kommt nicht in Betracht, wenn der ablehnende Gläubiger im Verhältnis zu den anderen Gläubigern nicht angemessen beteiligt wird (§ 309 Abs. 1 S. 2 Nr. 1 InsO) oder durch den Schuldenbereinigungsplan voraussichtlich schlechter gestellt ist als bei der Durchführung des Insolvenzverfahrens (§ 309 Abs. 1 S. 2 Nr. 2 InsO). Macht der ablehnende Gläubiger Tatsachen glaubhaft, dass der Schuldner Forderungen im Schuldenbereinigungsplan „erfunden“ hat (z.B. von nahen Angehörigen), darf seine Zustimmung nicht ersetzt werden, weil er ohne die erfundenen Forderungen eine höhere Quote bekommen würde (§ 309 Abs. 3 InsO).[97] Der Plan ist abgelehnt, wenn nur die Zustimmung eines einzigen Gläubigers fehlt und diese nicht fingiert oder ersetzt werden kann.

4. Wirkungen der Annahme

Bei positivem Ausgang stellt das Gericht die Annahme des Plans durch Beschluss fest **610** (§ 308 Abs. 1 S. 1 Hs. 2 InsO). Der Plan hat die Wirkung eines Prozessvergleichs und ist Vollstreckungstitel (§ 308 Abs. 1 S. 2 InsO i.V.m. § 794 Abs. 1 Nr. 1 ZPO). Den Gläubigern ist eine Ausfertigung des Plans sowie des Feststellungsbeschlusses zuzustellen (§ 308 Abs. 1 S. 3 InsO). Die Anträge auf Eröffnung sowie auf Restschuldbefreiung gelten als zurückgenommen (§ 308 Abs. 2 InsO). Gläubiger, deren Forderungen nicht im Schuldenbereinigungsplan berücksichtigt wurden, können vom Schuldner (zu 100 %) Erfüllung

94 *Foerste* Insolvenzrecht Rn. 703.

95 HambKomm-InsR/*Ritter* § 306 Rn. 7.

96 Braun/*Buck* InsO § 309 Rn. 2 ff.; HambKomm-InsR/*Ritter* § 309 Rn. 5 f.

97 *AG Ludwigshafen* NZI 2016, 459, 460.

verlangen, außer sie haben die Möglichkeit verstreichen lassen, den Plan zu ergänzen (§ 308 Abs. 3 S. 2 i.V.m. § 307 Abs. 1 S. 2 InsO).

611 Umstritten sind die Folgen, wenn der Schuldner mit den im Schuldenbereinigungsplan festgesetzten Raten in Zahlungsverzug kommt.[98] Überwiegend wird ein Rücktrittsrecht des Gläubigers (§ 323 BGB) befürwortet, so dass die ursprüngliche Forderung wieder auflebt.[99] Ist ein Kündigungsrecht im Plan vereinbart, ist durch Auslegung zu ermitteln (§§ 133, 157 BGB), ob es von allen Beteiligten einheitlich auszuüben ist.[100]

IV. Insolvenzverfahren

612 Ist der Schuldenbereinigungsplan abgelehnt, muss das Gericht über den Eröffnungsantrag des Schuldners entscheiden (vgl. § 311 InsO). Es gelten dieselben Voraussetzungen wie im Regelverfahren. Ist der Antrag zulässig und liegt Zahlungsunfähigkeit (§ 17 InsO) oder drohende Zahlungsunfähigkeit (§ 18 InsO) vor, gibt es wie im Regelverfahren zwei Entscheidungsoptionen. Das Gericht kann das Insolvenzverfahren eröffnen (§ 27 InsO) oder den Antrag mangels Masse abweisen (§ 26 InsO). Hat der Schuldner keine liquiden Mittel für die Verfahrenskosten, kann er der Abweisung mangels Masse dadurch entgehen, dass er einen Stundungsantrag nach § 4a InsO stellt.

613 Sind die Kosten des Verfahrens gedeckt oder gestundet, wird das Insolvenzverfahren eröffnet. Damit ist die dritte Stufe des Verbraucherinsolvenzverfahrens eingeleitet. Mit der Eröffnung beginnt zugleich die dreijährige Abtretungsfrist (§ 287 Abs. 2 S. 1 InsO).[101] Insolvenzverfahren und Abtretungsfrist laufen nun eine Zeitlang parallel. Für den Ablauf des Insolvenzverfahrens gelten dieselben Grundsätze wie im Regelverfahren. Es wird ein Insolvenzverwalter eingesetzt, der für die Verfahrensabwicklung zuständig ist, d.h. die Masse in Besitz nimmt, die Sicherheiten verwertet, Anfechtungsansprüche prüft, Prozesse führt und über gegenseitige Verträge entscheidet (§§ 103 ff. InsO). Sind die Vermögensverhältnisse des Schuldners überschaubar und die Zahl der Gläubiger oder die Höhe der Verbindlichkeiten gering, ist das Verfahren schriftlich durchzuführen (§ 5 Abs. 2 S. 1 InsO). Auf den Berichtstermin kann in diesem Fall verzichtet werden (§ 29 Abs. 2 S. 2 InsO).

614 Bei einem Verbraucherinsolvenzverfahren gilt die Rückschlagsperre des § 88 Abs. 1 InsO mit der Besonderheit, dass diese **drei Monate** vor dem Eröffnungsantrag beträgt (§ 88 Abs. 2 InsO). Der Schuldner soll bei seinem Versuch der außergerichtlichen Schuldenbereinigung nicht durch Vollstreckungsmaßnahmen gestört werden. Ein Gläubiger, der dennoch vollstreckt, erwirbt kein Pfändungspfandrecht, wenn das Insolvenzverfahren später eröffnet wird. Ähnliches will § 305a InsO erreichen. Vollstreckt ein Gläubiger in der Phase der außergerichtlichen Schuldenbereinigung, gilt der Versuch der außergerichtlichen Einigung als gescheitert. Der Schuldner kann sofort Eröffnungsantrag stellen, so dass der Gläubiger wegen § 88 Abs. 2 InsO leer ausgeht.

---

98 Zum Streitstand *OLG Saarbrücken* NZI 2020, 120 Rn. 17.

99 *LG Hamburg* NZI 2019, 15; *Wenzel* in: Kübler/Prütting/Bork InsO § 308 Rn. 10; a.A. Uhlenbruck/*Sternal* InsO § 308 Rn. 27.

100 *OLG Saarbrücken* NZI 2020, 120 Rn. 24 ff.

101 *BGH* NZI 2015, 328, 329.

V. Insolvenzplanverfahren als Alternative

Seit der Insolvenzrechtsreform 2014 können sich Verbraucher auch im Verbraucherinsolvenzverfahren mittels Insolvenzplans entschulden.[102] Der Insolvenzplan führt automatisch zur Restschuldbefreiung, wenn im Plan nichts anderes bestimmt ist (§ 227 InsO). Vorteilhaft ist, dass es keine dreijährige Wohlverhaltensperiode gibt. Der Insolvenzplan ist auch möglich, wenn Versagungsgründe bestehen. Es besteht keine Erwerbsobliegenheit. Im Insolvenzplan bleiben Drittmittel (Schenkungen von Familienangehörigen) kostenneutral (§ 230 Abs. 3 InsO). Der Insolvenzplan bindet auch die Gläubiger, die ihre Forderungen nicht angemeldet haben (§ 254b InsO). Diese erhalten die im Insolvenzplan für gleiche Rechte vorgesehene Quote. Hat der Schuldner nicht alle Gläubiger in den Plan eingebunden, kann die Zahlungspflicht aus § 254b InsO allerdings seinen gesamten Plan gefährden. Nachteilig ist auch, dass die Erstellung, Annahme und Bestätigung des Insolvenzplans aufwändiger ist. Die Eigenverwaltung ist im Verbraucherinsolvenzplanverfahren stets ausgeschlossen (§ 270 Abs. 1 S. 3 InsO). 615

Online-Wissens-Check

Für wen steht das Verbraucherinsolvenzverfahren offen?

Überprüfen Sie jetzt online Ihr Wissen zu den in diesem Abschnitt erarbeiteten Themen. Unter **www.juracademy.de/skripte/login** steht Ihnen ein Online-Wissens-Check speziell zu diesem Skript zur Verfügung, den Sie kostenlos nutzen können. Den Zugangscode hierzu finden Sie auf der Codeseite.

102 Zu den Vor- und Nachteilen *Foerste* Insolvenzrecht Rn. 717.

7. Teil
Vorinsolvenzliches Sanierungsverfahren (StaRUG)

A. Grundlagen

I. Alternative zum Insolvenzverfahren

616 Das **Unternehmensstabilisierungs- und Restrukturierungsgesetz** (StaRUG) ist am 1.1.2021 als Teil des SanInsFoG in Kraft getreten. Das Gesetz basiert auf der EU-Richtlinie 2019/1023 und wurde wegen der wirtschaftlichen Folgen der COVID-19-Pandemie im Eiltempo verabschiedet. Den Unternehmen in Deutschland wird erstmals die Chance eröffnet, ein (gerichtlich begleitetes) Sanierungsverfahren außerhalb eines Insolvenzverfahrens durchzuführen. Im Mittelpunkt des Verfahrens steht der Restrukturierungsplan, der Ähnlichkeiten mit dem Insolvenzplan hat. Das neue Modell stellt dem Schuldner vier verschiedene Instrumente (Verfahrenshilfen) zur Verfügung (§ 29 Abs. 2, 3 StaRUG). Gegenüber dem Insolvenzplanverfahren bietet es den Vorteil, die Restrukturierung auf einen Teil der Gläubiger (z.B. Finanzgläubiger) zu beschränken. Zudem kann das Verfahren abseits der Medienöffentlichkeit durchgeführt werden, da es nur auf Wunsch des Schuldners zur Veröffentlichung kommt (§ 84 StaRUG). Die Verwaltungs- und Verfügungsbefugnis bleibt während des gesamten Verfahrens beim Schuldner; er muss nicht gesondert „Eigenverwaltung" beantragen. Die neuen Regelungen sind komplex. Aufgrund der hohen Anforderungen ist das Verfahren für Kleinst- oder Kleinunternehmen, die 2019 ca. 89 % der Unternehmensinsolvenzen betrafen,[1] nur bedingt geeignet.[2]

II. Restrukturierungsgericht

617 Für das Restrukturierungsverfahren wurde ein eigenes Gericht etabliert. Sachlich zuständig ist das *Amtsgericht* als *Restrukturierungsgericht*. Ausschließlich zuständig ist das *Amtsgericht*, in dessen Bezirk ein *OLG* seinen Sitz hat (§ 34 Abs. 1 S. 1 StaRUG). Örtlich zuständig ist ausschließlich das Gericht, in dessen Bezirk der COMI des Schuldners liegt (§ 35 S. 2 StaRUG). Sekundärer Anknüpfungspunkt ist der allgemeinen Gerichtsstand des Schuldners (§ 35 S. 1 StaRUG). Insgesamt stehen 24 *Restrukturierungsgerichte* in Deutschland bereit.[3] Es gilt der Amtsermittlungsgrundsatz (§ 39 Abs. 1 StaRUG), ansonsten die ZPO (§ 38 StaRUG).

III. Krisenfrüherkennung

618 Nach § 1 Abs. 1 S. 1 StaRUG sind die Geschäftsleiter von juristischen Personen (GmbH, UG, AG, SE etc.) verpflichtet, ein Krisenfrüherkennungssystem zu installieren, um existenzgefährdende Krisen frühzeitig zu identifizieren. Die Pflicht gilt nach § 1 Abs. 2 StaRUG auch für die GmbH & Co. KG. Speziell für die Rechtsform der Aktiengesellschaft ist bereits seit 1998 ein solches System vorgeschrieben (§ 91 Abs. 2 AktG). Die Diskussion zu den Mindestanforderungen ist

1 *Smid* NZI-Beil. 2021, 64.
2 *Grau/Pohlmann/Radunz* NZI 2021, 522; *Skauradszun* NZI 2021, 568.
3 *Paulus* Insolvenzrecht Rn. 25.

bis heute im Fluss. Betriebswirtschaftliche Vorschläge und Kennzahlensysteme finden sich zuhauf. Parallel zu § 91 Abs. 2 AktG sind auch in § 1 Abs. 1 S. 1 StaRUG keine konkreten Vorgaben zu den Anforderungen an ein Krisenfrühwarnsystem zu finden. Einigkeit besteht, dass es auf die Größe, Branche, Struktur und Rechtsform des Unternehmens ankommt.[4]

Ein Verstoß gegen die Pflichten wird nicht sanktioniert. Es bleibt bei den allgemeinen Haf- **619**
tungsnormen (§ 43 Abs. 1 GmbHG, §§ 93 Abs. 2, 116 AktG), wobei die Business Judgement Rule, die den Geschäftsleitern einen weiten Ermessensspielraum zubilligt, Anwendung findet. Für Berater des Unternehmens, die bei der Erstellung des Jahresabschlusses mitwirken (z.B. Steuerberater, Wirtschaftsprüfer), ist § 102 StaRUG zu beachten, der diese verpflichtet, auf das Vorliegen von Insolvenzgründen hinzuweisen. Damit hat der Gesetzgeber die höchstrichterliche Rechtsprechung zur Beraterhaftung (§ 280 BGB) übernommen.[5] Nach Ansicht des *BGH* haftet der Steuerberater auf Schadensersatz, wenn er in einem Dauermandat Krisenumstände (z.B. eine bilanzielle Überschuldung) feststellt, aber nicht vor einer möglichen Insolvenz warnt.[6]

B. Struktur des Stabilisierungs- und Restrukturierungsrahmens

Der Zweite Teil des StaRUG bildet den Hauptteil des Gesetzes und lautet „Stabilisierungs- und **620**
Restrukturierungsrahmen". Hier sind Restrukturierungsplan und Verfahrenshilfen geregelt.

I. Überblick zum modularen Aufbau

Im Restrukturierungsplan (§§ 2 ff. StaRUG) wird (ähnlich wie in einem Insolvenzplan) festge- **621**
legt, wie die Rechtsstellung der Planbetroffenen geändert werden soll. Während der Insolvenzplan zwingend vom Insolvenzgericht bestätigt werden muss, sieht das StaRUG als „Grundmodell" vor, dass sich Schuldner und Gläubiger aufgrund einer vom Schuldner selbst organisierten Abstimmung (§§ 17 ff. StaRUG) über den Restrukturierungsplan einigen. Stimmen alle Planbetroffenen (100 %) dem Restrukturierungsplan zu, ist ein nach allgemeinem Vertragsrecht bindender Vergleich i.S.d. § 779 BGB geschlossen. Dieses „Grundmodell" scheitert aber, wenn nur ein einziger Planbetroffener gegen den Plan stimmt. Zur Lösung des Problems werden dem Schuldner vier Instrumente aus dem „Werkzeugkasten" des § 29 Abs. 2 StaRUG bereitgestellt. Zum einen kann der Schuldner ein gerichtliches Planabstimmungsverfahren beantragen. Das ist Instrument Nr. 1 (§ 29 Abs. 2 Nr. 1 StaRUG). Allerdings gilt das Erfordernis einer 100 %igen Zustimmung auch für das gerichtliche Abstimmungsverfahren. Lehnen einzelne Gläubiger den Plan ab, kann das Instrument Nr. 4, die gerichtliche Planbestätigung (§ 29 Abs. 2 Nr. 4 StaRUG) Abhilfe schaffen. Bestätigt das Gericht den Plan, ist der Plan angenommen, wenn eine Mehrheit von 75 % in jeder Gruppe dem Plan zugestimmt hat (§ 60 i.V.m § 25 StaRUG), egal ob darüber gerichtlich oder privat abgestimmt wurde. Wird die Mehrheit in einer Gruppe nicht erreicht, kann der Plan sogar gegen den Willen einer ganzen Gruppe bestätigt werden (§ 26 StaRUG). Die **Planbestätigung** ist damit das wichtigste und

4 Näher *DÁvoine/Michels* NZI 2022, 1, 3 ff.; *Bea/Dressler* NZI 2021, 67, 70 f.

5 *Braun* StaRUG/*Weber/Dömmecke* StaRUG § 102 Rn. 1.

6 *BGH* NZI 2017, 312 Rn. 43 ff.; *Pape* NZI 2019, 260; krit. BeckOK StaRUG/*Mock* StaRUG § 102 Rn. 4.

schärfste Instrument des StaRUG.[7] Ergänzend bietet das StaRUG als Instrument Nr. 2 die gerichtliche Vorprüfung an (§ 29 Abs. 2 Nr. 2 StaRUG). Mit diesem Instrument können frühzeitig Planhindernisse aus dem Weg geräumt werden. Instrument Nr. 3 ist die „Stabilisierung" des Unternehmens während der Abstimmungsphase (§ 29 Abs. 2 Nr. 3 StaRUG). Darüber hinaus kann das Gericht einen Restrukturierungsbeauftragten bestellen (§§ 73 ff. StaRUG).

II. Zugangsvoraussetzungen

1. Restrukturierungsfähigkeit des Schuldners

622 Die Instrumente des StaRUG stehen allen insolvenzfähigen Schuldnern offen (§ 30 Abs. 1 S. 1 StaRUG i.V.m. § 11 InsO). Eine Einschränkung ergibt sich aus § 30 Abs. 1 S. 2 StaRUG; natürliche Personen dürfen die Instrumente nur nutzen, sofern sie unternehmerisch tätig sind. Verbraucher sind damit ausgeschlossen.

2. Drohende Zahlungsunfähigkeit

623 Nach § 29 Abs. 1 StaRUG stehen die Instrumente nur bei **drohender Zahlungsunfähigkeit** (§ 18 InsO) zur Verfügung (§ 29 Abs. 1 StaRUG). Ist der Schuldner zahlungsunfähig (§ 17 InsO) oder überschuldet (§ 19 InsO), ist das StaRUG-Verfahren ausgeschlossen. Dementsprechend sieht § 33 Abs. 2 S. 1 Nr. 1 StaRUG vor, dass das Restrukturierungsverfahren aufzuheben ist, wenn Zahlungsunfähigkeit oder Überschuldung eintreten. Ist das Verfahren schon weit fortgeschritten, kann das Gericht von der Aufhebung absehen, wenn sie offensichtlich nicht dem Interesse der Gesamtheit der Gläubiger entspricht (§ 33 Abs. 2 S. Nr. 1 Hs. 2 StaRUG) oder die Zahlungsunfähigkeit durch die Kündigung einer im Plan gestalteten Forderung herbeigeführt wurde (§ 33 Abs. 2 S. 1 Nr. 1 Hs. 3 StaRUG). Grund ist, dass ein einzelner Gläubiger durch die Kündigung seiner Forderung nicht die Macht bekommen soll, die Restrukturierung zu verhindern.[8]

3. Restrukturierungsanzeige

624 Voraussetzung für die Inanspruchnahme der Instrumente ist die Restrukturierungsanzeige (§ 31 Abs. 1 StaRUG), die zur Rechtshängigkeit der Restrukturierungssache führt (§ 31 Abs. 3 StaRUG). Bei juristischen Personen ist das Vertretungsorgan anzeigebefugt.[9] Ob im Innenverhältnis die vorherige Zustimmung der Gesellschafter erforderlich ist, wird streitig diskutiert.[10] § 31 Abs. 2 S. 1 Nr. 1–3 StaRUG enthält Vorgaben, welche Unterlagen der Restrukturierungsanzeige beizufügen sind. Vorzulegen sind der Entwurf des Restrukturierungsplans bzw. eines Sanierungsplans (Grobkonzept) (Nr. 1), die Darstellung des Verhandlungsstands mit den Stakeholdern des Unternehmens (Nr. 2) sowie der Nachweis über ausreichende Kenntnisse der StaRUG-Pflichten (Nr. 3). Nach § 31 Abs. 2 S. 2 StaRUG muss der Schuldner zudem angeben, ob Rechte von Verbrauchern oder KKMU (Kleinst-, Klein- und Mittlere Unternehmen) betroffen sind. Zweck ist, dem Gericht die Prüfung zu ermöglichen, ob ein Restrukturierungsbeauftragter bestellt werden muss.[11]

7 Vgl. *Paulus* Insolvenzrecht § 2 Rn. 33.
8 *Pluta* NZI-Beil. 2021, 22, 24.
9 BeckOK StaRUG/*Kramer* StaRUG § 31 Rn. 25 ff.
10 *Balthasar* NZI-Beil. 2021, 18, 20 f.
11 *Balthasar* NZI-Beil. 2021, 18, 19.

Während der Rechtshängigkeit ruht die Insolvenzantragspflicht nach § 15a InsO (§ 42 Abs. 1 S. 1 StaRUG). Für die Vertretungsorgane besteht jedoch die Pflicht, dem *Restrukturierungsgericht* den Eintritt der Zahlungsunfähigkeit oder Überschuldung anzuzeigen (§ 42 Abs. 1 S. 2 StaRUG).[12] Die Verletzung der Anzeigepflicht ist strafbewehrt (§ 42 Abs. 3 StaRUG). **625**

III. Inhalt und Aufbau des Restrukturierungsplans

Vom Aufbau her ähnelt der Restrukturierungsplan dem Insolvenzplan (§ 5 StaRUG). Er besteht aus einem darstellenden (§ 6 StaRUG) und gestaltenden Teil (§ 7 StaRUG) sowie Plananlagen (§§ 14, 15 StaRUG). **626**

1. Gestaltbare Rechtsverhältnisse

In § 2 StaRUG ist abschließend geregelt, welche Rechtsverhältnisse im Plan gestaltet werden können. Die Norm orientiert sich an den Vorschriften des Insolvenzplans, verwendet aber andere Begrifflichkeiten, da es noch kein Insolvenzverfahren gibt. Gestaltbar sind **Restrukturierungsforderungen** (§ 2 Abs. 1 Nr. 1 StaRUG), wozu auch nachrangige oder noch nicht fällige Verbindlichkeiten (§ 3 Abs. 1 StaRUG) oder Vorleistungen bei gegenseitigen Verträgen (§ 3 Abs. 2 StaRUG) gehören, **Absonderungsanwartschaften** (§ 2 Abs. 1 Nr. 2 StaRUG), **Anteils- oder Mitgliedschaftsrechte** (§ 2 Abs. 3 StaRUG) sowie **gruppeninterne Drittsicherheiten** (§ 2 Abs. 4 StaRUG). Zusätzlich ist in § 2 Abs. 2 StaRUG geregelt, dass bei mehrseitigen Rechtsverhältnissen (Konsortialfinanzierungen, Anleihen) auch Einzelbestimmungen gestaltbar sind. Nicht gestaltbar sind Forderungen der Arbeitnehmer (§ 4 S. 1 Nr. 1 StaRUG), Forderungen aus vorsätzlich begangener unerlaubter Handlung (§ 4 S. 1 Nr. 2 StaRUG) sowie Geldbußen (§ 4 S. 1 Nr. 3 StaRUG). Ist der Schuldner ein Einzelunternehmer, sind seine privaten Forderungen nicht gestaltbar (§ 4 S. 2 StaRUG). Ein großer Nachteil ist, dass (lästige) Verträge nicht über den Plan beendet werden können. Das liegt daran, dass gegenseitige Verträge nicht gestaltbar sind (außer Vorleistungen nach § 3 Abs. 2 StaRUG); es finden sich im StaRUG keine den §§ 103, 109 InsO vergleichbaren Normen. **627**

Ein weiterer, zentraler Unterschied zum Insolvenzplan ist, dass der Schuldner nach § 8 S. 1 StaRUG nicht die Rechte aller „Insolvenzgläubiger“ gestalten muss, sondern frei entscheiden kann, welche Rechtsverhältnisse er gestalten will (sog. teilkollektives Verfahren).[13] Die Auswahl muss nach sachgerechten Kriterien erfolgen (§ 8 S. 1 StaRUG). Sachgerecht ist es zum Beispiel, nur die Finanzverbindlichkeiten zu gestalten oder die Forderungen von Kleingläubigern auszunehmen oder alle Forderungen – außer die in § 4 StaRUG genannten Forderungen – einzubeziehen (§ 8 S. 2 Nr. 1–3 StARUG). Die (noch kurze) Praxis zeigt, dass vor allem die finanzwirtschaftliche Restrukturierung im Mittelpunkt von Restrukturierungsplänen steht. **628**

2. Darstellender Teil

Der darstellende Teil dient der Information der Planbetroffenen und enthält alle Angaben, die für die Planbetroffenen entscheidungserheblich sind (§ 6 StaRUG). **629**

12 Näher *Köllner* NZI-Beil. 2021, 71.
13 *Doebert/Krüger* NZI 2021, 614.

a) Gruppenbildung

630 Im Restrukturierungsplan muss dargestellt werden, in welche Forderungen eingegriffen wird und wie die Gruppenbildung erfolgt (vgl. §§ 9, 17 StaRUG).[14] Die Gruppenbildung ist strategisch wichtig, da es bei einer gerichtliche Bestätigung des Plans genügt, wenn mindestens 75 % in jeder Gruppe dem Plan zustimmen.[15] Nach § 9 Abs. 1 S. 2 Nr. 1 bis 3 StaRUG sind folgende Pflichtgruppen zu bilden: Jeweils eine Gruppe bilden die Inhaber von Absonderungsanwartschaften (Nr. 1), die Inhaber von einfachen Restrukturierungsforderungen (Nr. 2) und von nachrangigen Restrukturierungsforderungen (Nr. 3) sowie die Inhaber von Anteils- und Mitgliedschaftsrechten (Nr. 4). Kleingläubiger sind in einer eigenen Gruppe zusammenzufassen (§ 9 Abs. 2 S. 4 StaRUG). Auch Anleihegläubiger bilden eine eigene Gruppe (§ 19 Abs. 4, 6 SchVG). Dem Schuldner ist es erlaubt, die Gruppen zu unterteilen, sofern er für die jeweilige Untergruppe gemeinsame wirtschaftliche Interessen nachweisen kann (§ 9 Abs. 2 S. 1 StarUG). Ihm steht ein weiter Ermessenspielraum zu, so dass auch taktische Überlegungen möglich sind.[16] Innerhalb jeder Gruppe gilt das Gleichbehandlungsgebot (§ 10 Abs. 1 StaRUG).

b) Vergleichsrechnung

631 Der Plan muss eine Vergleichsrechnung enthalten (§ 6 Abs. 2 StaRUG). Die Planbetroffenen sollen hierdurch Informationen über ihre Befriedigungsaussichten mit und ohne Plan erhalten. Verglichen wird das nächstbeste Alternativszenario.[17] Das ist regelmäßig die Insolvenz des Schuldners.[18] Das bedeutet aber nicht, dass im Alternativszenario automatisch Zerschlagungswerte ausgewiesen werden dürfen. Vielmehr unterstellt der Gesetzgeber, dass das Unternehmen auch im Insolvenzfall fortgeführt wird, so dass grundsätzlich Fortführungswerte anzusetzen sind (§ 6 Abs. 2 S. 2 StaRUG).[19] Eine Liquidation („Zerschlagungsszenario") darf der Planersteller nur dann zum Maßstab seiner Berechnungsgrundlage machen, wenn die Fortführung oder der Verkauf des Unternehmens aussichtslos sind (§ 6 Abs. 2 S. 3 StaRUG).[20] Das muss der Schuldner plausibel darstellen.

3. Gestaltender Teil

632 Der gestaltende Teil ist der Kern des Plans. Das StaRUG zählt beispielhaft einzelne Gestaltungsmöglichkeiten auf. So können Forderungen um einen festen Prozentsatz gekürzt (Forderungsverzicht) oder gestundet oder Sicherungsrechte (gegen angemessene Entschädigung) freigegeben werden (§ 7 Abs. 2 StaRUG). Auch gesellschaftsrechtliche Maßnahmen sind möglich, wie eine Kapitalerhöhung (unter Ausschluss von Bezugsrechten), eine Kapitalherabsetzung oder ein Debt-Equity-Swap (§ 7 Abs. 4 StaRUG). Erforderliche notarielle Beurkundungen werden durch die Planbestätigung (§ 68 Abs. 1 StaRUG) ersetzt. Auch mehrseitige Rechtsverhältnisse (z.B. Anleihebedingungen) können umgestaltet werden (§ 7 Abs. 3 StaRUG). In Konzernen kann sich die Notwendigkeit von Eingriffen in Drittsicherheiten erge-

14 *Braun* StaRUG/*Böhm* StaRUG § 6 Rn. 4.
15 Vgl. *Spahlinger* NZI-Beil. 2021, 32.
16 *AG Hamburg* NZI 2021, 544 Rn. 13; *Spahlinger* NZI-Beil. 2021, 32.
17 Näher BeckOK StaRUG/*Fridgen* StaRUG § 6 Rn. 51 ff.
18 *AG Hamburg* NZI 2021, 544 Rn. 7.
19 Vgl. *Grau/Pohlmann/Radunz* NZI 2021, 522, 525.
20 *AG Dresden* NZI 2021, 893 Rn. 14; *Doebert/Krüger* NZI 2021, 614, 617.

ben, da es häufig Up-, Down- und Cross-Stream-Besicherungen gibt.[21] Die Eingriffe (Erlass, Freigabe, Stundung) sind durch angemessene Entschädigungen zu kompensieren (§ 2 Abs. 4 S. 1 Hs. 2 StaRUG).[22] Anders als im Insolvenzverfahren (§§ 103 ff. InsO) besteht im Restrukturierungsverfahren nicht die Möglichkeit, lästige Vertragsbeziehungen zu beenden.

4. Plananlagen

Dem Restrukturierungsplan ist eine Erklärung, dass die drohende Zahlungsunfähigkeit durch den Plan beseitigt und die Bestandsfähigkeit sichergestellt wird (§ 14 Abs. 1 StaRUG), beizufügen. Zudem muss eine **Vermögensübersicht** (§ 14 Abs. 2 S. 1 StaRUG) sowie ein **Ergebnis- und Finanzplan** beigelegt werden (§ 14 Abs. 2 S. 2, 3 StaRUG). Schließlich muss der Plan die Mindestangaben der Anlage zum StaRUG enthalten (§ 5 S. 2 StaRUG), wie Firma, Registergericht etc. Eine Checkliste für Restrukturierungspläne findet sich unter www.bmjv.bund.de (§ 16 StaRUG). **633**

IV. Abstimmung über den Plan

Wie bereits erläutert, hat der Schuldner die Wahl, die Abstimmung selbst (privatautonom) durchzuführen oder die Hilfe des *Restrukturierungsgerichts* in Anspruch zu nehmen. **634**

1. Privatautonome Durchführung

Der Ablauf liegt im Ermessen des Schuldners; die gesetzlichen Mindestanforderungen sind einzuhalten. Der Schuldner muss den Planbetroffenen ein (schriftliches) Planangebot unterbreiten. Dieses muss einen deutlichen Hinweis enthalten, dass der mehrheitlich angenommene Plan bei gerichtlicher Bestätigung auch gegenüber den Planbetroffenen wirkt, die mit „Nein" stimmen (§ 17 Abs. 1 S. 1 StaRUG). Das Planangebot muss den vollständigen Restrukturierungsplan nebst Anlagen (§ 17 Abs. 1 S. 2 StaRUG) sowie die Gruppenzuordnung und die Stimmrechte (§ 17 Abs. 2 StaRUG) enthalten. Zugleich muss der Schuldner für die Annahmeerklärungen, die schriftlich erfolgen (§ 17 Abs. 4 S. 2 StaRUG), eine mindestens 14-tägige Annahmefrist (§ 19 S. 1, 2 StaRUG) gewähren. Der Fristbeginn ist gesetzlich nicht geregelt, so dass der Schuldner einen genauen Tag (z.B. Postzustellung) vorgeben sollte.[23] Die Gläubiger haben das Recht, einen Erörterungstermin zu beantragen (§ 17 Abs. 3 StaRUG). Statt im schriftlichen Verfahren kann Schuldner den Plan in einer Präsenz-Versammlung zur Abstimmung stellen (§ 20 Abs. 1 S. 1 StaRUG). Er muss das Verfahren dokumentieren (§ 22 StaRUG). Erklären alle Planbetroffenen die Annahme des Planangebots, entfaltet der Restrukturierungsplan auf rein vertraglicher Grundlage (Vergleichsschluss nach § 779 BGB) Wirkung. Findet der Plan keine 100%ige Zustimmung, kann der Schuldner den Weg der gerichtlichen Planbestätigung suchen (§ 29 Abs. 2 Nr. 4 i.V.m. §§ 60 ff. StaRUG). **635**

---

21 *Hoegen/Kranz* NZI 2021, 105, 107.

22 Vgl. *Westpfahl/Dittmar* NZI-Beil. 2021, 46, 47; *Hoegen/Kranz* NZI 2021, 105, 107 f.

23 Vgl. BeckOK StaRUG/*Spahlinger* StaRUG § 19 Rn. 6 ff.

2. Gerichtliche Planabstimmung (Instrument Nr. 1)

636 Alternativ kann der Schuldner die Durchführung eines gerichtliches Abstimmungsverfahrens beantragen (§ 23 StaRUG). Ist ein Restrukturierungsbeauftragter bestellt, ist dieser antragsberechtigt (§ 76 Abs. 2 Nr. 1 StaRUG). Das gerichtliche Planabstimmungsverfahren ist das erste Instrument aus dem Werkzeugkasten des § 29 Abs. 2 Nr. 1 StaRUG und ist in §§ 45, 46 StaRUG geregelt. Das Gericht bestimmt einen Termin (§ 45 Abs. 1 S. 1 StaRUG), in dem das Stimmrecht erörtert und über den Plan abgestimmt wird. Die Ladungsfrist beträgt mindestens 14 Tage (§ 45 Abs. 1 S. 2 StaRUG). Zu dem Termin sind alle Planbetroffenen zu laden (§ 45 Abs. 3 S. 1 StaRUG). Der Plan ist der Ladung beizufügen (§ 45 Abs. 3 S. 2 StaRUG). Die Ladung enthält den Hinweis, dass die Abstimmung auch dann durchgeführt wird, wenn nicht alle Planbetroffenen teilnehmen (§ 45 Abs. 3 S. 3 StaRUG). Für die gerichtliche Planabstimmung gelten gem. § 45 Abs. 4 S. 1 StaRUG die §§ 239–242 InsO sowie die §§ 24–28 StaRUG. Der Plan kann direkt im Erörterungs- und Abstimmungstermin geändert werden, ohne dass ein neuer Termin anberaumt werden muss (§ 240 InsO).[24]

637 Auf Antrag des Schuldners kann ein Termin zur Vorprüfung des Plans vor dem Abstimmungstermin angesetzt werden. Auch von Amts wegen kann Termin bestimmt werden (§ 46 Abs. 3 StaRUG). In § 46 Abs. 1 S. 2 Nr. 1 bis 3 StaRUG sind mögliche Fragen, die im Termin geprüft werden können, aufgelistet. Die Aufzählung ist nicht abschließend, so dass sämtliche strittigen Punkte, die bei einer Bestätigung nach §§ 60 ff. StaRUG zu prüfen wären, vorgeprüft werden können.[25] Das Ergebnis wird vom Gericht in einem (nicht bindenden) Hinweisbeschluss zusammengefasst (§ 46 Abs. 2 StaRUG).

3. Erforderliche Mehrheiten

a) Qualifizierte Mehrheit

638 Genaueres zum Stimmrecht und zu den Mehrheitserfordernissen ist in den §§ 24 bis 28 StaRUG geregelt. Nur die Planbetroffenen haben ein Stimmrecht (§ 24 Abs. 1 StaRUG), wobei das Wertprinzip gilt.[26] Nach § 25 Abs. 1 StaRUG stimmt jede Gruppe über den Plan gesondert ab. Zur Annahme des Restrukturierungsplans ist gem. § 25 Abs. 1 StaRUG erforderlich, dass in jeder Gruppe mindestens **75 %** der (= aller) Stimmrechte dem Plan zugestimmt haben. Es kommt also nicht auf die abstimmenden Mitglieder, sondern auf alle Stimmberechtigten in der Gruppe an.[27] Die qualifizierte Mehrheit von 75 % „Ja-Stimmen" stellt eine Abweichung zum Insolvenzplan dar; dort ist eine Kopf- und Summenmehrheit erforderlich.

Hinweis

Haben nicht 100 % der Planbetroffenen ihre Zustimmung gegeben, ist stets eine Planbestätigung (Instrument Nr. 4) erforderlich. Hier prüft das Gericht, ob die 75 %-Quote erreicht worden ist.

24 *Pannen* in: Pannen/Riedemann/Smid StaRUG § 45 Rn. 27.
25 *Braun* StaRUG/*Hirte* StaRUG § 46 Rn. 3.
26 *Becker* Insolvenzrecht § 18 Rn. 15.
27 *Braun* StaRUG/*Herzig* StaRUG § 25 Rn. 4; *Jauernig/Berger/Thole* Insolvenzrecht § 34 Rn. 1.

b) Cross-Class-Cram-Down

Wird in einer Gruppe die erforderliche Mehrheit nicht erreicht, kann das „Nein" der Gruppe unter den Voraussetzungen des § 26 StaRUG ersetzt werden. Nach § 26 Abs. 1 Nr. 1 bis 3 StaRUG gilt die Zustimmung der Gruppe als erteilt, wenn die Mitglieder dieser Gruppe durch den Plan voraussichtlich nicht schlechter gestellt sind als sie ohne den Plan stünden (Nr. 1), sie angemessen am wirtschaftlichen Wert beteiligt werden (Nr. 2) und die Mehrheit der abstimmenden Gruppen mit den erforderlichen Mehrheiten zugestimmt hat (Nr. 3). Sind lediglich zwei Gruppen gebildet, genügt die Zustimmung einer Gruppe (§ 26 Abs. 1 Nr. 3 StaRUG). Die Zustimmungsfiktion nach § 26 StaRUG, die an § 245 InsO angelehnt ist, wird als **Cross-Class-Cram-Down** bezeichnet.[28] 639

Ob eine angemessene wirtschaftliche Beteiligung vorliegt, richtet sich nach § 27 StaRUG (sog. absolute Priorität).[29] Unterschieden wird zwischen Gläubigern und Anteilseignern. Ein **Gläubiger** ist angemessen beteiligt, wenn kein planbetroffener Gläubiger Werte erhält, die seinen Anspruch übersteigen (§ 27 Abs. 1 Nr. 1 StaRUG). Zudem darf der Schuldner bzw. dessen Anteilseigner keinen wirtschaftlichen Wert erhalten, es sei denn, dieser wird vollumfänglich durch eine Leistung ausgeglichen (§ 27 Abs. 1 Nr. 2 StaRUG). Drittens dürfen andere Gläubiger, die in einem Insolvenzverfahren gleichrangig wären, nicht bessergestellt werden (§ 27 Abs. 1 Nr. 3 StaRUG). Ausnahmen dazu finden sich in § 28 StaRUG. So darf der Schuldner bzw. seine Anteilseigner ausnahmsweise (entgegen § 27 Abs. 1 Nr. 2 StaRUG) am Unternehmensvermögen beteiligt bleiben, sofern seine Mitwirkung an der Fortführung des Unternehmens unerlässlich ist, um den Plan zu verwirklichen (§ 28 Abs. 2 Nr. 1 StaRUG) oder wenn der Eingriff in die Gläubigerrechte geringfügig ist (§ 28 Abs. 2 Nr. 2 StaRUG). Nach § 28 Abs. 1 S. 1 StaRUG dürfen einzelne Gläubiger (entgegen § 27 Abs. 1 Nr. 3 StaRUG) bevorzugt werden, wenn dies wegen der Art der zu bewältigenden wirtschaftlichen Schwierigkeiten sachgerecht ist. Die Bevorzugung ist nie sachgerecht, wenn auf die Gläubiger der überstimmten Gruppe mehr als 50 % der Stimmrechte aller Gläubiger der gleichen Rangklasse fallen (§ 28 Abs. 1 S. 2 StaRUG). Wer die Hauptlast der Sanierung trägt, soll nicht benachteiligt werden.[30] 640

Für eine angemessene Beteiligung der **Anteilseigner** sind in § 27 Abs. 2 StaRUG zwei Voraussetzungen genannt. Kein planbetroffener Gläubiger darf mehr als 100 % seiner Forderung erhalten (Nr. 1) und kein einzelner Anteilseigner darf gegenüber anderen Anteilseignern bevorzugt werden (Nr. 2). Möglich bleibt der Ausnahmetatbestand des § 28 Abs. 2 Nr. 1 StaRUG, d.h. wenn die Mitwirkung unerlässlich ist. 641

---

28 Vgl. *Paulus* Insolvenzrecht § 2 Rn. 15.

29 *Spahlinger* NZI-Beil. 2021, 32, 34.

30 *Braun* StaRUG/*Herzig* StaRUG § 28 Rn. 5.

C. Die einzelnen Instrumente des StaRUG

642

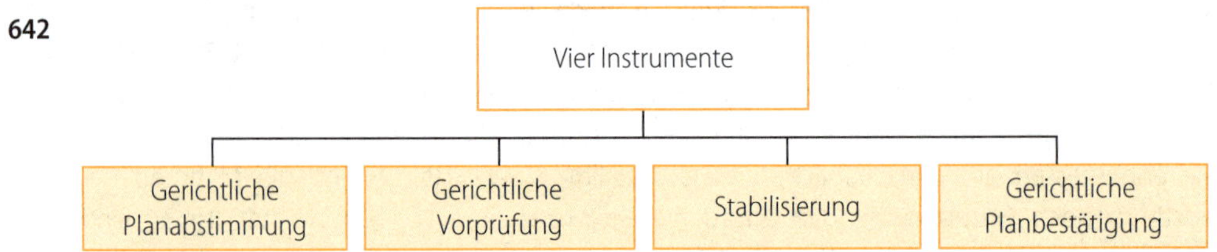

I. Gerichtliche Planabstimmung (Instrument Nr. 1)

643 Das Instrument der gerichtlichen Planabstimmung wurde bereits dargestellt (Rn. 636 f.).

II. Gerichtliche Vorprüfung (Instrument Nr. 2)

644 Das zweite Instrument ist die gerichtliche Vorprüfung (§ 29 Abs. 2 Nr. 2 StaRUG). Sie ist in den §§ 46–48 StaRUG geregelt und hat den Zweck, bereits im Vorfeld alle Hindernisse zu identifizieren, die einer späteren Planbestätigung im Wege stehen können. Wie bereits dargestellt, kann die Vorprüfung **innerhalb** des gerichtlichen Planabstimmungsverfahrens nach § 46 StaRUG erfolgen. Daneben wird ein „**separates** Vorprüfungsverfahren" angeboten, das der Schuldner beantragen kann, wenn er die Planabstimmung selbst durchführen will (§ 47 S. 1 StaRUG).

645 Gegenstand der Vorprüfung kann gem. § 47 S. 2 StaRUG, genau wie in der Vorprüfung nach § 46 Abs. 1 S. 2 StaRUG, jede Frage sein, die für die Planbestätigung erheblich ist. In § 47 S. 3 StaRUG wird explizit auf die Beispielfragen des § 46 Abs. 1 S. 2 Nr. 1–3 StaRUG verwiesen. So können Fragen zur Einteilung der Planbetroffenen (Nr. 1), zu den Stimmrechten (Nr. 2) sowie zum Vorliegen der drohenden Zahlungsunfähigkeit (Nr. 3) gestellt werden. Daneben können auch Fragen eingereicht werden, die für die Planbestätigung im Rahmen des § 63 StaRUG, der Versagungsgründe enthält, eine Rolle spielen.[31] Auch Fragen zur privatautonomen Abstimmung selbst (§§ 17 bis 22 StaRUG) können vorgelegt werden. Die Planbetroffenen sind anzuhören. Die Anhörung kann in einem Anhörungstermin oder schriftlich erfolgen (§ 48 Abs. 2 S. 2 StaRUG). Dass die Gläubiger frühzeitig rechtliches Gehör erhalten, ist ein großes Plus des Vorprüfungsverfahrens, da es Vertrauen schaffen kann. Das Ergebnis der Vorprüfung fasst das Gericht in einem (nicht bindenden) Hinweisbeschluss zusammen (§ 48 Abs. 2 S. 1, 2 StaRUG).[32] Die Frist für den Hinweisbeschluss beträgt zwei Wochen. Die kurze Frist verdeutlicht, dass Sachverständige nur im Ausnahmefall zur Klärung der Fragen eingeschaltet werden sollen (§ 39 Abs. 1 StaRUG).[33] Der Hinweisbeschluss ist den Planbetroffenen bekannt zu geben. Will das Gericht später von seiner im Hinweisbeschluss geäußerten Rechtsauffassung abweichen, muss es den Betroffenen Gelegenheit zur Stellungnahme geben (§ 38 S. 1 StaRUG i.V.m. § 139 ZPO).[34]

31 Beispiel für einen möglichen Fragenkatalog bei *Frind* NZI 2021, 609, 611.
32 *Braun* StaRUG/Hirte StaRUG § 48 Rn. 6.
33 Näher *Frind* NZI 2021, 609, 611 f.
34 BeckOK InsR/*Wilke* StaRUG § 46 Rn. 25.

III. Stabilisierung (Instrument Nr. 3)

Um den Erfolg des Restrukturierungsplans nicht zu gefährden, kann es während der Dauer des Restrukturierungsverfahrens sinnvoll sein, Gläubiger von der Einzelzwangsvollstreckung in das Schuldnervermögen abzuhalten. Das dritte Instrument, das als Stabilisierung bezeichnet wird (§ 29 Abs. 2 Nr. 3 StaRUG), ist an die in § 21 Abs. 2 S. 1 Nr. 3, 5 InsO normierten Sicherungsmaßnahmen angelehnt.[35] Das Gericht kann eine Verwertungs- und/oder eine Vollstreckungssperre anordnen (§ 49 Abs. 1 Nr. 1 und 2 StaRUG). 646

1. Anordnungsvoraussetzungen

Die Stabilisierungsanordnung setzt einen Antrag des Schuldners voraus (§ 49 Abs. 1 StaRUG). 647
Dem Antrag sind ein tagesaktueller Entwurf des Restrukturierungsplans und eine sechsmonatige[36] Finanzplanung (§ 50 Abs. 2 StaRUG) beizufügen. Zudem muss der Schuldner nach § 50 Abs. 3 Nr. 1 bis 3 StaRUG angeben, ob er sich mit Lohn- oder Steuerforderungen in Verzug befindet, ob zu seinen Gunsten innerhalb der letzten drei Jahre Verwertungs- oder Vollstreckungssperren angeordnet wurden und ob er in den letzten drei Geschäftsjahren seine Offenlegungspflichten nach §§ 325 ff. HGB erfüllt hat. Nach § 50 Abs. 1 StaRUG hat der Schuldner außerdem die beantragten Stabilisierungsmaßnahmen nach Inhalt, Adressatenkreis und Dauer konkret zu bezeichnen.

2. Entscheidung des Gerichts

Die Stabilisierungsanordnung darf nur ergehen, wenn die vorgelegte Restrukturierungspla- 648
nung vollständig und schlüssig ist (§ 51 Abs. 1 S. 1, 2 StaRUG). Sind Umstände bekannt, dass die Planung auf unzutreffenden Tatsachen beruht, die Restrukturierung aussichtslos ist, der Schuldner (noch nicht) drohend zahlungsunfähig ist oder die beantragte Anordnung zur Zielerreichung nicht erforderlich ist, muss die Anordnung unterbleiben (§ 51 Abs. 1 S. 1 Nr. 1 bis 4 StaRUG).[37] Möglich ist eine provisorische Anordnung für 20 Tage, wenn behebbare Mängel vorliegen (§ 51 Abs. 1 S. 3 StaRUG).

a) Vollstreckungssperre, Verwertungssperre

Je nach Antrag des Schuldners kann das *Restrukturierungsgericht* eine Vollstreckungs- oder 649
eine Verwertungssperre oder beide zusammen anordnen (vgl. § 49 Abs. 1 StaRUG). Die Anordnung einer **Vollstreckungssperre** bedeutet, dass Maßnahmen der Zwangsvollstreckung gegen den Schuldner untersagt oder einstweilen eingestellt werden (§ 49 Abs. 1 Nr. 1 StaRUG). Die Anordnung kann sich auf das bewegliche und das unbewegliche Vermögen beziehen. Die Vollstreckungsorgane müssen die Anordnung von Amts wegen beachten (vgl. § 775 Nr. 2 ZPO, § 30g Abs. 1 S. 1 ZVG).[38] Die Anordnung einer **Verwertungssperre** ist auf Gegenstände des beweglichen Vermögens beschränkt (§ 49 Abs. 1 Nr. 2 StaRUG). Sie hat zur Folge, dass Gläubiger, die im Fall der Eröffnung des Insolvenzverfahrens zur Aus- oder Absonderung berechtigt wären, ihre Rechte während der Dauer der Anordnung nicht durchsetzen können, sofern die Gegenstände für die Fortführung des Unternehmens von

35 *Becker* Insolvenzrecht § 18 Rn. 24.

36 Vom 9.11.2022 bis 31.12.2023 beträgt der Zeitraum vier Monate (§ 4 Abs. 2 S. 1 Nr. 3 SanInsKG).

37 Näher *Riggert* NZI-Beil. 2021, 40, 41.

38 Näher *Becker* Insolvenzrecht § 18 Rn. 30, 31.

erheblicher Bedeutung sind. Den Schuldner treffen nach § 54 StaRUG Ausgleichspflichten. Der durch die Nutzung eintretende Wertverlust ist durch fortlaufende Zahlungen auszugleichen (§ 54 Abs. 1 S. 1 StaRUG). Zieht der Schuldner weiterhin gemäß den vertraglichen Vereinbarungen die sicherungsabgetretenen Forderungen ein oder macht er von Verarbeitungsklauseln Gebrauch, hat er die Erlöse an die Sicherungseigentümer herauszugeben oder separat zu verwahren (§ 54 Abs. 2 S. 1 StaRUG). Die Erlöse stehen folglich nicht für die Betriebsfortführung zur Verfügung. Da dem Schuldner damit Liquidität fehlt, können abweichende Vereinbarungen (vgl. § 52 Abs. 2 S. 2 StaRUG) mit den Gläubigern getroffen werden.[39] Bei Verstößen haftet die Geschäftsführung nach § 57 S. 3 StaRUG.

b) Dauer

650 Die Anordnung der Stabilisierungsmaßnahmen umfasst maximal einen Zeitraum drei Monaten (§ 53 Abs. 1 StaRUG). Folge- und Neuanordnungen sind möglich (§§ 52, 53 Abs. 2 StaRUG). Wird eine gerichtliche Planbestätigung angestrebt, ist eine Folgeanordnung bis zu acht Monaten zulässig (§ 53 Abs. 3 StaRUG). Nach § 51 Abs. 4 StaRUG kann die Anordnung gegenüber einzelnen oder allen Gläubigern ergehen.

3. Weitere Folgen

651 § 55 Abs. 1 S. 1 StaRUG modifiziert das Leistungsstörungsrecht, indem er das Recht des Gläubigers, im Fall rückständiger Leistungen Vertragsbeendigungs- oder -abänderungsrechte geltend zu machen, einschränkt. Ist der Schuldner zum Zeitpunkt der Stabilisierungsanordnung mit einer Zahlung im Rückstand (z.B. Leasingrate), kann sich der Gläubiger nicht auf die Einrede aus § 273 BGB oder auf ein Kündigungsrecht (Lösungsklausel) berufen, sofern der Schuldner auf die Leistung angewiesen ist (§ 55 Abs. 1, 2 StaRUG).[40] Die Einrede aus § 320 BGB (bei gegenseitigen Verträgen) wird dem Gläubiger aber nicht genommen. Kreditinstitute haben nach § 55 Abs. 3 S. 2 StaRUG weiterhin die Möglichkeit, den Kreditvertrag wegen Verschlechterung der Vermögensverhältnisse (§ 490 Abs. 1 BGB) vor Auszahlung des Darlehensbetrags zu kündigen. Tritt durch die Kündigung Zahlungsunfähigkeit ein, ist das Gericht an sich verpflichtet, das Restrukturierungsverfahren aufzuheben (§ 33 Abs. 2 Nr. 1 Hs. 1 StaRUG). Hier hilft die Norm des § 33 Abs. 2 Nr. 1 Hs. 3 StaRUG. Danach kann das Gericht von der Aufhebung absehen, wenn die Zahlungsunfähigkeit gerade daraus resultiert, dass ein Planbetroffener seine Forderung gekündigt oder fällig gestellt hat. Eine weitere Folge der Stabilisierungsanordnung ist, dass Gläubiger in dieser Phase keinen Insolvenzantrag (§ 14 InsO) stellen können (§ 58 StaRUG).

4. Aufhebung

652 Beendet wird die Stabilisierungsanordnung, wenn einer der in § 59 StaRUG genannten Gründe vorliegt. Dies ist der Fall, wenn der Schuldner die Aufhebung beantragt (Nr. 1). Von Amts wegen ist die Anordnung aufzuheben, wenn die Anzeige nach § 31 Abs. 4 StaRUG ihre Wirkung verloren hat (Nr. 2) oder der Schuldner nach Ablauf einer vom Gericht gesetzten, angemessenen Frist keinen Entwurf des Restrukturierungsplans übermittelt hat (Nr. 3) oder der Schuldner seine Geschäftsführung nicht an den Interessen der Gläubiger ausrichtet

39 *Zuleger* NZI-Beil. 2021, 43, 44; *Knauth* NZI 2021, 158, 161 f.
40 Näher *Kührt/Pette* NZI 2022, 927, 930 f.; *Braun* StaRUG/*Riggert* StaRUG § 55 Rn 3 ff.

(Nr. 4). Letzteres ist der Fall, wenn der Schuldner die Auskehrpflichten des § 54 Abs. 2 StaRUG nicht beachtet oder wenn die in § 59 Abs. 1 Nr. 4 lit. a bis b StaRUG aufgezählten Indizien (z.B. mangelhafte Buchführung) vorliegen. Auch Gläubiger können die Aufhebung beantragen (§ 59 Abs. 2 StaRUG). Die Anordnung endet zudem automatisch, wenn der Plan bestätigt oder versagt wird (§ 59 Abs. 4 StaRUG).[41]

IV. Gerichtliche Planbestätigung (Instrument Nr. 4)

1. Grundlagen

Das vierte in § 29 Abs. 2 Nr. 4 StaRUG genannte Instrument ist die Planbestätigung (§§ 60 ff. 653
StaRUG). Sie ist zwingend erforderlich, wenn der Plan eine Zustimmung von 75 % oder mehr, aber keine 100 %ige Zustimmung erreicht. Auf Antrag des Schuldners bestätigt das Gericht nach § 60 Abs. 1 S. 1 StaRUG den Plan durch Beschluss. Die Planbestätigung ist unabhängig davon möglich, ob der Abstimmungsprozess gerichtlich oder außergerichtlich durchgeführt wurde. Der Antrag kann bereits im Erörterungs- und Abstimmungstermin gestellt werden (§ 60 Abs. 1 S. 2 StaRUG). Ist keine gerichtliche Abstimmung vorausgegangen, muss der Schuldner neben dem Planbestätigungsantrag den zur Abstimmung gestellten Plan und eine Dokumentation des Abstimmungsergebnisses und -verfahrens vorlegen (§ 60 Abs. 1 S. 3 StaRUG). Das *Restrukturierungsgericht* kann die Planbetroffenen vor der Planbestätigung anhören (§ 61 S. 1 StaRUG) Für die Anhörung ist ein mündlicher Termin anzuberaumen, sofern die Abstimmung privatautonom erfolgt ist (§ 61 S. 2 StaRUG).

2. Versagungsgründe

Nach § 62 StaRUG muss das Gericht die Planbestätigung versagen, wenn **vor** der Planbestäti- 654
gung versprochene Maßnahmen nicht umgesetzt wurden (z.B. die Veräußerung bestimmter Vermögenswerte oder die Änderung der Anleihebedingungen).[42]

§ 63 StaRUG nennt weitere Versagungsgründe, die von Amts wegen zu berücksichtigen sind. 655
Die Bestätigung ist zu versagen, wenn der Schuldner nicht drohend zahlungsunfähig ist (§ 63 Abs. 1 Nr. 1 StaRUG). Zudem ist sie zu versagen, wenn der Schuldner die Vorschriften über den Inhalt, das Verfahren und die Annahme des Plans nicht beachtet hat, der Verstoß erheblich ist und der Mangel nicht innerhalb einer angemessenen Frist behoben werden kann (§ 63 Abs. 1 Nr. 2 StaRUG). Hier ist insbesondere zu prüfen, ob die Planbetroffenen sachgerecht ausgewählt wurden (§ 8 StaRUG)[43] und ob der Plan die erforderlichen Mehrheiten (§§ 25 ff. StaRUG) erreicht hat. Liegt der Mangel darin, dass die Voraussetzungen für eine gruppenübergreifende Mehrheitsentscheidung (§§ 26–28 StaRUG) wegen einer unzutreffenden Unternehmensbewertung nicht vorlagen, ist dies aber nicht von Amts wegen, sondern nur auf Antrag zu beachten (§ 63 Abs. 2 StaRUG). Ein weiterer Versagungsgrund ist in § 63 Abs. 1 Nr. 3 StaRUG enthalten. Die Bestätigung ist zu versagen, wenn Tatsachen vorliegen, die eine (finanzielle) Erfüllung der im Plan gestalteten Ansprüche und der übrigen Ansprüche als offensichtlich unwahrscheinlich erscheinen lassen. Wird im Plan die Zuführung neuer Liquidität (von Dritten/von Gesellschaftern) garantiert, muss das Gericht prüfen, ob das Restrukturie-

41 *Riedemann* in: Pannen/Riedemann/Smid StaRUG § 59 Rn. 18.
42 BeckOK StaRUG/*Skauradszun* StaRUG § 62 Rn. 5.
43 *AG Hamburg* NZI 2022, 434 Rn. 16.

rungskonzept schlüssig ist, von zutreffenden Gegebenheiten ausgeht und begründete Aussicht auf Erfolg hat (§ 63 Abs. 3 StaRUG). Zur Klärung der betriebswirtschaftlichen Fragen kann das Gericht von Amts wegen (§ 39 Abs. 1 StaRUG) einen Sachverständigen beauftragen. Schließlich ist die Planbestätigung zu versagen, wenn die Planannahme mit unlauteren Mitteln herbeigeführt wurde (§ 63 Abs. 5 StaRUG).[44]

656 In § 64 StaRUG ist der Minderheitenschutz verankert (angelehnt an § 251 InsO). Das Gericht hat die Planbestätigung auf Antrag eines Planbetroffenen zu versagen, wenn der Betroffene bereits im Abstimmungsverfahren gegen den Plan gestimmt hat und er durch den Plan voraussichtlich schlechter gestellt wird als ohne Plan (§ 64 Abs. 1 S. 1 StaRUG). Die Glaubhaftmachung erfordert einen substantiierten Vortrag des Betroffenen zur Schlechterstellung. Enthält der Plan eine Vorsorgeklausel (= Bereitstellung von Mitteln zum Ausgleich der Schlechterstellung), ist der Antrag abzuweisen. Ob die Ausgleichspflicht tatsächlich besteht, ist in einem separaten Zivilprozess zu klären (§ 64 Abs. 3 S. 1 StaRUG).

3. Wirkung der Planbestätigung

657 Die Wirkungen des bestätigten Restrukturierungsplans finden sich in den §§ 67 ff. StaRUG. Nach § 67 Abs. 1 S. 1 StaRUG treten die gestaltenden Wirkungen des Plans bereits mit dem Bestätigungsbeschluss ein. Der Eintritt der Rechtskraft ist nicht erforderlich. Die Bindungswirkung erstreckt sich auf alle Planbetroffenen, auch diejenigen, die gegen den Plan gestimmt oder nicht an der Abstimmung teilgenommen haben (§ 67 Abs. 1 S. 2 StaRUG). Die Befreiung des Schuldners von Verbindlichkeiten wirkt grundsätzlich auch für die persönlich haftenden Gesellschafter (§ 67 Abs. 2 StaRUG). Die Rechte der Restrukturierungsgläubiger gegen Mitschuldner und Bürgen werden hingegen nicht berührt (§ 67 Abs. 3 StaRUG). Eine weitere Wirkung ist der Ausschluss der Differenzhaftung nach § 67 Abs. 5 StaRUG. Wird bei einem Debt-Equity-Swap eine als Sacheinlage eingebrachte Forderung überbewertet, kann der Schuldner keine Ansprüche gegen den Einbringenden geltend machen. Willensmängel beim Planangebot oder bei der Planannahme gelten mit der rechtskräftigen Bestätigung des Restrukturierungsplans als geheilt (§ 67 Abs. 6 StaRUG).

658 Sind Anteilsrechte in den Plan einbezogen oder werden Rechte an Gegenständen begründet, übertragen oder aufgehoben, bedarf es keiner notariellen Beurkundung, da § 68 Abs. 1 StaRUG vorsieht, dass die Willenserklärungen als in der vorgegebenen Form abgegeben sind. Diese Vorgabe hat auch das *Registergericht* zu beachten. Umstritten ist allerdings, ob dem *Registergericht* darüber hinaus eine eigene materiell-rechtliche Prüfungskompetenz der im Plan getroffenen Maßnahmen zusteht. Die überwiegende Meinung lehnt dies ab.[45]

659 Der rechtskräftig bestätigte Restrukturierungsplan ist Vollstreckungstitel, der den Gläubigern die Zwangsvollstreckung gegen den Schuldner ermöglicht, sofern ihre Forderungen als unbestritten ausgewiesen sind (§ 71 Abs. 1 StaRUG). Eine weitere Besonderheit enthält § 90 Abs. 1 StaRUG. Danach ist die Anfechtung von Planbestimmungen sowie Rechtshandlungen zum Planvollzug ab Rechtskraft des Plans ausgeschlossen.[46] Eine weitere Planwirkung findet sich in § 69 Abs. 1 StaRUG, wonach erlassene oder gestundete Forderungen wieder aufleben, wenn der Schuldner mit der Erfüllung erheblich in Rückstand gerät und diese auch nach

44 *Braun* StaRUG/*Fendel* StaRUG § 63 Rn. 16.
45 Zum Prüfungsumfang des *Registergerichts* näher *Mulert/Steiner* NZG 2021, 673, 681 f.
46 *Foerste* Insolvenzrecht Rn. 801.

Fristsetzung nicht erfüllt. Kommt es zur Insolvenzeröffnung, leben die Forderungen ebenfalls wieder auf (§ 69 Abs. 2 StaRUG).

4. Sofortige Beschwerde

Wird die Bestätigung des Plans durch gerichtlichen Beschluss abgelehnt, steht dem Schuldner die sofortige Beschwerde zu (§ 66 Abs. 1 S. 2 StaRUG), wird der Plan bestätigt, steht sie jedem Planbetroffenen zu (§ 66 Abs. 1 S. 1 StaRUG). Die Anforderungen an die Zulässigkeit sind ähnlich hoch wie im Insolvenzplanverfahren. Die sofortige Beschwerde gegen den Bestätigungsbeschluss ist nur zulässig, wenn der Planbetroffene dem Plan im Abstimmungsverfahren widersprochen und gegen den Plan gestimmt hat; zudem muss er glaubhaft machen, dass er durch den Plan wesentlich schlechter gestellt ist als ohne Plan und dass im Plan keine Rücklagen als Ausgleich für die Schlechterstellung gebildet wurden (§ 66 Abs. 2 Nr. 1 bis 3 StaRUG). Diese strengen Anforderungen gelten allerdings nur, wenn der Planbetroffene auf sein Recht zum Widerspruch hingewiesen wurde (§ 66 Abs. 3 StaRUG). Durch den Hinweis soll eine Überrumpelung der Planbetroffenen vermieden werden. Die sofortige Beschwerde ist im StaRUG-Verfahren eher „harmlos". Da die Wirkungen des Restrukturierungsplans bereits mit Verkündung in Kraft treten (§ 67 Abs. 1 StaRUG), verzögert die sofortige Beschwerde den Planvollzug nicht. Jedoch kann ein Planbetroffener nach § 66 Abs. 4 StaRUG die aufschiebende Wirkung beantragen, wenn der Vollzug mit nicht rückgängig zu machenden Nachteilen für den Planbetroffenen einhergeht, die außer Verhältnis zu den Vorteilen des Plans stehen (§ 66 Abs. 4 StaRUG). Auf Antrag des Schuldners weist das *Landgericht* als *Beschwerdegericht* die Beschwerde des Planbetroffenen unverzüglich zurück, wenn die alsbaldige Rechtskraft der Planbestätigung vorrangig erscheint und kein schwerer Rechtsverstoß vorliegt (§ 66 Abs. 5 S. 1, 2 StaRUG).[47] In diesem Fall steht dem Beschwerdeführer ein Schadensersatzanspruch gegen den Schuldner wegen des Planvollzugs zu. Zuständig für die Schadensersatzklage ist das *Beschwerdegericht* (§ 66 Abs. 5 S. 4 StaRUG). 660

D. Der Restrukturierungsbeauftragte

I. Bestellung von Amts wegen

Ein Restrukturierungsbeauftragterkann entweder auf Antrag oder von Amts wegen bestellt werden. Nach § 73 Abs. 1 S. 1 Nr. 1 StaRUG muss das Gericht ihn von Amts wegen bestellen, wenn Rechte von Verbrauchern oder KKMU (Kleinst-, Klein- und Mittlere Unternehmen) betroffen sind. Gleiches gilt, wenn eine Stabilisierungsordnung beantragt wird, die sich im Wesentlichen gegen alle Gläubiger richtet (§ 73 Abs. 1 S. 1 Nr. 2 StaRUG) oder wenn der Plan nach Verfahrensabschluss eine Planüberwachung vorsieht (§ 73 Abs. 1 S. 1 Nr. 3 StaRUG). In allen drei Fällen darf das Gericht von der Bestellung absehen, wenn sie nicht erforderlich oder offensichtlich unverhältnismäßig ist (§ 73 Abs. 1 S. 2 StaRUG). Das ist bei überschaubaren Verhältnissen der Fall.[48] Falls eine Planbestätigung lediglich über einen Cross-Class-Cram-Down erreichbar und dies absehbar ist, muss ebenfalls ein Restrukturierungsbeauftragter bestellt werden (§ 73 Abs. 2 S. 1 StaRUG). In § 73 Abs. 3 StaRUG ist die fakultative Bestellung 661

47 Zu der teils missglückten Regelung *Jungmann* NZI 2022, 353.
48 *AG Hamburg* NZI 2022, 437 Rn. 25.

von Amts wegen vorgesehen. Hier kann der Restrukturierungsbeauftragte als Sachverständiger zur Unterstützung des Gerichts bestellt werden (§ 73 Abs. 3 StaRUG).

662 § 76 StaRUG ist die zentrale Norm für das Aufgabenspektrum des Restrukturierungsbeauftragten. Werden ihm Gründe für die Aufhebung des Verfahrens bekannt, muss er diese dem Gericht mitteilen (§ 76 Abs. 1 StaRUG). Sind Verbraucher oder KKMU beteiligt, muss der Restrukturierungsbeauftragte nach § 76 Abs. 2 Nr. 1 StaRUG über die Art des Abstimmungsverfahrens (privatautonom oder gerichtlich) entscheiden. Er muss zudem aktiv bei der Planerstellung mitwirken (§ 76 Abs. 2 Nr. 4 StaRUG). Das Gericht kann dem Restrukturierungsbeauftragten zusätzlich die Aufgabe übertragen, die wirtschaftliche Lage des Schuldners zu prüfen oder eingehende Gelder entgegenzunehmen (§ 76 Abs. 2 Nr. 2 lit. a und b StaRUG). Der Schuldner kann des Weiteren verpflichtet werden, Zahlungen anzuzeigen und die Zustimmung des Restrukturierungsbeauftragten bei außergewöhnlichen Zahlungen einzuholen (§ 76 Abs. 2 Nr. 3 StaRUG). Im Fall einer Stabilisierungsanordnung prüft der Restrukturierungsbeauftragte fortlaufend die Anordnungsvoraussetzungen (§ 76 Abs. 3 StaRUG). Bei einer Planbestätigung nimmt er zur Frage Stellung, ob die drohende Zahlungsunfähigkeit durch den Plan beseitigt und die Bestandsfähigkeit sichergestellt wird (§ 76 Abs. 4 i.V.m. § 14 Abs. 1 StaRUG). Er kann verpflichtet werden, die Zustellungen durchzuführen (§ 76 Abs. 6 StaRUG). Der Schuldner muss dem Restrukturierungsbeauftragten Einsicht in die Bücher gewähren und Auskünfte geben (§ 76 Abs. 5 StaRUG). Bei Pflichtverletzungen ist der Restrukturierungsbeauftragte, der sein Amt gewissenhaft und unparteiisch wahrnehmen muss (§ 75 Abs. 4 S. 1, 2 StaRUG), zum Schadensersatz verpflichtet. Dabei haftet er allen Betroffenen, nicht nur den Planbetroffenen, auf Schadensersatz (§ 75 Abs. 4 S. 3 StaRUG).

II. Bestellung auf Antrag

663 Die Bestellung des Restrukturierungsbeauftragten auf Antrag ist in den §§ 77 bis 79 StaRUG geregelt. Nach § 77 Abs. 1 S. 1 StaRUG muss die Bestellung eines Restrukturierungsbeauftragten „zur Förderung der Verhandlungen" erfolgen, wenn ein Antrag des Schuldners vorliegt. Seine Hauptaufgabe ist es, bei der Ausarbeitung und Aushandlung des Plans neutral zu unterstützen (§ 79 StaRUG). Ihm können weitere Aufgaben nach § 76 StaRUG zugewiesen werden (§ 77 Abs. 2 StaRUG). Auch den Gläubigern steht das Recht auf Bestellung eines Restrukturierungsbeauftragten zu, sofern ein Gläubigerquorum von mehr als 25% der Summenmehrheit in einer Gruppe erreicht und die Kostenübernahme garantiert wird (§ 77 Abs. 1 S. 2 StaRUG).

III. Person

664 Die Auswahl des Restrukturierungsbeauftragten obliegt dem Gericht (§ 74 Abs. 2 S. 1 StaRUG). Der Restrukturierungsbeauftragte muss fachlich und persönlich geeignet sowie unabhängig sein (§§ 74 Abs. 1, 78 Abs. 1 StaRUG). Die Anforderungen ähneln denen des § 56 InsO. Nach § 74 Abs. 2 S. 1 StaRUG können der Schuldner oder die Gläubiger oder die Anteilseigner einen Vorschlag zur Person des Restrukturierungsbeauftragten unterbreiten. Das Gericht muss dem Vorschlag des Schuldners folgen, wenn er eine Bescheinigung eines Insolvenzexperten beilegt, dass die Voraussetzungen des § 51 Abs. 1, 2 StaRUG erfüllt sind (§ 74 Abs. 2 S. 2 StaRUG). Dieser sog. **„mitgebrachte" Restrukturierungsbeauftragte** soll die

Planbarkeit sowie die Attraktivität des StaRUG-Verfahrens erhöhen.[49] Allerdings kann das Gericht zusätzlich einen Sonderrestrukturierungsbeauftragten bestellen (als „Überwacher-Überwacher"), was die Kosten erhöht und zu Komplikationen führt. Auffallend ist auch, dass dem Schuldner bei einem eigenen Antrag nach § 77 StaRUG kein Vorschlagsrecht zusteht (nach § 78 Abs. 1 findet lediglich § 74 Abs. 1 StaRUG Anwendung).[50] Der Restrukturierungsbeauftragte erhält eine angemessene Vergütung, im Regelfall maximal 350 Euro pro Stunde (§ 81 Abs. 3 S. 2 StaRUG). Die Stundensätze und die Vergütung werden vom Gericht festgesetzt (§§ 81 Abs. 4, 82, 83 StaRUG).

E. Sanierungsmoderation

Die Sanierungsmoderation ist im dritten Teil des StaRUG (§§ 94 ff. StaRUG) geregelt und ist 665 eine eigenständige Maßnahme. Der Sanierungsmoderator wird nur auf Antrag des Schuldners bestellt (§ 94 Abs. 1 S. 1 StaRUG). Seine Bestellung unterbleibt, wenn der Schuldner offensichtlich zahlungsunfähig oder überschuldet ist (§ 94 Abs. 1 S. 2, 3 StaRUG). Der Schuldner hat kein Vorschlagsrecht zur Person des Moderators, was zu Recht kritisiert wird.[51] Der Sanierungsmoderator ist ein neutraler Mittler (§ 96 Abs. 1 StaRUG). Er soll gemeinsam mit Schuldner und Gläubigern eine Lösung zur Überwindung der Krise entwickeln, die idealerweise zu einem Sanierungsvergleich führt. Auch Dritte können in den Vergleich einbezogen werden (§ 97 Abs. 1 S. 1 StaRUG). Gedacht ist die Sanierungsmoderation vor allem für kleine Unternehmen. Die Bestellung des Sanierungsmoderators ist grundsätzlich auf drei Monate begrenzt (§ 95 Abs. 1 S. 1 StaRUG). Für komplexere Verfahren ist sie daher nicht geeignet. Als Hemmschuh kann sich die Vergütung des Moderators erweisen, da nach § 98 i.V.m. § 81 Abs. 2 StaRUG Stundensätze von 350 Euro anfallen können. Zudem bedarf der Sanierungsvergleich als Vergleich nach § 779 BGB der 100 %igen Zustimmung aller Beteiligten,[52] da eine „Zustimmungsersetzung" in § 97 Abs. 1 StaRUG nicht vorgesehen ist. Die Bestätigung eines Sanierungsvergleichs durch das Gericht hat nach § 97 Abs. 3 StaRUG lediglich den Vorteil, dass der Vergleich bei einer späteren Insolvenz nur unter den Voraussetzungen des § 90 StaRUG anfechtbar ist. Scheitert die Sanierungsmoderation, kann der Schuldner die Instrumente des zweiten Teils des StaRUG in Anspruch nehmen. Der Sanierungsmoderator bleibt in diesem Fall solange im Amt, bis er abberufen oder ein Restrukturierungsbeauftragter bestellt wird (§ 100 Abs. 1 StaRUG).

F. Insolvenzplanverfahren oder StaRUG-Verfahren?

Insolvenzplanverfahren und StaRUG-Verfahren sind auf die Sanierung von Unternehmen 666 gerichtet. Dennoch gibt es beachtliche Unterschiede. Das StaRUG-Verfahren steht nur im Fall drohender Zahlungsunfähigkeit zur Verfügung, das Insolvenzplanverfahren kann auch noch im Fall der Zahlungsunfähigkeit in Anspruch genommen werden. Als Unterfall eines Insolvenzverfahren ist das Insolvenzplanverfahren öffentlich; demgegenüber erlaubt das

49 *Ganter* NZI 2022, 97, 102.

50 *Flöther* NZI-Beil. 2021, 48, 50.

51 *Hoegen* NZI-Beil. 2021, 59, 61.

52 Vgl. *Flöther/Swierczok/Schubert* StaRUG § 97 Rn. 3.

StaRUG-Verfahren eine anonyme Restrukturierung. Bezüglich der Auswahl der Planbetroffenen erweist sich das vorinsolvenzliche Verfahren flexibler, da es ein „Gläubigerpicken" erlaubt.[53] Demgegenüber sind im Insolvenzplan kraft Gesetzes alle Insolvenzgläubiger einzubeziehen. Die Insolvenzgeldvorfinanzierung, die dem Unternehmen drei Monate lang Personalkosten „schenkt", kann im Insolvenzplanverfahren genutzt werden, nicht aber im StaRUG-Verfahren.[54] Die liquiditätsentlastende Möglichkeit, (lästige) Verträge zu beenden, steht Unternehmen nur im Insolvenzplanverfahren (§§ 103 ff. InsO) zur Verfügung, ebenso die verkürzten Kündigungsfristen bei Arbeits- (§ 113 InsO) und Mietverträgen (§ 109 InsO).[55] Die Beschaffung von Liquidität durch sog. unechte Massekredite (Hochstufung als Masseverbindlichkeit) ist nur im Insolvenzverfahren, nicht aber im StaRUG-Verfahren möglich.[56] Hingegen gewährt das StaRUG anfechtungsrechtliche Privilegien, wenn die Sanierung letztlich scheitert. Durch die §§ 89 ff. StaRUG wird das Anfechtungsrecht deutlich abgeschwächt. So privilegiert § 90 Abs. 1 StaRUG ab Rechtskraft der Planbestätigung eine Anfechtung von Planbestimmungen im Fall einer Folgeinsolvenz.[57] Rechtshandlungen, die während der Rechtshängigkeit des Restrukturierungssache vorgenommen wurden, sind nicht nach § 133 InsO anfechtbar (§ 89 StaRUG).

Online-Wissens-Check

Welche Rechtsverhältnisse sind in einem Restrukturierungsplan nicht gestaltbar?

Überprüfen Sie jetzt online Ihr Wissen zu den in diesem Abschnitt erarbeiteten Themen. Unter **www.juracademy.de/skripte/login** steht Ihnen ein Online-Wissens-Check speziell zu diesem Skript zur Verfügung, den Sie kostenlos nutzen können. Den Zugangscode hierzu finden Sie auf der Codeseite.

53 Zu den Vor- und Nachteilen *De Bruyn/Ehmke* NZG 2021, 661, 672.

54 *Grau/Pohlmann/Radunz* NZI 2021, 522, 523; *Seagon* NZI-Beil. 2021, 12, 14.

55 *Bork* NZI-Beil. 2021, 38, 40.

56 *Zuleger* NZI-Beil. 2021, 43, 45.

57 *Foerste* Insolvenzrecht Rn. 801; näher *Madaus* NZI-Beil. 2021, 35.

8. Teil
Internationales Insolvenzrecht

A. Einführung

Sind bei einer (Unternehmens-)Insolvenz aufgrund von internationalen Verflechtungen verschiedene Staaten betroffen (z.B. Fluggesellschaft hat in verschiedenen Staaten Vermögen), muss primär geklärt werden, welches Gericht für das Insolvenzverfahren international zuständig ist. Außerdem stellt sich die Frage, ob sich die Wirkungen eines Insolvenzverfahrens auf den Staat beschränken, in dem das Verfahren eröffnet wird. Zudem ist klärungsbedürftig, welches Recht Anwendung findet.[1] Antworten gibt das internationale Insolvenzrecht. Es ist in den **§§ 335** bis **358 InsO** geregelt. Für die EU-Mitgliedstaaten existiert allerdings eine eigene Rechtsverordnung (EU) 2015/848 (**EuInsVO**), die in den Mitgliedstaaten unmittelbare Geltung hat (Art. 249 Abs. 2 S. 2 EGV) und in ihrem Anwendungsbereich den §§ 335 ff. InsO vorgeht.[2] **667**

B. Die EuInsVO

I. Allgemeines

Die EuInsVO gilt in allen Mitgliedstaaten der EU (Ausnahme Dänemark) und regelt bei einer grenzüberschreitenden Insolvenz die internationale Zuständigkeit, das anwendbare Insolvenzrecht und die Anerkennung der Wirkungen eines Insolvenzverfahrens.[3] Die EuInsVO wurde 2015 reformiert und gilt für Insolvenzverfahren, die nach dem 26.6.2017 eröffnet werden. Nach Art. 1 Abs. 1 UAbs. 1 EuInsVO fallen unter den Anwendungsbereich der EuInsVO das eröffnete Insolvenzverfahren, das Eröffnungsverfahren sowie das StaRUG-Verfahren.[4] Vom Anwendungsbereich ausgenommen sind nach Art. 1 Abs. 2 EuInsVO Versicherungsunternehmen, Kreditinstitute, bestimmte Wertpapierfirmen und Organismen für gemeinsame Anlagen. **668**

II. Internationale Zuständigkeit

1. Hauptinsolvenzverfahren

a) COMI

Art. 3 EuInsVO regelt die **internationale Zuständigkeit** für grenzüberschreitende Insolvenzen innerhalb der EU. Die Norm bestimmt, welcher Mitgliedstaat das (Haupt-)Insolvenzverfahren durchführen muss. Nach Art. 3 Abs. 1 EuInsVO sind die Gerichte des Mitgliedstaates zuständig, in dessen Gebiet der Schuldner den Mittelpunkt seiner hauptsächlichen Interessen **669**

---

1 *Jauernig/Berger/Thole* Insolvenzrecht § 37 Rn. 2.
2 *BGH* NZI 2017, 457 Rn. 6.
3 *Parzinger* NZI 2016, 63 f.
4 *Jauernig/Berger/Thole* Insolvenzrecht § 37 Rn. 7.

(**„COMI"**) hat. Ist der COMI festgestellt, ist an diesem Ort das **Hauptinsolvenzverfahren** zu eröffnen (Art. 3 Abs. 1 UAbs. 1 S. 1 EuInsVO). Hat der Schuldner noch in einem anderen Mitgliedstaat eine Niederlassung i.S.d. Art. 2 Nr. 10 EuInsVO, kann dort lediglich ein sog. **Sekundärinsolvenzverfahren** eröffnet werden (Art. 3 Abs. 2, Abs. 3 EuInsVO). Der COMI ist folglich Dreh- und Angelpunkt für die Frage, welcher Mitgliedstaat die internationale Zuständigkeit für das Insolvenzverfahren hat. Mit dem COMI soll ein klarer Anknüpfungspunkt zur Verfügung gestellt werden, um zu verhindern, dass der Schuldner das günstigste Insolvenzrecht auswählt und Forum Shopping betreibt.[5]

670 In Art. 3 Abs. 1 UAbs. 1 S. 2 EuInsVO ist als **COMI** (= Mittelpunkt der hauptsächlichen Interessen) der Ort definiert, an dem der Schuldner gewöhnlich der Verwaltung seiner Interessen nachgeht, was aus Sicht eines objektiven Dritten anhand einer Gesamtwürdigung zu bestimmen ist.[6] Dies gilt unterschiedslos für alle Schuldner. Bei einer **Gesellschaft** ist der Mittelpunkt des hauptsächlichen Interesses im Regelfall der erkennbare **Ort der Hauptverwaltung**.[7] Das ist der Ort, wo die operativen Entscheidungen des Managements getroffen und umgesetzt werden.[8] Befindet sich die Hauptverwaltung erkennbar an einem anderen Ort als dem Satzungssitz, ist die Vermutung des Art. 3 Abs. 1 UAbs. 2 EuInsVO, wonach der COMI am Satzungssitz liegt, widerlegt. Wird die Hauptverwaltung **nach** Insolvenzantragstellung in einen anderen Mitgliedstaat verlegt, bleibt das mit dem Insolvenzantrag befasste Gericht weiter ausschließlich zuständig.[9] Kurzfristige Sitzverlegungen (bis zu drei Monate) **vor** Antragstellung sind unbeachtlich (Art. 3 Abs. 1 UAbs. 2 S. 1, 2 EuInsVO). Grund ist, missbräuchlichen Manipulationen entgegenzuwirken.[10]

671 Ist der Schuldner eine **natürliche Person** und selbstständig tätig, wird als COMI der Ort der Hauptniederlassung vermutet (Art. 3 Abs. 1 UAbs. 3 EuInsVO). Bei nicht selbstständigen Personen wird nach Art. 3 Abs. 1 UAbs. 4 EuInsO vermutet, dass der COMI der Ort des gewöhnlichen Aufenthalts ist (Art. 3 Abs. 1 UAbs. 4 EuInsVO). Pendelt ein Arbeitnehmer über die Grenze, kommt es auf den Schwerpunkt der beruflichen, familiären und kulturellen Beziehungen an.[11] Dass sich die einzige Immobilie in einem anderen Mitgliedstaat befindet, widerlegt die Vermutung nicht.[12]

Zwischenergebnis: Hat der Schuldner seinen COMI in Deutschland (Art. 3 Abs. 1 EuInsVO), ist ein deutsches Gericht für das Insolvenzverfahren international zuständig.

Hinweis

Hat das *Insolvenzgericht* die internationale Zuständigkeit nach Art. 3 EuInsVO bejaht, muss es noch die örtliche Zuständigkeit prüfen. Diese richtet sich nach § 3 InsO. Bejaht das *Insolvenzgericht* auch die örtliche Zuständigkeit, eröffnet es ein „Hauptinsolvenzverfahren nach der EuInsVO".

5 *EuGH* NZI 2022, 539 Rn. 27.
6 *EuGH* NZI 2020, 805 Rn. 19 ff.
7 Vgl. *BGH* NZI 2021, 187 Rn. 15.
8 Zur Mind of Management-Theorie vgl. *Paulus* Insolvenzrecht § 4 Rn. 30 f.
9 *EuGH* NZI 2022, 539 Rn. 36, 40; *BGH* NZI 2022, 912 Rn. 8.
10 *BayOblG* NZI 2020, 242 Rn. 19; *Braun/Tashiro/Delzant* EuInsVO Art. 3 Rn. 13.
11 *BGH* NZI 2017, 320 Rn. 10; *Foerste* Insolvenzrecht Rn. 751.
12 *EuGH* NZI 2020, 805 Rn. 28.

b) Rüge der fehlenden Zuständigkeit

Das mit dem Eröffnungsantrag befasste Gericht muss nach Art. 4 EuInsVO **von Amts wegen** prüfen, ob es nach Art. 3 EuInsVO zuständig ist. Die positive Entscheidung des Gerichts hat erhebliche Auswirkungen. Sie bestimmt unmittelbar, welches Verfahrensrecht und welches materielle Recht Anwendung findet und wo die Gläubigerversammlungen stattfinden. Art. 5 EuInsO sieht daher vor, dass sowohl Schuldner als auch Gläubiger berechtigt sind, nachprüfen zu lassen, ob das eröffnende Gericht nach Art. 3 EuInsVO zuständig war. Der konkrete Rechtsbehelf ist in Art. 102c § 4 EGInsO geregelt. Danach ist der Schuldner und jeder Gläubiger berechtigt, gegen die Entscheidung über die Eröffnung des Hauptinsolvenzverfahrens die sofortige Beschwerde einzulegen, um die fehlende internationale Zuständigkeit zu rügen.[13] 672

2. Sekundärinsolvenzverfahren, Partikularinsolvenzverfahren

a) Grundlagen

Mit der Eröffnung des Hauptinsolvenzverfahrens ist es den Gerichten der anderen Mitgliedstaaten nur noch in Ausnahmefällen erlaubt, ein zweites Insolvenzverfahren (= Sekundärinsolvenzverfahren) zu eröffnen. Voraussetzung ist, dass der Schuldner in einem anderen Mitgliedstaat eine Niederlassung hat (Art. 3 Abs. 2, 3 EuInsVO). Als Niederlassung ist jeder Tätigkeitsort zu verstehen, an dem der Schuldner eine wirtschaftliche Aktivität unter Einsatz von Personal und Vermögenswerten entfaltet (Art. 2 Nr. 10 EuInsVO). Wurde beispielsweise ein Hauptinsolvenzverfahren in Deutschland eröffnet, kann ein *Insolvenzgericht* in Spanien ein Sekundärinsolvenzverfahren eröffnen, wenn der Schuldner in Spanien ein von Angestellten betreutes Ferienhaus hat, das er gelegentlich vermietet.[14] Das Sekundärinsolvenzverfahren ist auf das in Spanien befindliche Vermögen des Schuldners beschränkt (Art. 3 Abs. 2 S. 2 EuInsVO). Damit wird das **Universalitätsprinzip** aufgrund der Ortsnähe zugunsten des Territorialitätsprinzips durchbrochen.[15] Es gilt das Sachrecht des Mitgliedstaates, in dem das Sekundärinsolvenzverfahren eröffnet wird (Art. 35 EuInsVO). Hat eine Muttergesellschaft mehrere selbstständige Tochtergesellschaften in verschiedenen Mitgliedstaaten, ist für jede insolvente Tochter (= Rechtsträger) ein Hauptinsolvenzverfahren zu eröffnen. 673

Ist noch kein Hauptinsolvenzverfahren am COMI eröffnet, kann in Ausnahmefällen ein sog. **Partikularinsolvenzverfahren** eröffnet werden. Während das Sekundärinsolvenzverfahren **nach** dem Hauptinsolvenzverfahren eröffnet wird (Art. 3 Abs. 3 EuInsVO), erfolgt die Eröffnung des Partikularinsolvenzverfahrens **vor** der Eröffnung des Hauptinsolvenzverfahrens (Art. 3 Abs. 2 EuInsVO). Die Eröffnung eines Partikularinsolvenzverfahrens ist nach Art. 3 Abs. 4 InsO nur in eng begrenzten Ausnahmesituationen zulässig. Das ist etwa der Fall, wenn die Eröffnung des Hauptinsolvenzverfahrens unmöglich ist (Art. 3 Abs. 4 S. 1 lit. a EuInsVO). Da in Frankreich nur Kaufleute ein Insolvenzverfahren durchlaufen dürfen, kann ein französischer Verbraucher, der in Deutschland eine „Niederlassung" hat, mit einem Partikularinsolvenzverfahren in Deutschland konfrontiert werden.[16] 674

---

13 *LG Berlin* NZI 2018, 85, 86; *Frind* NZI 2019, 697, 700 f.

14 Beispiel bei *Paulus* Insolvenzrecht § 4 Rn. 52.

15 *Becker* Insolvenzrecht § 17 Rn. 9.

16 Beispiel bei *Paulus* Insolvenzrecht § 4 Rn. 53.

b) Zusammenarbeit

675 Um die Ziele der Insolvenzverfahren zu optimieren (bestmögliche Massemehrung, Arbeitsplatzerhalt, Sanierung des Schuldners), sind die Insolvenzverwalter der Haupt- und Sekundärinsolvenzverfahren zur Zusammenarbeit verpflichtet (Art. 41 EuInsVO). Auch die jeweils zuständigen Gerichte unterstehen der Pflicht zur Zusammenarbeit und Kommunikation (Art. 42 EuInsVO). Die Kooperationspflichten bestehen auch zwischen den Verwaltern und Gerichten (Art. 43 EuInsVO).

III. Wirkungen der Eröffnung des Hauptinsolvenzverfahrens

1. Universalitätsprinzip

676 Die EuInsVO folgt dem **Universalitätsprinzip**. Das Universalitätsprinzip bedeutet, dass nur ein einziges Hauptinsolvenzverfahren eröffnet wird, das sämtliche Vermögenswerte des Schuldners, auch im Ausland befindliches Vermögen, erfasst (z.B. Auto, Aktien, Grundstücke).[17] In Art. 19 EuInsVO ist die wechselseitige Anerkennung der Eröffnung eines Insolvenzverfahrens angeordnet. Danach haben alle Mitgliedstaaten die Entscheidung des Gerichts über die Eröffnung des Hauptinsolvenzverfahrens anzuerkennen.[18] Bereits die Bestellung eines vorläufigen Verwalters bindet alle übrigen Mitgliedstaaten. Die Anerkennung hat nach Art. 20 EuInsVO zur Folge, dass die Eröffnung eines Hauptinsolvenzverfahrens in Deutschland in allen Mitgliedstaaten dieselben Wirkungen wie in Deutschland hat. Dabei gilt nach Art. 7 Abs. 1 EuInsVO die allgemeine Regel, wonach für das Insolvenzverfahren und seine Wirkungen das **Recht des Mitgliedstaates** gilt, in dem das Verfahren eröffnet wird (**lex fori concursus**).[19] Art. 7 Abs. 2 S. 2 EuInsVO zählt bespielhaft die Bereiche auf, die der lex fori unterfallen, wie die Befugnisse des Verwalters, der Umfang der Masse, die Abwicklung offener Verträge sowie die Rechte der Insolvenzgläubiger während und nach Beendigung des Verfahrens (Art. 7 Abs. 2 S. 2 EuInsVO).[20] Wird beispielsweise in einem griechischen Hauptinsolvenzverfahren ein Verwalter eingesetzt, der verfügungsbefugt ist, ist er in einem Prozess vor deutschen Gerichten, in dem er das in Deutschland belegene Vermögen zur Masse zieht, prozessführungsbefugt (vgl. Art. 21 EuInsVO).[21] Auch die Beendigung des Verfahrens unterfällt der lex fori (Art. 7 Abs. 2 lit. j EuInsVO), so dass die in einem anderen Mitgliedstaat erlangte Restschuldbefreiung anzuerkennen ist (Art. 32 EuInsVO). Davon haben deutsche Verbraucher, die ihren COMI nach England verlegten, wegen des besonders kurzen Insolvenzverfahrens lange Zeit (bis zum BREXIT) profitiert.

2. Annexklagen

677 Art. 6 EuInsVO regelt die Zuständigkeit für Annexklagen. Danach sind die Gerichte des Mitgliedstaats, in dem das Hauptinsolvenzverfahren eröffnet wurde, für alle Klagen zuständig, die unmittelbar aus dem Insolvenzverfahren hervorgehen und in engem Zusammenhang damit stehen. Nach Ansicht des *BGH* darf der Anwendungsbereich nicht weit ausgelegt wer-

17 *Parzinger* NZI 2016, 63, 66.
18 *BGH* NZI 2021, 187 Rn. 31; *AG Berlin-Charlottenburg* NZI 2018, 171.
19 *EuGH* NZI 2021, 502 Rn. 2; *Skauradszun* NZI 2021, 568, 569.
20 *Jauernig/Berger/Thole* Insolvenzrecht § 37 Rn. 21.
21 Vgl. *Bork* Insolvenzrecht Rn. 520.

den. Eine Klage geht unmittelbar aus dem Insolvenzverfahren hervor, wenn der zugrunde liegende Anspruch nicht dem Zivil- oder Handelsrecht, sondern den Sonderregeln für Insolvenzverfahren entspringt. Allein die Tatsache, dass die Klage von dem für das Verfahren bestellten Insolvenzverwalter erhoben wurde, reicht für eine insolvenzrechtliche Qualifizierung nicht aus.[22] Insolvenzrechtliche Prägung haben in Deutschland die Ansprüche aus § 15b InsO. Auch Anfechtungsklagen wegen Gläubigerbenachteiligung sind insolvenzrechtlicher Natur (vgl. Art. 6 Abs. 1 EUInsVO).

3. Bereichsausnahmen

Die EuInsVO schränkt den Universalitätsgrundsatz in Teilen wieder ein. So finden sich verschiedene Sonderanknüpfungen, die das Recht des Eröffnungsstaats zurücktreten lassen.[23] Dingliche Rechte eines Gläubigers, die sich im Hoheitsgebiet eines anderen Mitgliedstaats befinden, werden von der Eröffnung des Verfahrens nicht berührt (Art. 8 Abs. 1 EuInsVO). Dazu gehören Grundschuld, Hypothek, Pfandrecht, Sicherungsübereignung und Sicherungsabtretung (vgl. Art. 8 Abs. 2 EuInsVO). Das Schicksal dieser Rechte bestimmt sich nach dem Recht des Belegenheitsorts. Da die tatsächliche Rechtsfolge des Art. 8 EuInsVO unklar ist (Kollisionsnorm oder Sachnorm) und je nach Antwort unterschiedliche Folgen nach sich zieht, wird die Regelung als verfehlt bezeichnet.[24] Ein Teil der Literatur leitet daraus ab, dass die dinglichen Rechte weiterhin so geltend gemacht werden können, als ob überhaupt kein Insolvenzverfahren eröffnet wäre (Sachnorm).[25] **678**

Von der Eröffnung des Hauptinsolvenzverfahrens unberührt bleibt die Befugnis eines Gläubigers zur Aufrechnung, sofern die Aufrechnung nach dem für die Forderung des Schuldners geltendem Recht zulässig ist (Art. 9 Abs. 1 EuInsVO). Auch der Eigentumsvorbehalt wird durch die Eröffnung nicht berührt. Dieser ist in Art. 10 EuInsVO geregelt, der wiederum lex specialis zu Art. 8 EuInsVO ist. **679**

4. Verträge, Register, Prozesse

Für bestimmte Sachverhalte verweist die EuInsVO auf das jeweilige nationale Sachrecht. Bezüglich laufender Verträge gilt zwar der Grundsatz der lex fori concursus (Art. 7 Abs. 2 S. 2 lit. e EuInsVO). Bezieht sich ein Vertrag aber auf den Erwerb oder Nutzung eines unbeweglichen Gegenstands (Miete, Pacht, Kaufvertrag über ein Grundstück), ist nach Art. 11 EuInsVO das Recht des Mitgliedstaates anzuwenden, in dem sich der Gegenstand befindet (lex rei sitae). Eine vergleichbare ausschließliche Zuständigkeit ist in Art. 12 EuInsVO für Zahlungssysteme und in Art. 13 EuInsVO für Arbeitsverträge normiert. Hat der Schuldner Rechte an unbeweglichen Gegenständen (Grundstück, Flugzeug, Schiff), die in einem öffentlichen Register eingetragen sind, gilt das Recht des Mitgliedstaats, der das Register führt (Art. 14 EuInsVO). Ist ein Rechtsstreit im Ausland anhängig, gilt das Recht desjenigen Mitgliedstaats, in dem der Prozess anhängig ist (Art. 18 EuInsVO). In Deutschland führt das Insolvenzverfahren zur Unterbrechung (§ 240 S. 1 ZPO), in anderen Mitgliedstaaten nicht.[26] **680**

---

22 *BGH* NZI 2021, 739 Rn. 29.

23 *Becker* Insolvenzrecht § 17 Rn. 14.

24 BeckOK InsR/*Mock* EuInsVO Art. 8 Rn. 3.

25 Zum Streitstand *J. Schmidt* in: Mankowski/Müller/J.Schmidt EuInsVO 2015 Rn. 31 ff.

26 *Paulus* Insolvenzrecht § 4 Rn. 36, 47.

IV. Konzerninsolvenzen

681 Die Regelungen zur Konzerninsolvenz finden sich in den Art. 56 ff. EuInsVO. Sie ist an das deutsche Modell mit seinen Kooperationspflichten und dem Koordinationsverfahren angelehnt.[27] Es erfolgt keine Konsolidierung der Verfahren. Stattdessen sind die Verwalter der Mutter- und Tochtergesellschaften (vgl. Art. 2 Nr. 13, 14 EuInsVO) zur Zusammenarbeit und Kommunikation verpflichtet, sofern es dabei nicht zu Interessenkonflikten kommt (Art. 56 EuInsVO). Auch die Gerichte untereinander (Art. 57 EuInsVO) sowie die Verwalter und Gerichte (Art. 58 EuInsVO) sind zur Zusammenarbeit verpflichtet. Zusätzlich besteht für die Verwalter der Mutter- und Tochtergesellschaften die Möglichkeit, ein Gruppenkoordinationsverfahren zu beantragen (Art. 61 EuInsVO). Wird bei verschiedenen Gerichte ein Antrag gestellt, gilt der Prioritätsgrundsatz (Art. 62 EuInsVO). Die jeweiligen Verwalter können binnen 30 Tagen Einwände gegen die Einbeziehung ihres Verfahrens in das Koordinationsverfahren vorbringen (Art. 64 EuInsVO), mit der Folge, dass es allein aufgrund des Einwands nicht einbezogen wird (Art. 64 EuInsVO). Nach dem Opt-out ist ein späterer Opt-in gestattet (Art. 69 EuInsVO). Das Gruppenkoordinationsverfahren ist dadurch gekennzeichnet, dass ein Koordinator bestellt wird, der Empfehlungen ausspricht und einen Gruppenkoordinationsplan vorschlägt (Art. 72 Abs. 1 EuInsVO). Die einzelnen Verwalter sind nicht verpflichtet, dem Plan Folge zu leisten (Art. 70 Abs. 2 UAbs. 1 EuInsVO). Das Verfahren setzt daher auf Kommunikation und freiwillige Kooperation.

C. Deutsches Internationalen Insolvenzrechts

I. Allgemeines

682 Die Vorschriften des autonomen[28] deutschen internationalen Insolvenzrechts (§§ 335–338 InsO) gelten aufgrund des Vorrangs der EuInsVO in erster Linie für grenzüberschreitende Insolvenzverfahren im Verhältnis zu **Drittstaaten** (z.B. Schweiz, Liechtenstein, Großbritannien, Marokko) einschließlich Dänemark. Die Normen sind weitgehend an die der EuInsVO angelehnt.[29] Von einer kompletten Übernahme wurde jedoch abgesehen, da nicht jeder Drittstaat über eine äquivalente Rechtsstaatlichkeit verfügt.[30]

II. Insolvenzverfahren eines Drittstaates

683 Auch im Verhältnis zu Drittstaaten wird die Eröffnung eines **ausländischen** Insolvenzverfahrens grundsätzlich anerkannt (§ 343 Abs. 1 S. 1 InsO). Damit folgt das deutsche Recht dem Universalitätsprinzip.[31] Ausnahmen sind in § 343 Abs. 1 S. 2 InsO geregelt. Danach wird das ausländische Verfahren nicht anerkannt, wenn nach deutschem Recht die Gerichte des Drittstaates nicht zuständig sind oder die Anerkennung zu einem Ergebnis führt, das offensicht-

27 *Paulus* Insolvenzrecht § 4 Rn. 23.

28 Nationales Recht, das nicht auf EU-Recht oder Völkerrecht basiert, vgl. K. Schmidt/*Brinkmann* InsO Vorb. zu §§ 335 ff. Rn. 2.

29 *Becker* Insolvenzrecht § 17 Rn. 17.

30 Vgl. *Foerste* Insolvenzrecht Rn. 768.

31 *Paulus* Insolvenzrecht § 4 Rn. 61.

lich unvereinbar mit den wesentlichen Grundsätzen des deutschen Rechts **(ordre public)** ist (§ 343 Abs. 1 S. 2 Nr. 1, 2 InsO). Die Wirkungen des ausländischen Insolvenzverfahrens richten sich nach dem Recht des eröffnenden Drittstaats. So ist in § 335 ist der Grundsatz verankert, dass für das anwendbare Recht die lex fori concursus gilt.[32] Das ist Ausdruck des Universalitätsprinzips. Wird in Deutschland ein Insolvenzverfahren eröffnet, gilt deutsches Recht. Wird im Drittstaat ein Insolvenzverfahren eröffnet, gilt aus deutscher Sicht das Recht des Drittstaats. Führt beispielsweise die Insolvenzeröffnung nach dem Recht des eröffnenden Staates zu einem Vollstreckungsverbot, ist das Verbot grundsätzlich auch von den deutschen Vollstreckungsorganen zu beachten. Auch die insolvenzrechtlichen Voraussetzungen und Wirkungen einer Aufrechnung unterliegen der lex fori concursus (§ 338 InsO).[33]

In einigen Bereichen wird der universelle Geltungsanspruch relativiert. Kauf- und Mietver- **684**
träge über Grundstücke unterliegen dem Recht des Staates, in dem das Grundstück gelegen ist (§ 336 S. 1 InsO).[34] Arbeitsverträge unterliegen dem Recht, das nach deutschem IPR maßgebend ist (§ 337 InsO).

§ 339 InsO enthält eine eigenständige Kollisionsnorm für die Anfechtung. Danach richtet sich die Anfechtung – entsprechend der Regelanknüpfung des § 335 InsO – nach dem Recht des Staats der Verfahrenseröffnung.[35] Die Insolvenzanfechtung folgt aber dann nicht der lex fori concursus, wenn die Rechtshandlung ausländischem Recht unterliegt und nach dessen Maßstäben unangreifbar ist (§ 339 InsO). Angelehnt an Art. 8 EuInsVO ist für aus- und absonderungsberechtigte Gläubiger in § 351 Abs. 1 InsO angeordnet, dass deren Rechte nicht von der ausländischen Insolvenzeröffnung „berührt" werden. Nach § 352 InsO gilt die Unterbrechungswirkung des § 240 ZPO für inländische Prozesse auch bei der Eröffnung des Insolvenzverfahrens in einem Drittstaat.

III. Partikularverfahren im Inland

Kann im Inland mangels gerichtlicher Zuständigkeit kein (Haupt-)Insolvenzverfahren eröffnet **685**
werden, ist nach dem autonomen deutschen Insolvenzrecht zumindest ein Partikularinsolvenzverfahren über das im Inland befindliche Vermögen zulässig. Es gelten die §§ 354 bis 358 InsO. Hat der Schuldner beispielsweise keinen allgemeinen Gerichtsstand (vgl. § 3 InsO) im Inland, kann ein territorial begrenztes Partikularverfahren durchgeführt werden, wenn der Schuldner in Deutschland eine Niederlassung oder sonstiges Vermögen hat und ein darauf gerichteter Antrag eines Gläubigers vorliegt (§ 354 Abs. 1 InsO). Restschuldbefreiung kann in diesem Verfahren nicht erlangt werden (§ 355 Abs. 1 InsO). Gegenüber der EuInsVO ist der Anwendungsbereich des Partikularinsolvenzverfahrens weiter, da es nicht nur bei Vorliegen einer Niederlassung, sondern auch bei Vorhandensein eines einzelnen Vermögensgegenstands durchgeführt werden kann. Allerdings muss der Gläubigerantrag die erhöhten Anforderungen des § 354 Abs. 2 InsO erfüllen, d.h. der Gläubiger muss glaubhaft machen, dass er in einem ausländischen Verfahren erheblich schlechter stehen würde als in einem deutschen Verfahren. Als Sekundärinsolvenzverfahren wird das Partikularinsolvenzverfahren bezeichnet, wenn es parallel zu einem Hauptinsolvenzverfahren stattfindet (§ 356

32 *BGH* NZI 2016, 627 Rn. 52.
33 *BGH* NZI 2018, 721 Rn. 26 f.
34 *Foerste* Insolvenzrecht Rn. 770.
35 *BGH* NZI 2018, 721 Rn. 32.

InsO). Für die Verwalter der verschiedenen Staaten schreibt § 357 InsO wechselseitige Information und Kooperation vor. Wird durch die Verwertung des Gegenstands ein Überschuss erzielt, ist dieser an den ausländischen Verwalter herauszugeben (§ 358 InsO).

Online-Wissens-Check

Was ist unter der lex fori concursus zu verstehen?

Überprüfen Sie jetzt online Ihr Wissen zu den in diesem Abschnitt erarbeiteten Themen. Unter **www.juracademy.de/skripte/login** steht Ihnen ein Online-Wissens-Check speziell zu diesem Skript zur Verfügung, den Sie kostenlos nutzen können. Den Zugangscode hierzu finden Sie auf der Codeseite.

Sachverzeichnis

Die Zahlen verweisen auf die Randnummern.